Hagen Langheim

Die Einbringung von Unternehmensteilen nach der Fusionsrichtlinie und ihre Umsetzung im deutschen Umwandlungssteuergesetz

WÜRZBURGER
RECHTSWISSENSCHAFTLICHE SCHRIFTEN

herausgegeben
von
der Juristischen Fakultät der Universität Würzburg

Band 76

ERGON VERLAG

Hagen Langheim

Die Einbringung von Unternehmensteilen nach der Fusionsrichtlinie und ihre Umsetzung im deutschen Umwandlungssteuergesetz

– Unter besonderer Berücksichtigung des europäischen Teilbetriebsbegriffs –

ERGON VERLAG

Bibliografische Information der Deutschen Nationalbibliothek
Die Deutsche Nationalbibliothek verzeichnet diese Publikation in der Deutschen Nationalbibliografie; detaillierte bibliografische Daten sind im Internet über
http://dnb.d-nb.de abrufbar.

Bibliographic information published by the Deutsche Nationalbibliothek
The Deutsche Nationalbibliothek lists this publication in the Deutsche Nationalbibliografie; detailed bibliographic data are available in the Internet at
http://dnb.d-nb.de.

Gedruckt auf alterungsbeständigem Papier.
Satz: Sandra Kloiber, Ergon Verlag
Umschlaggestaltung: Jan von Hugo

www.ergon-verlag.de

Printed in Germany
ISSN 1432-0339
ISBN 978-3-89913-645-6

Meinen Eltern

Vorwort

Diese Arbeit entstand während meiner Tätigkeit als wissenschaftlicher Mitarbeiter am Lehrstuhl für Finanz- und Wirtschaftsrecht sowie Zivilrecht der Julius-Maximilians-Universität zu Würzburg und wurde von der Juristischen Fakultät im Wintersemester 2007/2008 als Dissertation angenommen. Das Manuskript habe ich zuletzt im Februar 2008 aktualisiert.

Mein besonderer und aufrichtiger Dank gilt an erster Stelle meinem Doktorvater, Herrn Prof. Dr. Klaus Tiedtke, der diese Arbeit betreut und auf vielfältige Art und Weise gefördert hat. Seine Tätigkeit als herausragender Wissenschaftler und Lehrer hat mich während meiner Arbeit an seinem Lehrstuhl sowohl fachlich als auch persönlich geprägt. Herrn Prof. Dr. Peter Limmer danke ich herzlich für die zügige Erstellung des Zweitgutachtens.

Bei dem Europäischen Rechtszentrum der Julius-Maximilians-Universität Würzburg (ERZ) möchte ich mich für die Förderung der Arbeit durch die Gewährung eines Druckkostenzuschusses bedanken.

Weiterer Dank gilt allen Mitarbeitern des Lehrstuhls, die mich bei der Erstellung der Arbeit durch fachkundige Diskussionen, Anregungen, Korrekturlesen und Kritik unterstützt haben, insbesondere Herrn Dr. Michael Szczesny, Herrn Dr. Martin Mohr und Herrn Dr. Jörg Peterek.

Meinen Freunden, namentlich Herrn Marco Melas, Herrn Gunnar Heunisch und Frau Katharina Wawerek, danke ich für ihre Aufmunterungen während der schriftlichen Abfassung der Arbeit. In diesem Sinne gilt mein besonderer Dank meiner Freundin, Frau Caterina Hentzschel, die mich mit viel Geduld und Zuspruch in den letzten Monaten des Schreibens unterstützt hat.

Vor allem aber danke ich meinen Eltern, Margret und Heinz Langheim, denen ich diese Arbeit widme.

Würzburg und Fürstenfeldbruck, im Februar 2008

Inhaltsübersicht

Inhaltsverzeichnis

Abkürzungsverzeichnis

a.A.	anderer Ansicht
a.F.	alte Fassung
ABl.EG	Amtsblatt der Europäischen Gemeinschaft
Abs.	Absatz
AEAO	Anwendungserlass zur Abgabenordnung
AG	Die Aktiengesellschaft – Zeitschrift für das gesamte Aktienwesen, für deutsches, europäisches und internationales Unternehmens- und Kapitalmarktrecht
AktG	Aktiengesetz
Anm.	Anmerkung
AO	Abgabenordnung
Art.	Artikel (ein Artikel)
Artt.	Artikel (mehrere Artikel)
ASA	Archiv für Schweizerisches Abgaberecht (Zeitschrift)
AStG	Außensteuergesetz
Aufl.	Auflage
BB	Betriebs-Berater (Zeitschrift)
Bd.	Band
Beschl.	Beschluss
BewG	Bewertungsgesetz
BFH	Bundesfinanzhof
BFH/NV	Sammlung amtlich nicht veröffentlichter Entscheidungen de Bundesfinanzhofs (Zeitschrift)
BGB	Bürgerliches Gesetzbuch
BGBl.	Bundesgesetzblatt
BGH	Bundesgerichtshof
BGHZ	Entscheidungssammlung des Bundesgerichtshof in Zivilsachen
BMF	Bundesfinanzministerium
BR-Drucks.	Bundesratsdrucksache
BStBl.	Bundessteuerblatt
BT-Drucks.	Bundestagsdrucksache
Buchst.	Buchstabe
BV	Besloten vennootschap met beperkte aansprakelijkheid
BVerfG	Bundesverfassungsgericht
BVerfGE	Entscheidungssammlung des Bundesverfassungsgerichts
bzw.	beziehungsweise

d.h.	das heißt
DB	Der Betrieb (Zeitschrift)
DBA	Doppelbesteuerungsabkommen
Der Konzern	Der Konzern in Recht und Wirtschaft (Zeitschrift)
ders.	derselbe
DFI	Derivatives & Financial Instruments (Zeitschrift)
dies.	dieselbe (eine Verfasserin)/ dieselben (mehrere Verfasser)
Diss.	Dissertation
Doppelbuchst.	Doppelbuchstabe
DÖV	Die öffentliche Verwaltung (Zeitschrift)
DStJG	Deutsche Steuerjuristische Gesellschaft
DStR	Deutsches Steuerrecht – Wochenschrift für Steuerrecht, Wirtschaftsrecht und Betriebswirtschaft
DStRE	DStR Entscheidungsdienst. Die Steuerrechtsprechung von EuGH, BVerfG, BFH und FG (Zeitschrift)
DStRE	Deutsches Steuerrecht Entscheidungsdienst
E.T.	European Taxation – Official Journal of the Confédération Fiscale Européenne (Zeitschrift)
EAG	Europäische Atomgemeinschaft
EC	European Community
EC Tax Rev.	European Communities Tax Review (Zeitschrift)
EFG	Entscheidungssammlung der Finanzgerichte
EFTA	European Free Trade Association – Europäische Freihandelszone
EG[1]	Europäische Gemeinschaft(en)
EG[2]	Vertrag zur Gründung der Europäischen Gemeinschaften (in der durch den Amsterdamer Vertrag geänderten Fassung)
EGBGB	Einführungsgesetz zum Bürgerlichen Gesetzbuche
EGKS	Europäische Gemeinschaft für Kohle und Stahl

---

[1] Bei Verwendung der Abkürzung ohne reinen Artikel des Vertrages zur Gründung der europäischen Gemeinschaften zu zitieren. Zur Zitierweise der Verträge siehe Fn. 2.

[2] Die Zitierweise für die Bestimmungen der Europäischen Verträge erfolgt zur Vermeidung von Verwechselungen in Anlehnung an die vom EuGH seit dem 1. 5. 1999 verwendete. Der Hinweis des EuGH ist abgedruckt in der EuZW 2000, 14 f. Abweichend wird statt der Bezeichnung „Artikel“ die abgekürzte Bezeichnung Art. verwendet und die Bestimmungen der vor dem 1. 5. 1999 geltenden Fassung der Verträge in der bisher üblichen abgekürzten Bezeichnung zitiert.

EGV[3]	Vertrag zur Gründung der Europäischen Gemeinschaften
Einf.	Einführung
endg.	endgültig
ErbStG	Erbschaftsteuer- und Schenkungsteuergesetz
EStB	Ertragsteuerberater (Zeitschrift)
EStDV	Einkommensteuerdurchführungsverordnung
EStG	Einkommensteuergesetz
EStR	Einkommensteuerrichtlinien
EU[4]	Europäische Union
EU[5]	Vertrag über die Europäische Union (in der durch den –Amsterdamer Vertrag geänderten Fassung)
EuGH	Gerichtshof der Europäischen Gemeinschaften
EuR	Europarecht (Zeitschrift)
EUV[6]	Vertrag über die Europäische Union
EuZW	Europäische Zeitschrift für Wirtschaftsrecht
EWG	Europäische Wirtschaftsgemeinschaft
EWGV	Vertrag zur Gründung der Europäischen Wirtschaftsgemeinschaft
EWR	Europäischer Wirtschaftsraum
EWS	Europäisches Wirtschafts- und Steuerrecht (Zeitschrift)
f.	folgende (eine Seite)
ff.	folgende (mehrere Seiten)
FG	Finanzgericht
Fn.	Fußnote
FR	Finanz-Rundschau – Einkommensteuer mit Körperschaftsteuer und Gewerbesteuer (Zeitschrift)
FRL	Richtlinie (90/434/EWG)des Rates über das gemeinsame Steuersystem für Fusionen, Spaltungen, Abspaltungen, die Einbringung von Unternehmensteilen und den Austausch von Anteilen, die Gesellschaften verschiedener Mitgliedstaaten betreffen vom 23.7.1990, Abl. EG 1990 Nr. L 225/1 (Fusionsrichtlinie)
FS	Festschrift

3 Wegen der Zitierweise der Verträge siehe Fn. 2.

4 Bei Verwendung der Abkürzung ohne reinen Artikel des Vertrages zur Gründung der europäischen Gemeinschaften zu zitieren. Zur Zitierweise der Verträge siehe Fn. 2.

5 Wegen der Zitierweise der Verträge siehe Fn. 2.

6 Wegen der Zitierweise der Verträge siehe Fn. 2.

GbR	Gesellschaft bürgerlichen Rechts
GenG	Genossenschaftsgesetz
GewStG	Gewerbesteuergesetz
GG	Grundgesetz
GmbH	Gesellschaft mit beschränkter Haftung
GmbHG	GmbH-Gesetz
GmbHR	GmbH-Rundschau (Zeitschrift)
GS	Gedächtnisschrift
HFR	Höchstrichterliche Finanzrechtsprechung
HGB	Handelsgesetzbuch
Hrsg.	Herausgeber
i.d.F.	in der Fassung
i.S.	im Sinne
i.V.m.	in Verbindung mit
IAS	International Accounting Standards
IFRS	International Financial Reporting Standards
Inf	Die Information über Steuer und Wirtschaft (Zeitschrift)
intertax	International Tax Review (Zeitschrift)
IStR	Internationales Steuerrecht (Zeitschrift)
IWB	Internationale Wirtschafts-Briefe
JbFSt	Jahrbuch der Fachanwälte für Steuerrecht
Jura	Juristische Ausbildung (Zeitschrift)
JZ	Juristenzeitung
KG	Kommanditgesellschaft
KGaA	Kommanditgesellschaft auf Aktien
KOM	Offizielle Dokumente der Europäischen Kommission
KÖSDI	Kölner Steuerdialog (Zeitschrift)
KStG	Körperschaftsteuergesetz
KVStRL	Richtlinie 69/335/EWG des Rates vom 17.7.1969 betreffend die indirekten Steuern auf die Ansammlung von Kapital, ABl.EG 1969 Nr. L 249/25 (Kapitalverkehrsteuerrichtlinie)
M.E.	meines Erachtens
m.w.N.	mit weiteren Nachweisen
MoMiG	Gesetz zur Modernisierung des GmbH-Rechts und zur Bekämpfung von Missbräuchen
n.F.	neuer Fassung
NJW	Neuer Juristische Wochenschrift (Zeitschrift)

Nr.	Nummer
OECD	Organisation for Economic Cooperation and Development
OECD-MA	OECD-Musterabkommen zur Vermeidung der Doppelbesteuerung auf dem Gebiet der Steuern vom Einkommen und vom Vermögen
OFD	Oberfinanzdirektion
ÖStZ	Österreichische Steuer-Zeitung
PersGes	Personengesellschaft
plc.	public limited company (Aktiengesellschaft nach dem Recht des Vereinigten Königreichs)
REIT	Real Estate Investment Trust
RFH	Reichsfinanzhof
RFHE	Sammlung der Entscheidungen und Gutachten des Reichsfinanzhofs
RGBl.	Reichsgesetzblatt
RIW	Recht der Internationalen Wirtschaft, Betriebs-Berater International (Zeitschrift)
Rs.	Rechtssache
RStBl.	Reichssteuerblatt
RT-Drucks.	Reichstagsdrucksache
Rz.	Randziffer
S.	Seite(n)
S.A.	Société Anonyme
SCE	Societas Cooperativa Europaea
SE	Societas Europaea
SEStEG	Gesetz über steuerliche Begleitmaßnahmen zur Einführung der Europäischen Gesellschaft und zur Änderung weiterer steuerrechtlicher Vorschriften
Slg.	Amtliche Sammlung der Entscheidungen des EuGH und des EuG
Stbg	Die Steuerberatung (Zeitschrift)
StbJb	Steuerberater-Jahrbuch
StBp	Steuerliche Betriebsprüfung (Zeitschrift)
StEntlG 1999/2000/2002	Steuerentlastungsgesetz 1999/2000/2002
SteuerStud	Steuer & Studium – Zeitschrift für die Aus- und Fortbildung im Steuerrecht
StRK	Steuerrechtsprechung in Karteiform

StuB	Steuern und Bilanzen – Zeitschrift für das Steuerrecht und die Rechnungslegung der Unternehmen
StuW	Steuer und Wirtschaft – Zeitschrift für die gesamten Steuerwissenschaften
SWI	Steuern & Wirtschaft International (Zeitschrift)
Tz.	Textziffer(n)
u.a.	und andere (Autoren)
UmwG	Umwandlungsgesetz
UmwR	Umwandlungsrecht
UmwStG	Umwandlungssteuergesetz
UmwStR	Umwandlungssteuerrecht
Univ.	Universität
UntStFG	Unternehmenssteuerfortentwicklungsgesetz
UR	Umsatzsteuer-Rundschau (Zeitschrift)
Urt.	Urteil
v.H.	vom Hundert
verb. Rs.	verbundene Rechtssachen
vgl.	vergleiche
ZGR	Zeitschrift für Unternehmens- und Gesellschaftsrecht
ZHR	Zeitschrift für das gesamte Handelsrecht und Wirtschaftsrecht
ZIP	Zeitschrift für Wirtschaftsrecht
zit.	zitiert
ZNotP	Zeitschrift für die Notarpraxis
ZPO	Zivilprozessordnung

Einleitung und Gang der Untersuchung

A. Einleitung

Steuerneutrale Übertragungen von Wirtschaftsgütern haben eine hohe praktische Relevanz. Können Betriebe, Teilbetriebe oder Mitunternehmeranteile nach den Regelungen des Umwandlungssteuergesetzes (UmwStG) ohne sofortige Besteuerung der stillen Reserven übertragen werden, erhalten Unternehmen die Möglichkeit, ihre rechtliche Struktur an das Wirtschaftsleben anzupassen oder sich an anderen Rechtsträgern zu beteiligen, ohne durch eine steuerliche Belastung von solchen Umstrukturierungsmaßnahmen[1] abgeschreckt zu werden. Die Entscheidung eines Unternehmers zur Umstrukturierung seines Unternehmens beruht beispielsweise darauf, dass eine andere Rechtsform betriebswirtschaftlich günstiger ist. Auch kann eine steuerneutrale Umstrukturierung dazu führen, dass Produktionsfaktoren effizienter genutzt werden. In diesem Sinne ermöglichen Umstrukturierungen etwa, immaterielle Wirtschaftsgüter, wie Patente oder Know how, gemeinsam zu verwerten. Auch Produktionsprogramme und Rationalisierungen können durch Umstrukturierungen vorbereitet, vereinheitlicht oder leichter durchgeführt werden. Weiterhin kann der Anlass einer Umstrukturierung auch ein bevorstehender Erwerb oder Verkauf eines Betriebs oder Teilbetriebs sein.

Zur steuerlichen Erleichterung solcher Umstrukturierungen ermöglichte das UmwStG 1995 vom 28.10.1994[2] die steuerneutrale Übertragung der stillen Reserven zwischen zwei Rechtsträgern. In diesem Sinne konnte nach § 20 UmwStG 1995 ein Betrieb, Teilbetrieb oder Mitunternehmeranteil steuerneutral in eine Kapitalgesellschaft eingebracht werden, wenn der Einbringende als Gegenleistung für die Einbringung neue Gesellschaftsrechte an der übernehmenden Kapitalgesellschaft erhielt. Als Einbringung galt dabei die Übertragung des wirtschaftlichen Eigentums i. S. des § 39 Abs. 2 Nr. 1

---

1 Der Begriff der Umstrukturierung ist kein gesellschaftsrechtlicher oder steuerrechtlicher terminus technicus, *Kloster*, S. 2 Fn. 5, *Orth*, DB 2001, 1326, 1327. Er umschreibt als Sammelbegriff Veränderungen im Bestand eines Unternehmens, unabhängig davon, auf welchen Regelungen diese Veränderungen beruhen; vgl. *Herzig/Dautzenberg/Heyeres*, DB 1991, Beilage 12, S. 3. Für die vom UmwG erfassten Vorgänge hat sich der vom Gesetzgeber gewählte Begriff der Umwandlung durchgesetzt.

2 BGBl. I 1994, S. 3267, zuletzt bekannt gemacht am 15.10.2002 (BGBl. I 2002, S. 4133).

AO 1977 auf die Kapitalgesellschaft.[3] Die Steuerneutralität einer solchen Sacheinlage wurde dadurch erreicht, dass die übernehmende Kapitalgesellschaft nach § 20 Abs. 2 Satz 1 UmwStG 1995 die Buchwerte des eingebrachten Betriebsvermögens fortführen konnte (so genannte Buchwertfortführung) und dieser Wertansatz für den Einbringenden nach § 20 Abs. 4 Satz 1 UmwStG 1995 zugleich als Veräußerungspreis für das eingebrachte Betriebsvermögen und als Anschaffungskosten der im Gegenzug erhaltenen Anteile galt (so genannte doppelte Buchwertverknüpfung). Durch diese Regelungen wurde das Realisationsprinzip[4] durchbrochen.[5] Denn bei einer Einbringung gegen Gesellschaftsrechte handelt es sich aufgrund des tauschähnlichen Charakters des Vorgangs[6] um ein Veräußerungsgeschäft des Einbringenden und um ein Erwerbsgeschäft der übernehmenden Gesellschaft, was nach § 16 EStG (gegebenenfalls i.V.m. § 8 Abs. 1 KStG, §§ 14, 18 Abs. 3 EStG) grundsätzlich zur Auflösung der stillen Reserven führen würde.[7] Entsprechend der Aufgabe des UmwStG 1995, sinnvolle betriebswirtschaftliche Umstrukturierungen nicht durch steuerliche Folgen zu behindern,[8] wurde auf eine Auflösung der stillen Reserven im Zeitpunkt der Einbringung verzichtet. Ihre Auflösung und Besteuerung fand erst statt, wenn entweder die übernehmende Gesellschaft das eingebrachte Betriebsvermögen

---

3 *Schmitt,* in: Schmitt/Hörtnagl/Stratz, UmwG/UmwStG, § 20 UmwStG Rz. 12 und Rz. 205; *Patt,* in: Dötsch/Patt/Pung/Jost, UmwStR, 5. Aufl., § 20 UmwStG Rz. 127; *Merkert,* in: Bordewin/Brandt, EStG, § 20 UmwStG Rz. 48; *Widmann,* in: Widmann/Mayer, UmwR, § 20 UmwStG Rz. 9.

4 Zu diesem dem deutschen Steuerrecht zugrunde liegenden Prinzip schon *Becker,* Grundlagen, S. 207 f.; vgl. auch *Tiedtke,* Einkommensteuer- und Bilanzsteuerrecht, S. 333.

5 *Tiedtke/Langheim* FR 2007, 368, 373; *Kloster,* S. 204 ff.

6 Vgl. *BFH,* Urt. vom 24.3.1983, IV R 138/80, BStBl. II 1984, 233, 234; *BFH,* Urt. vom 29.10.1987, IV R 93/85, BStBl. II 1988, 374, 376; *BFH,* Urt. vom 20.6.1989, VIII R 100/86, BFH/NV 1990, 102, 104; *BFH,* Urt. vom 26.1.1994, III R 39/91, BStBl. II 1994, 458, 460; *BFH,* Urt. vom 16.2.1996, I R 183/94, BStBl. II 1996, 342, 343; *BFH,* Urt. vom 19.10.1998, VIII R 69/95, BStBl. II 2000, 230; *BFH,* Urt. vom 5.6.2002, I R 6/01, BFH/NV 2003, 88; *BFH,* Urt. vom 19.9.2002, I R 97/02, BStBl. II 2003, 684; *Rödder,* DStJG 25 (2002), 253, 254 f.; *BMF* vom 25.3.1998, BStBl. I 1998, 268 Tz. 20.01.

7 Nach ständiger Rechtsprechung des BFH handelte es sich bei § 20 UmwStG 1995 daher um eine Spezialvorschrift zu § 16 EStG, vgl. allein *BFH,* Urt. vom 24.3.1983, IV R 138/80, BStBl. II 1984, 233, 234; *BFH,* Urt. vom 23.1.1986, BStBl. II 1986, 623; *BFH,* Urt. vom 11.9.1991, BStBl. II 1992, 404; *BFH,* Urt. vom 7.7.1998, BStBl. II 1999, 209.

8 Begr. UmwStG-Entwurf, BT-Drucks. 12/6885 vom 24.2.1994, S. 14 und BT-Drucks. 12/7263 vom 14. 4.1994, S. 3, sowie BR-Drucks. 132/94 vom 4.2.1994, S. 38; *Crezelius,* FS Widmann, S. 241, 246 f. („Regelungsidee des UmwStG"); *Blumers/Kramer,* DB 1993, 852, 854.

realisierte oder der Einbringende die erhaltenen Anteile (einbringungsgeborene Anteile i.S. des § 21 Abs. 1 UmwStG 1995) veräußerte.[9]

Für die Möglichkeit der steuerneutralen Einbringung war es ohne Bedeutung, ob die Wirtschaftsgüter des Betriebsvermögens zivilrechtlich im Wege der Gesamtrechts- oder Sonderrechtsnachfolge nach dem Umwandlungsgesetz (UmwG) oder außerhalb des UmwG im Wege der Einzelrechtsnachfolge in die übernehmende Kapitalgesellschaft eingebracht wurden. Die in Frage kommenden Umwandlungsvarianten des UmwG waren dabei vielfältig. So konnte etwa ein Teilbetrieb einer Personenhandelsgesellschaft im Wege einer Auf- oder Abspaltung oder im Wege einer Ausgliederung nach § 123 Abs. 1 bis 3 UmwG auf die übernehmende Kapitalgesellschaft übertragen werden. Auch die Verschmelzung einer Personenhandelsgesellschaft auf eine Kapitalgesellschaft nach den §§ 2, 3 Abs. 1 Nr. 1 und 2 UmwG wurde steuerrechtlich als Einbringung gemäß § 20 UmwStG 1995 behandelt.[10]

Ein wirtschaftliches Interesse, Einbringungen steuerneutral durchzuführen, bestand aber nicht nur bei Umstrukturierungen in der Bundesrepublik Deutschland. Auf einem europäischen Binnenmarkt, in dem die wirtschaftlichen Verflechtungen von Unternehmen immer enger wurden, wuchs das Bedürfnis beständig, steuerneutrale Einbringungen auch grenzüberschreitend durchführen zu können. Die Regelungen der §§ 20 ff. UmwStG 1995 trugen diesem Bedürfnis keine Rechnung. Begünstigt wurde nur die Einbringung eines Betriebs, Teilbetriebs oder Mitunternehmeranteils in eine unbeschränkt steuerpflichtige Kapitalgesellschaft im Sinne von § 1 Abs. 1 Nr. 1 KStG. Die übernehmende Kapitalgesellschaft musste demnach ihren Sitz oder ihren Ort der Geschäftsleitung im Inland haben. Dieses Ansässigkeitserfordernis galt zwar nicht für die Person des Einbringenden. Die Einbringung durch einen ausländischen Rechtsträger durfte aber nach § 20 Abs. 3 UmwStG 1995 nicht zu einem Ausschluss des Besteuerungsrechts der Bundesrepublik Deutschland an den einbringungsgeborenen Anteilen führen. Wurde dieses ausgeschlossen, war die übernehmende Kapitalgesellschaft verpflichtet, das eingebrachte Betriebsvermögen mit dem Teilwert nach § 6 Abs. 1 Nr. 1 Satz 3 EStG anzusetzen.[11] Die stillen Reserven im

---

9 Sofern die Veräußerung der Anteile nicht nach § 8b Abs. 2 KStG steuerbefreit war.

10 Ebenso war die identitätswahrende formwechselnde Umwandlung einer Personenhandelsgesellschaft in eine Kapitalgesellschaft nach § 214 UmwG steuerlich nach § 25 UmwStG 1995 i.V.m. § 20 UmwStG 1995 als Einbringung zu behandeln, vgl. *BMF* vom 25.3.1998, BStBl. I 1998, 268 Tz. 20.02; *Dötsch*, in: Dötsch/Patt/Pung/Jost, UmwStR, 5. Aufl., Einf. UmwStG Rz. 41.

11 Vgl. *Dötsch/Pung*, DB 2006, 2763; kritisch *Schnitger*, BB 2004, 804, 811, *ders.*, FR 2003, 90, 92; *Kleinert/Probst*, DB 2004, 673, 675; *Körner*, IStR 2004, 424, 430.

eingebrachten Betriebsvermögen wurden dadurch aufgelöst, eine grenzüberschreitende Einbringung war also steuerneutral nicht möglich.[12]

Grenzüberschreitende Einbringungen konnten daher nur im Anwendungsbereich der Richtlinie 90/434/EWG des Rates vom 23.7.1990 über das gemeinsame Steuersystem für Fusionen, Spaltungen, die Einbringung von Unternehmensteilen und den Austausch von Anteilen, die Gesellschaften verschiedener Mitgliedstaaten betreffen,[13] also der Fusionsrichtlinie (FRL),[14] steuerneutral durchgeführt werden. Gemäß ihrer Präambel[15] verfolgt diese den Zweck, grenzüberschreitende Umstrukturierungen auf einem gemeinsamen Binnenmarkt zu ermöglichen.[16] Zu diesem Zweck enthält die Fusionsrichtlinie in den Artt. 2, 9 i.V.m. 4 und 10 Regelungen zur steuerneutralen Behandlung grenzüberschreitender Einbringungen; Art. 2 Buchst. c FRL definiert die grenzüberschreitende Einbringung eines Betriebs oder Teilbetriebs als Einbringung von Unternehmensteilen gegen Gewährung von Gesellschaftsrechten an der übernehmenden Gesellschaft,[17] während Art. 9 i.V.m 4 FRL und Art. 10 FRL bestimmen, unter welchen Voraussetzungen die Mitgliedstaaten der Europäischen Union verpflichtet sind, eine grenzüberschreitende Einbringung durchzuführen. Dabei werden die Mitgliedstaaten nicht verpflichtet, im Zuge einer grenzüberschreitenden Einbringung auf ihre Besteuerungsrechte zu verzichten. Die Fusionsrichtlinie strebt vielmehr einen verhältnismäßigen Ausgleich zwischen dem wirtschaftlichen Bedürfnis der beteiligten Rechtsträger an einer steuerneutralen

---

12 Darüber hinaus ordnete § 21 Abs. 2 Satz 1 Nr. 2 UmwStG 1995 eine Besteuerung der stillen Reserven in den erhaltenen Anteilen an, wenn das Besteuerungsrecht der Bundesrepublik Deutschland durch eine Veräußerung der Anteile nach der Einbringung ausgeschlossen wurde, vgl. *Körner*, IStR 2004, 424, 430.

13 Abl. EG 1990 Nr. L 225/1; zuletzt geändert durch die Richtlinie 2005/19/EG des Rates vom 17.2.2005 zur Änderung der Richtlinie 90/434/EWG über das gemeinsame Steuersystem für Fusionen, Spaltungen, die Einbringung von Unternehmensteilen und den Austausch von Anteilen, die Gesellschaften verschiedener Mitgliedstaaten betreffen, ABl. EU Nr. 58/19.

14 Die Fusionsrichtlinie ist in den Beck`schen Textausgaben Steuergesetze unter der Ordnungsnummer 130a abgedruckt.

15 Vgl. die Erwägungsgründe Nr. 1 und Nr. 2 der Präambel zur Fusionsrichtlinie.

16 *Laule*, IStR 2001, 297, 302; *Hey*, GmbHR 2001, 993, 1000; *Terra/Wattel*, European Tax Law, S. 535 f.; *Tumpel*, DStJG 23 (2000), 321, 334 f.; 338 f. 367 ff.; *Eilers/Bahns/Sedlaczek*, in: von der Groeben/Schwarze, EUV/EGV, Vorbem. zu den Artt. 90 bis 93 Rz. 10, 11.

17 Die deutsche Fassung des Art. 2 Buchst. c FRL lautet: Im Sinne dieser Richtlinie ist [die]„Einbringung von Unternehmensteilen“ der Vorgang, durch den eine Gesellschaft eines Mitgliedstaates, ohne aufgelöst zu werden, ihren Betrieb insgesamt oder einen oder mehrere Teilbetriebe in eine Gesellschaft eines anderen Mitgliedstaates gegen Gewährung von Gesellschaftsanteilen der übernehmenden Gesellschaft einbringt.

Einbringung und dem Interesse der Mitgliedstaaten an der Wahrung ihrer Besteuerungsrechte an.[18] So ist eine Einbringung eines Teilbetriebs durch eine deutsche GmbH in eine französische Aktiengesellschaft (Société Anonyme, S.A.) nach Art. 9 i.V.m. 4 Abs. 1 Satz 2 Buchst. b FRL nur dann in vollem Umfang steuerneutral möglich, wenn die gesamten Wirtschaftgüter des Teilbetriebs in eine inländische Betriebsstätte der französischen Aktiengesellschaft eingebracht werden (so genannte Betriebsstättenbedingung).[19]

Entsprechend dem Charakter der Fusionsrichtlinie als Richtlinie gemäß Art. 249 Abs. 3 EG (ex Art. 189 Abs. 3 EGV) sind die Regelungen zur Einbringung von Unternehmensteilen nicht unmittelbar anwendbar, sondern bedürfen der Umsetzung in das nationale Steuerrecht. Im Rahmen des UmwStG 1995 geschah dies durch die §§ 23 Abs. 1 bis Abs. 3, 26 UmwStG 1995.[20] § 23 Abs. 1 UmwStG 1995 regelte die Einbringung eines Betriebs oder Teilbetriebs einer unbeschränkt körperschaftsteuerpflichtigen Kapitalgesellschaft in eine inländische Betriebsstätte einer beschränkt steuerpflichtigen EU-Kapitalgesellschaft,[21] § 23 Abs. 2 UmwStG 1995 die Einbringung eines Betriebs oder Teilbetriebs aus der inländischen Betriebsstätte einer beschränkt steuerpflichtigen EU-Kapitalgesellschaft in eine beschränkt oder unbeschränkt körperschaftsteuerpflichtige EU-Kapitalgesellschaft und § 23 Abs. 3 UmwStG 1995 schließlich die Einbringung eines Betriebs oder Teilbetriebs einer unbeschränkt steuerpflichtigen Kapitalgesellschaft aus einer ausländischen Betriebsstätte in eine beschränkt steuerpflichtige EU-Kapitalgesellschaft. Nach der Auffassung der Rechtslehre[22] und der Europäischen Kommission[23] setzten diese Regelungen die Vorgaben der Fusionsrichtlinie nicht richtlinienkonform um. Die Kritik richtete sich vor allem

---

[18] Vgl. die Erwägungsgründe Nr. 4 bis Nr. 6 der Präambel zur Fusionsrichtlinie; *Tumpel*, DStJG 23 (2000), 321, 368 f.; *Eilers/Bahns/Sedlaczek*, in: von der Groeben/Schwarze, EUV/EGV, Vorbem. zu den Artt. 90 bis 93 Rz. 10, 11.

[19] *Herzig*, in: Lüdicke, Fortentwicklung, S. 130; *Saß*, DB 1990, 2340, 2343; *Knobbe-Keuk*, EuZW 1992, 336, 342.

[20] Durch das Standortsicherungsgesetz vom 13.9.1993, BGBl. I 1993, S. 1569.

[21] Dabei handelt es sich um eine Kapitalgesellschaft, die die Voraussetzungen des Art. 3 Buchst. a bis c FRL erfüllte. Danach musste die Kapitalgesellschaft eine der im Anhang zur Fusionsrichtlinie aufgeführten Rechtsformen besitzen, in einem Mitgliedstaat der Europäischen Union ansässig sein und in dem Mitgliedstaat der Europäischen Union ohne Befreiungsmöglichkeit der Körperschaftsteuer unterliegen.

[22] *Bogenschütz*, IStR 2000, 609, 610; *Knobbe-Keuk*, EuZW 1992, 336, 342; *Thömmes*, ZGR 1994, 75, 77.

[23] Vorschlag für eine Richtlinie des Rates zur Änderung der Richtlinie 90/434/EWG des Rates vom 23.7.1990 über das gemeinsame Steuersystem für Fusionen, Spaltungen, die Einbringung von Unternehmensteilen und den Austausch von Anteilen, die Gesellschaften verschiedenen Mitgliedstaaten betreffen, KOM (2003) 613 endg. Rz. 26 der Erwägungsgründe.

gegen die Voraussetzung der unbeschränkten Körperschaftsteuerpflicht der einbringenden Kapitalgesellschaft in den Fällen des § 23 Abs. 1 und Abs. 3 UmwStG 1995, das Erfordernis der Gewährung neuer Anteile als Gegenleistung[24] sowie die Geltung der doppelten Buchwertverknüpfung in grenzüberschreitenden Fällen[25] und die Ausgestaltung der Missbrauchsverhinderungsvorschrift des § 26 Abs. 2 Satz 2 UmwStG 1995.[26] Daneben bestand nicht die Möglichkeit, die Wirtschaftsgüter des Unternehmensteils im Wege der Gesamtrechts- oder Sonderrechtsnachfolge nach dem UmwG auf einen ausländischen Rechtsträger zu übertragen. Dies erschwerte die Durchführung von grenzüberschreitenden Einbringungen in einem erheblichen Umfang. Erst mit den Verordnungen über das Statut der Europäischen Aktiengesellschaft (Societas Europaea, SE) vom 8.10.2001[27] und das Statut der Europäischen Genossenschaft (Societas Cooperativa Europaea, SCE) vom 22.7.2003[28] traten gemeinschaftsrechtliche Regelungen in Kraft, mit denen bestimmte gesellschaftsrechtliche Maßnahmen in grenzüberschreitenden Fällen ermöglicht wurden.

Im Hinblick auf diese geänderten Rahmenbedingungen wurde auf Vorschlag der Europäischen Kommission vom 17.10.2003[29] die Fusionsrichtlinie am 17.2.2005[30] geändert. In der Bundesrepublik Deutschland erfolgte die Umsetzung der geänderten Fusionsrichtlinie durch das Gesetz über steuerliche Begleitmaßnahmen zur Einführung der Europäischen Gesellschaft und zur Änderung weiterer steuerlicher Vorschriften (SEStEG), welches am 13.12.2006 in Kraft trat.[31]

---

24 *Knobbe-Keuk*, Bilanz- und Unternehmenssteuerrecht, § 22 VIII 4c, S. 843; *Albrecht*, in: Haritz/Benkert, UmwStG, § 23 Rz. 111, 149; *Klingberg/van Lishaut*, Der Konzern 2005, 698, 722

25 *Heinz*, GmbHR 2003, 1474; *Saß*, DB 2004, 2231, 2232; *Blumers/Kinzl*, BB 2005, 971, 974.

26 *Thömmes*, in: Flick/Wassermeyer/Baumhoff, AStG, § 26 UmwstG Rz. 8.

27 Verordnung (EG) Nr. 2157/2001 des Rates vom 8.10.2001 über das Statut der Europäischen Aktiengesellschaft (SE), ABl. EG 2001 Nr. L 207. 1

28 Verordnung (EG) Nr. 1435/2003 des Rates vom 22.7.2003 über das Statut der Europäischen Genossenschaft (SCE), ABl. EG 2003 Nr. L 207, 1.

29 Vorschlag für eine Richtlinie des Rates zur Änderung der Richtlinie 90/434/EWG des Rates vom 23.7.1990 über das gemeinsame Steuersystem für Fusionen, Spaltungen, die Einbringung von Unternehmensteilen und den Austausch von Anteilen, die Gesellschaften verschiedenen Mitgliedstaaten betreffen, KOM (2003) 613 endg.

30 Richtlinie 2005/19/EG des Rates vom 17.2.2005 zur Änderung der Richtlinie 90/434/EWG über das gemeinsame Steuersystem für Fusionen, Spaltungen, die Einbringung von Unternehmensteilen und den Austausch von Anteilen, die Gesellschaften verschiedener Mitgliedstaaten betreffen, ABl. EU Nr. 58/19.

31 BGBl. I 2006, S. 2782. Die Verabschiedung durch den Bundestag erfolgte am 7.12.2006, die Verkündung im BGBl. am 12.12.2006), BGBl. I 2006.

Dabei konnte der Gesetzgeber die Regelungen der geänderten Fusionsrichtlinie nicht ohne weiteres in das UmwStG umsetzen. Neben den Vorgaben der Fusionsrichtlinie hatte er auch diejenigen des primären Gemeinschaftsrechts und dabei insbesondere die Grundfreiheiten des EG-Vertrags zu beachten. Es entspricht der mittlerweile ständigen Rechtsprechung des EuGH,[32] dass die Grundfreiheiten im Rahmen ihrer Wirkung als Beschränkungs- und Diskriminierungsverbote einen unmittelbaren Einfluss auf die Steuerregelungen der Mitgliedstaaten haben. Aufgrund dessen wurde in der Rechtslehre schon seit längerem die Auffassung[33] vertreten, der Ausschluss von Personengesellschaften und natürlichen Personen als einbringende Rechtsträger entspreche zwar der Vorgabe der Fusionsrichtlinie, nicht aber derjenigen der Niederlassungsfreiheit. Das Gleiche galt für die Nichtberücksichtigung eines Mitunternehmeranteils als Einbringungsgegenstand.[34] In jüngerer Zeit wurde zudem durch das Urteil des EuGH vom 11.3.2004[35] in der Rechtssache *„de Lasteyrie du Saillant“* die Frage aufgeworfen, ob die Betriebsstättenbedingung der Fusionsrichtlinie mit den Grundfreiheiten vereinbar sei.[36]

Darüber hinaus war das UmwStG an die bevorstehende Reform des UmwG durch das Zweite Gesetz zur Änderung des UmwG vom 19.4.2007[37] anzupassen, welche aufgrund der Entscheidung des EuGH in der Rechtssache

---

32 Vgl. allein *EuGH*, Urt. vom 15.2.1995, Rs. C-273/93, *„Schumacker“*, Slg. 1995, I-225 Tz. 21, 26; *EuGH*, Urt. vom 11.8.1995, Rs. C-80/94, *„Wielockx“*, Slg. 1995, I-2493 Tz. 16; *EuGH*, Urt. vom 27.6.1996, Rs. C-107/94, *„Asscher“*, Slg. 1996, I-3089 Tz. 36; *EuGH*, Urt. vom 29.4.1999, Rs. C-311/97, *„Royal Bank of Scotland“*, Slg. 1999, I-2664 Tz. 19; *EuGH*, Urt. vom 13.4.2000, Rs. C-251/98, *„Baars“*, Slg. 2000, I-2805 Tz. 17; *EuGH*, Urt. vom 8.3.2001, Rs. C-397/98 und C-410/98, *„Metallgesellschaft und Hoechst“*, Slg. 2001, I-1727 Tz. 37; *EuGH*, Urt. vom 12.12.2002, Rs. C-324/00, *„Lankhorst-Hohorst“*, Slg. 2002, I-11802 Tz. 26; *EuGH*, Urt. vom 7.9.2004, Rs. C-319/03, *„Manninen“*, IStR 2004, 680 Tz. 19.

33 *Knobbe-Keuk*, DB 1991, 298, 304, 306; *dies.*, Bilanz- und Unternehmenssteuerrecht, § 22 VIII 5 a, S. 848 f. Zustimmend *Herzig/Dautzenberg/Heyeres*, DB 1991, Beilage 12, S. 16; *Schmalz*, S. 34; *Debatin*, BB 1991, 947, 949 f.; *Albrecht*, in: Haritz/Benkert, UmwStG, § 23 Rz. 26.

34 *Pietsch*, S. 21 f. m.w.N.

35 *EuGH*, Urt. vom 11.3.004, Rs. C-9/02, *„de Lasteyrie du Saillant“*, Slg. 2004, I-2409 ff.

36 *Wissenschaftlicher Beirat Ernst & Young*, BB 2005, 2166, 2268; *Rödder*, DStR 2004, 1629, 1633; *ders.*, DStR 2005, 893, 895; *Schön*, IStR 2004, 289, 296; *Schön/Schindler*, IStR 2004, 571, 575; *Schindler*, IStR 2005, 551, 556 f.

37 In Kraft getreten am 25.4.2007, BGBl. I 2007, S. 542; dazu *Limmer*, ZNotP, 2007, 242 ff.; *Neye*, BB 2007, 389.

„*Sevic Systems AG*"[38] und der Pflicht zur Umsetzung der gesellschaftsrechtlichen Verschmelzungsrichtlinie vom 26.10.2005[39] notwendig wurde.

Aufgrund dieser Vielzahl von Änderungsmotiven wurde das UmwStG durch das SEStEG grundlegend überarbeitet. Diese Reform des UmwStG sollte nach dem Willen des Gesetzgebers[40] zukünftig die Basis für ein systematisch in sich geschlossenes Umstrukturierungsrecht schaffen, das sich für die künftige Weiterentwicklung des Gesellschaftsrechts öffnet, und gewährleisten, dass europaweit die gleichen steuerlichen Grundsätze für inländische und für grenzüberschreitende Umstrukturierungen gelten. Zu diesem Zweck wurden die Einbringungsvorschriften neu konzipiert. Die Regelungen über Einbringungen im Inland und diejenigen über grenzüberschreitende Einbringungen wurden vereinheitlicht und in den §§ 20 ff. UmwStG n.F., dem Sechsten Teil des UmwStG n.F., zusammengefasst. Nach der Gesetzesbegründung[41] sollen dadurch nicht nur die Vorgaben der geänderten Fusionsrichtlinie in das nationale Recht umgesetzt, sondern auch bestehende Verstöße gegen die Grundfreiheiten beseitigt werden. Es stellt sich die Frage, ob dieses Ziel tatsächlich erreicht wurde. In der Rechtslehre[42] werden bereits erste Stimmen laut, die bezweifeln, dass der Gesetzgeber die Vorgaben der Fusionsrichtlinie richtlinienkonform umgesetzt habe. In diesem Sinne soll die folgende Untersuchung dazu dienen, die neu konzipierten Einbringungsvorschriften auf ihre Vereinbarkeit mit dem sekundären und primären Gemeinschaftsrecht zu überprüfen. Sofern die neu konzipierten Einbringungsvorschriften der §§ 20 ff. UmwStG n.F. darüber hinaus systematische Bedenken aufwerfen, sollen diese erörtert und kritisch hinterfragt werden.

Die vom Gesetzgeber vorgenommene „Europäisierung" der Einbringungsvorschriften führt mit dem europäischen Teilbetriebsbegriff zu einem weiteren Gegenstand der Untersuchung. Die Fusionsrichtlinie enthält in Art. 2 Buchst. i FRL eine eigene Teilbetriebsdefinition. Ein Teilbetrieb ist danach

---

38 *EuGH*, Urt. vom 13.12.2005, Rs. C-411/03, „*Sevic Systems AG*", IStR 2006, 32. Zu den steuerrechtlichen Folgefragen dieser Entscheidung *Dötsch/Pung*, Der Konzern 2006, 258 ff.

39 Richtlinie 2005/56/EG vom 26.10.2005 über die Verschmelzung von Kapitalgesellschaften aus verschiedenen Mitgliedstaaten, ABl.EG Nr. L 310/1 vom 25.11.2005.

40 Regierungsentwurf vom 25.9.2006, BT-Drucks. 16/2710, S. 25 unter I. Allgemeiner Teil, 1. Ziel des Gesetzes.

41 Vgl. Regierungsentwurf vom 25.9.2006, BT-Drucks. 16/2710, S. 42.

42 *Heß/Schnitger*, in: PwC, Reform des UmwstR Rz. 1652; *Gille*, IStR 2007, 194, 197; *Hahn*, IStR 2006, 797, 805; *Klingberg/van Lishaut*, Der Konzern 2005, 698, 722 (Anmerkung *Klingberg*); *Körner*, IStR 2006, 109, 112; *Thömmes u.a.*, IWB, F. 11 G. 2, 747, 758; *Werra/Teiche*, DB 2006, 1455, 1461; *Drüen*, DStZ 2006, 539, 542.

die Gesamtheit der in einem Unternehmensteil einer Gesellschaft vorhandenen aktiven und passiven Wirtschaftsgüter, die in organisatorischer Hinsicht einen selbständigen Betrieb, d.h. eine aus eigenen Mitteln funktionsfähige Einheit darstellen. In der Rechtslehre besteht keine einheitliche Auffassung über den Inhalt und die kennzeichnenden Merkmale dieser Definition. So ist es beispielsweise umstritten, ob der europäische Teilbetriebsbegriff die Einbringung sämtlicher Wirtschaftsgüter oder nur die Einbringung der wesentlichen Betriebsgrundlagen des Teilbetriebs verlange.[43] Zudem besteht keine gefestigte Rechtsprechung des EuGH zum europäischen Teilbetriebsbegriff. Bislang hat sich der EuGH[44] allein in dem Urteil vom 15.1.2002 in der Rechtssache *„Andersen og Jensen"* mit der Definition des Art. 2 Buchst. i FRL befasst. Allerdings hat diese Entscheidung in der Rechtslehre nur wenig Beachtung gefunden.[45] Die Ursache dafür liegt in der geringen praktischen Bedeutung, die dem europäischen Teilbetriebsbegriff nach bisheriger Rechtslage zukam. Allein im Rahmen des § 23 UmwStG 1995 war nach der herrschenden Auffassung in der Rechtslehre[46] der Begriff des Teilbetriebs im Sinne der Definition des Art. 2 Buchst. i FRL auszulegen. Demgegenüber ging die Finanzverwaltung[47] davon aus, dass im ganzen UmwStG der Teilbetriebsbegriff der §§ 14, 16 EStG anzuwenden war. Danach handelt es sich bei einem Teilbetrieb um einen organisch geschlossenen, mit einer gewissen Selbständigkeit ausgestatteten Teil des Gesamtbetriebs, der – für sich betrachtet – alle Merkmale eines Betriebs aufweist und als solcher lebensfähig ist.[48] Es ist zu untersuchen, inwieweit sich dieser „nationale Teilbetriebsbegriff" vom europäischen Teilbetriebsbegriff unterscheidet. Dabei sollen die wesentlichen Merkmale des europäischen Teilbe-

---

43 *Neumann*, EStB 2002, 437, 441; *Schmitt*, in: Schmitt/Hörtnagl/Stratz, UmwG, UmwStG, § 23 UmwstG Rz. 30; *Blumers*, DB 2001, 722, 725, *ders.*; BB 2007, 1757, 1760.

44 *EuGH*, Urt. vom 15.1.2002, Rs. C-43/00, *„Andersen og Jensen"*, Slg. 2002, I-394 ff. = FR 2002, 298 ff. *Heß/Schnitger* (vgl. *Heß/Schnitger*, in: PwC, Reform des UmwStR, Rz. 1530) gehen davon aus, dass der EuGH in dieser Entscheidung den europäischen Teilbetriebsbegriff nicht abschließend ausgelegt hat.

45 Vgl. aber *Menner/Broer*, DB 2002, 815 ff.; *dies.*, BB 2003, 229 ff.; *Thömmes*, JbFSt 2002/2003, 82 ff.; *Aigner*, SWI 2002, 259 ff.; *ders.*, SWI 2001, 173 ff.

46 *Menner/Broer*, BB 2003, 229; *dies.*, DB 2002, 815, 818; *Albrecht*, in: Haritz/Benkert, UmwStG, § 23 Rz. 116 ff.; *Thömmes*, in: Flick/Wassermeyer/Baumhoff, AStG, § 23 UmwStG Rz. 45; *ders.*, FS Widmann, S. 583, 600; *Herzig/Förster*, DB 1992, 913; *Strobl-Haarmann*, FS Widmann, S. 553, 558, 559

47 *BMF* vom 25.3.1998, BStBl. I 1998, 268 Tz. 15.02, 20.08, 24.04 i.V.m. 20.08, 23.01.

48 Vgl. allein *BFH*, Beschl. vom 18.10.1999, GrS 2/98, BStBl. II 2000, 123; 126; *BFH*, Urt. vom 27.10.1994, I R 107/93, BStBl. II 1995, 403, 405; *BFH*, Urt. vom 13.2.1996, VIII R 39/92, BStBl. II 1996, 409, 410 m.w.N.; *FG Köln*, Urt. vom 23.3.2000, 2 K 6152/95, DStRE 2000, 854 f. und EStR 139 Abs. 3 Satz 1.

triebsbegriffs herausgearbeitet und eine widerspruchsfreie und gleichzeitig praxistaugliche Linie zur Bestimmung dieses Begriffs gefunden werden. Lassen sich Unterschiede zwischen beiden Teilbetriebsbegriffen feststellen, so wirft dies die Frage auf, welcher der beiden Begriffe im Rahmen der neu konzipierten Einbringungsvorschriften anzuwenden ist.

Soweit ersichtlich, sind die §§ 20 ff. UmwStG n.F. aufgrund der Aktualität der Entwicklungen im Rahmen des UmwStG noch nicht Gegenstand einer wissenschaftlichen Untersuchung gewesen. In diesem Sinne möchte die vorliegende Arbeit einen ersten Beitrag zur weiteren Diskussion im Rahmen der neu konzipierten Einbringungsvorschriften und zur Auslegung des europäischen Teilbetriebsbegriffs leisten.

B. Gang der Untersuchung

Im ersten Teil der Arbeit werden die gemeinschaftsrechtlichen Rahmenbedingungen für grenzüberschreitende Einbringungen von Unternehmensteilen herausgearbeitet. Der Schwerpunkt der Untersuchung liegt dabei bei der Prüfung der Frage, welche Grundfreiheiten in sachlicher, persönlicher und räumlicher Hinsicht Vorgaben für solche Einbringungen enthalten. Soweit sich dabei Überschneidungen zwischen den Schutzbereichen der Grundfreiheiten ergeben, soll das Verhältnis dieser Grundfreiheiten zueinander geklärt werden. Im Anschluss daran wird anhand der Rechtsprechung des EuGH zu den direkten Steuern die Wirkungsweise und Struktur der einschlägigen Grundfreiheiten geklärt. Der Ausgangspunkt der Untersuchung ist dabei die vom EuGH und der Rechtslehre vorgenommene Unterteilung der Grundfreiheitsverstöße in Diskriminierungen und Beschränkungen. Die kennzeichnenden Merkmale und Unterschiede dieser beiden Fallgruppen sollen herausgearbeitet und – soweit dies für den Gegenstand der Arbeit erforderlich ist – kritisch hinterfragt werden. Der erste Teil schließt mit der Untersuchung der vom EuGH bisher anerkannten Rechtfertigungsgründe, die im Rahmen von grenzüberschreitenden Einbringungen von Bedeutung sind.

Der zweite Teil beginnt mit einem Überblick über das Lösungskonzept der Fusionsrichtlinie zur Beseitigung von Diskriminierungen und Beschränkungen bei grenzüberschreitenden Einbringungen. Dazu werden die grundlegenden Prinzipien und Ziele der Fusionsrichtlinie herausgestellt. Auf eine Erörterung der Regelungen der Fusionsrichtlinie zur Berücksichtigung von Rücklagen, Rückstellungen und Verluste im Rahmen von grenzüberschreitenden Einbringungen (Artt. 9 i.V.m. 5, 6 FRL) wird dabei aus Gründen der Überschaubarkeit verzichtet. Die Untersuchung konzentriert sich auf das

Hauptproblem im Zusammenhang mit grenzüberschreitenden Einbringungen, das in der Übertragung von stillen Reserven auf einen ausländischen Rechtsträger liegt. Fortgesetzt wird der zweite Teil mit der Erörterung des persönlichen und sachlichen Anwendungsbereichs der Fusionsrichtlinie. Im Rahmen des sachlichen Anwendungsbereichs wird insbesondere auf den europäischen Teilbetriebsbegriff eingegangen. Zum besseren Verständnis der weiteren Untersuchung soll dabei der eigentlichen Auslegung des europäischen Teilbetriebsbegriffs eine Darstellung des nationalen Teilbetriebsbegriffs und des Begriffs der wesentlichen Betriebsgrundlagen vorangestellt werden. Nach dieser Einführung beschäftigt sich die Arbeit mit dem Urteil des EuGH in der Rechtssache „*Andersen og Jensen*", in dem der EuGH die Definition des Teilbetriebs nach Art. 2 Buchst. i FRL ausgelegt hat. Soweit sich aus der Entscheidung keine wesentlichen Rückschlüsse für die Bestimmung des europäischen Teilbetriebsbegriffs ergeben, werden im Rahmen einer eigenen Prüfung die wesentlichen Merkmale des europäischen Teilbetriebsbegriffs herausgearbeitet. Dies geschieht sowohl durch eine grammatikalische, systematische und teleologische Auslegung des Wortlauts des Art. 2 Buchst. i FRL, als auch durch eine vergleichende Betrachtung mit den Merkmalen des nationalen Teilbetriebsbegriffs. Daran anschließend werden die Vorgaben der Fusionsrichtlinie im Hinblick auf die Steuerneutralität einer grenzüberschreitenden Einbringung untersucht. Um den Gang der Prüfung anschaulicher zu gestalten, wird die Systematik der Fusionsrichtlinie anhand von Beispielsfällen aufgezeigt. Ein weiterer Schwerpunkt des zweiten Teils liegt in der Untersuchung der Fragen, die durch die Entscheidung des EuGH in der Rechtssache „*de Lasteyrie du Saillant*" im Hinblick auf die Gemeinschaftsrechtskonformität der Vorgaben der Fusionsrichtlinie aufgeworfen wurden.

Der dritte Teil hat die Untersuchung der neu konzipierten Einbringungsvorschriften der §§ 20 ff. UmwStG n.F. zum Gegenstand. Der Inhalt der Untersuchung konzentriert sich auf die Prüfung, ob diese Regelungen den in den beiden ersten Teilen ermittelten Vorgaben für grenzüberschreitende Einbringungen entsprechen. Darüber hinaus werden die Veränderungen gegenüber der bisherigen Rechtslage geprüft und gegebenenfalls kritisch hinterfragt.

Die Untersuchung schließt im vierten Teil mit einer Zusammenfassung der Ergebnisse.

1. Teil: Gemeinschaftsrechtliche Rahmenbedingungen für grenzüberschreitende Einbringungen

A. Umwandlungssteuergesetz als Teil der direkten Steuern

Die steuerlichen Rechtsfolgen einer grenzüberschreitenden Einbringung von Unternehmensteilen richten sich nach dem UmwStG. Die Bezeichnung „Umwandlungssteuergesetz" ist dabei missverständlich. Gegenstand des UmwStG ist es nicht, eine Steuer auf Umwandlungen zu erheben. Das Gegenteil soll erreicht werden. Für den Fall des Übergangs von Betriebsvermögen zwischen zwei Rechtsträgern soll verhindert werden, dass es zur Nichtbesteuerung des Vorgangs kommt. Entsprechend der Aufgabe des UmwStG, wirtschaftlich sinnvolle Umstrukturierungen nicht durch steuerliche Folgen zu behindern, sollen die stillen Reserven im Zeitpunkt der Umstrukturierung nicht aufgelöst werden. Zu diesem Zweck stellt das UmwStG für die Ermittlung des Gewinns, des Einkommens und des Gewerbeertrags (§ 7 Abs. 1 KStG, §§ 2 Abs. 4, 4 Abs. 1, 5 Abs. 1 EStG, § 7 GewStG) Sonderregelungen auf,[1] welche eine Auflösung der stillen Reserven anlässlich der Umstrukturierung verhindern. Ihre Besteuerung soll bis zu einer späteren Realisation aufgeschoben werden. Aufgrund dieses Regelungskonzepts ist das UmwStG materielles Ertragsteuerrecht[2] und damit Teil der direkten Steuern.[3] Es stellt sich die Frage, welche Vorgaben das Gemeinschaftsrecht an grenzüberschreitende Einbringungen aufstellt. Dazu sind zunächst die vom EG-Vertrag gesetzten Rahmenbedingungen auf dem Gebiet der direkten Steuern zu untersuchen.

---

1 *Dötsch*, in: Dötsch/Patt/Pung/Jost, UmwStR, 5. Aufl., Einf. UmwStG Rz. 29; *Luckey*, S. 26, 29; *ders.*, StuW 1979, 129, 130 f. Umstritten ist, inwieweit das UmwStG Sonderregelungen für die Erbschaftsteuer aufstellt; vgl. *Wolff*, in: Blümich, EStG, KStG, GewStG, § 1 UmwStG Rz. 3; *Widmann*, in: Widmann/Mayer, UmwR, § 2 UmwStG Rz. 85 m.w.N.

2 *Hörtnagl*, in: Schmitt/Hörtnagl/Stratz, UmwG, UmwStG, Einf. UmwStG Rz. 14; *Slabon*, in: Haritz/Benkert, UmwStG, § 2 Rz. 27; *Sarrazin*, ZGR 1994, 66 f.; *Weber-Grellet*, BB 1997, 653.

3 Vgl. *Stolterfoht*, FS Kruse, S. 485, 490, *Kloster*, S. 182.

B. Kompetenzen der Europäischen Gemeinschaft

I. Binnenmarktkonzept der Europäischen Gemeinschaft

Die Mitgliedstaaten der Europäischen Union[4] (EU) haben sich nach Art. 2 EU (ex Art. B EUV) die Schaffung eines Raumes ohne Binnengrenzen zum Ziel gesetzt. Grundlage der Europäischen Union sind nach § 1 Abs. 3 EU (ex Art. A EUV) die Europäischen Gemeinschaften. Dies sind im Einzelnen die „Europäische Gemeinschaft"[5] (EG), die „Europäische Gemeinschaft für Kohle und Stahl"[6] (EGKS) und die „Europäische Atomgemeinschaft"[7] (EAG). Speziell die Europäische Gemeinschaft (EG) hat nach Art. 3 Abs. 1 Buchst. c EG (ex Art. 3 Abs. 1 Buchst. c EGV) die Aufgabe, einen gemeinsamen Binnenmarkt zu errichten, der durch die Beseitigung der Hindernisse für den freien Waren-, Personen-, Dienstleistungs- und Kapitalverkehr zwischen den Mitgliedstaaten gekennzeichnet ist. Diese Konzeption des europäischen Wirtschaftsraumes als Binnenmarkt – auch umschrieben in der Binnenmarktdefinition des Art. 14 Abs. 2 EG (ex Art. 7a Abs. 2 EGV) – betrachtet die Gesamtheit der Unternehmer und Konsumenten als Teilnehmer eines einheitlichen, grenzüberschreitenden Marktes, auf dem das europaweite Angebot von Waren, Dienstleistungen, Arbeitskraft und Kapital von einer entsprechenden Nachfrage abhängig ist.[8] Der EG-Vertrag zielt daher nicht allein darauf ab, Wirtschaftssubjekten den Zugang zu den einzelnen nationalen Teilmärkten zu eröffnen, um ihnen auf diesen die Gleichbehandlung mit inländischen Teilnehmern zu sichern. Ihm liegt ein weiteres Verständnis zugrunde: Er verlangt den Abbau aller faktischen und rechtlichen Grenzen, welche der vollen Entfaltung des Güterangebots und einer effizienten Allokation von Ressourcen entgegenstehen.[9] Dieses Ziel verpflichtet die Organe der Europäischen Gemeinschaft, die nationalen

---

4 Konstituiert durch den Vertrag über die Europäische Union vom 7.2.1992.

5 Konstituiert durch den Vertrag zur Gründung der europäischen Wirtschaftsgemeinschaft (EGWV) vom 25.3.1957. umbenannt in Vertrag zur Gründung der Europäischen Gemeinschaft (EGV) durch den Vertrag über die Europäische Union vom 7.2.1992.

6 Konstituiert durch den Vertrag über die Gründung der Europäischen Gemeinschaft für Kohle und Stahl vom 18.4.1951. Der Montansektor ist mit dem Auslaufen des EGKSV im Jahr 2002 in den Anwendungsbereich des EGV überführt worden.

7 Konstituiert durch den Vertrag zur Gründung der Europäischen Atomgemeinschaft (EAG) vom 25.3.1957.

8 *Schön*, IStR 2004, 289, 290; *Farmer*, EC Tax Rev., 2003, 75, 76. *Vanistendael*, EC Tax Rev., 2003, 136, 139; *Schießl*, NJW 2005, 849, 850.

9 *Schön*, IStR 2004, 289; *Vanistendael*, EC Tax Rev., 2003, 136, 139; *Schießl*, NJW 2005, 849.

Steuervorschriften der Mitgliedstaaten anzugleichen, soweit sie der Realisierung eines Binnenmarktes entgegenstehen.

II. Fehlende Kompetenz auf dem Gebiet der direkten Steuern

Allerdings kann die Europäische Gemeinschaft die direkten Steuern nicht ohne weiteres angleichen. Nach dem in Art. 5 Abs. 1 EG (ex 3b Abs. 1 EGV) normierten Grundsatz der begrenzten Einzelermächtigung ist das Vorliegen einer Kompetenz zum Erlass einer Harmonisierungsmaßnahme die Voraussetzung für ein Tätigwerden. Eine solche fehlt für die direkten Steuern; der EG-Vertrag trifft keine expliziten Aussagen dazu.[10] Dieses Fehlen einer ausdrücklichen Kompetenz hat seine Ursache in der Bedeutung der Steuer- und Finanzhoheit als wesentliche Merkmale der Souveränität eines Staates.[11] Eine Übertragung der Kompetenzen im Bereich der direkten Steuern ist durch die Mitgliedstaaten nicht erfolgt.[12] Nach dem EG-Vertrag bleibt es ihnen vorbehalten, ihre nationalen Besteuerungssysteme auszugestalten.[13] Durch diese Kompetenzzuweisung sind Unterschiede in den Steuersystemen der einzelnen Mitgliedstaaten ebenso vorgezeichnet wie ein Wettbewerb der Mitgliedstaaten[14] um die Gunst der Steuerpflichtigen und ein Anpassungsdruck für die nationalen Gesetzgeber.[15] Lediglich für solche

---

10 *Tiedtke*, FS 600 Jahre Juristenfakultät Würzburg, S. 463, 471; *Birk*, FR 2005, 121, 122, 127.

11 Vgl. *Battis*, DÖV 2001, 988, 994; *Knobbe-Keuk*, EuZW 1991, 649, 650; *Everett*, DStZ 2006, 357.

12 Gemäß dem Grundsatz „*The power to tax is the power to govern*", vgl. *Cordewener*, S. 31 Fn. 107 m.w.N., S. 32 ff.; *Birk*, FR 2005, 121.

13 *EuGH*, Urt. vom 15.2.1995, Rs. C-273/93, „*Schumacker*", Slg. 1995, I-225 Tz. 21, 26; *EuGH*, Urt. vom 11.8.1995, Rs. C-80/94, „*Wielockx*", Slg. 1995, I-2493 Tz. 16; *EuGH*, Urt. vom 27.6.1996, Rs. C-107/94, „*Asscher*", Slg. 1996, I-3089 Tz. 36; *EuGH*, Urt. vom 29.4.1999, Rs. C-311/97, „*Royal Bank of Scotland*", Slg. 1999, I-2664 Tz. 19; *EuGH*, Urt. vom 13.4.2000, Rs. C-251/98, „*Baars*", Slg. 2000, I-2805 Tz. 17; *EuGH*, Urt. vom 8.3.2001, Rs. C-397/98 und C-410/98, „*Metallgesellschaft und Hoechst*", Slg. 2001, I-1727 Tz. 37; *EuGH*, Urt. vom 12.12.2002, Rs. C-324/00, „*Lankhorst-Hohorst*", Slg. 2002, I-11802 Tz. 26; *EuGH*, Urt. vom 7.9.2004, Rs. C-319/03, „*Manninen*", IStR 2004, 680 Tz. 19.

14 *Cordewener*, S. 13 ff.; *Fischer*, FR 2004, 630; *Schön*, DStJG 23 (2000), 191 ff.; *Saß*, FR 1999, 77. Der Steuerwettbewerb wird dabei im Wesentlichen über eine Senkung der Steuersätze geführt. Der am 1.7.1997 vom ECOFIN beschlossene Verhaltenskodex gegen unfairen Steuerwettbewerb (KOM (1997), 495 endg./2, BR-Drucks. 814/97, BT-Drucks. 13/11101, S. 41) ist nur unverbindlicher, politischer Natur und schützt nicht gegen ein niedriges Steuerniveau im Ausland.

15 *Schreiber*, StuW 1994, 238, 243; *Wingert*, DStZ 1989, 316; *Mick*, in: Birk, Europäisches Steuer- und Abgabenrecht, § 24 Rz. 25 ff.; *Hey*, in: Herrmann/Heuer/Raupach, EStG, KStG, Einf. KStG Anm. 69.

Steuern, deren Harmonisierung für die Realisierung eines europäischen Binnenmarktes unverzichtbar ist, enthält der EG-Vertrag in den „Steuerlichen Vorschriften" der Artt. 90-93 EG (ex Artt. 95-99 EGV) eine ausdrückliche Kompetenzzuweisung an die Europäische Gemeinschaft. Betroffen sind davon die Regelungen der Mitgliedstaaten auf dem Gebiet der indirekten Steuern, die an die freie Bewegung von Waren anknüpfen und sich unmittelbar auf den Preis der eingesetzten Güter auswirken. Dementsprechend können auf der Grundlage von Art. 93 EG (ex Art. 99 EGV) Richtlinien zur Harmonisierung der Umsatzsteuer,[16] der Verbrauchssteuern und -abgaben[17] und der sonstigen indirekten Steuern durch den Europäischen Rat erlassen werden.[18]

III. Allgemeine Rechts- und Angleichungskompetenz nach Art. 94 EG

Besteht keine ausdrückliche Kompetenz, verbleibt für eine Rechtsangleichung[19] auf dem Gebiet der direkten Steuern nur die allgemeine, generalklauselartige[20] Kompetenz des Art. 94 EG (ex Art 100 EGV)[21]. Danach kann der Europäische Rat auf Vorschlag der Europäischen Kommission Richtlinien hinsichtlich derjenigen Rechts- und Verwaltungsvorschriften erlassen, die sich unmittelbar auf die Errichtung und das Funktionieren des Gemeinsamen Markts auswirken.[22] Erforderlich ist damit eine unmittelbare nachtei-

---

16 Besondere Bedeutung kommt der 6. Umsatzsteuerrichtlinie vom 17.5.1977 (77/388/EWG), Abl. EG 1977 Nr. L 145/1, zu.

17 Hervorzuheben ist die Systemrichtlinie vom 25.2.1992 (92/12/EWG), Abl. EG 1992 Nr. L 76/1.

18 Zu den sonstigen indirekten Steuern zählen die Kapitalverkehrs-, Beförderungs- und Versicherungssteuer, *Eilers/Bahns/Sedlaczek,* in: von der Groeben/Schwarze, EUV/EGV, Art. 93 Rz. 14.

19 Aus dem Begriff der Angleichung in Art. 94 EG ergeben sich keine inhaltlichen Abweichungen zum Begriff der Harmonisierung in Art. 93 EG, *Laule,* IStR 2001, 297, 299; *Zorn,* DStJG 23 (2000), 227, 228.

20 *Hey,* in: Herrmann/Heuer/Raupach, EStG, KStG, Einf. KStG Anm. 67; *Meyer,* S. 54; *Müller-Graff,* EuR 1989, 107, 108.

21 *Laule,* IStR 2001, 297, 298 ff.; *Zorn,* DStJG 23 (2000), 227, 231 f.; *Schön,* DStJG 23 (2000), 191, 216 f.; *Jacobs,* Internationale Unternehmensbesteuerung, S. 97 f.; *Seiler,* StuW 2005, 25. Nicht einschlägig ist Art. 95 EG (ex Art. 100a EGV), der gemäß seines Abs. 2 nicht zur Angleichung des Steuerrechts ermächtigt.

22 Die Begriffe Binnenmarkt und Gemeinsamer Markts stimmen nicht vollständig überein. Der Binnenmarkt umfasst lediglich einen Teilbereich des Gemeinsamen Marktes. Er beschränkt sich auf die freie Mobilität der durch die Grundfreiheiten geschützten Produktionsfaktoren Personen, Waren, Dienstleistungen und Kapital. Der Gemeinsame Markt beinhaltet hingegen neben der diskriminierungs- und beschränkungsfreien Gewährleistung der Grundfreiheiten auch eine gemeinschaftliche Verkehrs-, Landwirtschafts- und Außenhandelspolitik gegenüber Drittstaaten und ein

lige Auswirkung[23] auf den Gemeinsamen Markt oder zumindest, dass eine einheitliche Regelung durch die Mitgliedstaaten nicht oder nur unzureichend erfolgen kann.[24] Die bloße Existenz von Unterschieden in den nationalen Besteuerungssystemen der Mitgliedstaaten ist hingegen nicht ausreichend, um eine Harmonisierungsmaßnahme auf Art. 94 EG zu stützen.[25] Wann eine solche Auswirkung auf dem Gebiet der direkten Steuern vorliegt, ist im Einzelfall umstritten.[26] Für die bisher auf Grundlage des Art. 94 EG getroffenen sekundärrechtlichen Maßnahmen zur Harmonisierung der direkten Steuern wird das Vorliegen dieser Voraussetzung im Allgemeinen bejaht.[27] Im Einzelnen sind dies neben dem Maßnahmen-Paket vom 23.7.1990, bestehend aus der Fusionsrichtlinie und der Mutter-Tochter-Richtlinie,[28] die am 3.6.2003 erlassenen Richtlinien über Zins- und Lizenzgebühren[29] und über Sparzinsen.[30] Daneben besteht die auf Art. 293 EG (ex Art. 229 EGV) gestützte und ebenfalls am 23.7.1990 verabschiedete

---

System unverfälschten Wettbewerbs, vgl. *Schweitzer/Hummer*, Europarecht Rz. 1068; *Taschner*, in: von der Groeben/Schwarze, EUV/EGV, Art. 94 Rz. 40; *Zorn*, DStJG 23 (2000), 227, 230 f.; *Vogel*, StuW 1993, 380, 384; *Grabitz*, in: Grabitz/Hilf, EGV/EUV, Art 2 Rz. 15 f.; *Tiedtke/Szczesny*, GmbHR 2007, 1086, 1094 Fn. 127 m.w.N.

23 Als unmittelbar ist die Auswirkung einer nationalen Regelung zu verstehen, wenn zwischen die Kausalkette, welche Ursache und Wirkung verbindet, kein weiteres Glied tritt, vgl. *Taschner*, in: von der Groeben/Schwarze, EUV/EGV, Art. 94 Rz. 37; *Hey*, S. 96.; a.A. *Zorn*, DStJG 23 (2000), 227, 230 f., der eine weite Auslegung des Merkmals der unmittelbaren Auswirkung im Sinne eines spürbaren Einflusses auf den Gemeinsamen Markt vertritt.

24 Diese Kompetenzerweiterung steht im Zusammenhang mit dem in Art. 5 Abs. 2 EG (ex Art 3b Abs. 2 EGV) normierten Subsidaritätsprinzip, *Zorn*, DStJG 23 (2000), 227, 238 f. Zum Subsidaritätsprinzip des Art. 5 Abs. 2 EG, vgl. *Tiedtke/Szczesny*, GmbHR 2007, 1086, 1093.

25 *Tiedtke/Szczesny*, GmbHR 2007, 1086, 1093; *Vogel*, StuW 1993, 380, 383; *Zorn*, DStJG 23 (2000), 227, 235; *Hey*, S. 97.

26 Vgl. *Drüen/Kahler*, StuW 2005, 171, 173; *Kellersmann/Treisch*, Europäische Unternehmensbesteuerung, S. 178 ff.; *Hey*, S. 95 ff. m.w.N.

27 *Schreiber*, StuW 1994, 238, 241; *Waldhoff*, in: Callies/Ruffert, EUV/EGV, Art. 93 Rz. 1, 19 ff.; *Vogel*, StuW 1993, 380, 385; *Birk*, DStJG 19 (1996), 63, 73; *Laule*, IStR 2001, 297, 301 ff.; *Voß*, DStR 1991, 925, 927 ff.; *Hey*, in: Tipke/Lang, § 18 Rz. 510; *Jacobs*, Internationale Unternehmensbesteuerung, S. 162 ff. Nach *Zeitler/Jüptner*, BB 1988, Beilage 17, S. 1, 3 f. und *Schrömbges*, DB 1989, 2558, 2559 habe die jeweilige Steuerbelastung in den Mitgliedstaaten nur eine mittelbare Auswirkung auf die Wahl des Standortes durch Unternehmen.

28 Richtlinie de Rates vom 23.7.1990 über das gemeinsame Steuersystem der Mutter- und Tochtergesellschaften verschiedener Mitgliedstaaten, (90/435/EWG), Abl. EG 1990 Nr. L 225/6; geändert durch Richtlinie des Rates vom 22.12.2003 (2003/123/EG), Abl. EG 2004 Nr. L 7/41.

29 Richtlinie des Rates vom 3.6.2003 (2003/49/EG), Abl. EG 2003 Nr. L 157/49 ff.

30 Richtlinie des Rates vom 3.6.2003 (2003/48/EG), Abl. EG 2003 Nr. L 157/38 ff.

Schiedsverfahrenskonvention[31], welche in den Fällen der Gewinnberichtigung zwischen verbundenen Unternehmen und der Abgrenzung von Betriebsstättengewinnen die Durchführung eines Schlichtungsverfahrens vorsieht.[32] Weitere sekundärrechtliche Maßnahmen zur Harmonisierung der direkten Steuern bestehen nicht. Die direkten Steuern wurden daher nur ansatzweise harmonisiert.[33] Die Ursachen dafür liegen in der besonderen Sensibilität der Materie der direkten Steuern, der unterschiedlichen Ausgestaltung der nationalen Steuergesetze und dem Umstand, dass eine Harmonisierung mit einer partiellen Aufgabe der Finanz- und Steuerhoheit der Mitgliedstaaten verbunden ist und zu geringeren Einnahmen im Rahmen der öffentlichen Haushalte führen kann. Dies erschwert in einem erheblichen Maße die Konsensfindung unter den Mitgliedstaaten, welche der einstimmigen Ratsentscheidung nach Art. 94 EG vorausgehen muss.[34] Die Geschichte des ersten Entwurfs zur Fusionsrichtlinie vom 15.1.1969,[35] der über 21 Jahre bis zu seiner Annahme am 23.7.1990[36] gebraucht hat, verdeutlicht die Dimension dieses Hindernisses.[37] Vereinzelt[38] wird das Einstimmigkeitserfordernis des Art. 94 EG daher in der Rechtslehre kritisiert. Überwiegend wird es jedoch als Maßnahme zur Kontrolle und Sicherstellung der nationalen Finanz- und Steuerhoheit der Mitgliedstaaten befürwortet.[39]

---

[31] Übereinkommen vom 23.7.1990 über die Beseitigung der Doppelbesteuerung im Falle der Gewinnberichtigungen zwischen verbundenen Unternehmen (90/436/EWG), Abl. EG 1990 Nr. L 225/10.

[32] Durch die Rechtsform eines multilateralen Abkommens wurde der vereinbarte Inhalt der Gerichtsbarkeit des EuGH entzogen, vgl. *Cordewener*, S. 11.

[33] *Englisch*, StuW 2003, 88, 91; *Cordewener*, S. 10 ff.; *Dautzenberg*, BB 2004, 17; *Weber-Grellet*, Europäisches Steuerrecht, § 23 Rz. 3. Von einer „Matrix des Europäischen Steuerrechts" auf dem Gebiet der direkten Unternehmenssteuern kann daher nicht gesprochen werden; so aber *Drüen/Kahler*, StuW 2005, 171, 173. Kritisch zum Begriff des „Europäischen Steuerrechts" *Birk*, FR 2005, 121, 127.

[34] Der Erlass einer Richtlinie aufgrund von Art. 94 EG auf dem Gebiet der direkten Steuern ist deshalb weniger eine rechtliche sondern eine Frage der politischen Konsensfindung unter den Mitgliedstaaten, vgl. *Drüen/Kahler*, StuW 2005 171, 173.

[35] Vorschlag einer Richtlinie des Rates über das gemeinsame Steuersystem für Fusionen, Spaltungen und die Einbringung von Unternehmensteilen, die Gesellschaften verschiedener Mitgliedstaaten betreffen, KOM (69) 5 endg., Abl. EWG 1969 Nr. C 39/1.

[36] Vgl. Abl. EG 1990 Nr. L 225/1.

[37] *Thömmes*, in: Flick/Wassermeyer/Baumhoff, AStG, vor § 23 UmwStG Rz. 6, 7; *ders.*, intertax 2004, 124, 125.

[38] *Knobbe-Keuk*, Bilanz-und Unternehmenssteuerrecht, § 8 b I, S. 335; *Saß*, DStJG 19 (1996), 31, 44; *Vanistendael*, EC Tax Rev. 1992, 3, 11; *Jacobs*, Internationale Unternehmensbesteuerung S. 97 f.; *Stockmann*, FR 1996, 693, 697.

[39] *Eilers/Bahns/Sedlaczek* in: von der Groeben/Schwarze, EUV/EGV, Art. 93 Rz. 19; *Taschner*, in: von der Groeben/Schwarze, EUV/EGV, Art. 94 Rz. 56; *Birk*, DStJG 19

C. Einfluss der Grundfreiheiten

I. Anwendungsvorrang der Grundfreiheiten

Angesichts der geringen Dichte sekundärrechtlicher Harmonisierungsmaßnahmen ist es schwer nachvollziehbar, warum die Mitgliedstaaten im Bereich der direkten Steuern den Verlust nationaler Steuersouveränität beklagen.[40] Der Grund liegt in den primärrechtlichen Grund- oder treffender[41] Marktfreiheiten des EG-Vertrags und der Auslegung der Grundfreiheiten als Diskriminierungs- und Beschränkungsverbote, welche nach der Auffassung des EuGH auch im Bereich der direkten Steuern eine unmittelbare und vorrangige Geltung beanspruchten.[42] Dies bedeutet, dass die in Art. 14 Abs. 2 EG aufgeführten und in den Artt. 23 ff. EG (ex Artt. 30 EGV ff.) konkretisierten Grundfreiheiten (die Warenverkehrs-,[43] Arbeitnehmer-, Dienstleistungs-, Niederlassungs- und Kapitalverkehrsfreiheit) auch ohne sekundärrechtliche Ausgestaltung als Maßstab für die Beurteilung der Gemeinschaftswidrigkeit von Steuerregelungen der Mitgliedstaaten herangezogen werden können.[44] Dementsprechend betont der EuGH[45] in ständiger

---

(1996), 63, 72; *Hey*, S. 85. Nach dem Entwurf der Europäischen Verfassung soll das Einstimmigkeitserfordernis bestehen bleiben, vgl. *Englisch*, S. 213 Fn. 475.

40 Aus politischer Sicht: Finanzminister *Eichel* in der Süddeutschen Zeitung Nr. 277 vom 29.11.2004, S. 22; Staatssekretärin *Hendricks* in der Frankfurter Allgemeinen Zeitung Nr. 38 vom 15.2.2005, S. 10. Allerdings haben aufgrund der unterschiedlich ausgeprägten Vorlagebereitschaft der nationalen Gerichte einzelne Mitgliedstaaten (beispielsweise Italien, Spanien und Portugal) noch keine Entscheidungen des EuGH hinnehmen müssen, *Wathelet*, EC Tax Rev. 2004, 1, 3. Deutsche Finanzgerichte zeichnen sich hingegen durch eine erhöhte Vorlagebereitschaft aus, kritisch *Ahmann*, DStZ 2005, 75, 80.

41 Der Begriff grenzt die zur Effektivierung des Gemeinschaftsrechts gewährten Marktfreiheiten von den im Kern an die Menschenwürde anknüpfenden Grundrechten ab, vgl. *Kingreen*, S. 16; *Seiler*, StuW 2005, 25, 26.

42 Kritisch zu dieser Funktion des EuGH als „Ersatzgesetzgeber", *Wagner*, DStZ 2004, 185, 189; *Mössner*, ASA 2004, 673, 682, *Hey*, StuW 2004, 193, 204.

43 Die Warenverkehrsfreiheit nach Artt. 28, 29 EG (ex Artt. 30, 34 EGV) bestimmt die Ausgestaltung der indirekten Steuern. Im Bereich der direkten Steuern hat sie bislang kaum Bedeutung erlangt, vgl. *Cordewener*, S. 386 ff.

44 Vgl. zur Warenverkehrfreiheit: *EuGH*, Urt. vom 3.7.1974, Rs. 192/73, *„van Zuylen"*, Slg. 1974, 1337 Tz. 5, 7; zur Niederlassungsfreiheit: *EuGH*, Urt. vom 21.6.1974, Rs. 2/74 *„Reyners"*, Slg. 1974, 631 Tz. 24 ff.; zur Dienstleistungsfreiheit: *EuGH*, Urt. vom 3.12.1974, Rs. 33/74 *„van Binsbergen"*, Slg. 1974, 1299 Tz. 18; zur Arbeitnehmerfreizügigkeit: *EuGH*, Urt. vom 4.12.1974, Rs. 41/74 *„van Duyn"*, Slg. 1974, 1337 Tz. 4; zur Kapitalverkehrsfreiheit: *EuGH*, Urt. vom 23.2.1995,Rs. C-416/93 *„Bordessa u.a."*, Slg, 1995, I-331 Tz. 32; zusammenfassend *Cordewener*, S. 45 ff.

45 Ständige Rechtsprechung, vgl. *EuGH*, Urt. vom 15.2.1995, Rs. C-273/93, *„Schumacker"*, Slg. 1995, I-225 Tz. 21, 26; *EuGH*, Urt. vom 11.8.1995, Rs. C-80/94, *„Wielockx"*, Slg. 1995, I-2493 Tz. 16; *EuGH*, Urt. vom 27.6.1996, Rs. C-107/94, *„Asscher"*,

Rechtsprechung, dass zwar die Kompetenz zur Ausgestaltung der direkten Steuern nach dem gegenwärtigen Stand des Gemeinschaftsrechts in die Zuständigkeit der Mitgliedstaaten falle. Gleichwohl müssten die Mitgliedstaaten ihre Befugnisse unter Wahrung des Gemeinschaftsrechts und damit der Grundfreiheiten ausüben. Nach der Auffassung des EuGH setze sich das Gemeinschaftsrecht aufgrund seines Anwendungsvorrangs[46] uneingeschränkt gegen die mitgliedstaatlichen Steuervorschriften durch. Das gesamte direkte Steuerrecht der Mitgliedstaaten werde daher von den Grundfreiheiten überlagert und jede Kompetenzausübung durch die Mitgliedstaaten müsse sich innerhalb des gemeinschaftsrechtlichen Rahmens bewegen.[47] Gerade weil es an einer Harmonisierung fehle, so der EuGH[48], sei der Schutz vor diskriminierenden und beschränkenden Regelungen von besonderer Bedeutung. Die Geltung der Grundfreiheiten könne nicht davon abhängen, auf welchem nationalen Rechtsgebiet sie sich auswirkten.[49] Eine Bereichsausnahme für den Bereich der direkten Steuern sehe der EG-Vertrag nicht vor.

Nach der Ansicht des EuGH[50] stehe daher die grundsätzliche Regelungszuständigkeit der Mitgliedstaaten der Anwendbarkeit der Grundfreiheiten nicht entgegen. Ebenso rechtfertige der Verlust von Steueraufkommen nicht einen Verstoß gegen die Grundfreiheiten.[51] In ständiger Rechtspre-

---

Slg. 1996, I-3089 Tz. 36; *EuGH*, Urt. vom 29.4.1999, Rs. C-311/97, *„Royal Bank of Scotland"*, Slg. 1999, I-2664 Tz. 19; *EuGH*, Urt. vom 13.4.2000, Rs. C-251/98, *„Baars"*, Slg. 2000, I-2805 Tz. 17; *EuGH*, Urt. vom 8.3.2001, Rs. C-397/98 und C-410/98, *„Metallgesellschaft und Hoechst"*, Slg. 2001, I-1727 Tz. 37; *EuGH*, Urt. vom 12.12.2002, Rs. C-324/00, *„Lankhorst-Hohorst"*, Slg. 2002, I-11802 Tz. 26; *EuGH*, Urt. vom 7.9.2004, Rs. C-319/03, *„Manninen"*, IStR 2004, 680 Tz. 19.

46 Grundlegend zu dem aus Art 10 EG (ex Art. 5 EGV) abgeleiteten Vorrang des Gemeinschaftsrecht *EuGH*, Urt. vom 15.7.1964, Rs. 6/64 *„Costa/E.N.E.L."*, Slg. 1964, 1251; *EuGH*, Urt. vom 9.3.1978, Rs. 106/77 *„Simmenthal II"*, Slg. 1978, 629 Tz. 27 f.

47 *Cordewener/Schnitger*, StuW 2006, 50, 51; *Waldhoff*, in: Callies/Ruffert, EUV/EGV, Art. 93 Rz. 1.

48 *EuGH*, Urt. vom 28.1.1986, Rs. 270/83, *„Kommission/Frankreich (avoir fiscal)"*, Slg. 1986, 273 Tz. 24; *EuGH*, Urt. vom 28.1.1992, Rs. C-204/90, *„Bachmann"*, Slg. 1992, I-249, Tz. 10 f. Zum Rechtfertigungsgrund der mangelnden Steuerharmonisierung: *Tiedtke*, FS 600 Jahre Juristenfakultät Würzburg, S. 463, 480; *Thömmes*, GS Knobbe-Keuk, S. 795, 821.

49 *EuGH*, Urt. vom 1.7.1993, Rs. C-20/92, *„Hubbard"*, Slg. 1993, I-3777 Tz. 19.

50 Auch für andere, den Mitgliedstaaten vorbehaltene Regelungsbereiche hat der EuGH eine Bereichsausnahme für die Geltung der Grundfreiheiten nicht anerkannt; vgl. *EuGH*, Urt. vom 11.1.2000, Rs. C-285/98, *„Tanja Kreil"*, Slg. 2000, I-69 Tz. 15 f. (im Bereich der Streitkräfte) und *EuGH*, Urt. vom 28.4.1998, Rs. C-120/95, *„Decker"*, Slg. 1998, I-1831 Tz. 21-25 (zu den sozialen Sicherungssystemen).

51 *EuGH*, Urt. vom 14.11.1995, Rs. C-484/93, *„Svensson und Gustavsson"*, Slg. 1995, I-3971 Tz. 15; *EuGH*, Urt. vom 16.7.1998, Rs. C-264/96, *„ICI"*, Slg. 1998, I-4711 Tz. 28; *EuGH*, Urt. vom 21.9.1999, Rs. C-307/97, *„Saint-Gobain"*, Slg. 1999, I- 6161 Tz.

chung weist der EuGH[52] daher auch das Vorbringen der Mitgliedstaaten zurück, ihre Fiskalinteressen zu berücksichtigen. Der EuGH schränkt die Geltung der Grundfreiheiten nur insoweit ein, als sie allein Sachverhalte mit grenzüberschreitendem Bezug erfassen, nicht hingegen solche, die sich ausschließlich innerhalb eines einzigen Mitgliedstaates abspielen.[53] Diese Einschränkung versteht sich von selbst; sie ergibt sich schon aus der Vertragszielbestimmung des Art. 3 Abs. 1 Buchst. c EG, deren Gegenstand die Beseitigung der Hindernisse für den freien Waren-, Personen-, Dienstleistungs- und Kapitalverkehr *zwischen* den Mitgliedstaaten ist.

II. Wachsende Kritik gegen die Rechtsprechung des EuGH

Die Auffassung des EuGH, die Grundfreiheiten verlangten auch auf dem Gebiet der direkten Steuern eine unmittelbare, vorrangige Geltung, ist einer wachsenden Kritik ausgesetzt. Wurden die beiden ersten Entscheidungen auf dem Gebiet der direkten Steuern aus den Jahren 1985[54] und 1986[55] in den Vertragsverletzungsverfahren der Europäischen Kommission gegen Frankreich sowie insbesondere die Entscheidung in der Rechtsache „*Schumacker*“ aus dem Jahr 1995 noch überwiegend positiv aufgenommen,[56] kritisiert mittlerweile ein großer Teil der Rechtslehre[57] die einseitige Fokussierung des EuGH auf den grundfreiheitlichen Schutz des Steuerpflichtigen

---

50 und 53, *EuGH*, Urt. vom 6.6.2000; Rs. 35/98, „*Verkooijen*“, Slg. 2000, I-4131 Tz. 48; *EuGH*, Urt. vom 27.6.1996, Rs. C-107/94, „*Asscher*“, Slg. 1996, I-3113 Tz. 51-53; *EuGH*, Urt. vom 8.3.2001, Rs. C-397/98 und C-410/98, „*Metallgesellschaft und Hoechst*“, Slg. 2001, I-1760 Tz. 59.

52 Vgl. Fn. 51 und *EuGH*, Urt. vom 28.4.1998, Rs. C-120/95, „*Decker*“, Slg. 1998, I-1831 Tz. 39; *EuGH*, Urt. vom 16.7.1998, Rs. C-264/96, „*ICI*“, Slg. 1998, I-4695 Tz. 28.

53 *EuGH*, Urt. vom 28.1.1992, Rs. C-332/90, „*Steen I*“, Slg. 1994, I-341 Tz. 9 ff.; *EuGH*, Urt. vom 16.6.1994, Rs. C-132/93, „*Steen II*“, Slg. 1994, I-2715 Tz. 8 ff. Für den Bereich des Steuerrechts *EuGH*, Urt. vom 26.1.1993, Rs. C-112/91, „*Werner*“, Slg. 1993, I-463 Tz. 17.

54 *EuGH*, Urt. vom 7.5.1985, Rs. 18/84, „*Kommission/Frankreich*“, Slg. 1985, 1339 ff.

55 *EuGH*, Urt. vom 28.1.1986, Rs. 270/83, „*Kommission/Frankreich (avoir fiscal)*“, Slg. 1986, 273 ff.

56 Zur Rezeption der „*avoir fiscal*“-Entscheidung, *Cordewener*, S. 400 ff. und zu den Reaktionen auf die „*Schumacker*“-Entscheidung, *de Weerth*, RIW 1995, 928, 930; *Lenz*, DStZ 1997, 541, 542; *Tiedtke*, FS 600 Jahre Juristenfakultät Würzburg, S. 463, 475 m.w.N.

57 *Tiedtke/Szczesny*, GmbHR 2007, 1086, 1092 ff.; *Ahmann*, DStZ 2005, 75 ff., *Fischer*, FR 2005, 457, 460 ff.; *Faltlhauser*, FS Solms, S. 153, 154 ff., 157; *Birk*, FR 2005, 121, 125 ff.; *Seiler*, StuW 2005, 25, 29; *Hey*, StuW 2005, 317, 321, *dies.*, StuW 2004, 193, 196 ff.; *Kube*, IStR 2003, 325, 330 ff.; *Wunderlich/Albath*, DStZ 2005, 547, 553; *Wathelet*, EC Tax Rev. 2004, 1, 2; *Wagner*, DStZ 2004, 185, 189.

sowie die Nichtberücksichtigung der Belange der Mitgliedstaaten.[58] Die immer radikaler werdende Interpretation der Grundfreiheiten als steuerrechtliche Diskriminierungs- und Beschränkungsverbote missachte die Grundwertung des EG-Vertrags, auf eine übergreifende, europäische Finanzverfassung zu verzichten und damit jedem Mitgliedstaat den steuerlichen Zugriff auf die Leistungsfähigkeit der eigenen Steuerpflichtigen zu belassen.[59] Durch die enge Handhabung von geschriebenen und ungeschriebenen Rechtfertigungsgründen falle es den Mitgliedstaaten immer schwerer, nationale Steuervorschriften mit dem Hinweis auf eigene Prinzipien zu rechtfertigen.[60] Dem EuGH wird vorgeworfen,[61] er betreibe durch seine Rechtsprechung eine negative Integration,[62] indem er stets Einzelfälle entscheide, aus denen sich nur vereinzelt allgemeine Grundsätze ableiten ließen. Er erkläre einzelne Steuerregelungen für gemeinschaftswidrig, gebe jedoch keine Hinweise, wie zukünftige Steuerregelungen ausgestaltet sein müssten, damit diese einer Kontrolle durch den EuGH standhalten könnten. Zur Wahrung ihrer Fiskalinteressen bliebe es den Mitgliedstaaten daher auf lange Sicht nur möglich, sich der vom EuGH beabsichtigten Harmonisierung ihrer direkten Steuern zu beugen.[63]

III. Stellungnahme und eigener Lösungsvorschlag

Dieser Kritik ist zuzustimmen. Das leitende Prinzip der Rechtsprechung des EuGH ist die Herstellung eines gemeinsamen Binnenmarkts[64], der durch die Beseitigung der Hindernisse für den freien Waren-, Personen-, Dienstleistungs- und Kapitalverkehr gekennzeichnet ist. Den Grundfreiheiten kommt im Rahmen dieses Prozesses aufgrund ihrer unmittelbaren Geltung eine Auffangfunktion zu: Solange und soweit die Gemeinschaft nicht von ihren Harmonisierungskompetenzen Gebrauch macht, garantieren sie die

---

58 *Wathelet*, EC Tax Rev. 2004, 1, 2; *Heinrich*, ÖStZ 2002, 554, 559.

59 Auch der BFH sah sich unlängst zu der Mahnung veranlasst, der EuGH möge die Folgen bedenken, wenn er die Mitgliedstaaten verpflichtet wolle, Inländern ausländische Steuern gutzuschreiben. Es sei „auf absehbare Zeit nicht wahrscheinlich", dass die Mitgliedstaaten für die fiskalischen Folgen „wirksame Abhilfe über einen zwischenstaatlichen Fiskalausgleich" schaffen können (Hervorhebung nicht im Original), vgl. *BFH*, Beschl. vom 14.7.2004, I R 17/03, FR 2005, 86.

60 Vgl. dazu *Cordewener*, S. 926 ff.; *Schön*, StbJb 2003/2004, 27, 33.

61 *Seiler*, StuW 2005, 25, 26 f.; *Wathelet*, EC Tax Rev. 2004, 1, 3.

62 Zur negativen Integration, welche von der positiven Integration durch eine Harmonisierung zu unterscheiden ist *Scharpf*, in: Jachtenfuchs/Kohler-Koch, Europäische Integration, S. 109 ff.

63 *Faltlhauser*, FS Solms, S. 153, 162; zustimmend *Everett*, DStZ 2006, 357, 368.

64 *Cordewener*, DStR 2004, 6; *Faltlhauser*, FS Solms, S. 153, 161.

Verwirklichung eines gemeinsamen Binnenmarkts. Insoweit lassen sie sich als punktuelle Verlängerungen des Binnenmarktprinzips für die verschiedenen Arten der wirtschaftlichen Betätigungen in der Europäischen Gemeinschaft verstehen. Ihre Anwendung auf dem Gebiet der direkten Steuern trifft jedoch auf Regelungssysteme, welche darauf abzielen, die Steuerpflichtigen ihrer persönlichen Leistungsfähigkeit entsprechend zu besteuern.[65] Den Mitgliedstaaten bleibt es nach dem EG-Vertrag vorbehalten, sich diejenigen Finanzmittel zu verschaffen, die sie zur Finanzierung ihrer Haushalte benötigen. Zudem erfolgt die Finanzierung der Europäischen Gemeinschaft nach Art. 269 EG (ex Art. 201 EGV) weit überwiegend über Eigenmittel, die von den Mitgliedstaaten aus ihrem nationalen Steueraufkommen aufzubringen sind.[66] Dieser Zusammenhang wird gefährdet, wenn es Steuerpflichtigen durch eine extensive Auslegung der Grundfreiheiten erlaubt wird, sich einer Besteuerung nach ihrer Leistungsfähigkeit zu entziehen. Diese Gefahr zeigt sich deutlich in der Rechtsprechung des EuGH zu missbrauchsabwehrenden Maßnahmen der Mitgliedstaaten, die einer zielgerichteten Verlagerung von Gewinnen und stillen Reserven ins Ausland und einem damit verbundenen Verlust von Besteuerungsrechten vorbeugen sollen.

1. Rechtssache „Lankhorst-Hohorst“ *als Beispiel*

Als Beispiele dienen insoweit die Entscheidungen in den Rechtssachen *„Bosal Holding“*[67], *„de Lasteyrie du Saillant“*[68] und *„Lankhorst-Hohorst“*.[69] In der letzteren Entscheidung hatte die deutsche Finanzverwaltung auf ein eigenkapitalersetzendes Darlehen gezahlte, unter Marktniveau liegende Zinsen einer deutschen Tochtergesellschaft an die niederländische Muttergesellschaft nicht als Betriebsausgaben sondern als verdeckte Gewinnausschüttungen i.S. von § 8a Abs. 1 Satz 1 Nr. 2 KStG a.F. eingeordnet und besteuert. Gesetzestechnischer Anknüpfungspunkt war die fehlende Berechtigung der in den Niederlanden ansässigen Mutterfirma zur Anrechnung von Körperschaftsteuer in der Bundesrepublik Deutschland. Teleologischer Hintergrund war die Verhinderung von steuerlich motivierten Gewinnverlagerun-

---

65 *Kube*; IStR 2003, 325, 330; *Fischer*, FR 2005, 457, 459; *Wieland* (FS Zuleeg, S. 492, 493) spricht insoweit von einem geschlossenen System der Staatlichkeit.

66 *Falthauser*, FS Solms, S. 153, 161.

67 *EuGH*, Urt. vom 18.9.2003, Rs. C-168/01, *„Bosal Holding“*, IStR 2004, 666 ff.

68 *EuGH*, Urt. vom 11.3.2004, Rs. C-9/02, *„de Lasteyrie du Saillant“*, IStR 2004, 236 ff.

69 *EuGH*, Urt. vom 12.12.2002, Rs. C-324/00, *„Lankhorst-Hohorst“*, Slg. 2002, I-11802 ff. Zum Folgenden *Kube*, IStR 2003, 325 ff.; *Seiler*, StuW 2005, 25 ff.

gen durch Gesellschafter-Fremdfinanzierungen ins Ausland:[70] Hätte die Muttergesellschaft ihre Tochter nicht über ein Darlehen sondern durch eine Kapitaleinlage finanziert, wäre ein Abzug der daraus resultierenden Dividenden nicht möglich gewesen. Durch die Vergabe eines Darlehens konnte die Tochtergesellschaft hingegen ihre Gewinne in Form von Zinsen auf ihre Mutter übertragen und die Zinsen bei der Berechnung des zu versteuernden Gewinns als Betriebsausgaben abziehen.

Der EuGH sah in der Verweigerung des Betriebsausgabenabzugs eine Beschränkung der Niederlassungsfreiheit nach Art. 43 EG (ex Art. 52 EGV).[71] Eine Rechtfertigung aus Gründen des steuerlichen Missbrauchs scheide aus. Zwar sei das Interesse der Mitgliedstaaten an der Abwehr von Missbräuchen grundsätzlich als Rechtfertigungsgrund anerkannt. Dieser beschränke sich jedoch auf rein künstliche Konstruktionen, die darauf ausgerichtet seien, der Anwendung des deutschen Steuerrechts zu entgehen. § 8a Abs. 1 Satz 1 Nr. 2 KStG a.F. ordne aber pauschal die Vornahme einer verdeckten Gewinnausschüttung an, wenn eine Muttergesellschaft nicht ihren Sitz in Deutschland habe. Eine spezifische Gefahr der Steuerumgehung sei damit nicht verbunden, da die (Mutter-)Gesellschaft in jedem Fall dem Steuerrecht des Mitgliedstaates unterliege, in dem sie niedergelassen sei. Die Abwehr von Steuermindereinnahmen sei aber von vornherein ungeeignet, eine Beschränkung zu rechtfertigen.[72]

Wie sich aus diesen Erwägungen des EuGH ergibt, ist es nach seiner Auffassung gleichgültig, in welchem Mitgliedstaat der betreffende Steuerpflichtige seine Steuern zahlt.[73] Er argumentiert ausschließlich aus der Sicht des belasteten Unternehmens, lässt aber das Interesse der Mitgliedstaaten an einer gleichmäßigen und leistungsgerechten Ausgestaltung ihrer nationalen Steuersysteme außer Betracht. Eine solche Rechtsprechung gefährdet die staatliche Ertragshoheit,[74] weil grenzüberschreitend tätigen Unternehmen

---

70 Vgl. *Kube*, IStR 2003, 325, 328 f.

71 *EuGH*, Urt. vom 12.12.2002, Rs. C-324/00, „*Lankhorst-Hohorst*", Slg. 2002, I-11802 Tz. 32.

72 *EuGH*, Urt. vom 12.12.2002, Rs. C-324/00, „*Lankhorst-Hohorst*", Slg. 2002, I-11802 Tz. 36 ff.

73 Vgl. *Kube*, IStR 2003, 325, 331.

74 Für die Bundesrepublik Deutschland wird das Risiko für den nationalen Haushalt zurückhaltend auf mehrere Milliarden Euro geschätzt. Vgl. Antwort der Bundsregierung auf die Große Anfrage der FDP-Bundestagsfraktion vom 31.5.2005, BT-Drucks. 15/5564 zu Frage 89. Das Vereinigte Königreich beziffert die Steuerausfälle durch die bisherige Rechtsprechung des EuGH auf 10 Milliarden Pfund Sterling und erwartet weitere 8 Milliarden Pfund Sterling für die Zukunft; vgl. Große Anfrage der FDP-Bundestagsfraktion vom 23.2.2005, BT-Drucks. 15/4965; *Wathelet*, EC Tax Rev. 2004, 1, 3 Fn. 8.

Gestaltungsmöglichkeiten eröffnet werden, ihre Gewinne in Mitgliedstaaten mit der jeweils günstigsten Steuerbelastung umzuleiten.[75] Damit wird die Grundwertung des EG-Vertrags umgangen, welcher die Kompetenz zur Ausgestaltung der direkten Steuern ausdrücklich den Mitgliedstaaten belässt. Entgegen Art. 3 GG ist zudem die Gleichmäßigkeit der Besteuerung gefährdet, wenn grenzüberschreitend tätige Unternehmen trotz gleicher inländischer Leistungsfähigkeit im Ergebnis geringere Steuern zahlen.[76]

2. Lösungsvorschlag

Es stellt sich die Frage, wie dieses Spannungsverhältnis zwischen den nationalen Besteuerungsinteressen und der Gewährleistung eines gemeinsamen Binnenmarkts zu lösen ist. Die bestehenden Unterschiede in den Steuersystemen der Mitgliedstaaten stellen grundsätzlich eine Behinderung für grenzüberschreitende Tätigkeiten von Unternehmen dar. Auf einem Binnenmarkt, in dem sich die sonstigen Entscheidungsfaktoren wie das Arbeitsrecht, die Sozialabgaben, die Infrastruktur und die Marktnähe immer weiter annähern, ist die individuelle steuerliche Belastung oftmals ausschlaggebend für die Wahl des Standorts.[77] Nach dem Bericht des von der Europäischen Kommission beauftragten *Ruding*-Ausschusses[78] haben die Unterschiede zwischen den Steuersystemen der Mitgliedstaaten erhebliche Auswirkungen auf die Wahl der Rechtsform und die Finanzierung einer ausländischen Niederlassung. Die Gründung einer Betriebsstätte oder einer Tochtergesellschaft im Ausland begründet zudem hohe Transaktions- und Befolgungskosten:[79] Das Unternehmen muss seine europaweiten Einkünfte Geschäft für Geschäft den einzelnen Steuergebieten der Mitgliedstaaten zurechnen und den steuerbaren Gewinn nach den jeweils einschlägigen Gewinnermittlungsmethoden berechnen.[80] Allerdings berechtigen die Grundfreiheiten nicht per se, die bestehenden Unterschiede anzugleichen oder gar

---

[75] *Seiler*, StuW 2005, 25, 29; *Kube*, IStR 2003, 325, 330 f.
[76] *Seiler*, StuW 2005, 25, 29.
[77] *Schreiber*, StuW 1994, 238, 241; *Waldhoff*, in: Callies/Ruffert, EUV/EGV, Art. 93 Rz. 1, 19 ff.; *Vogel*, StuW 1993, 380, 385; *Birk*, DStJG 19 (1996), 63, 73; *Hey*, S. 97. A.A. *Zeitler/Jüptner*, BB 1988, Beilage 17, S. 3 f.
[78] Vgl. Commission of the European Communities, Report on the Comittee of Independent Experts on Company Taxation, Luxembourg, 1992. Eine inoffizielle Übersetzung des 10. Kapitels (Zusammenfassung) des Berichts ist abgedruckt in DB 1992, Beilage 5, dazu *Vanistendael*, EC Tax Rev. 1992, 3 ff.
[79] *Mössner*, ASA 2004, 673, 682, *Hey*, StuW 2004, 193, 205.
[80] Vgl. auch Mitteilung der Europäischen Kommission vom 23.10.2001 an den Rat, das Europäische Parlament und den Wirtschafts- und Sozialausschuss: Unternehmensbesteuerung im Binnenmarkt, KOM (2001), 582 endg. S. 9, 72 ff.

zu beseitigen.[81] Die Unterschiedlichkeit der nationalen Besteuerungssysteme führt als solche auch nicht zu einer Beschränkung oder Diskriminierung im Rahmen der Grundfreiheiten.[82] In diesem Sinne sind die Grundfreiheiten keine Kompetenzgrundlagen zur Harmonisierung der direkten Steuern, sondern vorrangige materielle Kompetenzausübungsschranken, die sich an die Mitgliedstaaten richten und diese zu einer diskriminierungs- und beschränkungsfreien Ausübung ihrer verbliebenen Befugnisse verpflichten. Dem EuGH kommt dabei eine Kontrollfunktion zu: Er hat als oberstes Gericht der Europäischen Gemeinschaft über die Einhaltung der im EG-Vertrag verbürgten Grundfreiheiten zu wachen. Nichts anderes tut auch der EuGH, wenn er seine zunächst außerhalb des Steuerrechts entwickelte Rechtsprechung seit 1985 auf das Gebiet der direkten Steuern erstreckt.[83] Deren Anwendung ist aber problematisch, weil sie bei den direkten Steuern auf eine komplexe und in sich abgeschlossene Materie trifft, die sich mit ihrem System von in sich abgestimmten Be- und Entlastungswirkungen streng nach der persönlichen Leistungsfähigkeit des Steuerpflichtigen richtet und durch die nationalen Eigenheiten der Mitgliedstaaten geprägt ist. Die Grundfreiheiten sind demgegenüber steuerrechtliche Blankettnormen. Ihre Aufgabe liegt allein darin, die schrankenlose Ausübung des Waren-, Personen-, Dienstleistungs- und Kapitalverkehrs zwischen den Mitgliedstaaten zu gewährleisten. Sie sichern, entsprechend der Funktion der Europäischen Gemeinschaft als Wirtschaftsgemeinschaft,[84] allein die ökonomischen Interessen von natürlichen und juristischen Personen auf einem gemeinsamen Binnenmarkt.[85] Die Wahrung der Systemgerechtigkeit nationaler Steuervorschriften liegt ihnen hingegen fern. Ohne weiteres können sie daher auch nicht den Konflikt zwischen den nationalen Besteuerungsinteressen und der Herstellung eines gemeinsamen Binnenmarkts lösen. Eine Abstimmung beider Interessen hat vielmehr in der Rechtsprechung des

---

[81] *Tiedtke/Szczesny*, GmbHR 2007, 1086, 1093. Die bestehenden Systemunterschiede berechtigen nach herrschender Meinung auch nicht zum Erlass einer Richtlinie nach Art. 94 EG; vgl. *Vogel*, StuW 1993, 380, 383; *Zorn*, DStJG 23 (2000), 227, 235; *Hey*, S. 97.

[82] Vgl. *Cordewener*, S. 845 f.

[83] Zu diesem Problemkreis *Cordewener*, S. 385 ff.; *Schön*, IStR 2004, 289 ff.; vgl. dazu auch die Auffassung des ehemaligen Generalanwalts *Alber* (*Ernst & Young*, EuGH-Rechtsprechung Ertragsteuerrecht, S. 35), der die Kritik der Rechtslehre an der Rechtsprechung des EuGH zurückweist.

[84] *Ipsen*, Europäisches Gemeinschaftsrecht, S. 196 ff, 929 ff.

[85] *Farmer*, EC Tax Rev. 2003, 75, 76; *Vanistendael*, EC Tax Rev. 2003, 136, 140; *Schön*, StbJb 2003/2004, 21, 38.

EuGH zu den direkten Steuern zu erfolgen.[86] Dabei ist es abzulehnen, die direkten Steuern der Mitgliedstaaten als einen Bereich einzuordnen, der einer Überprüfung durch den EuGH entzogen ist.[87] Dies ist aufgrund der Bedeutung des Steuerrechts als Wirtschafts- und Standortfaktor zu verneinen. Der Ausgleich zwischen beiden Interessen ist vielmehr im Rahmen der Rechtfertigungsebene der Grundfreiheitenprüfung anzusiedeln.[88] Nicht zuzustimmen ist jedoch dem vereinzelt[89] geäußerten Vorschlag, drohende Steuermindereinnahmen als Rechtfertigungsgrund zu berücksichtigen. Der EuGH weist diesen Einwand der Mitgliedstaaten in ständiger Rechtsprechung zu Recht zurück. Seine Beachtung würde auf eine Bereichsausnahme auf dem Gebiet der direkten Steuern hinauslaufen. Denn mit jeder Beseitigung gemeinschaftswidriger Steuervorschriften ist der Verlust von Steuereinnahmen verbunden.

IV. Die maßgeblichen Grundfreiheiten: Niederlassungs- und Kapitalverkehrsfreiheit

Haben die Grundfreiheiten einen unmittelbaren Einfluss auf die direkten Steuern der Mitgliedstaaten, so stellt sich die Frage, welche Grundfreiheiten Vorgaben für grenzüberschreitende Einbringungen von Unternehmensteilen enthalten. Eine solche Einbringung führt zu einer Verlegung des unternehmerischen Engagements des einbringenden Rechtsträgers ins Ausland. Der einbringende Rechtsträger, der für das Betriebsvermögen Gesellschaftsrechte an dem übernehmenden Rechtsträger erhält, wird infolge seiner Beteiligung an dem Gewinn und Verlust des übernehmenden Rechtsträgers beteiligt. Stellt diese Beteiligung eine Mehrheitsbeteiligung dar, welche es dem einbringenden Rechtsträger ermöglicht, die Leitung des übernehmenden Rechtsträgers zu beeinflussen, so nimmt der einbringende Rechtsträger infolge der Einbringung in selbständiger Weise am Wirtschaftsleben des übernehmenden Rechtsträgers teil. Weiterhin investiert der einbringende Rechtsträger durch die grenzüberschreitende Einbringung Sachwerte. Er

---

86 *Kube*, IStR 2003, 325, 331, 332; *Wieland*, FS Zuleeg, S. 492, 504; *Seiler*, StuW 2005, 25, 29 ff.

87 So aber *Fischer*, FR 2005, 457, 459; *Ahmann*, DStZ 2005, 75, 78 f., die sich zu Unrecht auf die Rechtsprechung des BVerfG zum Verhältnis zwischen nationalem Verfassungsrecht und dem Gemeinschaftsrecht berufen, vgl. dazu *BVerfG*, Beschl. vom 22.10.1986, 2 BvR 197/83, *„Solange II“*, BVerfGE 73, 339, 369, 371 ff., 387; *BVerfG*, Urt. vom 12.10.1993, 2 BvR 2134/92 und 2 BvR 2159/92, *„Maastricht“*, BVerfGE 89, 155, 175.

88 *Kube*, IStR 2003, 325, 332; *Cordewener*, S. 130 (Gegenkonvergenz auf Rechtfertigungsebene); *Drüen/Kahler*, StuW 2005, 171, 175; a.A. *Tiedtke/Szczesny*, GmbHR 2007, 1086, 1093.

89 *Faltlhauser*, FS Solms, S. 153, 162; wohl auch *Fischer*, FR 2005, 457, 465.

legt Kapital an, um in Zukunft ausländische Dividenden- oder Gewinnausschüttungen des übernehmenden Rechtsträgers zu erhalten. Die steuerliche Behandlung von grenzüberschreitenden Einbringungen berührt daher die Niederlassungsfreiheit und die Kapitalverkehrsfreiheit nach den Artt. 43, 48, 56 ff. EG. Insoweit ist näher auf den sachlichen Anwendungsbereich dieser Grundfreiheiten einzugehen.[90]

1. Sachlicher Anwendungsbereich der Niederlassungsfreiheit, Artt. 43, 48 EG

Die Artt. 43, 48 EG über das freie Niederlassungsrecht sind die Zentralnormen für die freie wirtschaftliche Entwicklung von Unternehmen in einem einheitlichen Binnenmarkt.[91] Der EuGH[92] räumt ihnen – insbesondere auch im Hinblick auf die gesellschaftsrechtliche Problematik des grenzüberschreitenden Weg- und Zuzugs von Gesellschaften – einen besonderen Stellenwert ein.[93]

Auch für die steuerlichen Aspekte der grenzüberschreitenden Einbringung von Unternehmensteilen enthält die Grundfreiheit der freien Niederlassung zentrale Vorgaben. Nicht zuletzt werden die von der Fusionsrichtlinie geregelten Umstrukturierungsvorgänge und damit auch die Einbringung von Unternehmensteilen in der Rechtslehre[94] als Konkretisierung und Ausprägung der Niederlassungsfreiheit angesehen.

---

[90] Unberücksichtigt bleibt im Folgenden das gegenüber den Grundfreiheiten subsidiäre private Freizügigkeitsrecht nach Art. 18 EG (ex Art. 8a EGV; zu seiner Anwendung im Bereich der direkten Steuern: *EuGH*, Urt. vom 12.7.2005, Rs. C-403/03, *„Schempp"*, IStR 2005, 565 ff. Tz. 12 ff., 40 ff.; *EuGH*, Urt. vom 29.4.2004, Rs. C-224/02, *„Pusa"*, IStR 2005, 62 ff. Tz. 16 ff.; *Cordewener*, S. 341 ff.). Im Übrigen verdrängen die Art. 43, 48, 56 EG nach der ständigen Rechtssprechung des EuGH das allgemeine Diskriminierungsverbot nach Art. 12 EG (ex Art. 6 EGV), vgl. *EuGH*, Urt. vom 26.6.2003, Rs. C-442/01, *„Skandia und Ramstedt"*, Slg. 2003, I-6817 Tz. 61 m.w.N. Nach seinem Wortlaut ist auch das spezifische Gleichstellungsgebot des Art. 294 EG (ex Art. 221 EGV) hinsichtlich von Beteiligungen am Kapital von Gesellschaften gegenüber den Grundfreiheiten subsidiär.

[91] *EuGH*, Urt. vom 28.1.1986, Rs. 270/83, *„Kommission/Frankreich (avoir fiscal)"*, Slg. 1986, 285 Tz. 13; *EuGH*, Urt. vom 8.3.2001, Rs. C-297/98 und C-410/98, *„Metallgesellschaft und Hoechst"*, Slg. 2001, I-1760 Tz. 41.

[92] Vgl. *EuGH*, Urt. vom 27.9.1988, Rs. 81/87 *„Daily Mail"*, Slg. 1988, I-5505; *EuGH*, Urt. vom 9.3.1999, Rs. C-212/97, *„Centros"*, Slg. 1999, I-1459; *EuGH*, Urt. vom 5.11.2002, Rs. C-208/00, *„Überseering"*, ZIP 2002, 2037; *EuGH*, Urt. vom 30.9.2003, Rs. C-167/01, *„Inspire Art"*, DB 2003, 2219.

[93] Vgl. auch *EuGH*, Urt. vom 13.12.2005, Rs. C-411/03, *„Sevic Systems AG"*, IStR 2006, 32 ff, dazu *Teichmann*, ZIP 2006, 355 ff.

[94] *Staringer*, Besteuerung doppelt ansässiger Kapitalgesellschaften, S. 223 f.; *Knobbe-Keuk*, EuZW 1992, 336, 341; *dies.*, Bilanz- und Unternehmenssteuerrecht, § 8 b II,

a) Primäre Niederlassungsfreiheit

Der EG-Vertrag enthält keine Definition des Begriffs der Niederlassung.[95] Die Absätze des Art. 43 EG umschreiben lediglich verschiedene Formen von Niederlassungsvorgängen in andere Mitliedstaaten der Europäischen Gemeinschaft. So garantiert Art. 43 Abs. 1 Satz 1 EG zunächst die primäre Niederlassungsfreiheit. Diese umfasst das Recht, den bisherigen Schwerpunkt des unternehmerischen Engagements aufzugeben, in einen anderen Mitgliedstaat zu verlagern und dort auszuüben.[96] Kennzeichen der primären Niederlassungsfreiheit ist damit die Verlagerung und Neuetablierung des Betriebsmittelpunkts in einen anderen Mitgliedstaat.[97] Soweit es im Rahmen eines solchen Niederlassungsvorgangs zur Neugründung oder zur Übernahme der Leitung von Gesellschaften unter gleichzeitiger Verlagerung des bisherigen Schwerpunkts der Hauptniederlassung kommt, fällt dies nach Art. 43 Abs. 2 i.V.m. Art. 48 Abs. 1 EG ebenfalls unter den Schutzbereich der primären Niederlassungsfreiheit. Dementsprechend erfasst die primäre Niederlassungsfreiheit jegliche Formen der grenzüberschreitenden Unternehmensgründung, wobei es keinen Unterscheid macht, ob das Unternehmen durch einen gesonderten gesellschaftsrechtlichen Gründungsakt in dem betreffenden Mitgliedstaat oder etwa durch eine grenzüberschreitende Einbringung von Unternehmensteilen errichtet wird. Nicht von Bedeutung ist es ebenfalls, ob die Übertragung der einzubringenden Wirtschaftsgüter zivilrechtlich aufgrund einer Einzel- oder Gesamtrechtsnachfolge herbeigeführt wird.[98]

S. 340; *Tumpel*, DStJG 23 (2000), 321, 368; *Herzig*, in: Lüdicke, Fortentwicklung, S. 124 f.

95 *Tiedje/Troberg*, in: von der Groeben/Schwarze, EUV/EGV, Art. 43 EG Rz. 1; *Schlag*, in: Schwarze, EU-Kommentar, Art. 43 EG Rz. 15.

96 Reine Inlandssachverhalte fallen nicht unter die Niederlassungsfreiheit, *EuGH*, Urt. vom 26.1.1993, Rs. C-112/91, „*Werner*“, Slg. 1993, I-463 Tz. 17.

97 *Tiedje/Troberg*, in: von der Groeben/Schwarze, EUV/EGV, Art. 43 EG Rz. 32; *Randelzhofer/Forsthoff*, in: Grabitz/Hilf, Recht der EU, Art. 43 EG Rz. 49; *Eyles*, S. 41.

98 *Kloster*, GmbHR 2003, 1413, 1414; *Schön*, EWS 2000, 281; *Pietsch*, S. 102 f.

b) Einschränkung der primären Niederlassungsfreiheit

In der Rechtslehre[99] wird teilweise bezweifelt, ob der Anwendungsbereich der primären Niederlassungsfreiheit auch die grenzüberschreitende Sitzverlegung von Gesellschaften umfasse. Die Frage, ob die Niederlassungsfreiheit auch Sitzverlegungen erfasst oder ob die Sitztheorie eine Ausnahme von der Niederlassungsfreiheit darstellt, ist insofern von Bedeutung, als mit der grenzüberschreitenden Einbringung eine Verlegung des effektiven Verwaltungssitzes einhergehen kann. Nach den Grundsätzen des Gesellschaftsrechts ist der effektive Verwaltungssitz einer Gesellschaft der Ort, an dem die grundlegenden Entscheidungen der Unternehmensleitung in laufende Geschäftsakte umgesetzt werden.[100] Zu einer Verlegung des Verwaltungssitzes kann es im Rahmen einer grenzüberschreitenden Einbringung kommen, wenn der übernehmende Rechtsträger dem Einbringenden für das eingebrachte Betriebsvermögen Anteile in einem Umfang gewährt, die zu einer Leitung des übernehmenden Rechtsträgers berechtigen. Ebenso kann der Verwaltungssitz des einbringenden Rechtsträgers auf den übernehmenden Rechtsträger übergehen, wenn mit dem eingebrachten Unternehmensteil auch die Unternehmensleitung auf den übernehmenden Rechtsträger übergeht.[101]

aa) Rechtsfolgen einer Sitzverlegung

Nach der Sitztheorie hat eine Verlegung des Verwaltungssitzes die Neubestimmung des Gesellschaftsstatuts zur Folge, da dieses sich nach dem Verwaltungssitz der Gesellschaft richtet.[102] Es kommt daher zu einem Ausscheiden aus dem Gesellschaftsrecht des Wegzugsstaats und zu einer Auf-

---

99 *Kindler*, NJW 1999, 1993, 1996 f.; *Ebenroth/Eyles*, DB 1989, 363, 413, *Großfeld*, in: Staudinger, Kommentar zum BGB, Internationales Gesellschaftsrecht Rz. 605, 607 ff, 630 ff., siehe auch die frühere Rechtsprechung des *BGH*, vgl. *BGH*, Urt. vom 11.7.1957, II ZR 318/55, BGHZ 25, 134, 144; *BGH*, Urt. vom 21.3.1986, V ZR 10/85, BGHZ 97, 269, 271.

100 *BGH*, Urt. vom 21.3.1986, V ZR 10/85, BGHZ 97, 269 ff. Der Begriff des effektiven Verwaltungssitzes entspricht im Wesentlichen dem steuerrechtlichen Begriff des Orts der Geschäftsleitung nach § 10 AO 1977, vgl. *Eilers/Wienands*, IStR 1999, 289, 292; *Schmidt/Sedemund*, DStR 1999, 2057, 2060. Die bestehenden Unterschiede sind so gering, dass in der Praxis beide Orte regelmäßig zusammenfallen, vgl. *Meilicke*, GmbHR 2003, 793, 794.

101 Vgl. *Pietsch*, S. 91 f.

102 *Kessler/Huck/Obser/Schmalz*, DStZ 2004, 813, 815 m.w.N.

nahme in den Geltungsbereich des Gesellschaftsrechts des Zuzugsstaats.[103] Nach dem deutschen Gesellschaftsrecht können jedoch grundsätzlich nur solche Gesellschaften als rechtsfähig anerkannt werden, wenn diese den Anforderungen an eine der inländischen, im Gesetz aufgeführten Gesellschaftsformen entsprechen. Gebietsfremde Gesellschaften erfüllen diese Voraussetzungen nicht, da sie aufgrund ihres Verwaltungssitzes im Ausland nicht dem deutschen Gesellschaftsrecht unterliegen. Vielmehr gilt die Gesellschaft bei einer Sitzverlegung im Herkunftsstaat als aufgelöst und mangels Rechtsfähigkeit im Bestimmungsstaat als nicht existent.[104] Nur bei Bestehen eines völkerrechtlichen Staatsvertrages kann eine Gesellschaft mit ausländischem Verwaltungssitz anerkannt werden.[105]

Demgegenüber genügt es nach der Gründungstheorie, die insbesondere im Vereinigten Königreich, den Vereinigten Staaten von Amerika und den Niederlanden angewandt wird, dass eine Gesellschaft wirksam nach dem Recht eines Staates gegründet wurde. Die Verlegung des Verwaltungssitzes führt nicht zu einem Wechsel des Gesellschaftsstatuts. Eine Sitzverlegung ist daher nach der Gründungstheorie möglich, vorausgesetzt, der Wegzugs- und der Zuzugsstaat folgen dieser Theorie.

bb) Auffassung des EuGH

Zur Unterstützung der These, die Niederlassungsfreiheit erfasse nicht eine grenzüberschreitende Sitzverlegung und die Sitztheorie sei gemeinschaftsrechtlich anerkannt, wird insbesondere auf die Entscheidung des EuGH[106] in der Rechtssache *„Daily Mail"* verwiesen.[107] In dieser Entscheidung wollte

---

[103] Allerdings ist kollisionsrechtlich zwischen der Verlegung des Verwaltungssitzes in einen Staat, in dem die Gründungstheorie gilt, und der Verlegung des Verwaltungssitzes in einen Staat, der der Sitztheorie folgt, zu unterscheiden. Im ersten Fall bleibt kraft des kollisionsrechtlichen Renvoi auf das deutsche Gesellschaftsrecht gemäß § 4 Abs. 1 Satz 2 EGBGB die Gesellschaft dem deutschen Gesellschaftsrecht unterworfen, vgl. *Kessler/Huck/Obser/Schmalz*, DStZ 2004, 813, 815 m.w.N.

[104] *Großfeld*, in: Staudinger, Kommentar zum BGB, Internationales Gesellschaftsrecht Rz. 629; *Hoffmann*, ZHR (2000), 43, 46; *Kegel/Schurig*, Internationales Privatrecht, S. 582.

[105] Vgl. Deutsch-amerikanischer Freundschafts-, Handels- und Schifffahrtsvertrag vom 29.10.1954 (BGBl. II 1956, S. 487 ff.); Niederlassungsvertrag zwischen der Bundesrepublik Deutschland und Spanien vom 23.4.1979 (BGBl. II 1972, S. 1041 ff.). Dazu *BGH*, Urt. vom 29.1.2003, VIII ZR 155/01, BGHZ 153, 353 m.w.N.

[106] *EuGH*, Urt. vom 27.9.1988, Rs. 81/87, *„Daily Mail"*, Slg. 1988, I-5505 ff.

[107] *Großfeld/Luttermann*, JZ 1989, 386, 387, *Randelzhofer/Forsthoff*, in: Grabitz/Hilf, EGV/EUV, Art. 48 Rz. 59, 60; *Kindler*, NJW 1999, 1993, 1997. Diese Auffassung ist insoweit schon gewagt, als der Wegzugsstaat (Vereinigtes Königreich) der Grün-

eine britische Limited ihren Verwaltungssitz im Vereinigten Königreich aufheben und in den Niederlanden begründen. Streitig war, ob der nach britischem Recht für solche Vorgänge bestehende steuerrechtliche Zustimmungsvorbehalt (Section 482 Abs. 1 Income and Corporation Tax Act 1970) gegen die Niederlassungsfreiheit verstößt. Der EuGH legte die Artt. 43, 48 EG (ex Artt. 52, 58 EGV) insoweit einschränkend aus, als er nach dem gegenwärtigen Stand des Gemeinschaftsrechts für nach den Rechtsvorschriften eines Mitgliedstaats errichtete Gesellschaften mit dortigem Satzungssitz kein Recht entnahm, ihren Verwaltungssitz in einen anderen Mitgliedstaat zu verlegen.[108] Nach der Auffassung des EuGH war das Vereinigte Königreich daher befugt, im Falle des Wegzuges der Limited eine Schlussbesteuerung durchzuführen. In den nachfolgenden Urteilen *„Centros“*, *„Überseering“* und *„Inspire Art“* hat der EuGH[109] jedoch diese Auffassung aufgegeben, ohne dabei die Sitztheorie in Frage zu stellen.[110] Er argumentiert vielmehr ausschließlich aus der Sicht des Gemeinschaftsrechts. Als Beispiel ist in diesem Zusammenhang das Urteil in der Rechtssache *„Überseering“*[111] zu nennen, in der die in den Niederlanden als Kapitalgesellschaft gegründete Überseering BV werkvertragliche Schadensersatzansprüche gegen eine deutsche GmbH geltend machte. Die BV hatte während der Rechtshängigkeit der Klage ihren Verwaltungssitz in die Bundesrepublik Deutschland verlegt, was unter Zugrundelegung der in Deutschland maßgeblichen Sitztheorie zur Unzulässigkeit der Klage führte, da die BV als ausländische Gesellschaft in Deutschland nicht rechts- und parteifähig nach § 50 Abs. 1 ZPO war. Nach der Auffassung des EuGH stelle die Weigerung, nach ausländischem Recht gegründete Gesellschaften mit Verwaltungssitz in Deutschland die Rechts- und Parteifähigkeit anzuerkennen, eine nicht zu rechtfertigende Diskriminierung im Rahmen der Niederlassungsfreiheit dar, da eine inländische Gesellschaft bei einer Verlagerung des Verwaltungssitzes im Inland rechts- und parteifähig bliebe. Daher müsse eine ausländische Gesellschaft mit Verwaltungssitz in Deutschland im Rahmen des § 50 Abs.

---

dungstheorie folgt. Zu Recht ablehnend deshalb *Knobbe-Keuk*, ZHR 154 (1990), 325, 333, zusammenfassend *Körner*, IStR 2004, 424, 430.

108 *EuGH*, Urt. vom 27.9.1988, Rs. 81/87, *„Daily Mail“*, Slg. 1988, I-5505 Tz. 21 ff.

109 *EuGH*, Urt. vom 9.3.1999, Rs. C-212/97, *„Centros“*, Slg. 1999, I-1459 ff.; *EuGH*, Urt. vom 5.11.2002, Rs. C-208/00 *„Überseering“*, Slg. 2002, I-9919 ff.; *EuGH*, Urt. vom 30.9.2003, Rs. C-167/01 *„Inspire Art“*, Slg. 2003, I-10155 ff.

110 *Altmeppen*, NJW 2004, 97, 99; *Klinke*, ZGR 2002, 163, 168; *Steindorff*, JZ 1999, 1140, 1141 zu *„Centros“*; *Großerichter*, DStR 2003, 159, 165, *Wagner*, GmbHR 2003, 684, 685 zu *„Überseering“*; a.A. *Aigner/Kofler*, IStR 2003, 570. Einen Überblick über die Entwicklung der Rechtsprechung des EuGH gibt *Limmer*, ZNotP 2007, 242, 243, 244.

111 *EuGH*, Urt. vom 5.11.2002, Rs. C-208/00 *„Überseering“*, Slg. 2002, I-9919 ff.

1 ZPO als rechts- und parteifähig behandelt werden. Demzufolge lautete der Regelungsauftrag des EuGH nicht, die Sitztheorie abzuschaffen und nur noch die Gründungstheorie anzuwenden, sondern § 50 Abs. 1 ZPO für gebietsfremde Gesellschaften zu öffnen.

cc) Stellungnahme

Dieser Auffassung des EuGH ist zuzustimmen. Es ist nicht die Sitztheorie, welche zu der vom EuGH gerügten Diskriminierung führt, sondern das an die Sitztheorie anknüpfende materielle Sachrecht.[112] Die Sitztheorie als Wertung des internationalen Privatrechts bestimmt lediglich das anwendbare Recht. Dessen nachteilige Rechtsfolgen können gegen die Niederlassungsfreiheit verstoßen, nicht aber die Sitztheorie als solche. Die Artt. 43 ff. EG sind zudem kollisionsrechtlich indifferent und nicht geeignet, den Streit zwischen Sitz- und Gründungstheorie zu entscheiden. Sie fordern allein die Gleichbehandlung von inländischen und ausländischen Gesellschaften in einem europäischen Binnenmarkt. Gemeinschaftsrechtlich geboten ist damit die Anerkennung der Rechtsform von Gesellschaften, die wirksam nach dem Gesellschaftsrecht anderer Mitgliedstaaten gegründet wurden und deren Verwaltungssitz von ihrem Satzungssitz abweicht.[113] Dies gilt sowohl für die Fälle des Wegzugs als auch für die Fälle des Zuzugs einer Gesellschaft. In beiden Fällen dürfen weder der Wegzugsstaat noch der Zuzugsstaat nachteilige Rechtsfolgen an die Verlegung des effektiven Verwaltungssitzes knüpfen. Zwar betraf das Urteil in der Rechtssache „*Daily Mail*“ den Fall eines Wegzugs einer Gesellschaft, während es sich bei der „*Überseering*“-Entscheidung um einen Zuzugsfall handelte,[114] so dass der EuGH seine Auffassung aus der „*Daily Mail*“-Entscheidung jedenfalls noch nicht ausdrücklich aufgegeben hat.[115] Es entspricht jedoch der mittlerweile herrschenden Ansicht in der Rechtslehre,[116] dass sich Gesellschaften auch

---

112 *Leible/Hoffmann*, RIW 2002, 925, 929; *Schanze/Jüttner*, AG 2003, 661, 665; *Roth*, ZIP 2000, 1597, 1599.

113 *Limmer*, ZNotP 2007, 242, 244.

114 Bei den Entscheidungen „*Centros*“ und „*Inspire Art*“ handelte es sich ebenfalls um Zuzugsfälle. Sie betrafen jedoch die Ausübung der sekundären Niederlassungsfreiheit, so dass sie für den hier behandelten Zusammenhang keine unmittelbare Bedeutung haben, vgl. *Körner*, IStR 2004, 424, 430.

115 *Hörtnagl*, Stbg 2006, 471, 472; *Großerichter*, DStR 2003, 159, 164 f.; *Leible*, RIW 2002, 925, 930; *Körner*, IStR 2004, 424, 430; *Kessler/Obser/Huck/Schmalz*, DStZ 2004, 813, 821 m.w.N.

116 *Ziemons*, ZIP 2003, 1913, 1919; *Teichmann*, ZIP 2006, 355, 357; *Zimmer*, BB 2003, 1, 3; *Meilicke*, GmbHR 2003, 793, 803; *Großerichter*, DStR 2003, 159, 164 f.; *Forsthoff*, DB 2002, 2471, 2473; *Kessler/Obser/Huck/Schmalz*, DStZ 2004, 813, 822 m.w.N.

in Wegzugsfällen auf die primäre Niederlassungsfreiheit berufen können. Dieser Ansicht ist zuzustimmen. Denn zum einen ist die Wegzugsfreiheit von Gesellschaften in einem europäischen Binnenmarkt die Kehrseite der vom EuGH postulierten Zuzugsfreiheit. Zum anderen hat der EuGH in den Urteilen *„de Lasteyrie du Saillant"*[117] und *„N"*[118] anerkannt, dass sich natürliche Personen auch in Wegzugsfällen gegenüber ihrem Ansässigkeits- und Herkunftsstaat auf Art. 43 EG berufen können. Art. 48 EG ordnet zugunsten von Gesellschaften, die ihren satzungsmäßigen Sitz, ihre Hauptverwaltung oder ihre Hauptniederlassung innerhalb des Gemeinschaftsgebiets haben, eine Gleichstellung mit natürlichen Personen an. Daher setzt sich der Rechtsgedanke der Gründungstheorie, eine Gesellschaft in der Rechtsform anzuerkennen, in der sie gegründet wurde, sowohl in Zuzugsfällen als auch in Wegzugsfällen gegen die Sitztheorie durch. Eine generelle Entscheidung gegen die Sitztheorie ist damit nicht verbunden.[119] Sie liegt vielmehr den Artt. 7 und 8 der Verordnung über das Statut der Europäischen Aktiengesellschaft zugrunde.[120] Als Reaktion auf die Entscheidungen des EuGH in den Rechtssachen *„Überseering"*[121] und *„Inspire Art"*[122] haben sich zivilrechtliche Instanzgerichte[123] und der BGH[124] allerdings gegen die Sitztheorie und für eine Übernahme der Gründungstheorie ausgesprochen.[125] Darüber hinaus hat sich der deutsche Gesetzgeber im Zuge der Reform des Gesellschaftsrechts durch das MoMiG[126] für eine Aufgabe der Sitztheorie entschieden, um die inländischen Gesellschaftsformen der GmbH und der AG international beweglicher und wettbewerbsfähiger zu

---

117 *EuGH*, Urt. vom 11.3.004, Rs. C-9/02, *„de Lasteyrie du Saillant"*, Slg. 2004, I-2409 ff.

118 *EuGH*, Urt. vom 7.9.2006, Rs. C-470/04, *„N"*, DStR 2006, 1691 ff.

119 *Forsthoff*, DB 2002, 2471, 2474; *Altmeppen*, NJW 2004, 97, 99; *Kloster*, S. 166 f.; a.A. *Sedemund*, IStR 2002, 817 f., nach dem der EuGH die Sitztheorie unter allen erdenklichen Gesichtspunkten als gemeinschaftsrechtswidrig eingestuft habe.

120 Vgl. Artt. 7, 8 der Verordnung über das Statut der Europäischen Aktiengesellschaft, dazu *Kloster*, S. 165; *Kindler*, NJW 2003, 1073, 1074; *Schulz/Geismar*, DStR 2001, 1078, 1079. Es stellt sich daher die Frage, ob Artt. 7, 8 der Verordnung gegen die Grundfreiheiten verstößt, vgl. *Ziemons*, ZIP 2003, 1913, 1918; *Saß* DB 2004, 2231, 2234.

121 *EuGH*, Urt. vom 5.11.2002, Rs. C-208/00 *„Überseering"*, Slg. 2002, I-9919

122 *EuGH*, Urt. vom 30.9.2003, Rs. C-167/01, *„Inspire Art"*, DB 2003, 2219.

123 Vgl. allein *BayObLG*, Beschl. vom 19.12.2002, 2 ZBR 7/02, DStR 2003, 553.

124 *BGH*, Urt. vom 13.3.2003, VII ZR 370/98, ZIP 2003, 718;

125 Vgl. Vorlagebeschluss des BGH zur Rechtssache *„Überseering"*; *BGH*, Beschl. vom 30.3.2000, VII ZR 370/98, ZIP 2000, 967. Der BGH hatte dem EuGH unter anderem die Frage vorgelegt, ob es die Artt. 43 und 48 EG gebieten, hinsichtlich der Rechts- und Parteifähigkeit von Gesellschaften von der Gründungstheorie auszugehen.

126 Gesetz zur Modernisierung des GmbH-Rechts und zur Bekämpfung von Missbräuchen (MoMiG).

machen.[127] Zu diesem Zweck sollen § 4a Abs. 2 GmbHG und § 5 Abs. 2 AktG, welche einem Auseinanderfallen von Satzungs- und Verwaltungssitz entgegenstehen, ab Anfang 2008 ersatzlos entfallen.[128]

dd) Zwischenergebnis

Nach alledem steht weder die Sitztheorie noch ein damit verbundenes Verbot einer Sitzverlegung einer grenzüberschreitenden Einbringung entgegen. Vielmehr fallen auch solche grenzüberschreitenden Einbringungen von Unternehmensteilen unter den sachlichen Anwendungsbereich der primären Niederlassungsfreiheit, bei denen es zu einer Verlegung des effektiven Verwaltungssitzes kommt.

c) Sekundäre Niederlassungsfreiheit

Die sekundäre Niederlassungsfreiheit gewährt nach Art. 43 Abs. 1 Satz 2 i.V.m. Art. 48 Abs. 2 EG das Recht zur Gründung von Agenturen, Zweigniederlassungen (Betriebsstätten) oder Tochtergesellschaften in einem anderen Mitgliedstaat. Die Freiheit der Niederlassung umfasst daher nicht nur die vollständige Verlagerung des unternehmerischen Engagements durch Aufgabe und Neuetablierung in einem anderen Mitgliedstaat, sondern auch die Errichtung von selbständigen (Tochtergesellschaften) und unselbständigen (Zweigniederlassungen und Agenturen) Niederlassungen.[129] Das Gesamtunternehmen verändert bei einer solchen Verlagerung seinen Standort nicht; der Mittelpunkt des unternehmerischen Engagements bleibt im bisherigen Mitgliedstaat erhalten. Über die verlagerten Unternehmensteile nimmt es lediglich Standortvorteile in anderen Mitgliedstaaten wahr und beteiligt sich in der Weise an deren Wirtschaftsleben.[130] Die in diesem Sinn von der sekundären Niederlassungsfreiheit erfassten Umstrukturierungsvorgänge sind mannigfaltig. Jegliche Verlagerungen von Unternehmensteilen in einen anderen Mitgliedstaat mit der Absicht, bestehende Unternehmen

---

[127] Begründung des Regierungsentwurfs eines Gesetzes zur Modernisierung des GmbH-Rechts und zur Bekämpfung von Missbräuchen (MoMiG), S. 55, 65.

[128] Begründung des Regierungsentwurfs eines Gesetzes zur Modernisierung des GmbH-Rechts und zur Bekämpfung von Missbräuchen (MoMiG), S. 65.

[129] *Tiedje/Troberg*, in: von der Groeben/Schwarze, EUV/EGV, Art. 43 EG Rz. 32 ff.; *Randelzhofer/Forsthoff*, in: Grabitz/Hilf, Recht der EU, Art. 43 EG Rz. 48 ff; *Schön*, FS Lutter, S. 693.

[130] *Tiedje/Troberg*, in: von der Groeben/Schwarze, EUV/EGV, Art. 43 EG Rz. 33.

zu übernehmen[131] oder sich an ihnen zu beteiligen, fällt unter den Schutzbereich der sekundären Niederlassungsfreiheit.

d) Erwerb einer kontrollierenden Beteiligung

Wie sich aus dem Vorbehalt des Art. 43 Abs. 2 EG zugunsten des Kapitels über die Kapitalverkehrsfreiheit ergibt, muss der von der Niederlassungsfreiheit geschützte Einbringungsvorgang der Aufnahme und Ausübung einer selbständigen Erwerbstätigkeit dienen.[132] Dieses Merkmal der selbständigen Erwerbstätigkeit kennzeichnet sowohl die primäre als auch die sekundäre Niederlassungsfreiheit.[133] Es erfordert, dass sich das verlagerte und in einem anderen Mitgliedstaat aufgenommene unternehmerische Engagement auf Dauer in einer festen Einrichtung vollzieht,[134] wovon bei der Gründung einer selbständigen Tochtergesellschaft stets auszugehen ist.[135] In anderen Fällen des Erwerbs oder des Haltens einer Beteiligung an einer schon bestehenden ausländischen Gesellschaft ist nach allgemeiner Meinung[136] hingegen eine Selbständigkeit der Erwerbstätigkeit erst dann anzunehmen, wenn durch den Niederlassungsvorgang ein gewisses Mindestmaß an unternehmerischer Beeinflussung erreicht wird, die zu einer Kontrolle oder Leitung der Gesellschaft in dem anderen Mitgliedstaat führt. Dementsprechend werden so genannte Portfolioinvestitionen mit Kapitalanlagecharakter, bei denen der Anleger keinen Einfluss auf die Gesellschaft erwirbt, allein von der Kapitalverkehrsfreiheit geschützt.[137] Wie die Grenze zwi-

---

131 *Wackerbarth*, WM 2001, 1741, 1749 m.w.N.

132 *EuGH*, Urt. vom 27.7.1991, Rs. C-221/89, *„Factortame"*, Slg. 1991, I-3905 Tz. 20; *Schlag*, in: Schwarze, EU-Kommentar, Art. 43 Rz. 2; *Bröhmer*, in: Callies/Ruffert, EUV/EGV, Art. 43 Rz. 11; *Tiedje/Troberg*, in: von der Groeben/Schwarze, EUV/EGV, Art. 43 EG Rz. 8 ff.

133 *Eyles*, S. 38, 39 f.; *Schlag*, in: Schwarze, EU-Kommentar, Art. 43 Rz. 15; *Randelzhofer/Forsthoff*, in: Grabitz/Hilf, Recht der EU, Art. 43 EG Rz. 15.

134 *EuGH*, Urt. vom 30.11.1995, Rs. C-55/94, *„Gebhard"*, Slg. 1995, I-4195 Tz. 25; *EuGH*, Urt. vom 27.7.1991, Rs. C-221/89, *„Factortame"*, Slg. 1991, I-3905 Tz. 20.

135 *EuGH*, Urt. vom 17.06.1997, Rs. C-70/95, *„Sodemare"*, Slg. 1997, I-3395 Tz. 22; *EuGH*, Urt. vom 17.10.2002, Rs. C- 79/01, *„Payroll Data"*, Slg. 2002, I-8923 Tz. 6, 25.

136 *EuGH*, Urt. vom 13.4.2000, Rs. C-252/98, *„Baars"*, Slg. 2000, I-2787 Tz. 22 und 28 bis 31; *EuGH*, Urt. vom 21.11.2002, Rs. C-436/00, *„X und Y"*, Slg. 2002, I-10847 Tz. 37; *EuGH*, Urt. vom 11.3.2004, Rs. C-9/02, *„de Lasteyrie du Saillant"*, IStR 2004, 236 Tz. 42; *Wassermeyer*, GmbHR 2004, 613, 615; *Tiedje/Troberg*, in: von der Groeben/Schwarze, EUV/EGV, Art. 43 EG Rz. 28; *Randelzhofer/Forsthoff*, in: Grabitz/Hilf, Recht der EU, Art. 43 EG Rz. 115.

137 *EuGH*, Urt. vom 14.11.1995, Rs. C-484/93, *„Svensson und Gustavsson"*, Slg. 1995, I-3971 Tz. 9 ff.; *Tiedje/Troberg*, in: von der Groeben/Schwarze, EUV/EGV, Art. 43 EG

schen der Verlagerung von unternehmerischen Engagement und bloßer Kapitalanlage zu ziehen ist, ist dabei ungeklärt.[138] Fest steht allein, dass der Erwerb einer Mehrheitsbeteiligung den Anforderungen an eine Kontrolle und Leitung genügt.[139] Für andere, geringere Beteiligungen hat der EuGH[140] explizit noch keine eindeutige Stellung bezogen.[141] In der Rechtssache *„Baars"*[142] ließ er es offen, ab welcher Beteiligungshöhe der Schutzbereich der Niederlassungsfreiheit berührt ist. Entscheidend sei vielmehr, ob nach den konkreten Umständen des Einzelfalls die Möglichkeit bestehe, dass der Anteilseigner Einfluss auf die Entscheidungen der ausländischen Gesellschaft nehmen und deren Tätigkeiten bestimmen könne.[143] Dementsprechend sei es auch nicht entscheidend, ob eine Beteiligung nach den Bestimmungen des jeweiligen nationalen Steuerrechts die Eigenschaft einer wesentlichen Beteiligung habe.[144] Nach der Auffassung des EuGH[145] in der Rechtsache *„Bosal Holding"* sei jedoch die Mutter-Tochter-Richtlinie allein anhand der Niederlassungsfreiheit auszulegen. Der EuGH gibt damit zu erkennen, dass die schon in Art. 3 Abs. 3 Buchst. a dieser Richtlinie vorgeschriebene Mindestbeteiligung der Muttergesellschaft an ihrer Tochter in Höhe von damals 25 v.H.[146] vom Nennkapital ausreicht, um den Schutzbe-

---

Rz. 26; *Schön*, in: GS Knobbe-Keuk, S. 743, 750 f.; *Glaesner*, in: Schwarze, EU-Kommentar, Art. 56 EGV Rz. 11; *Geurts*, IStR 2000, 572, 573.

138 *Randelzhofer/Forsthoff*, in: Grabitz/Hilf, Recht der EU, Art. 43 EG Rz. 115; *Englisch*, S. 217 f.

139 Ständige Rechtsprechung, vgl. *EuGH*, Urt. vom 7.9.2006, Rs. C-470/04, *„N"*, DStR 2006, 1691 Tz. 26; *EuGH*, Urt. vom 12.9.2006, Rs. C-196/04, *„Cadbury Schweppes"*, Slg. 2006, I-7995 Tz. 31; *EuGH*, Urt. vom 18.11.1999, Rs. C-200/98, *„X AB und Y AB"*, Slg. 1999, I-8276 Tz. 31; *EuGH*, Urt. vom 13.4.2000, Rs. C-252/98, *„Baars"*, Slg. 2000, I-2787 Tz. 26; *Dölker/Ribbrock*, BB 2007, 1928, 1929 f. m.w.N.

140 *EuGH*, Urt. vom 13.4.2000, Rs. C-252/98, *„Baars"*, Slg. 2000, I-2787 Tz. 20.

141 Kritisch *Wassermeyer*, GmbHR 2004, 613, 615.

142 Vgl. auch *EuGH*, Urt. vom 21.11.2002, Rs. C-436/00, *„X und Y"*, Slg. 2002, I-10847 Tz. 37, 65.

143 *EuGH*, Urt. vom 12.9.2006, Rs. C-196/04, *„Cadbury Schweppes"*, Slg. 2006, I-7995 Tz. 31; *EuGH*, Urt. vom 13.3.2007, Rs. C-525/04, *„Test Claiments in the Thin Cap Group Litigation"*, IStR 2007, 69 Tz. 34; *EuGH*, Urt. vom 10.5.2007, Rs. C-492/04, *"Lasertec"*, IStR 2007, 441 Tz. 22.

144 Siehe aber *EuGH*, Urt. vom 10.5.2007, Rs. C-492/04, *„Lasertec"*, IStR 2007, 441 Tz. 22, 23 wonach auf die Intention des nationalen Gesetzgebers abzustellen ist; kritisch dazu *Dölker/Ribbrock*, BB 2007, 1928, 1931. Neben diesem subjektiven Element stellt der EuGH aber maßgeblich auf die tatsächlichen Beteiligungsverhältnisse ab.

145 *EuGH*, Urt. vom 18.9.2003, Rs. C-168/01, *„Bosal Holding"*, Slg. 2003, I-9430 Tz. 26 ff.

146 Ab 1.1.2007 beträgt der Mindestanteil für die Anwendbarkeit der Mutter-Tochter-Richtlinie 15 v.H., ab 1.1.2009 10 v.H.

reich der Niederlassungsfreiheit zu eröffnen.[147] Auch in der Rechtslehre[148] wird diese Beteiligungshöhe als Schwelle zur Anwendbarkeit der Niederlassungsfreiheit anerkannt.

e) Zwischenergebnis

Grenzüberschreitende Einbringungen fallen damit im Ergebnis unter den sachlichen Anwendungsbereich der primären und sekundären Niederlassungsfreiheit, wenn die erworbene Beteiligung an dem ausländischen Rechtsträger unternehmerischen Charakter aufweist. Eine Einbringung fällt hingegen nicht in den Schutzbereich der Niederlassungsfreiheit, wenn der einbringende Rechtsträger für die überlassenen Unternehmensteile nur eine Minderheitsbeteiligung erwirbt, die ihm keinen entscheidenden Einfluss auf die Geschäftsführung des übernehmenden Rechtsträgers verschafft.

2. Sachlicher Anwendungsbereich der Kapitalverkehrsfreiheit, Art. 56 EG

Die Kapitalverkehrsfreiheit nach Art. 56 Abs. 1 EG ist wie die Niederlassungsfreiheit eine zentrale Norm für die grenzüberschreitende Tätigkeit von Unternehmen in einem europäischen Binnenmarkt.[149] Sie soll den Unternehmen die kostenoptimale Wahl des Produktionsstandorts ermöglichen. Die Kapitalverkehrsfreiheit hat daher allokationsfördernde Wirkung in einem europäischen Binnenmarkt; sie soll ermöglichen, dass Geld- und Sachkapital in den Mitgliedstaat fließt, der die ertragsreichsten Anlagemöglichkeiten bietet. Sie schützt nicht nur den Vorgang des Kapitaltransfers sondern auch die Kapitalanlage- und Investitionsentscheidung des grenzüberschreitend tätigen Anlegers als solche.[150] Nach der herrschenden Auf-

---

147 Vgl. auch *EuGH*, Urt. vom 10.5.2007, Rs. C-492/04, *„Lasertec"*, IStR 2007, 441 Tz. 22 zu § 8a KStG a.F., nach dem schon eine Beteiligungshöhe von 25 v.H. ausreichend war.

148 *Schön*, GS Knobbe-Keuk, S. 743, 751; *Geurts*, IStR 2000, 572, 574; *Wassermeyer*, GmbHR 2004, 613, 615. Für eine Grenze von 20 v.H.: *Tiedje/Troberg*, in: von der Groeben/Schwarze, EUV/EGV, Art. 43 EG Rz. 29 Fn. 48; *Sedlaczek*, E.T. 2000, 14, 17. Nach der Auffassung von Generalanwalt *Alber* in seinen Schlussanträgen in der Rechtssache *„Baars"* (Rs. C-251/98, Slg. 2000, I-2789 Tz. 33) ist auf die Regelungen des Gesellschaftsrechts in dem Staat abzustellen, in dem sich das Unternehmen niedergelassen hat.

149 *EuGH*, Urt. vom 11.11.1981, Rs. 203/80, *„Casati"* Slg. 1981, 2695 Tz. 9; *Schön*, GS Knobbe-Keuk, S. 743, 745.

150 *Hey*, in: Herrmann/Heuer/Raupach, Einf. EStG, KStG Anm. 110 m.w.N. Zum ökonomischen Gehalt der Kapitalverkehrsfreiheit: *Ress/Ukrow*, in: Grabitz/Hilf, Recht

fassung[151] in der Rechtslehre stellt die Fusionsrichtlinie eine Konkretisierung der Niederlassungsfreiheit dar. Es ist zu untersuchen, ob auch die Kapitalverkehrsfreiheit Vorgaben für grenzüberschreitende Einbringungen enthält.

a) Einbringung von Unternehmensteilen als Direktinvestition

Der sachliche Anwendungsbereich der in Art. 56 EG normierten Kapitalverkehrsfreiheit wird im EG-Vertrag nicht näher konkretisiert.[152] Art. 56 Abs. 1 EG bestimmt lediglich, dass alle Beschränkungen des Kapitalverkehrs zwischen den Mitgliedstaaten sowie zwischen den Mitgliedstaaten und dritten Ländern verboten sind. Nach allgemeiner Meinung[153] wurde jedoch mit der Einfügung des Art. 73b EGV, dem jetzigen Art. 56 EG, der Inhalt des Artikels 1 der früheren Kapitalverkehrsrichtlinie in den EG-Vertrag übernommen. Die in Anhang I zu Artikel 1 der Richtlinie enthaltene Nomenklatur für Vorgänge des Kapitalverkehrs enthält daher einen Hinweischarakter für den sachlichen Anwendungsbereich der Kapitalverkehrsfreiheit, wobei die darin enthaltene Aufzählung nicht abschließend ist.[154] Dementsprechend greift der EuGH[155] bei der Prüfung der Gemeinschaftswidrigkeit steuerrechtlicher Vorschriften als Auslegungshilfe auf den Anhang I der Kapitalverkehrsrichtlinie zurück. Position I.1. der Nomenklatur im Anhang der Kapitalverkehrsrichtlinie nennt als Fallgruppe des Kapitalverkehrs den Vorgang der Direktinvestition. Nach dem Wortlaut der Ka-

---

der EU, Art. 56 EG Rz. 6; *Schön*, GS Knobbe-Keuk, S. 743, 745; *Schönfeld*, S. 43 m.w.N.

151 *Knobbe-Keuk*, Bilanz- und Unternehmenssteuerrecht, § 8 b II, S. 340; *Farmer/Lyal*, EC Tax Law, S. 316; *Herzig*, in: Lüdicke, Fortentwicklung, S. 124 f.; *Schön*, IStR 1996, Beihefter zu Heft 2, S. 7; *Staringer*, Besteuerung doppelt ansässiger Kapitalgesellschaften, S. 224; *Tumpel*, DStJG 23 (2000), 321, 368; *Hey*, GmbHR 2001, 993, 1001.

152 *EuGH*, Urt. vom 16.3.1999, Rs. C-222/97, „*Trummer und Mayer*“, Slg. 1999, I-1661 Tz. 20; *Ress/Ukrow*, in: Grabitz/Hilf, Recht der EU, Art. 56 EGV Rz. 13.

153 *Ress/Ukrow*, in: Grabitz/Hilf, Recht der EU, Art. 56 EGV Rz. 13; *Schön*, GS Knobbe-Keuk, S. 743, 747; *Sedlaczek*, E.T. 2000, 14, 15.

154 *EuGH*, Urt. vom 16.3.1999, Rs. C-222/97, „*Trummer und Mayer*“, Slg. 1999, I-1661 Tz. 20; *EuGH*, Urt. vom 4.6.2002, Rs. C-367/98, „*Komission/Portugal*“, Slg. 2002, I-4731 Tz. 37; *EuGH*, Urt. vom 4.6.2002, Rs. C-483/99, „*Komission/Frankreich*“, Slg. 2002, I-4781 Tz. 36; *Mössner/Kellersmann*, DStZ 1999, 505, 506; *Ress/Ukrow*, in: Grabitz/Hilf, Recht der EU, Art. 56 EGV Rz. 15; *Kiemel*, in: von der Groeben/Schwarze, EUV/EGV, Art. 56 EG Rz. 3.

155 Vgl. allein *EuGH*, Urt. vom 14.11.1995, Rs. C-484/93, „*Svensson und Gustavsson*“ Slg. 1995, I-3971 Tz. 6; *EuGH*, Urt. vom 6.6.2000, Rs. C-35/98, „*Verkooijen*“, Slg. 2000, I-4113 Tz. 27

pitalverkehrsrichtlinie fällt darunter zunächst die Gründung und Erweiterung von Zweigniederlassungen oder neuen Unternehmen, die ausschließlich dem Geldgeber gehören, sowie die vollständige Übernahme bestehender Unternehmen. Weiterhin gilt auch die Beteiligung an neuen oder bereits bestehenden Unternehmen zur Schaffung oder Aufrechterhaltung dauerhafter Wirtschaftsbeziehungen als ein Fall der Direktinvestition. Keine Vorgaben enthält die Kapitalverkehrsrichtlinie darüber, auf welche Art und Weise eine Zweigniederlassung gegründet oder eine Beteiligung an einem neuen oder bestehenden Unternehmen erworben werden muss. Daraus folgt, dass eine grenzüberschreitende Einbringung, bei welcher der einbringende Rechtsträger Wirtschaftsgüter des Betriebsvermögen als Sachkapital auf einen anderen bestehenden oder im Zuge der Einbringung gegründeten Rechträger überträgt und dafür eine Beteiligung in Form von Gesellschaftsrechten erhält, als Direktinvestition unter den Schutzbereich der Kapitalverkehrsfreiheit fällt. Wie bei der Niederlassungsfreiheit ist es nicht von Bedeutung, auf welche Art und Weise das Sachkapital auf den übernehmenden Rechtsträger übergeht. Die Wirtschaftsgüter der einzubringenden Unternehmensteile können daher durch eine Einzelrechtsnachfolge oder durch eine Gesamtrechts- und Sonderrechtsnachfolge nach dem UmwG übergehen.[156]

b) Erwerb einer Beteiligung in beliebiger Höhe

Im Gegensatz zur Niederlassungsfreiheit ist im Rahmen des sachlichen Anwendungsbereichs der Kapitalverkehrsfreiheit kein Erwerb einer Beteiligung erforderlich, die einen kontrollierenden Einfluss auf den übernehmenden Rechtsträger ermöglicht.[157] Auch der Erwerb einer Minderheitsbeteiligung wird durch die Kapitalverkehrsfreiheit geschützt;[158] die Aufnahme einer selbständigen Erwerbstätigkeit, die sich dauerhaft in einer festen Einrichtung vollzieht, ist im Rahmen der Kapitalverkehrsfreiheit nicht notwendig. Wird hingegen durch die Einbringung eine Mehrheitsbeteiligung oder eine Beteiligung in einer Höhe erworben, die es ermöglicht, eine Kontrolle auszuüben, so fällt diese Umstrukturierung nicht nur unter den Schutzbereich der Kapitalverkehrsfreiheit sondern auch unter den der Nie-

---

156 *Pietsch*, S. 103.

157 Vgl. *EuGH*, Urt. vom 8.6.2004, Rs. C-268/03, „*De Baeck*", Slg. 2004, I-5961 Tz. 28.

158 *Lausterer*, IStR 2003, 19, 21; *Schön*, DB 2001, 940, 942 f.; *Ress/Ukrow*, in: Grabitz/Hilf, Recht der EU, Art. 56 EGV Rz. 30.

derlassungsfreiheit. In diesem Fall überschneiden sich der Schutzbereich der Kapitalverkehrsfreiheit und der der Niederlassungsfreiheit.[159]

c) Zwischenergebnis

Steuerliche Beschränkungen von grenzüberschreitenden Einbringungen fallen damit – unabhängig von der Höhe der erhaltenen Beteiligung – als Direktinvestition unter den sachlichen Anwendungsbereich der Kapitalverkehrsfreiheit.

3. Konkurrenzverhältnis von Kapitalverkehrs- und Niederlassungsfreiheit

Grenzüberschreitende Einbringungen fallen nach dem Vorgesagten sowohl unter den Schutzbereich der Niederlassungsfreiheit als auch unter den der Kapitalverkehrsfreiheit, soweit im Zuge der Einbringung eine Beteiligung an der übernehmenden Gesellschaft erworben wird, die zu einer Kontrolle über die Gesellschaft oder ihrer Leitung führt. Fraglich ist, in welchem Konkurrenzverhältnis die beiden Grundfreiheiten stehen.

a) Vorrang der Kapitalverkehrsfreiheit

Nach Art. 43 Abs. 2 EG steht die Niederlassungsfreiheit unter dem Vorbehalt der Bestimmungen über die Kapitalverkehrsfreiheit. Art. 58 Abs. 2 EG (ex Art 73d Abs. 2 EGV) bestimmt zum anderen, dass die Regelungen der Kapitalverkehrsfreiheit die Anwendbarkeit der Niederlassungsfreiheit unberührt lassen. Diese wechselseitigen Vorbehalte zugunsten der jeweils anderen Grundfreiheit verdeutlichen eine kumulative Anwendbarkeit beider Grundfreiheiten, ohne dass ein lex-specialis-Verhältnis besteht.[160] Die in der

---

[159] *EuGH*, Urt. vom 13.4.2000, Rs. C-252/98, „*Baars*", Slg. 2000, I-2787 Tz. 26, 42; *EuGH*, Urt. vom 6.6.2000, Rs. C-35/98, „*Verkooijen*", Slg. 2000, I-4113 Tz. 27; *EuGH*, Urt. vom 21.11.2002, Rs. C-436/00, „*X und Y*", Slg. 2002, I-10847 Tz. 66, 67; *Tiedje/Troberg*, in: von der Groeben/Schwarze, EUV/EGV, Art. 43 EG Rz. 26; *Ress/Ukrow*, in: Grabitz/Hilf, Recht der EU, Art. 56 EGV Rz. 28, 29, *Mössner/Kellersmann*, DStZ 1999, 505, 506; *Schön*, GS Knobbe-Keuk, 743, 749; vgl. auch die Entscheidungen des EuGH zu Aktien mit Sonderrechten (golden shares): *EuGH*, Urt. vom 4.6.2002, Rs. C-483/99, „*Kommission/Frankreich*", Slg. 2002, I-4781 Tz. 55 f.; *EuGH*, Urt. vom 4.6.2002, Rs. C-503//99, „*Kommission/Belgien*", Slg. 2002, I-4809 Tz. 58 f. Der EuGH stellt in diesen Entscheidungen die Kapitalverkehrsfreiheit in den Mittelpunkt seiner Entscheidungsgründe, Kritisch *Tiedje/Troberg*, in: von der Groeben/Schwarze, EUV/EGV, Art. 43 EG Rz. 28

[160] *Schön*, GS Knobbe-Keuk, S. 743, 749; *Sedlaczek*, E.T. 2000, 14, 17; *Randelzhofer/Forsthoff*, in: Grabitz/Hilf, Recht der EU, Art. 43 EG Rz. 114; *Clemens/Rehfeld*, Inf

Rechtslehre geäußerten Gegenauffassungen, welche teils einen Vorrang der Niederlassungsfreiheit[161], teils eine Spezialität der Kapitalverkehrsfreiheit[162] annehmen, stützen ihre Argumentation stets nur auf einen der genannten Vorbehalte und berücksichtigen nicht die Wechselseitigkeit der jeweiligen Verweisungen.[163] Würde bereits jeder Bezug zum Kapitalverkehr die Anwendung des Kapitels über die Niederlassungsfreiheit ausschließen, verlöre diese Grundfreiheit ihre praktische Bedeutung, da die Niederlassung in einem anderen Mitgliedstaat in aller Regel mit einer Kapitalanlageentscheidung des Investors verbunden ist. So ist die grenzüberschreitende Einbringung eines Betriebs oder Teilbetriebs auf einen andern Rechtsträger, bei der als Gegenleistung für die Einbringung eine Mehrheitsbeteiligung gewährt wird, sowohl ein Niederlassungsvorgang als auch eine Kapitalanlage und Investition. Der Vorgang der Niederlassung in dem anderen Mitgliedstaat fällt in diesem Fall mit dem Transfer des Sachkapitals zusammen. Die teilweise in der Rechtslehre vertretene Auffassung,[164] diesen einheitlichen Lebensvorgang in einen Niederlassungsakt und einen durch eine Kapitalanlageentscheidung vermittelten Beteiligungserwerb aufzuteilen, überzeugt daher nicht. Zum anderen bedürfte es nicht der Regelung des Art. 58 Abs. 2 EG, wenn aufgrund des Eingreifens des Art. 43 Abs. 2 EG jegliche Kollision von Kapitalverkehrs- und Niederlassungsfreiheit zugunsten der Kapitalverkehrsfreiheit ausgeschlossen wäre.[165]

2004, 505, 507; *Kellersmann/Treisch*, Europäische Unternehmensbesteuerung, S. 171; *Bayer*, BB 2002, 2289, 2290; *Wimplissinger*, SWI 2000, 313, 315; *Staringer*, Besteuerung doppelt ansässiger Kapitalgesellschaften, S. 232.

161 *Stapperfend*, FR 2003, 165, 166; *Brinkmann*, S. 60. Für den Erwerb und das Halten von Unternehmensbeteiligungen: *Randelzhofer/Forsthoff*, in: Grabitz/Hilf, Recht der EU, Art. 43 EG Rz. 114. Generalanwalt *Alber* stellt in seinen Schlussanträgen in der Rechtssache „*Baars*“ (Rs. C-251/98, Slg. 2000, I-2789 Tz. 26, 33) darauf ab, welche der beiden Grundfreiheiten unmittelbar betroffen sind. Bestehe ein unmittelbarer Bezug zur Kapitalverkehrsfreiheit so gehe diese der Niederlassungsfreiheit vor.

162 *Eckhoff*, in: Birk, Handbuch des Europäischen Steuer- und Abgabenrechts, § 19 Rz. 36. *Kiemel*, in: von der Groeben/Schwarze, EUV/EGV, Art. 56 EG Rz. 20; *Kimms*, S. 140; *Weber*, EuZW 1992, 561, 564. Nach *Koblenzer* (siehe *Koblenzer*, S. 148 f.) gehe die Kapitalverkehrsfreiheit nicht der Niederlassungsfreiheit vor, wenn sich der Niederlassungsaspekt klar von dem Kapitalverkehrsvorgang trennen ließe.

163 *Englisch*, S. 220. Im Ausgangspunkt auch *Tiedje/Troberg*, in: von der Groeben/Schwarze, EUV/EGV, Art. 43 EG Rz. 26.

164 *Bröhmer*, in: Callies/Ruffert, EUV/EGV, Art. 56 Rz. 24.

165 *Mössner/Kellersmann*, DStZ 1999, 505, 508; *Freitag*, EWS 1997, 186, 190.

b) Vorrang der Niederlassungsfreiheit

Ebenso ist ein genereller Vorrang der Niederlassungsfreiheit abzulehnen.[166] Ein solcher lässt sich auch nicht der Rechtsprechung des EuGH entnehmen.[167] In der Rechtssache „*Bachmann*"[168] entschied der EuGH, dass die Vorschriften über den Kapitalverkehr nicht solche Beschränkungen erfassen, die sich allein mittelbar aus einer Beschränkung der Dienstleistungs- und Niederlassungsfreiheit ergeben. Eine parallele Anwendung der Kapitalverkehrsfreiheit komme danach nur dann in Betracht, wenn sich der jeweilige Nachteil in spezifischer Weise nicht nur gegen den Vorgang der Niederlassung sondern auch gegen den des Transfers von Kapital richten würde. Art. 56 Abs. 1 EG wäre dann ausschließlich als eine Kapitalverkehrsfreiheit und nicht auch als eine Kapitalanlagefreiheit zu verstehen.[169] Ein solches Verständnis steht jedoch im Widerspruch zum sachlichen Anwendungsbereich der Kapitalverkehrsfreiheit. In späteren Urteilen hat der EuGH diesen Ansatz daher aufgegeben. In der Rechtssache „*Konle*",[170] der eine Vorschrift des österreichischen Rechts zugrunde lag, welche den Erwerb von Grundeigentum von Ausländern betraf, hat der EuGH zunächst sowohl die Niederlassungsfreiheit als auch die Vorschriften über den Kapitalverkehr für anwendbar gehalten. Im Ergebnis hat er jedoch einen Verstoß gegen Art. 56 EG angenommen und ist auf die Niederlassungsfreiheit nicht eingegangen.[171] Von einer parallelen Anwendbarkeit beider Grundfreiheiten ging er auch in den nachfolgenden Rechtssachen „*X AB und Y AB*"[172] und „*Metallgesellschaft und Hoechst*"[173] aus. In beiden Urteilen prüfte er zwar allein einen Verstoß der jeweiligen nationalen Steuerregelung gegen die Niederlassungsfreiheit und bejahte diesen. Dementsprechend betonte er, dass

---

166 So *Geurts*, IStR 2000, 572, 573; *Ohler*, WM 1996, 1801, 1806.

167 Vgl. aber *Brinkmann*, S. 60 unter Berufung auf *EuGH*, Urt. vom 28.1.1992, Rs. C-204/90, „*Bachmann*", Slg. 1992, I-276 Tz. 34. Über eine echte Konkurrenzsituation zwischen Niederlassungs- und Kapitalverkehrsfreiheit hat der EuGH jedoch nicht entschieden, vgl. dazu die Schlussanträge des Generalanwalts *Mischo* in dieser Rechtssache (I-260 Tz. 31).

168 *EuGH*, Urt. vom 28.1192, Rs. C-204/90, „*Bachmann*", Slg. 1992, I-249 Tz. 34

169 *Mössner/Kellersmann*, DStZ 1999, 505, 507.

170 *EuGH*, Urt. vom 1.6.1999, Rs. C-302/97, „*Konle*", Slg. 1999, I-3099 Tz. 22, 55.

171 Generalanwalt *La Pergola* nahm demgegenüber einen Verstoß gegen die Niederlassungsfreiheit an und ging nicht weiter auf einen Verstoß gegen die Kapitalverkehrsfreiheit ein. Sowohl das Urteil als auch die Schlussanträge gehen jedoch von einer parallelen Anwendbarkeit beider Grundfreiheiten aus.

172 *EuGH*, Urt. vom 18.11.1999, Rs. C-200/98, *X AB und Y AB*", Slg. 1999, I-8276 Tz. 30.

173 *EuGH*, Urt. vom 8.3.2001, Rs. C-297/98 und C-410/98, „*Metallgesellschaft und Hoechst*", Slg. 2001, I-1760 Tz. 75.

nicht abschließend geprüft werden müsse, ob die Bestimmungen über den Kapitalverkehr den fraglichen steuerlichen Vorschriften entgegenstünden. Damit brachte er jedoch keinen – wenn auch nur begrenzten – Vorrang[174] der Niederlassungsfreiheit vor der Kapitalverkehrsfreiheit zum Ausdruck; denn eine Abgrenzung der beiden Grundfreiheiten nahm er in beiden Entscheidungen nicht vor. Auf die Prüfung eines Eingriffs in die Kapitalverkehrsfreiheit und der Rechtfertigung verzichtete der EuGH, weil hierfür keine anderen Rechtfertigungsgründe und Verhältnismäßigkeitserwägungen als für die Niederlassungsfreiheit einschlägig waren. Mangels Entscheidungserheblichkeit ließ er es offen, ob neben dem Verstoß gegen die Niederlassungsfreiheit auch ein Verstoß gegen Art. 56 Abs. 1 EG vorlag.[175]

In den Urteilen der Rechtssachen *„Cadbury Schweppes"*[176] und *„Test Claiments in the Thin Cap Group Litigation"*[177] schränkte der EuGH zwar den Grundsatz der parallelen Anwendbarkeit von Niederlassungs- und Kapitalverkehrsfreiheit durch das Erfordernis der beidseitigen unmittelbaren Betroffenheit ein. Eine parallele Anwendung käme danach nur dann in Betracht, wenn beide Grundfreiheiten von einem Vorgang zugleich unmittelbar betroffen seien. Betreffe der Vorgang hingegen nur eine der beiden Grundfreiheiten, seien etwaige Beschränkungen der anderen Freiheit lediglich die „unvermeidliche Konsequenz" einer Beschränkung der vorwiegend berührten Grundfreiheit.[178] Anzuwenden sei danach nur die unmittelbar betroffene Grundfreiheit. Diese Einschränkung der bisherigen Rechtsprechung hat für den hier behandelten Zusammenhang der grenzüberschrei-

---

[174] So aber *Ress/Ukrow*, in: Grabitz/Hilf, Recht der EU, Art. 56 EGV Rz. 28; wohl auch *Kellersmann/Treisch*, Europäische Unternehmensbesteuerung, S. 171, die darauf abstellen, welche der beiden Grundfreiheiten im jeweiligen Fall unmittelbar betroffen ist. In diesem Sinn auch die Schlussanträge des Generalanwalts *Alber*, vgl. *EuGH*, Rs. C-251/98, *„Baars"*, Slg. I-2789 Tz. 26 ff. und wohl auch *Hey*, StuW 2004, 191, 194 Fn. 17.

[175] Vgl. auch *EuGH*, Urt. vom 21.11.2002, Rs. C-436/00, *„X und Y"*, Slg. 2002, I-10847 Tz. 33 ff. und 66 ff. In dieser Entscheidung ging es um die Übertragung von Aktien auf eine ausländische Gesellschaften und eine inländischen Gesellschaft, an welcher eine ausländische Gesellschaft beteiligt war. Soweit die übertragende Beteiligung eine Einfluss- und Kontrollnahme ermöglichte, nahm der EuGH ein Verstoß gegen die Niederlassungsfreiheit an. Soweit das Aktienpaket nur eine Minderheitsbeteiligung darstellte, lag nach der Auffassung des EuGH ein Verstoß gegen die Kapitalverkehrsfreiheit vor.

[176] *EuGH*, Urt. vom 12.9.2006, Rs. C-196/04, *„Cadbury Schweppes"*, Slg. 2006, I-7995 Tz. 22 f.

[177] *EuGH*, Urt. vom 13.3.2007, Rs. C-524/04, *„Test Claiments in the Thin Cap Group Litigation*, IStR 2007, 249 Tz. 34.

[178] Vgl. auch *EuGH*, Urt. vom 14.10.2004, Rs. C-36/02, *„Omega"*, Slg. 2004, I-9609 Tz. 27; *EuGH*, Urt. vom 3.10.2006, Rs. C-452/04, *„Fidium Finanz"*, EWS 2006, 518 Tz. 48, 49;

tenden Einbringung von Unternehmensteilen keine Bedeutung, da bei einem solchen Vorgang die Niederlassung in dem anderen Mitgliedstaat mit dem Transfer des Sachkapitals zusammenfällt, so dass beide Grundfreiheiten unmittelbar betroffen sind.

c) Zwischenergebnis

Soweit im Zuge einer grenzüberschreitenden Einbringung eine kontrollierende Beteiligung erworben wird, ist von einer parallelen Anwendbarkeit von Niederlassungs- und Kapitalverkehrsfreiheit auszugehen.[179] Eine Verstärkung des Schutzes für den jeweiligen Steuerpflichtigen ist damit nicht verbunden. Ist eine beschränkende steuerliche Vorschrift im Hinblick auf eine der beiden Grundfreiheiten gerechtfertigt, so schließt dies auch den Verstoß gegen die andere Grundfreiheit aus. Daran ändert der Vorbehalt des Art. 43 Abs. 2 EG zugunsten des Kapitels über die Kapitalverkehrsfreiheit nichts. Zwar wird durch diese Verweisung auch die ausdrücklich im EG-Vertrag vorgesehene Möglichkeit der Beschränkung des Kapitalverkehrs auf dem Gebiet des Steuerrechts nach Art. 58 Abs. 1 Buchst. a EG umfasst. Nach der Rechtsprechung des EuGH[180] ist diese Schranke jedoch restriktiv auszulegen, so dass die Rechtfertigungsmöglichkeiten eines Verstoßes gegen die Niederlassungs- und Kapitalverkehrsfreiheit nach dem gegenwärtigen Stand der Grundfreiheitsdogmatik identisch sind.

V. Persönlicher und räumlicher Anwendungsbereich

Der persönliche Anwendungsbereich der Grundfreiheiten betrifft die Frage, welcher Personenkreis unter den sachlichen Schutzbereich der Grundfreiheiten fällt. Damit verbunden ist der jeweilige räumliche Geltungsbereich. Für die hier relevanten Grundfreiheiten der Niederlassungs- und Kapitalverkehrsfreiheit lassen sich folgenden Feststellungen treffen:

---

[179] Vgl. auch Schlussanträge des Generalanwalts *Saggio*, *EuGH*, Rs. C-200/98, *X AB und Y AB*", Slg. 1999, I-8264 Tz. 30, wonach eine Beschränkung der Niederlassungsfreiheit zugleich eine Beschränkung der Kapitalverkehrsfreiheit enthalte, soweit es um den Erwerb von ausländischen Beteiligungen gehe. Im Ergebnis auch *Englisch*, S. 222 (für die Fälle des grenzüberschreitenden Dividendenbezugs) und *Kloster*, S. 174. (für grenzüberschreitende Umstrukturierungen). Allgemein nehmen *Sullivan/Wallner/Wübbelsmann*, IStR 2003, 6, 10, *Dautzenberg*, BB 2001, 2137, *Ruge*, EuZW 2002, 421, 422: *Pietsch*, S. 98 und mit Einschränkungen *Schön*, GS Knobbe-Keuk, S. 743, 749 ein Kumulationsverhältnis zwischen beiden Grundfreiheiten an.

[180] *EuGH*, Urt. vom 7.9.2004, Rs. C-319/02, „*Manninen*", DStRE 2004, 1220 Tz. 26 ff.; *EuGH*, Urt. vom 6.6.2000, Rs. C-35/98, „*Verkooijen*", Slg. 2000, I-4113 Tz. 43.

1. *Niederlassungsfreiheit*

a) *Persönlicher Anwendungsbereich*

Die Niederlassungsfreiheit steht nach Art. 43 Abs. 1 Satz 1 EG zunächst allen natürlichen Personen zu, die Staatsangehörige eines der Mitgliedstaaten der Europäischen Union sind. Soweit ein solcher Unionsbürger (Art. 17 EG, ex Art. 8 EGV) nicht von seinem Recht auf primäre Niederlassungsfreiheit Gebrauch macht, sondern eine Zweigniederlassung oder Tochtergesellschaft gründet, muss er zusätzlich nach Art 43 Abs. 1 Satz 2 EG in einem anderen Mitgliedstaat ansässig sein. Nach Art. 48 EG fallen die nach den Rechtsvorschriften eines Mitgliedstaates gegründeten Gesellschaften mit satzungsmäßigem Sitz, Hauptverwaltung oder Hauptniederlassung im Gemeinschaftsgebiet dem persönlichen Schutzbereich der Niederlassungsfreiheit. Dies gilt ungeachtet der missverständlichen Formulierung des Art. 48 Abs. 2 EG („sonstige juristische Personen") auch für solche wirtschaftlich tätigen[181] Gesellschaften, die nach dem jeweiligen Gesellschaftsrecht der Mitgliedstaaten keine Rechtsfähigkeit besitzen.[182] Denn auch diese bürgerrechtlichen oder handelsrechtlichen Gesellschaften (beispielsweise die OHG, KG oder GbR[183] in der Bundesrepublik Deutschland) werden in Art. 48 Abs. 2 EG genannt. Schließlich kann sich im Rahmen einer grenzüberschreitenden Einbringung nicht nur der einbringende, sondern auch der übernehmende Rechtsträger auf die Niederlassungsfreiheit berufen.[184]

b) *Räumlicher Anwendungsbereich*

Der räumliche Anwendungsbereich der Niederlassungsfreiheit erstreckt sich zunächst auf die Europäische Union. Sie gilt jedoch auch über die Artt. 31,

---

181 Rein karitativ oder kulturell tätige Gesellschaften, die keinen Erwerbszweck verfolgen fallen nicht unter Art. 48 EG, *Troberg/Tiedje,* in: von der Groeben/Schwarze, EUV/EGV, Art. 48 EG Rz. 5.

182 *Randelzhofer/Forsthoff,* in: Grabitz/Hilf, Recht der EU, Art. 48 Rz. 7; *Müller-Huschke,* in: Schwarze, EU-Kommentar, Art 48 Rz. 3; *Troberg/Tiedje,* in: von der Groeben/ Schwarze, EUV/EGV, Art. 48 EG Rz. 3; *Kirchhof,* DStJG 25 (2002), 1, 6 m.w.N.

183 Vgl. dazu insbesondere *BGH,* Urt. vom 29.1.2001, II ZR 331/00, NJW 2001, 1056 ff. Danach gelten Gesellschaften des bürgerlichen Rechts als rechtsfähig, soweit sie als Außengesellschaften am Rechtsverkehr teilnehmen.

184 Vgl. *EuGH,* Urt. v. 12.12.2002, Rs. C-324/00, *„Lankhorst-Hohorst"*, Slg. 2002, I-11779 ff.; *EuGH,* Urt. vom 8.3.2001, Rs. C-397/98 und C-410/98, *„Metallgesellschaft und Hoechst"*, Slg. 2001, I-1727 ff; *Pietsch,* S. 100; *Prinz/Cordewener,* GmbHR 2003, 80, 81.

34[185] des EWR-Abkommens[186] auch im Verhältnis zu den meisten EFTA-Vertragsparteien.[187] Darüber hinaus entfaltet sie auch eine unmittelbare Wirkung zu den Staaten, mit denen Assoziierungsabkommen getroffen wurden. Die darin enthaltenen steuerlichen Vorbehaltsklauseln nehmen jedoch eine unterschiedliche steuerliche Behandlung von beschränkt und unbeschränkt Steuerpflichtigen von dem Anwendungsbereich des Abkommens aus.[188]

2. *Kapitalverkehrsfreiheit*

Art. 56 EG verbietet nach allgemeiner Meinung[189] sowohl Beschränkungen des Kapitalverkehrs zwischen den Mitgliedstaaten als auch Beschränkungen im Verhältnis der Mitgliedstaaten zu Drittstaaten. Erfasst wird nicht nur der Transfer von Kapital zwischen natürlichen Personen oder Gesellschaften im Sinne des Art. 48 EG, die in einem Mitgliedstaat ansässig sind. In den persönlichen und räumlichen Anwendungsbereich der Kapitalverkehrsfreiheit fallen auch solche Personen und Gesellschaften, die nicht in der Europäischen Union ansässig sind, sofern diese eine Kapitalbewegung über das Gemeinschaftsgebiet abwickeln.[190] Anders als die Niederlassungsfreiheit ist die Kapitalverkehrsfreiheit verkehrs- und nicht personenbezogen formuliert; geschützt wird die Kapitalbewegung als solche, sofern diese einen Anknüpfungspunkt zum Gemeinschaftsgebiet hat. Auf die Ansässigkeit der beteiligten natürlichen Personen und Gesellschaften kommt es aufgrund dieses weiten, auch auf Drittstaaten ausgedehnten, räumlichen Anwendungsbereichs nicht an. Im Übrigen wird sowohl der Kapitalnehmer als auch der Kapitalgeber von dem persönlichen Anwendungsbereich der Kapitalver-

185 Nach Art. 34 des EWR-Abkommens sind die nach den Rechtsvorschriften eines EU-Mitgliedstaats oder eines EFTA-Staats gegründeten Gesellschaften, die ihren Sitz, ihre Hauptverwaltung oder ihre Hauptniederlassung im Hoheitsgebiet eins EU- oder EFTA-Staats haben, den natürlichen Personen im Hinblick auf das Niederlassungsrecht gleichgestellt. Der Wortlaut des Art. 34 EWR-Abkommens stimmt daher mit dem Wortlaut des Art. 48 EG überein, vgl. *Schaflitzl/Widmayer*, in: Blumenberg/Schäfer, Das SEStEG, S. 105.

186 Vertrag vom 2.5.1992, BGBl. II 1993, 266 mit Ausführungsgesetz vom 27.4.1993, BGBl. I 1993, 512.

187 *Schaumburg*, Internationales Steuerrecht, Rz. 4.32. Dies sind momentan noch Island, Liechtenstein und Norwegen. Das EFTA-Mitglied Schweiz ist dem EWR nicht beigetreten.

188 *Schaumburg*, Internationales Steuerrecht, Rz. 4.30 Fn. 110; *Englisch*, S. 225.

189 *Weber-Grellet*, Europäisches Steuerrecht, § 13 Rz 3. *Ress/Ukrow*, in: Grabitz/Hilf, Recht der EU, Art. 56 EG Rz. 52, 54; *Schweitzer/Hummer*, Europarecht Rz. 1212.

190 *Schweitzer/Hummer*, Europarecht Rz. 1212; *Ress/Ukrow*, in: Grabitz/Hilf, Recht der EU, Art. 56 EG Rz. 52, 54.

kehrsfreiheit umfasst.[191] Eine grenzüberschreitende Einbringung eines Unternehmensteils darf sich daher weder im Hinblick auf die übernehmende Gesellschaft noch bezüglich des Investors diskriminierend oder beschränkend auswirken.

VI. Adressaten der Grundfreiheiten

1. Bindung des Bestimmungsstaats

Die Grundfreiheiten richten sich in erster Linie an die Mitgliedstaaten. Dies ist zunächst der Bestimmungsstaat, in dem sich der jeweilige Grundfreiheitsgebrauch auswirken soll. Im Rahmen der Niederlassungsfreiheit ist das der Staat, in dem sich die natürliche Person oder die Gesellschaft im Sinne des Art. 48 EG niederlassen oder eine Tochtergesellschaft oder Betriebsstätte gründen will. Bei der Kapitalverkehrsfreiheit ist es dementsprechend der Staat, in dem im Zuge der Direktinvestition das Kapital angelegt wird. Steuerrechtlich geht es bei solchen Marktzutrittskonstellationen („*Inbound-Aktivitäten*“)[192] regelmäßig um die Prüfung von Diskriminierungen durch Regelungen des Bestimmungsstaates. Diese Bindung des Bestimmungsstaates an die Grundfreiheiten ergibt sich nicht zuletzt aus dem Wortlaut der einzelnen Grundfreiheiten. Art. 28 EG (ex Art. 30 EGV) verbietet im Rahmen der Warenverkehrsfreiheit alle Einfuhrbeschränkungen und Art. 39 Abs. 2 EG (ex Art. 48 Abs. 2 EGV) bestimmt die Abschaffung jeder unterschiedlichen Behandlung der Arbeitnehmer nach ihrer Staatsangehörigkeit. Auch für die hier relevanten Grundfreiheiten der Niederlassungs- und Kapitalverkehrsfreiheit ist ihre Wirkung als Diskriminierungsverbote im EG-Vertrag angelegt. Art. 43 Abs. 2 EG gewährleistet „nach den Bestimmungen des Aufnahmestaates für seine eigenen Angehörigen“ die sekundäre Niederlassungsfreiheit. Im Bereich der Kapitalverkehrsfreiheit untersagt Art. 56 Abs. 1 EG in seiner jetzigen Fassung zwar lediglich „alle Beschränkungen“. Jedoch ergibt sich aus der ergänzenden Heranziehung der Vorgängerregelung des Art. 67 Abs. 1 EWGV auch insofern ein Verbot der Diskriminierung nach der Staatsangehörigkeit. Nach dem Wortlaut dieser Vorschrift hatten die Mitgliedstaaten, „alle Diskriminierungen auf Grund der Staats-

---

191 *EuGH*, Urt. vom 14.11.1995, Rs. C-484/93, „*Svensson und Gustavsson*“, Slg. 1995, I-3971 Tz. 10; *Jarass*, EuR 2000, 705, 708; *Ehlers*, Jura 2001, 266, 270; *Cordewener*, S. 235 f. m.w.N.

192 Zu der folgenden Differenzierung zwischen Marktzutritts- („Inbound-Aktivitäten“) und Marktaustrittskonstellationen („Outbound-Aktivitäten“) *Cordewener/Schnitger*, StuW 2006, 51, 52; *Cordewener*, DStR 2004, 6, 8; *Hey*, StuW 2004, 193, 194.

angehörigkeit oder des Wohnorts der Parteien oder des Anlageorts aufzuheben."[193]

2. Bindung des Herkunftsstaats

Weiterhin ist aber nicht nur der Bestimmungsstaat sondern auch der Herkunftsstaat, aus dem der sich auf die Grundfreiheiten Berufende seine wirtschaftliche Transaktion vornimmt, an die Grundfreiheiten gebunden. In einem solchen Fall einer Marktaustrittskonstellation („*Outbound-Aktivitäten*") geht es nicht um den diskriminierungsfreien Zugang zu dem Teilmarkt eines anderen Mitgliedstaates sondern um die Benachteiligung des jeweiligen grenzüberschreitenden gegenüber einem rein binnenstaatlichen Vorgang.[194] Die Grundfreiheiten schützen in diesem Fall vor solchen Maßnahmen, die geeignet sind, eine grenzüberschreitende Betätigung zu behindern oder weniger attraktiv zu machen.[195]

Allerdings ergibt sich diese Schutzrichtung der Grundfreiheiten nur ansatzweise aus dem EG-Vertrag. Lediglich die Warenverkehrsfreiheit enthält in Art. 29 EG (ex Art. 34 EGV) ein ausdrückliches, an den Herkunftsstaat gerichtetes Beschränkungsverbot.[196] Andere Grundfreiheiten wie die Kapitalverkehrsfreiheit in Art. 56 Abs. 1 EG und die Dienstleistungsfreiheit in Art. 49 Abs. 1 EG (ex Art. 59 EGV) bestimmen nur das Verbot der „Beschränkungen" von grenzüberschreitenden Tätigkeiten, ohne aber zwischen Diskriminierungs- und Beschränkungsverboten zu differenzieren. Nach ständiger Rechtsprechung des EuGH[197] sind jedoch alle Grundfreiheiten

---

193 Zur nachwirkenden Interpretationsfunktion dieser Norm für die heutige Gesetzesfassung: *EuGH*, Urt. vom 1.6.1999, Rs. C-302/97, „*Konle*", Slg. 1999, I- 3099 Tz. 23; Schlussanträge des Generalanwaltes *Alber* in der Rs. C-251/98, „*Baars*" Slg. 2000, I-2789 Tz. 51 ff.; *Cordewener*, S. 222 ff.

194 *EuGH*, Urt. vom 12.7.2001, Rs. C-157/99, „*Smits*", Slg. 2001, I-5473 Tz. 61; *van Thiel/Achilles*, IStR 2003, 530, 533; *Thömmes*, FS Wassermeyer, S. 207, 211; *Englisch*, StuW 2003, 88, 89; *Bauschatz*, IStR 2002, 291, 292.

195 *EuGH*, Urt. vom 30.11.1995, Rs. C-55/94, „*Gebhard*", Slg. 1995, I-4165 Tz. 37 zur Niederlassungsfreiheit. *EuGH*, Urt. vom 11.7.1974, Rs. 8/74, „*Dassonville*", Slg. 1974, 837 ff. zur Warenverkehrsfreiheit.

196 A.A. *Hey*, StuW 2004, 193, 195, welche die Schutzwirkung der Grundfreiheiten als Beschränkungsverbote dem ausdrücklichen Wortlaut der Grundfreiheiten entnimmt.

197 So für die Niederlassungsfreiheit von Gesellschaften *EuGH*, Urt. vom 18.11.1999, Rs. C-200/98, „*X AB und Y AB*", Slg. 1999, I-8261 Tz. 26 ff.; *EuGH*, Urt. vom 14.12.2000, Rs. C- 141/99, „*AMID*" Slg. 2000, I- 11619 Tz. 19; *EuGH*, Urt. vom 18.9.2001, Rs. C-168/01, „*Bosal Holding*" Slg. 2003, I-9409 Tz. 26 ff. Für die Niederlassungsfreiheit natürlicher Personen *EuGH*, Urt. vom 13.4.2000, Rs. C-251/98, „*Baars*", Slg. I-2787, Tz. 17 ff; *EuGH*, Urt. vom 11.3.004, Rs. 8/04. „*de Lasteyrie du*

neben ihrer klassischen Funktion als Diskriminierungsverbote zugleich als Beschränkungsverbote ausgestaltet. Namentlich die Niederlassungs- und Kapitalverkehrsfreiheit schützen einen inländischen Unternehmer vor Beschränkungen aus dem Staat, aus welchem er sein unternehmerisches Engagement verlagern oder eine Investition tätigen will.[198] Dieser Rechtsprechung ist zuzustimmen.[199] Gemäß der Vertragszielbestimmungen der Artt. 3 Abs. 1 Buchst. c, 14 Abs. 2 EG strebt die Europäische Gemeinschaft einen Binnenmarkt an, der durch den freien Verkehr von Waren, Personen, Dienstleistungen und Kapital gekennzeichnet ist. Den Grundfreiheiten kommt im Rahmen dieses Prozesses aufgrund ihrer unmittelbaren Geltung eine Auffangfunktion zu. Solange und soweit die Gemeinschaft nicht von ihren Harmonisierungskompetenzen Gebrauch macht, garantieren sie die Verwirklichung eines gemeinsamen Binnenmarkts. Es ist deshalb geboten, die Grundfreiheiten ihrer Funktion entsprechend zu interpretieren.[200] Sie können diese aber nur erfüllen, wenn sie den Herkunftsstaat rechtlich verpflichten, Auslandsaktivitäten gegenüber Inlandsaktivitäten nicht schlechter zu stellen.[201] Stünde es den Mitgliedstaaten frei, eine entsprechende Auslandsaktivität zu verbieten oder zu behindern, käme der Berechtigte nicht in die Lage, im Bestimmungsstaat von seinen Grundfreiheiten Gebrauch zu machen und dort seine beabsichtigte Tätigkeit aufzunehmen.

Saillant", IStR 2004, 236 Tz. 40 ff. Für die Kapitalverkehrsfreiheit *EuGH*, Urt. vom 6.6.2000, Rs. 35/98, „*Verkooijen*", Slg. 2000, I- 4071 Tz. 18 ff; *EuGH*, Urt. vom 15.7.2004, Rs. C-315/02, „*Lenz*", IStR 2004, 522 Tz. 18 ff.; *EuGH*, Urt. vom 7.9.2000, Rs. 319/02, „*Manninen*", IStR 2004, 680 Tz. 18 ff. Für die Arbeitnehmerfreizügigkeit *EuGH*, Urt. vom 12.9.2002, Rs. C- 431/01, „*Mertens*" Slg. 2002, I-7073 Tz. 24 ff; *EuGH*, Urt. vom 12.12.2002, Rs. 385/00, „*de Groot*", Slg. 2002, I-11819 Tz. 79 f.

198 Zur Niederlassungsfreiheit: *EuGH*, Urt. vom 27.9.1988, Rs. 81/87, „*Daily Mail*" Slg. 1988, I-5505 Tz. 16; *EuGH*, Urt. vom 16.7.1998, Rs. C-264/96, „*ICI*", Slg. 1998, I-4711 Tz. 21. Zur Kapitalverkehrsfreiheit: *EuGH*, Urt. vom 21.11.2002, Rs. C-436/00, „*X und Y*", Slg. 2002, I-10847 Tz. 66 ff.

199 Herrschende Meinung in der Rechtslehre, vgl. allein *Cordewener/Schnitger*, StuW 2006, 51, 53 ff.; *Ehlers*, Jura 2001, 266, 277; *Jarass*, FS Everling, S. 593, 594; *Thömmes*, FS Wassermeyer, S. 201, 212; *Cordewener*, DStR 2004, 6, 9, *Thömmes*, DStJG 19 (1996), 81, 89; *Knobbe-Keuk*, DB 1990, 2573, 2574; *Hey*, StuW 2004, 193, 194 ff.; missverständlich *Everett*, DStZ 2006, 357, 369 Fn. 55.

200 *EuGH*, Urt. vom 25.2.1988, Rs. 299/86, „*Drexl*", Slg. 1988, 1213 Tz. 24; *EuGH*, Urt. vom 9.12.1997, Rs. C-265/95, „*Kommission/Frankreich*", Slg. I-6959 Tz. 25 ff.; *Knobbe-Keuk*, DB 1990, 2573, 2574; *Cordewener*, S. 203 m.w.N.

201 *Cordewener/Schnitger*, StuW 2006, 50, 54. Der EuGH spricht in diesem Zusammenhang davon, dass die Grundfreiheiten „sinnentleert" wären, wenn der Herkunftsstaat keiner Bindung an die Grundfreiheiten unterliege; vgl. *EuGH*, Urt. vom 27.9.1988, Rs. 81/87, „*Daily Mail*" Slg. 1988, I-5505 Tz. 16 und *Weber-Grellet*, Europäisches Steuerrecht, § 8 Rz. 12.

VII. *Wirkungsweise und Struktur der Grundfreiheiten*

Wie bereits dargelegt, werden die Grundfreiheiten durch den EuGH zugleich als Diskriminierungsverbote und als Beschränkungsverbote ausgelegt.[202] Allerdings differenziert er nicht immer genau zwischen diesen beiden Schutzrichtungen. Dies zeigt sich in der von ihm verwendeten Terminologie bei der Prüfung von Grundfreiheitsverstößen. Der Begriff der Beschränkung wird von dem EuGH als Oberbegriff für differenzierende Maßnahmen und davon abzugrenzende unterschiedslos geltende Maßnahmen, also Beschränkungen im eigentlichen Sinn, verwendet.[203] Dies erschwert in einem erheblichen Maße die Einordnung der Entscheidungen und die Bildung einer festen Dogmatik in der Rechtsprechung des EuGH zu den direkten Steuern. Der EuGH orientiert sich insoweit an französischen Rechtskonzepten und einer entsprechenden Gerichtstradition. Die Konzepte anderer Rechtsordnungen fallen genauso wenig ins Gewicht[204] wie das Herausarbeiten von tragenden, auf andere Rechtsfragen übertragbaren Grundsätzen.[205] Der EuGH entscheidet vielmehr streng einzelfallbezogen; eine darüber hinaus gehende Ordnungs- und Befriedungsfunktion haben seine Entscheidungen in der Regel nicht.[206] Dennoch lässt sich der Rechtsprechung des EuGH auf dem Gebiet der direkten Steuern folgende Wirkungsweise und Struktur der Grundfreiheiten entnehmen.

1. *Grundfreiheiten als Diskriminierungsverbote*

a) *Historische Entwicklung*

Die Grundfreiheiten wurden durch den EuGH von jeher als Diskriminierungsverbote interpretiert. Eine gegen die Grundfreiheiten verstoßende Diskriminierung ist dabei als Ungleichbehandlung mindestens zweier Ver-

---

202 Gegen die Einteilung, dass sich die Grundfreiheiten als Diskriminierungsverbote gegen den Bestimmungsstaat und als Beschränkungsverbote gegen den Herkunftsstaat richten *Englisch*, S. 246; *Cordewener*, S. 643, S. 723; a,A. *Hey*, StuW 2004, 193, 197; *Lehner*, IStR 2001, 329, 332.

203 Vgl. *EuGH*, Urt. 12.12.2002, Rs. C-385/00, „*de Groot*", Slg. 2002, I-11838 Tz. 94 (Grundsatz der Inländergleichbehandlung), Tz. 95 (Beschränkung der Arbeitnehmerfreizügigkeit).

204 *Schübel-Pfister*, S. 74, 112 ff. m.w.N.

205 *Wassermeyer*, GmbHR 2004, 613.

206 Als Ausnahme stellt insoweit seine Rechtsprechung zur Berücksichtigung von personen- und familienbezogenen Besteuerungsmerkmalen bei beschränkt Steuerpflichtigen dar. Vgl. *EuGH*, Urt. vom 14.2.1995, Rs. C-279/93, „*Schumacker*", Slg. I-279 ff.; *EuGH*, Urt. vom 14.9.1999, Rs. C-391/97, „*Geschwind*", Slg. 1999, I-5478 ff.

gleichsgruppen anhand bestimmter rechtlicher Differenzierungskriterien zu verstehen.[207] Der EuGH hat zunächst nur solche Ungleichbehandlungen als verbotene Diskriminierung angesehen, bei denen die jeweilige Regelung anhand des Merkmals der Staatsangehörigkeit differenzierte.[208] Diskriminierend waren demnach solche einzelstaatlichen Regelungen, die einen Staatsangehörigen eines anderen Mitgliedstaats im Vergleich zu den eigenen Staatsangehörigen schlechter behandelten. Voraussetzung für den Fall einer solchen unmittelbaren, direkten oder offenen Diskriminierung nach der Staatsangehörigkeit war, dass sich der Ausländer und der Staatsangehörige des jeweiligen Mitgliedstaats hinsichtlich des konkreten Regelungsbereichs in einer vergleichbaren Situation befinden. Eine Vielzahl einzelstaatlicher Regelungen knüpfen jedoch nicht an das Merkmal einer ausländischen Staatsangehörigkeit, sondern an anderen Merkmalen an, die nicht ausdrücklich, aber regelmäßig Staatsangehörige anderer Mitgliedstaaten betreffen. Im Steuerrecht betrifft dies solche Regelungen, die – wie international üblich[209] – an die Ansässigkeit oder Nichtansässigkeit des Steuerpflichtigen anknüpfen. Darunter fallen in der Bundesrepublik Deutschland insbesondere die Vorschriften zur unbeschränkten und beschränkten Einkommensteuerpflicht nach §§ 1 Abs. 1, Abs. 4, 49 ff. EStG, welche nicht auf die Staatsangehörigkeit sondern auf den Wohnort (§ 8 AO 1977) oder den gewöhnlichen Aufenthalt (§ 9 AO 1977), also auf die Ansässigkeit einer Person im Inland abstellen.[210] Gleiches gilt im Körperschaftsteuerrecht; die unbeschränkte oder beschränkte Körperschaftsteuerpflicht richtet sich gemäß den §§ 1 Abs. 1, 2 KStG nach dem inländischen Sitz der Kapitalgesellschaft oder ihrem Ort der Geschäftsleitung. Die beschränkte Steuerpflicht wird dabei regelmäßig, nicht aber ausnahmslos in der Person eines ausländischen Staatsangehörigen oder einer ausländischen Gesellschaft mit Sitz in einem anderem Mitgliedstaat verwirklicht.[211] Aus diesem Grund hat der

---

207 *Jarass*, EuR 1995, 202, 211; *Englisch*, S. 230.

208 *EuGH*, Urt. 21.6.1974, Rs. 2/74, *„Reyners"* Slg. 1974, 631; *EuGH*, Urt. vom 7.2.1979, Rs. 136/78, *„Auer"*, Slg. 1979, Tz. 16.

209 Eine Ausnahme bildet insoweit das Einkommensteuerrecht der Vereinigten Staaten von Amerika, wonach die persönliche Steuerpflicht von der Staatsangehörigkeit des Steuerpflichtigen abhängig ist. Das darin zum Ausdruck kommende Nationalitätsprinzip bei der Begründung der persönlichen Steuerpflicht galt in Deutschland bis zu seiner Abschaffung durch § 3 Abs. 1 EStG 1925 vom 10.8.1925 (RGBl. I 1925, S. 189); vgl. *Tiedtke*, FS 600 Jahre Juristenfakultät Würzburg, S. 463, 465.

210 Vgl. dazu *Tiedtke/Langheim*, DStZ 2003, 10, 12 f.; *Tiedtke*, FS 600 Jahre Juristenfakultät Würzburg, S. 463, 464 ff.

211 Zu dem Merkmal des Sitzes einer juristischen Person, welches an mit der Staatsangehörigkeit natürlicher Personen vergleichbar ist, da sie ihre Zugehörigkeit zur Rechtsordnung eines Staates bestimmt *EuGH*, Urt. vom 28.1.1986, Rs. 270/83,

EuGH[212] schon frühzeitig damit begonnen, die Grundfreiheiten auch auf die Fälle einer indirekten, mittelbaren oder versteckten Diskriminierung nach der Staatsangehörigkeit anzuwenden. Eine solche liegt nach der Rechtsprechung des EuGH[213] vor, wenn eine mitgliedstaatliche Regelung zwar nicht ausdrücklich an das Merkmal der Staatsangehörigkeit anknüpft, das enthaltene Differenzierungskriterium jedoch tatsächlich zu einer Diskriminierung von Staatsangehörigen anderer Mitgliedstaaten führt. Allerdings ist nach der Auffassung des EuGH[214] eine unterschiedliche Behandlung aufgrund des Sitzes einer Gesellschaft in einem anderen Mitgliedstaat als eine unmittelbare Diskriminierung nach der Staatsangehörigkeit einzuordnen. Zur Begründung bezieht er sich darauf, dass der Sitz einer Gesellschaft ihre Staatsangehörigkeit kennzeichne, anhand der bestimmt werde, welche Rechtsordnung auf sie Anwendung finde.

Der EuGH hat die Fallgruppe der versteckten Diskriminierung nach der Staatsangehörigkeit bislang in einem relativ großen Umfang im Bereich der direkten Steuern angewandt. In ihren Konturen ist sie jedoch unscharf geblieben. Als Beispiel dient in diesem Zusammenhang die Entscheidung in der Rechtssache „*Schumacker*".[215] Da der Kläger, Roland Schumacker, keinen Wohnsitz oder gewöhnlichen Aufenthalt gemäß den §§ 8, 9 AO 1977 in der Bundesrepublik Deutschland hatte, war er nach § 1 Abs. 4 EStG beschränkt steuerpflichtig. Obwohl er verheiratet war, wurde er daher nach § 39d EStG in die Steuerklasse I und nicht in die Steuerklasse III eingruppiert. Er kam nicht in den Genuss des Splitting-Tarifs für Ehegatten. Der EuGH[216] sah in diesen Rechtsvorschriften eine versteckte Diskriminie-

---

„*Kommission/Frankreich (avoir fiscal)*", Slg. 1986 Tz. 18; *Thömmes*, FS Wassermeyer, S. 207, 211.

212 Für die Arbeitnehmerfreizügigkeit *EuGH*, Urt. vom 12.2.1974, Rs. 152/73, „*Sotgiu*", Slg. 1974, 153 Tz. 11. Für die Niederlassungs- und Dienstleistungsfreiheit *EuGH*, Urt. vom 5.12.1989, Rs. C-3/88, „*Kommission/Italien*", Slg. 1989, 4035 Tz. 8.

213 *EuGH*, Urt. 28.1.1986, Rs. 270/83, „*Kommission/Frankreich (avoir fiscal)*", Slg. 1986 Tz. 18; *EuGH*, Urt. vom 8.5.1990, Rs. C-175/88, „*Biehl*", Slg. 1990, I-1793 Tz. 14; EuGH, Urt. vom 14.2.1995, Rs. C-279/93, „*Schumacker*", Slg. I-259 Tz. 28 ff; *EuGH*, Urt. vom 11.8.1995, Rs. C-80/94, „*Wielockx*", Slg. 1995, I-2493 Tz. 16; *EuGH*, Urt. vom 27.6.1996, Rs. C-107/94, „*Asscher*", Slg. 1996, I-3089 Tz. 36; *EuGH*, Urt. vom 29.4.1999, Rs. C-311/97, „*Royal Bank of Scotland*" Slg. 1999, I-2674 Tz. 26; *EuGH*, Urt. vom 21.9.1999, Rs. C-307/97, „*Saint Gobain*", Slg. I-6197 Tz. 43 f.

214 *EuGH*, Urt. vom 28.1.1986, Rs. 270/83, „*Kommission/Frankreich (avoir fiscal)*", Slg. 1986, I-285 Tz. 18; EuGH, Urt. vom 13.7.1993, Rs. C-330/91, „*Commerzbank*", Slg. 1993, I-4038 Tz. 13 f.; *EuGH*, Urt. vom 29.4.1999, Rs. C-311/97, „*Royal Bank of Scotland*", Slg. 1999, I-2664 Tz. 23.

215 *EuGH*, Urt. vom 14.2.1995, Rs. C-279/93, „*Schumacker*", Slg. I-249. Zu der Vorgeschichte, dem Verfahren und der Reaktion des deutschen Gesetzgebers *Tiedtke*, FS 600 Jahre Juristenfakultät Würzburg, S. 463, 472 ff.

216 *EuGH*, Urt. vom 14.2.1995, Rs. C-279/93, „*Schumacker*", Slg. I-259 Tz. 28.

rung. Nach der Auffassung des EuGH bestehe die Gefahr, dass diese Vorschriften sich hauptsächlich zum Nachteil von Staatsangehörigen anderer Mitgliedstaaten auswirkten, da Gebietsfremde „*meist*" Ausländer seien. Auch in dem Urteil des EuGH in der Rechtssache „*Ritter-Coulais*"[217], in der es um die Berücksichtigung von Verlusten aus der Selbstnutzung eines im Ausland belegenden Wohnhauses im Rahmen der Steuerprogression nach § 32b EStG 1987 ging, zeigt sich, wie unscharf die Fallgruppe der versteckten Diskriminierung geblieben ist. Der EuGH nahm eine versteckte Diskriminierung an, weil nichtansässige Steuerpflichtige „*doch häufiger*" als Gebietsansässige Eigentümer eines außerhalb des deutschen Hoheitsgebietes liegenden Hauses seien.

Der EuGH versucht mit diesen Formulierungen einen Zusammenhang zwischen dem steuerlichen Merkmal der Ansässigkeit und dem der ausländischen Staatsangehörigkeit aufzuzeigen. Er vermeidet es aber, eine genaue Festlegung zu treffen, wann andere Kriterien als das der Staatsangehörigkeit im Ergebnis auf eine Diskriminierung nach der solchen hinauslaufen.[218] Mit anderen Worten macht der EuGH keine eindeutigen, zahlenmäßigen Vorgaben, wie hoch die Anzahl der ausländischen Staatsangehörigen sein muss, damit eine versteckte Diskriminierung angenommen werden kann.[219] Aufgrund dieser Unschärfe wurde diese Rechtsprechung von Beginn an in der Rechtslehre[220] kritisiert. Der EuGH hat jedoch an der Fallgruppe der versteckten Diskriminierung nach der Staatsangehörigkeit festgehalten; sie ist zur ständigen Rechtsprechung geworden.[221]

---

[217] *EuGH*, Urt. vom 21.6.2006, Rs. C-152/03, „*Ritter-Coulais*", IStR 2006, 196 Tz. 36

[218] *Englisch*, S. 231, *Hahn*, IStR 2006, 199, *Hey*, StuW 2004, 193, 197; *Bieg*, S. 325 f.; *Cordewener*, S. 118 ff., 128 ff.; *Kruse, S.* 85, möchte zwischen Regelungen differenzieren, die ausschließlich oder überwiegend Ausländer betreffen (Diskriminierung) und die nur häufig Ausländer treffen (Beschränkung).

[219] *EuGH*, Urt. vom 25.7.1991, Rs. C-221/89, „*Factortame*", Slg. 1991, I-3905 Tz. 32: Die Begünstigten waren nach Einschätzung des EuGH „*ganz überwiegend*" eigene, die nachteilig betroffenen „*meist*" ausländische Staatsangehörige.

[220] Vgl. schon *Knobbe-Keuk*, DB 1990, 2573, 2576.

[221] *EuGH*, Urt. vom 12.4.1994, Rs. C-1/93, „*Halliburton Services*", Slg. 1994, I-1157 Tz. 20; *EuGH*, Urt. vom 8.7.1999, Rs. C-254/97, „*Baxter*", Slg. 1999, I-4830 Tz. 13 f.; *EuGH*, Urt. vom 14.9.1999, Rs. C-391/97, „*Geschwind*", Slg. 1999, I-5487 Tz. 23 ff.; *EuGH*, Urt. vom 16.5.2000, Rs. C-87/99, „*Zurstrassen*", Slg. 2000, I-3362 Tz. 19 f.; *EuGH*, Urt. vom 8.03.2001, Rs. C-397/98 und C-410/98, „*Metallgesellschaft und Hoechst*", Slg. 2001, Slg. I-1775 Tz. 43 f.

b) *Unterscheidung zwischen unbeschränkt und beschränkt Steuerpflichtigen*

aa) *Ausgangspunkt: Die „Schumacker-Doktrin" des EuGH*

Ausgangspunkt der vom EuGH in den Fällen der versteckten Diskriminierung vorgenommenen Vergleichbarkeitsprüfung ist die so genannte „*Schumacker-Doktrin*", wonach sich Gebietsfremde und Gebietsansässige im Rahmen der direkten Steuern nicht in einer vergleichbaren Situation befinden sollen.[222] Versage ein Mitgliedstaat Gebietsfremden bestimmte Steuervergünstigungen, die er Gebietsansässigen gewähre, so sei dies nach der Auffassung des EuGH[223] in der namensgebenden „*Schumacker*"-Entscheidung nicht diskriminierend, da sich diese Gruppen nicht in einer vergleichbaren Lage befänden. Insoweit misslinge schon die erforderliche Vergleichspaarbildung.[224] Denn grundsätzlich sei es die Aufgabe des Ansässigkeitsstaats (Herkunftsstaats), die persönliche und familiäre Lage des Nichtansässigen zu berücksichtigen. Nur dieser könne am leichtesten die persönliche Steuerkraft, die sich aus der Berücksichtigung seiner Gesamteinkünfte sowie seiner persönlichen Lage und seines Familienstands ergebe, berücksichtigen. Allein der Herkunftsstaat sei deshalb in der Lage, eine umfassende Besteuerung auf der Basis des Welteinkommensprinzips durchführen.[225] Nur wenn der beschränkt Steuerpflichtige nahezu seine gesamten Einkünfte im Bestimmungs- oder Tätigkeitsstaat erziele, verlange der Grundsatz der Inländergleichbehandlung eine Erstreckung der personen- und familienbezogenen Vorteile auf den beschränkt Steuerpflichtigen, da ansonsten weder im Herkunfts- oder Tätigkeitsstaat seine persönliche Lage in effektiver Weise berücksichtigt werden könne.[226]

---

[222] *EuGH*, Urt. vom 14.2.1995, Rs. C-279/93, „*Schumacker*", Slg. 1995, I-249 Tz. 31. Vgl. auch EuGH, Urt. vom 11.8.1995, Rs. C-107/94, „*Wielockx*", Slg. 1995, I-2493 Tz. 18; *EuGH*, Urt. vom 27.6.1996, „*Asscher*", Slg. 1996, I-3089 Tz. 41; *EuGH*, Urt. vom 14.9.1999, Rs. C-391/97, „*Geschwind*", Slg. 1999, I-5487 Tz. 22; EuGH, Urt. vom 16.5.2000, C-87/99, „*Zurstrassen*", Slg. 2000, I-3337 Tz. 21.

[223] *EuGH*, Urt. vom 14.2.1995, Rs. C-279/93, „*Schumacker*", Slg. I-249 Tz. 32 ff.

[224] *Tiedtke*, FS 600 Jahre Juristenfakultät Würzburg, S. 463, 474.

[225] *EuGH*, Urt. vom 14.2.1995, Rs. C-279/93, „*Schumacker*", Slg. 1995, I-249 Tz. 32 f.; kritisch zu diesem Ansatz des EuGH *Lang*, RIW 2005, 336, 338.

[226] *EuGH*, Urt. vom 14.2.1995, Rs. C-279/93, „*Schumacker*", Slg. 1995, I-249 Tz. 36 ff.; *EuGH*, Urt. vom 11.8.1995, Rs. C-80/94, „*Wielockx*", Slg. 1995, I-2493 Tz. 20. Aufgrund diesen Vorgaben des EuGHs wurde durch das JStG 1996 die fiktive unbeschränkte Steuerpflicht nach §§ 1 Abs. 3, 1a EStG eingeführt. Vgl. dazu *Tiedtke/Langheim*, DStZ 2003, 10, 21 ff.

bb) Einschränkung der „Schumacker-Doktrin"

Wie sich aus diesen Erwägungen des EuGH ergibt, gelten diese Grundsätze nur bei der Berücksichtigung von personen- und familienbezogenen Besteuerungsmerkmalen. Sie beschränken sich auf den Bereich des subjektiven Nettoprinzips.[227] Für die Besteuerung juristischer Personen sind sie daher ohne Bedeutung. Zum einen besitzen diese keine steuerlich beachtliche Privatsphäre, welche eine Berücksichtigung der vom EuGH angesprochenen personen- und familienbezogenen Abzüge bedingen würde.[228] Zum anderen ist die Erfassung des Welteinkommens nur durch den Ansässigkeitsstaat für die Vergleichbarkeit der Situation juristischer Personen nicht von Bedeutung.[229] Im Gegensatz zu den Einkommensteuergesetzen weisen die Körperschaftsteuergesetze der Mitgliedstaaten einen proportionalen Tarif auf.[230] Die jeweilige Grenzsteuerlast ist daher nicht von dem Gesamtertrag der juristischen Personen abhängig. Dementsprechend ist dem EuGH[231] zuzustimmen, wenn er die in der *Schumacker*-Entscheidung entwickelten Grundsätze allein bei natürlichen, nicht aber bei juristischen Personen anwendet. Insbesondere stellt die Unterscheidung zwischen Welteinkommensprinzip und Quellenprinzip kein Hindernis für eine vergleichende Betrachtung dar.[232] Nach der Auffassung des EuGH stelle ein Mitgliedstaat daher schon die erforderliche Vergleichbarkeit bei juristischen Personen her, wenn er die „Besteuerungsgrundlage"[233], also die Ermittlung des Gewinns und des Einkommens sowie die Höhe des anzuwendenden Steuersatzes für unbeschränkt und beschränkt steuerpflichtige juristische Personen unterschiedslos ausgestalte.

Aber auch bei natürlichen Personen hat der EuGH die *Schumacker-Doktrin* zurückgenommen. Bei allen Steuervorschriften, deren Anwendung nicht

---

227 *Hey*, StuW 2004, 193, 195; *Schön*, IStR 2004, 289, 292; *Seer*, in: Gassner u.a., Die beschränkte Steuerpflicht, S. 58.

228 *Wattel*, EC Tax Rev. 2003, 194, 197; *Cordewener*, S. 897 ff. Vgl. auch *BFH*, Urt. vom 4.12.1996, I R 54/95, BFH/NV 1997, 190; *BFH*, Urt. vom 8.7.1998, I R 123/97, BFH/NV 1999, 269.

229 *Benecke/Schnitger*, IStR 2003, 649, 654, *Englisch*, S. 263.

230 Übersicht bei *Kellersmann/Treisch*, Europäische Unternehmensbesteuerung, S. 118.

231 *EuGH*, Urt. vom 28.1.1986, Rs. 270/83, *„Kommission/Frankreich (avoir fiscal)"*, Slg. 1986, 285 Tz. 19 f.; *EuGH*, Urt. vom 29.4.1999, Rs. C-311/97, *„Royal Bank of Scotland*, Slg. 1999, I-2664 Tz. 27, 29.

232 Zu diesen, der persönlichen Einkommensteuerpflicht kennzeichnenden Prinzipien *Tiedtke*, FS 600 Juristenfakultät Würzburg, S. 463 f.; *Koblenzer*, BB 1996, 933, 934.

233 So untechnisch *EuGH*, Urt. vom 29.4.1999, Rs. C-311/97, *„Royal Bank of Scotland*, Slg. 1999, I-2664 Tz. 29. In dieser Entscheidung ging es um die diskriminierende Wirkung eines höheren Steuersatzes für beschränkt steuerpflichtige Gesellschaften in Griechenland.

der persönliche Status des Steuerpflichtigen zugrunde liegt, geht er von einer generellen Vergleichbarkeit der Situation von Ansässigen und Nichtansässigen aus.[234] Dementsprechend fordert der EuGH in allen Bereichen der objektiven Steuerpflicht eine Gleichbehandlung von beschränkt und unbeschränkt Steuerpflichtigen.[235] Dies gilt bei der Bestimmung des Steuerobjektes, der Bemessungsgrundlage und bei der Höhe des anzuwendenden Steuersatzes.[236] So hat er etwa in der Rechtsache „*Gerritse*[237]"der deutschen Finanzverwaltung die Anwendung des abgeltenden Steuersatzes für beschränkt steuerpflichtige Künstler nach § 50a Abs. 4 Satz 1 Nr. 1, Satz 2 EStG 1996 in Höhe von 25 v.H. auf die (Brutto-)Einnahmen versagt, weil der Künstler in seinem Herkunftsstaat dieselben Einkünfte noch einmal einer progressiven Besteuerung – unter Anrechnung des deutschen Steuerbetrages – unterwerfen müsse. Aus einem Vergleich des beschränkt steuerpflichtigen Künstlers, der in seinem Wohnsitzstaat der progressiven Besteuerung unterworfen werde, mit einem unbeschränkt Steuerpflichtigen, der im Bestimmungs- oder Tätigkeitsstaat einer progressiven Besteuerung werde, resultiere eine Vergleichbarkeit der steuerlichen Situation, die den Tätigkeitsstaat Deutschland zwinge, den Steuersatz – nicht aber den Grundfreibetrag[238] – für den beschränkt Steuerpflichtigen nicht oberhalb des Steuersatzes für einen unbeschränkt Steuerpflichtigen mit gleich hohen Einkünften anzusetzen[239]. Zudem sei die Bundesrepublik Deutschland verpflichtet, den Abzug von Betriebsausgaben zugunsten des beschränkt Steuerpflichtigen zuzulassen.[240]

---

[234] *Schön,* GS Knobbe-Keuk, S. 743, 758; *ders.,* IStR, 2004, 289, 292; *Englisch,* StuW 2003, 88, 92; *Seer,* IWB, F. 11 Gr. 2, 573, 577 ff.

[235] *Schön,* IStR 2004, 289, 292 f.; *Schnitger,* FR 2003, 745, 746.

[236] *EuGH,* Urt. vom 27.6. 1996, Rs. C-107/94, „*Asscher*", Slg. 1996, I-3089 ff. Vgl. dazu *Tiedtke,* FS 600 Jahre Juristenfakultät Würzburg, S. 463, 475. Aufgrund der Entscheidung in der Rechtssache „*Ascher*" wird die Vereinbarkeit des Mindeststeuersatzes für beschränkt Steuerpflicht nach § 50 Abs. 3 Satz 2 EStG in Höhe von 25 v.H. für angezweifelt. Vgl. *BFH,* Urt. vom 5.2.2001, I B 140/00, BStBl. II 2001, 598; *FG Düsseldorf,* Urt. vom 12.10.1999 17 V 4982 A (E), EFG 2000, 70, 71; *FG Düsseldorf,* Urt. vom 18.8.2000 17 V 2163/00 A (E), EFG 2001, 26, 27; *Tiedtke,* FS 600 Jahre Juristenfakultät Würzburg, S. 463, 477 f. m.w.N.

[237] *EuGH,* Urt. vom 12.6.2003; Rs.C-234/01, „*Gerritse*", Slg. 2003, I-5945 Tz. 52 f. Auf Vorlage des *FG Berlin,* Beschl. vom 28. 5. 2001, 9 K 9312/99, EFG 2001, 978; Folgeentscheidung des *FG Berlin,* Urt. vom 25.8.2003, 9 K 9312/99, IStR 2003, 740 ff.; dazu *BMF* vom 3.11.2003, BStBl. I 2003, 553.

[238] *EuGH* Urt. vom 12.6.2003, Rs.C-234/01, „*Gerritse*", Slg. 2003, I-5945 Tz. 45; kritisch *Cordewener,* IStR 2004, 109, 110.

[239] *EuGH,* Urt. vom 12.6.2003, Rs.C-234/01, „*Gerritse*", Slg. 2003, I-5945 Tz. 55; *Schön,* IStR 2004, 289, 293.

[240] *EuGH,* Urt. vom 12.6.2003, Rs.C-234/01, „*Gerritse*", Slg. 2003, I-5945 Tz. 29.

Die Begründung des EuGH hinsichtlich der diskriminierenden Wirkung des abgeltenden Steuersatzes ist insoweit problematisch, als sie auf die Wirkung des Progessionsvorbehalts des beschränkt Steuerpflichtigen in seinem Herkunftsstaat abstellt und der EuGH damit die ansonsten in Diskriminierungsfällen vorgenommene Betrachtung der Situation von Ansässigen und Nichtansässigen im Bestimmungs- und Tätigkeitsstaat zugunsten einer supranationalen Gesamtschau aufgibt.[241] Diskriminierend wirkt danach nicht die alleinige Behandlung des beschränkt Steuerpflichtigen im Tätigkeitsstaat sondern die kumulative Besteuerung im Tätigkeits- und Herkunftsstaat, wenn letzterer die ausländischen Einkünfte nach Maßgabe der Anrechnungsmethode in den Progressionsvorbehalt einbezieht. Der EuGH macht damit ein Problem der Doppelbesteuerung zum Inhalt der Grundfreiheiten.[242] Würde der Herkunftsstaat die ausländischen Einkünfte im Rahmen der Freistellungsmethode nicht berücksichtigen, stünde es dem Tätigkeitsstaat nach der Auffassung des EuGH frei, einen pauschalen Steuerabzug zu Lasten des beschränkt Steuerpflichtigen vorzunehmen, da in diesem Fall eine Vergleichbarkeit der Situation nicht mehr gegeben ist.

cc) Zwischenergebnis

Im Ergebnis verdeutlichen diese Ausführungen, wie weit der EuGH mittlerweile von dem Grundsatz der Unvergleichbarkeit der Situation von Nichtansässigen und Ansässigen Abstand genommen hat. Im Grundsatz geht er vielmehr von einer einheitlichen Betrachtung der Situation von natürlichen und juristischen Personen auf dem Gebiet der direkten Steuern aus.[243] Die *Schumacker-Doktrin* ist unter diesem Blickwinkel als eine auf den persönlichen Bereich des Steuerpflichtigen beschränkte Ausnahme und nicht als Grundregel für Diskriminierungen durch den Bestimmungsstaat zu verstehen.[244] Im Zusammenhang mit grenzüberschreitenden Einbrin-

---

241 So aber schon *EuGH*, Urt. vom 27.6. 1996, Rs. C-107/94, *„Asscher"*, Slg. 1996, I-3089 Tz. 47 f. zur diskriminierenden Wirkung eines unterschiedlichen Steuertarifs für beschränkt Steuerpflichtige). Kritisch *Englisch*, S. 266 Fn. 682. Vgl. auch *Schön*, IStR 2004, 289, 293 („Begründung, die über die klassische Dogmatik der Grundfreiheiten hinausreicht").

242 *Schön*, StbJb 2003/2004, 27, 62.

243 So auch *Cordewener*, S. 893.

244 Kritisch gegenüber der *„Schumacker"-Doktrin" Cordewener*, S. 922; *Schnitger*, IStR 2002, 478, 479 f. Beide nehmen eine Vergleichbarkeit von beschränkt und unbeschränkt Steuerpflichtigen hinsichtlich persönlichen Umständen geschuldeter Steuerabzüge in dem Verhältnis an, wie ihre Gesamteinkünfte der Steuerhoheit des betreffenden Mitgliedstaates unterliegen; a.A. *Englisch*, S. 267 Fn. 686; *Lang*, RIW 2005, 336, 343 ff. Der EuGH hat es jedoch in der Rechtssache *„de Groot"* abgelehnt,

gungen von Unternehmensteilen hat sie daher keine Bedeutung. Denn bei solchen Umstrukturierungen geht es nicht um die Berücksichtigung der persönlichen Verhältnisse des einbringenden oder des übernehmenden Rechtsträgers. Im Rahmen der steuerlichen Behandlung dieser Rechtsträger durch den Bestimmungsstaat ist daher von einem gemeinschaftsrechtlichen Gebot der Gleichbehandlung auszugehen. Nationale Regelungen dürfen weder den einbringenden noch den übernehmenden Rechtsträger diskriminieren.

c) Struktur der Grundfreiheiten in Diskriminierungsfällen

In der Rechtslehre[245] wird die Auffassung vertreten, die Grundfreiheiten wirkten bei Diskriminierungen als Gleichheitsrechte. Dieser Ansicht ist zuzustimmen. Die Erwägungen des EuGH in Diskriminierungsfällen laufen im Ergebnis auf ein Gebot der unterschiedslosen Besteuerung nach der objektiven Leistungsfähigkeit hinaus. Trotz aller Unterschiede im Detail wird das Leistungsfähigkeitsprinzip in allen Steuerrechtsordnungen der Mitgliedstaaten als leitendes Prinzip der Besteuerung angesehen und nicht in wenigen aus der jeweiligen Verfassung abgeleitet.[246] Nach der Rechtsprechung des BVerfG[247] ist der verfassungsrechtliche Anknüpfungspunkt des Leistungsfähigkeitsprinzips in Deutschland der Gleichheitssatz aus Art. 3 Abs. 1 GG. Danach darf wesentlich Gleiches nicht ungleich und wesentlich Ungleiches nicht gleich behandelt werden. Die gleiche Forderung stellen die Grundfreiheiten für grenzüberschreitende Sachverhalte auf. So führt der EuGH[248] in der Rechtssache „*Schumacker*" aus, dass „nach ständiger Rechtsprechung eine Diskriminierung nur darin bestehen kann, dass unterschiedliche Vorschriften auf vergleichbare Situationen angewandt werden oder dass dieselbe Vorschrift auf unterschiedliche Situationen angewandt wird." Drückt sich also in einem inländischen Sachverhalt eine besteuerungswür-

---

die Berücksichtigung der persönlichen Umstände des Steuerpflichtigen auch nur anteilig dem Bestimmungs- oder Tätigkeitsstaat zuzuweisen. Vgl. *EuGH*, Urt. vom 12.12.2002, Rs. C-385/00, „*de Groot*", Slg. 2002, I-11838 Tz. 90 f.

245 *Roth*, GS Knobbe-Keuk, S. 729, 732; *Cordewener*, S. 200 ff. *Hey*, StuW 2004, 193, 194; *dies.*, StuW 2005, 317, 318; *Jarass*, FS Everling, 593, 600; *Birk*, DStJG 19 (1996), 63, 77, 79; *Kingreen*, S. 115 ff.

246 Übersicht bei *Tipke*, Steuerrechtsordnung, Band I, S. 486, 488 f.

247 *BVerfG*, Urt. vom 3.11.1982, 1 BvR 670/78, 1 BvR 1335/78, 1 BvR 1104/79, 1 BvR 363/80, BVerfGE 61, 319, 343; *Lang*, in: Tipke/Lang, Steuerrecht, § 4 Rz. 81; *Raupach/Böckstiegel*, FR 1999, 617, 618; a.A. *Kruse*, StuW 1990, 322, 327; *Herzog*, DStZ 1988, 287, 289; *Tiedtke*, Einkommensteuer- und Bilanzsteuerrecht, S. 40 („Finanzpolitisches Postulat").

248 *EuGH*, Urt. vom 14.2.1995, Rs. C-279/93, „*Schumacker*", Slg. 1995, I-249 Tz. 30.

dige, objektive Leistungsfähigkeit aus, so darf ein entsprechend gleich gelagerter grenzüberschreitender Sachverhalt nicht anders behandelt werden. Umgekehrt darf ein Vorgang, dem nach der Steuerrechtsordnung eines Mitgliedstaates keine oder eine nur reduzierte Leistungsfähigkeit zukommt, nicht deshalb benachteiligt werden, weil er einen grenzüberschreitenden Bezug aufweist.[249] Steuerliche Entlastungen müssen daher – seien sie Ausdruck des Leistungsfähigkeitsprinzips oder lenkungspolitisch motiviert – nach der Auffassung des EuGH[250] sowohl dem unbeschränkt Steuerpflichtigen als auch dem beschränkt Steuerpflichtigen gewährt werden.

2. *Grundfreiheiten als Beschränkungsverbote*

a) *Benachteiligung des grenzüberschreitenden Vorgangs*

Parallel zu der Entwicklung der Fallgruppe der versteckten Diskriminierung nach der Staatsangehörigkeit übernahm der EuGH seine zunächst außerhalb des Steuerrechts entwickelte Dogmatik,[251] dass die Grundfreiheiten ein Beschränkungsverbot beinhalten, für den Bereich der direkten Steuern.[252] Diesen Schritt vollzog der EuGH im Jahr 1988 in der Rechtssache *„Daily Mail"*.[253] Darin führte er aus, dass die Niederlassungsfreiheit neben dem Gebot der Inländergleichbehandlung durch den Bestimmungsstaat auch ein an den Herkunftsstaat gerichtetes Verbot enthalte, „die Niederlassung seiner Staatsangehörigen oder einer nach seinem Recht gegründeten (...) Gesellschaften in einem anderem Mitgliedstaat zu behindern." Seitdem ist eine Vielzahl von EuGH-Entscheidungen ergangen, die diese Rechtsprechung bestätigen. Insbesondere für die hier relevanten Grundfreiheiten der Niederlassungs-[254] und der Kapitalverkehrsfreiheit[255] hat der EuGH die Schutzrichtung der Grundfreiheiten als Beschränkungsverbote anerkannt.

---

249 *Englisch*, S. 264, *Seer*, in: Gassner u.a., Die beschränkte Steuerpflicht, S. 58.

250 Insoweit ist auf die Verpflichtung zum Abzug von Betriebsausgaben beschränkt steuerpflichtiger Künstler hinzuweisen, vgl. *EuGH*, Urt. vom 12.6.2003, Rs. C-234/01, *„Gerritse"*, Slg. 2003, I-5945 Tz. 29. Für Sonderabschreibungen und sachliche Steuerbefreiungen *Cordewener*, S. 895 f.

251 Nachweise dieser Rechtsprechung bei *Everling*, GS Knobbe-Keuk, S. 607, 608; *Roth*, GS Knobbe-Keuk, S. 729, 731 ff., 740.

252 *Bieg*, S. 95 ff.; *Lehner*, IStR 1998, 341, 342; *Cordewener*, S. 189.

253 *EuGH*, Urt. vom 27.9.1988, Rs. 81/87, *„Daily Mail"* Slg. 1988, I-5505 Tz. 16, 18 und 19 ff.

254 Für die Niederlassungsfreiheit von Gesellschaften *EuGH*, Urt. vom 18.11.1999, Rs. C-200/98, *„X AB und Y AB"*, Slg. 1999, I-8261 Tz. 26 ff.; *EuGH*, Urt. vom 14.12.2000, Rs. C- 141/99, *„AMID"* Slg. 2000, I- 11619 Tz. 19; *EuGH*, Urt. vom 18.9.2001, Rs. C-168/01, *„Bosal Holding"* Slg. 2003, I-9409 Tz. 26 ff. Für die Nieder-

Im Gegensatz zur Fallgruppe der offenen oder der versteckten Diskriminierung geht es in diesen Fällen nicht um eine Schlechterstellung von Ausländern oder Nichtansässigen anhand differenzierender Merkmale und einem daraus resultierenden Gebot der Gleichbehandlung mit Inländern, sondern um die Benachteiligung des grenzüberschreitenden gegenüber dem rein innerstaatlichen Vorgang. Auf die Frage, ob die jeweilige Regelung anhand bestimmter Kriterien eine Differenzierung nach der Staatsangehörigkeit oder der Ansässigkeit des Steuerpflichtigen trifft, kommt es nicht an. Solche Benachteiligungen können daher sowohl Ausländer[256] als auch Inländer treffen. So schloss in der Rechtssache „*Sandoz*"[257] ein inländischer Darlehensnehmer mit einem gebietsfremden Darlehensgeber einen Darlehensvertrag ab. Für die Beurkundung des Vertrages nahm die Finanzverwaltung eine Gebühr in Höhe von 0,8 v.H. des Darlehenswerts. Die zugrunde liegende Rechtsvorschrift stellte keine differenzierende Regelung dar. Das Gesetz enthielt keine Kriterien, mit denen Unterschiede zwischen Inländern oder Ausländern oder Differenzierungen nach den Eigenschaften des Vertragspartners gemacht wurden. Die Regelung zielte auch nicht darauf ab, Inländern zum Vertragsschluss mit Ansässigen statt mit Nichtansässigen zu bewegen; sie galt unabhängig vom Sitz des Vertragspartners für jeden inländischen Darlehensnehmer. Die Gebühr wurde auch dann erhoben, wenn das Darlehen bei einem ausländischen Darlehensgeber aufgenommen wurde, in dessen Sitzstaat keine Gebührenpflicht bestand.[258] Der EuGH sah dennoch in dieser Regelung eine Beschränkung der Kapitalverkehrsfreiheit nach Art. 56 Abs. 1 EG. Wörtlich führte er hierzu aus, „dass eine Regelung wie diejenige, um die es im Ausgangsverfahren geht, den Gebietsansässigen eines Mitgliedstaats die Möglichkeit [nimmt], in den Genuss einer Gebührenfreiheit zu gelangen, die für außerhalb des Staatsgebiets geschlossene Darlehensverträge gelten könnte. Daher ist eine solche Maßnahme geeignet, diese Gebietsansässigen davon abzuhalten, bei in einem anderen Mit-

---

lassungsfreiheit natürlicher Personen *EuGH*, Urt. vom 13.4.2000, Rs. C-251/98, „*Baars*", Slg. I-2787, Tz. 17 ff; *EuGH*, Urt. vom 11.3.004, Rs. 8/04. „*de Lasteyrie du Saillant*", IStR 2004, 236 Tz. 40 ff.

255 Vgl. *EuGH*, Urt. vom 6.6.2000, Rs. 35/98, „*Verkooijen*", Slg. 2000, I- 4071 Tz. 18 ff; *EuGH*, Urt. vom 15.7.2004, Rs. C-315/02, „*Lenz*", IStR 2004, 522 Tz. 18 ff.; *EuGH*, Urt. vom 7.9.2004, Rs. 319/02, „*Manninen*", IStR 2004, 680 Tz. 18 ff.

256 *EuGH*, Urt. vom 15.7.1997, Rs. C-250/95, „*Futura Participations*", Slg. 1997, I-2492 Tz. 26. Kritisch gegen die Einordnung dieser Entscheidung als Beschränkungsfall *Schönfeld*, S. 73; *Musil*, IStR 2001, 482, 484 ff.; a.A. *Pietsch*, S. 128 f.

257 *EuGH*, Urt. vom 14.10.1999, Rs. C-439/97, „*Sandoz*", Slg. 1999, I-7066 ff.

258 *EuGH*, Urt. vom 14.10.1999, Rs. C-439/97, „*Sandoz*", Slg. 1999, I-7066 Tz. 26.

gliedstaat ansässigen Personen Darlehen aufzunehmen. Eine solche Regelung stellt somit eine Beschränkung des Kapitalverkehrs (...) dar."[259]

Aufgrund des weiten Differenzierungskriteriums der spezifischen Benachteiligung des grenzüberschreitenden Vorganges, stellt sich - anders als Fall einer Diskriminierung - nicht die Vorfrage, ob sich der Nichtansässige hinsichtlich des konkreten Regelungsgegenstands in einer vergleichbaren Situation mit einem Gebietsansässigen befindet. Die Schwierigkeiten, die bei einer Diskriminierungsprüfung mit der notwendigen Vergleichspaarbildung verbunden sind, stellen sich nicht. Gleichwohl ist der EuGH[260] in neueren Entscheidungen dazu übergegangen, im Wege einer Vorprüfung die Situation des grenzüberschreitend tätigen Steuerpflichtigen mit dem eines allein im Inland tätigen Steuerpflichtigen zu vergleichen, ohne dabei diese Rechtssprechungsentwicklung näher zu begründen.

b) Struktur der Grundfreiheiten in Beschränkungsfällen

Nach der herrschenden Auffassung in der Rechtslehre[261] zeichnen sich die Grundfreiheiten in Beschränkungsfällen als Freiheitsrechte aus, da sie auch bei unterschiedslos wirkenden Belastungen zur Anwendung gelangen. Zusammenfassend vertritt *Weber-Grellet*[262] daher die Ansicht, die Grundfreiheiten wirkten bei Diskriminierungen als Gleichheitsrechte und bei Beschränkungen als Freiheitsrechte. Dieser Auffassung ist nicht zuzustimmen. Sie entspricht nicht der Interpretation der Grundfreiheiten, wie sie der EuGH in den Fällen von nachteiligen Beschränkungen durch steuerrechtliche Regelungen[263] vornimmt. Das Charakteristikum von Freiheitsrechten ist ihr

---

[259] *EuGH*, Urt. vom 14.10.1999, Rs. C-439/97, „*Sandoz*", Slg. 1999, I-7066 Tz. 19 f.

[260] Deutlich in *EuGH*, Beschl. vom 12.9.2002, Rs. C-431/01, „*Mertens*", Slg. 2002, I-7073 Tz. 32 f.; vgl. auch *EuGH*, Urt. vom 15.7.2004, Rs. 315/02, „*Lenz*", IStR 2004, 522 Tz. 29 ff.; *EuGH*, Urt. vom 7.9.2004, Rs. C-319/02, „*Manninen*", IStR 2004, 680 Tz. 29 ff.

[261] *Jarass*, EuR 2000, 705, 712; *Ehlers*, Jura 2001, 266, 270 f.; *Körner*, BB 2003, 2436, 2442; *Bieg*, S. 94; *Lehner*, FS Offerhaus, S. 117, 119 und 124; *Weber-Grellet*, Europäisches Steuerrecht, § 8 Rz. 7; *Stapperfend*, FR 2003, 165, 168; *Reimer*, in: Lehner, Grundfreiheiten im Steuerrecht, S. 39, 55 ff.; *Lackhoff*, S. 234, 443 f.; *Mühl*, S. 238 ff.; *Hey*, StuW 2004, 193, 194; wohl auch *Pietsch*, S. 127 ff.; Differenzierend *Cordewener*, S. 253 und S. 263 f.; vgl. auch *Mojzesowicz*, S. 214 m.w.N.

[262] *Weber-Grellet*, Europäisches Steuerrecht, § 8 Rz. 7.

[263] Außerhalb des Gebiets der direkten Steuern vertritt der EuGH die Auffassung, dass auch solche Regelungen eine Beschränkung darstellen können, die lediglich die Aufnahme oder die Fortführung einer wirtschaftlichen Betätigung per se ausschließen, also den jeweiligen Grundfreiheitsträger tatsächlich oder potentiell behindern, vgl. *EuGH*, Urt. vom 11.7.1974, Rs. 8/74, „*Dassonville*". Slg. 1974, 837 Tz. 5; *EuGH*, Urt. vom 25.7.1991, Rs. C-76/90, „*Säger*", Slg. 1991, I-4221 Tz. 12; EuGH, Urt. vom

absolut wirkender Schutzbereich:[264] Ein bestimmter, von der Verfassung zugewiesener Bereich der freien Betätigung wird vor Eingriffen durch den Staat geschützt. Im Gegensatz zu Gleichheitsrechten haben sie keinen relativen Charakter; die Bildung eines Vergleichspaares ist entbehrlich. Gleichheitsrechte haben demgegenüber einen solchen relativen Charakter. Eine Regelung kann nicht ohne weiteres gegen sie verstoßen, sondern nur dann, wenn sich im Wege eines Vergleichs ergibt, dass ein Sachverhalt gegenüber einem anderen besser oder schlechter gestellt wird, obwohl zwischen beiden Sachverhalten keine wesentlichen Unterschiede bestehen.[265]

Betrachtet man die Rechtsprechung des EuGH auf dem Gebiet der direkten Steuern, in denen es um unterschiedslos geltende Beschränkungen geht, so findet sich auch dort die Bildung eines Vergleichspaares.[266] Im Ausgangspunkt prüft der EuGH, ob eine spezifische Schlechterstellung des grenzüberschreitenden Sachverhaltes gegenüber einem vergleichbaren inländischen Sachverhalt vorliegt.[267] Erst im Wege dieser Vergleichsprüfung ergibt sich sodann, ob die unterschiedslos geltende Regelung zu einer Mehrbelastung[268] oder zu einer vorenthaltenden Minderbelastung[269] der grenzüberschreitend tätigen Steuerpflichtigen führt. Für letztere besteht damit kein absoluter Schutz gegenüber bestimmten beschränkenden Maßnahmen, sondern nur ein relatives Benachteiligungsverbot. Dies wird durch die Entscheidung des EuGH in der Rechtsache „*Sandoz*" bestätigt.[270] Die

---

9.8.1994, Rs. C-43/93, „*Vander Elst*", Slg. 1994, I-3805 Tz. 14. Für die Warenverkehrsfreiheit aus Art. 23 EG hat er diese Rechtsprechung jedoch eingeschränkt. Solche Regelungen scheiden danach aus dem Bereich der verbotenen Handelbeziehungen aus, die den Absatz von inländischen Waren und der Waren aus anderen Mitgliedstaaten rechtlich wie tatsächlich in gleicher Wiese berühren, vgl. *EuGH*, Urt. vom 21.11.1993, Rs. C-267 u.a., „*Keck u.a.*", Slg. 1993, I-6097 Tz. 14 ff. Auf dem Gebiet der direkten Steuern hat der EuGH diese Rechtsprechung insgesamt aber noch nicht angewandt.

264 *Cordewener*, S. 177; *Kingreen*, S. 188 f.

265 *Cordewener*, S. 177 f.; *Lackhoff*, S. 245; *Classen*, EWS 1995, 97; *Englisch*, S. 247.

266 *Kellersmann/Treisch*, Europäische Unternehmensbesteuerung, S. 144 ff.; *Lang*, Rechtsprechung des EuGH, S. 34, 35

267 Besonders deutlich in *EuGH*, Urt. vom 11.3.004, Rs. 8/04. „*de Lasteyrie du Saillant*", IStR 2004, 236 Tz. 45 ff. Vgl. auch *EuGH*, Urt. vom 14.12.2000; Rs. C- 141/99; „*AMID*", Slg. 2000, I-11641 Tz. 23, 27; *EuGH*, Urt. vom 6.6.2000, Rs. C-35/98, „*Verkooijen*", Slg. 2000, I-4127 Tz. 34 f.; *EuGH*, Urt. vom 18.11.1999, Rs. C-251/98, „*X AB und Y AB*", Slg. 1999, I-8286 Tz. 28; *EuGH*, Urt. vom 28.10.1999, Rs. 55/98, „*Vestergaard*", Slg. 1999, I-7666 Tz. 22; *EuGH*, Urt. vom 26.10.1999, Rs. C-294/97, „*Eurowings*", Slg. 1999, I-7475 Tz. 40; *EuGH*, Urt. vom 16.7.1998, Rs. C-264/96, „*ICI*", Slg. 1998, I-4711 Tz. 23.

268 Vgl. allein *EuGH*, Urt. vom 11.3.004, Rs. 8/04. „*de Lasteyrie du Saillant*", IStR 2004, 236 Tz. 45 ff.

269 Vgl. *Schönfeld*, S. 79 f.; *Musil*, IStR 2001, 482, 485 f.

270 Vgl. *EuGH*, Urt. vom 14.10.1999, Rs. C-439/97, „*Sandoz*", Slg. 1999, I-7066 ff.

Benachteiligung des Darlehensnehmers lag in dieser Entscheidung in der Vorenthaltung einer möglichen Minderbelastung: Nach der Ansicht des EuGH[271] war der Darlehensnehmer durch die Gebührenpflicht einem Wettbewerbsnachteil ausgesetzt, welcher andere Darlehensnehmer in dem Teilmarkt, zu dem der Kläger des Ausgangsverfahrens den Zugang begehrte, nicht belastete. Ein absolutes und gegen jedermann wirkendes Freiheitsrecht würde aber ein Schutz vor beschränkenden Regelungen auch dann gewähren, wenn diese nicht mit einer vergleichsweise ermittelten Mehrbelastung oder vorenthaltenen Minderbelastung verbunden sind. Die Grundfreiheiten stellen sich deshalb sowohl in ihrer Ausprägung als offene und versteckte Diskriminierungen als auch in der Gestalt als Beschränkungsverbote als Gleichheitsrechte dar.[272] Die entgegenstehende Auffassung, welche den Grundfreiheiten in steuerrechtlichen Beschränkungsfällen den Charakter eines Freiheitsrechtes entnehmen will, überzeugt nicht. Auch die gelegentlich anzutreffende Feststellung,[273] für den Bestimmungsstaat bestehe ein bloßes Diskriminierungsverbot, für den Herkunftsstaat aber ein absolut wirkendes Beschränkungsverbot, ist nicht zu zutreffend. Aufgrund der durchgehend gleichheitsrechtlichen Struktur der Grundfreiheiten auf dem Gebiet der direkten Steuern handelt es sich auch bei Beschränkungen des Herkunftsstaats um eine Diskriminierung des grenzüberschreitenden Vorgangs.[274]

D. Rechtfertigung von Grundfreiheitsverstößen

Steht eine Diskriminierung oder Beschränkung fest, so stellt sich die Frage nach der möglichen Rechtfertigung eines solchen Verstoßes. Der EG-Vertrag enthält in den Artt. 30, 39 Abs. 3, 46 Abs. 1 und 58 Abs. 1 Buchst.

---

271 *EuGH*, Urt. vom 14.10.1999, Rs. C-439/97, *„Sandoz"*, Slg. 1999, I-7066 Tz. 19

272 Gleiche Ansicht *Englisch*, S. 248, *Kingreen*, S. 115 f.; *Schönfeld*, S. 85; *Lang*, DStJG 22 (1999), 255, 263 ff.; *ders.*, Die Rechtsprechung des EuGH, S. 34, 35; *Mojzesowisz*, S. 215, *Clemens/Rehfeld*, Inf 2004, 505, 508.

273 *Hey*, StuW 2004, 193, 197; *Lehner*, IStR 2001, 329, 332.

274 *Cordewener*, S. 825 ff. („Verbot rechtlicher Benachteiligungen des inter- gegenüber dem intrastaatlichen Wirtschaftsvorgang"), vgl. dazu die Einordnung der Entscheidung *„de Lasteyrie du Saillant"* (*EuGH*, Urt. vom 11.3.004, Rs. 8/04, *„de Lasteyrie du Saillant"*, IStR 2004, 236). Auch in diesem Beschränkungsfall nimmt der EuGH eine Vergleichsprüfung vor (vgl. Tz. 45 des Urteils). Von einer Diskriminierung des Herkunftsstaates gehen daher *Wissenschaftlicher Beirat Ernst & Young*, BB 2005, 2166, 2167 und *Hahn*, IStR 2006, 797, 799 aus. Allgemein zur Möglichkeit von Diskriminierungen durch den Herkunftsstaat *Everling*, GS Knobbe-Keuk, S. 607 ff.; *Roth*, GS Knobbe-Keuk, S. 729, 741; *Seer*, in: Gassner u.a., Die beschränkte Steuerpflicht, S. 58.

1 und 2 EG explizite Rechtfertigungsgründe. Diesen kommt aber für die grenzüberschreitende Einbringung von Unternehmensteilen keine Bedeutung zu. Eine Ausnahme stellt allein der Vorbehalt des Art. 58 Abs. 1 Buchst. a EG zugunsten nationaler steuerrechtlicher Bestimmungen dar.

I. Allgemeine Anforderungen an ungeschriebene Rechtfertigungsgründe

In der Rechtssache *„Cassis de Dijon"* hat der EuGH[275] zunächst für die Warenverkehrsfreiheit allgemeine Anforderungen an einen ungeschriebenen Rechtfertigungsgrund aufgestellt. Danach können nichtdiskriminierende Beschränkungen durch zwingende Gründe des Allgemeininteresses gerechtfertigt werden. Diese so genannte *„rule of reasons"*[276] hat der EuGH in späteren Urteilen auf andere Grundfreiheiten ausgedehnt und inhaltlich präzisiert.[277] Danach muss eine nationale Maßnahme zu ihrer Rechtfertigung vier Voraussetzungen erfüllen: Sie muss in nicht diskriminierender Weise angewandt werden, aus zwingenden Gründen des Allgemeininteresses gerechtfertigt sein, geeignet sein, die Verwirklichung des mit ihr verfolgten Ziels zu gewährleisten, und sie darf nicht über das hinausgehen, was zu Erreichung des Ziels erforderlich ist. Mit anderen Worten ist eine beschränkende Regelung nur dann gerechtfertigt, wenn sie einen legitimen Zweck verfolgt und dabei dem Verhältnismäßigkeitsgrundsatz genügt.

II. Geltung für Diskriminierungen und Beschränkungen

Die Einschränkung der *„rule of reasons"* auf nichtdiskriminierende Maßnahmen in der Rechtssache *„Cassis de Dijon"* legt den Schluss nahe, sie erfasse allein unterschiedslos wirkende Beschränkungen und keine Diskriminierungen, so dass für letztere nur die geschriebenen Rechtfertigungsgründe des EG-Vertrags eingriffen. In der Tat hat der EuGH dies auch in einigen Urteilen vertreten.[278] Er hat aber schon frühzeitig damit begonnen, die Fallgruppe der versteckten Diskriminierung nach der Staatsangehörigkeit

---

[275] *EuGH*, Urt. vom 20.2.1979, Rs. 120/70, *„Cassis de Dijon"*, Slg. 1979, 649 Tz. 8

[276] Zu der Herkunft dieses Begriffs *Terra/Wattel*, European Tax Law, S. 105 ff.; *Cordewener*, S. 61 Fn. 95.

[277] *EuGH*, Urt. vom 30.11.1995, Rs. C-55/94, *„Gebhard"*, Slg. 1995, I-4165 Tz. 37; *EuGH*, Urt. vom 15.12.1995, Rs. C-415/93, *„Bosman"*, Slg. 1995, I-4921 Tz. 104.

[278] Deutlich in *EuGH*, Urt. vom 29.4.1999, Rs. C-311/97, *„Royal Bank of Scotland*, Slg. 1999, I-2664 Tz. 32. Vgl. auch *EuGH*, Urt. vom 29.4.1999, Rs. C-224/97, *„Ciola"*, Slg. 1999, I-2517 Tz. 16.

unter den Vorbehalt zwingender Allgemeininteressen zu stellen.[279] In der Rechtslehre[280] wurde zudem vertreten, die *„rule of reasons"* finde darüber hinaus auf jegliche Formen von Diskriminierungen Anwendung. In neueren Entscheidungen hat sich der EuGH[281] dieser Ansicht angeschlossen. Nach dem mittlerweile erreichten Stand der Grundfreiheitsdogmatik ist daher von einer einheitlichen Anwendung der Rechtfertigungsgründe auszugehen. Sowohl Beschränkungen als auch offene und versteckte Diskriminierungen können durch geschriebene und ungeschriebene Rechtfertigungsgründe gerechtfertigt werden.

III. Bedeutung des geschriebenen Rechtfertigungsgrunds des Art. 58 EG

1. Deklaratorische Bedeutung

Während Art. 56 EG den Grundsatz formuliert, dass alle Beschränkungen des Kapitalverkehrs unterbleiben müssen, wird in Art. 58 Abs. 1 Buchst. a EG eine Unterscheidung nach dem Kapitalanlageort in steuerrechtlichen Vorschriften für zulässig erklärt. Als Kapitalanlageort ist der Ort zu verstehen, an dem das Kapital angelegt wird, um Erträge zu erwirtschaften. Im Rahmen einer grenzüberschreitenden Einbringung ist das der Sitz des übernehmenden Rechtsträgers. Hat dieser seinen Sitz im Ausland, befindet sich dort der Ort der Kapitalanlage. Art. 58 Abs. 3 EG schränkt jedoch im Wege einer Gegenausnahme diese Rechtfertigungsmöglichkeit ein: Eine Unterscheidung nach dem Ort der Kapitalanlage darf weder auf eine willkürliche Diskriminierung noch auf eine verschleierte Beschränkung hinauslaufen. In der Rechtslehre[282] war das Verhältnis der durch den Vertrag von Maastricht eingefügten Rechtfertigungsmöglichkeit des Art: 58 Abs. 1 Buchst. a EG zu der Gegenausnahme des Art. 58 Abs. 3 EG lange Zeit um-

---

279 *EuGH*, Urt. vom 18.9.2003, Rs. C-168/01, *„Bosal Holding"*, Slg. 2003, I-9430 Tz. 34, 53; *EuGH*, Urt. vom 28.1.1992, Rs. C-204/90, *„Bachmann"*, Slg. 1992, I-276 Tz. 9 und 14 ff.; *EuGH*, Urt. vom 14.2.1995, Rs. C-279/93, *„Schumacker"*, Slg. 1995, I-249 Tz. 39 ff.

280 *Zuleeg*, in: von der Groeben/Schwarze, EGV/EUV, Art. 12 EG Rz. 2; *Vanistendael*, EC Tax Rev. 2003, 136, 137; *Epiney*, in: Callies/Ruffert, EGV/EUV, Art. 12 Rz. 42; *Novak*, DB 1997, 2589, 2593; *Weiß*, EuZW 1999, 493, 497. Vgl. auch Generalanwalt *Jacobs* in seinen Schlussanträgen zur Rs. C-136/00, *„Danner"*, Slg. 2002, I-8150 Tz. 40.

281 *EuGH*, Urt. vom 16.7.1998, Rs. C-264/96, *„ICI"*, Slg. 1998, I-4711 Tz. 20, 24, 28; *EuGH*, Urt. vom 13.3.2001, Rs. C-379/98, *„Preussenelektra"*, Slg. 2001, I-2099 Tz. 72 ff.

282 Vgl. Nachweise bei *Tumpel*, DStJG 23 (2000), 321, 327 Fn. 30.

stritten. Der EuGH hat jedoch in den Rechtssachen „*Verkooijen*"[283] und „*Manninen*"[284] entschieden, dass es sich bei der Rechtfertigungsmöglichkeit des Art. 58 Abs. 1 Buchst. a EG lediglich um eine Kodifikation seiner bisherigen Rechtsprechung handele. Schon vor Inkrafttreten der Regelung habe die Möglichkeit bestanden, Unterscheidungen nach dem Kapitalanlageort zu treffen, wenn diese auf objektiv nicht vergleichbare Situationen angewandt worden oder durch zwingende Gründe des Allgemeininteresses gerechtfertigt gewesen seien. Im Falle objektiv vergleichbarer Situationen hätten Unterscheidungen nach dem Kapitalanlageort indes stets der Rechtfertigung durch zwingende Allgemeininteressen bedurft, was Art. 58 Abs. 3 EG klarstellend zum Ausdruck bringe. Insoweit habe Art. 58 Abs. 1 Buchst. a EG lediglich deklaratorische Bedeutung und gehe damit nicht über die Rechtsprechung des EuGH vor Inkrafttreten des Vertrages von Maastricht hinaus.[285]

2. *Stellungnahme*

Dieser Auffassung des EuGH ist mit der herrschenden Auffassung in der Rechtslehre[286] zuzustimmen. Die Einfügung der Steuerklausel des Art. 58 Abs. 1 Buchst. a EG durch den Vertrag von Maastricht sollte keinen Rückschritt für den Gewährleistungsgehalt der Kapitalverkehrsfreiheit bedeuten. Der durch die Rechtsprechung des EuGH erreichte status quo sollte beibehalten werden.[287] Dies wird durch Art. 3 EU (ex Art. C EUV) bestätigt, der die Mitgliedstaaten zur Wahrung und Weiterentwicklung des gemeinschaftlichen Besitzstandes (*aquis communitaire*) verpflichtet. Im Ergebnis sind Unterscheidungen nach dem inländischen oder ausländischen Kapitalanlageort nur dann gerechtfertigt, wenn sie zwingenden Allgemeininteressen entsprechen und im Übrigen verhältnismäßig sind. Insoweit ergeben sich keine Abweichungen zu anderen Grundfreiheiten, die im Gegensatz zur Kapitalverkehrsfreiheit über keine ausdrücklichen Rechtfertigungsmöglichkeiten für steuerrechtliche Maßnahmen der Mitgliedstaaten verfügen. Art. 58 Abs.

---

283 *EuGH*, Urt. vom 6.6.2000, Rs. C-35/98, „*Verkooijen*", Slg. 2000, I-4113 Tz. 43.

284 *EuGH*, Urt. vom 7.9.2004, Rs. C-319/02, „*Manninen*", DStRE 2004, 1220 Tz. 26 ff.

285 *EuGH*, Urt. vom 6.6.2000, Rs. C-35/98, „*Verkooijen*", Slg. 2000, I-4113 Tz. 44 und 46.

286 *Witzel*, IStR 2002, 758, 761; *Sedlaczek*, E.T. 2000, 14, 23 ff.; *Dautzenberg*, FR 2000, 725, 726; *ders*, StuB 2000, 720, 725; *Saß*, FR 2000, 1270, 1272; kritisch *Fischer*, FR 2005, 457, 460.

287 *Witzel*, IStR 2002, 758, 761; *Sedlaczek*, E.T. 2000, 14, 15 jeweils m.w.N. Vgl. auch die Nachweise des Generalanwaltes *La Pergola* in seinen Schlussanträgen zur Rs. C-35 /98, „*Verkooijen*", Slg. 2000, I-4073 Fn. 79

1 Buchst. a EG kommt daher für die Beurteilung von grenzüberschreitenden Einbringungen keine eigenständige Bedeutung zu.

III. Steuerrechtlich relevante Rechtfertigungsgründe

Der EuGH hat sich in seiner Rechtsprechung zu den direkten Steuern mit einer Anzahl von Rechtfertigungsgründen befasst. Diese können, soweit sie vom Gerichtshof anerkannt wurden, sämtlich als spezifische Ausgestaltungen der „*rule of reason*", also als grundsätzlich beachtenswerte zwingende Allgemeininteressen im Rahmen der ungeschriebenen Rechtfertigungsgründe angesehen werden.

Allerdings nimmt der EuGH nur in den seltensten Fällen eine Rechtfertigung eines Verstoßes an.[288] Zu den Gesichtspunkten, denen er von vornherein die Anerkennung als Rechtfertigungsgrund versagt, gehören die fehlende Harmonisierung der direkten Steuern[289], die Übereinstimmung mit den Vorgaben eines Doppelbesteuerungsabkommens[290] und die mangelnde Reziprozität von Steuervorteilen.[291] Insbesondere weist der EuGH das Argument der Mitgliedstaaten zurück, ihre fiskalischen Interessen zu berücksichtigen. Der drohende Verlust von Steuereinnahmen ist daher nach ständiger Rechtsprechung[292] nicht geeignet, einen Verstoß gegen die Grundfreiheiten zu rechtfertigen.

Von den verbleibenden Rechtfertigungsmöglichkeiten sind im Zusammenhang mit grenzüberschreitenden Einbringungen insbesondere die Gründe der Sicherung der steuerlichen Kontrolle, der Bekämpfung von

---

288 Zum Folgenden *Tiedtke*, FS 600 Jahre Juristenfakultät, S. 463, 479 ff.; *Thömmes*, GS Knobbe-Keuk, S. 795, 818 ff.

289 *EuGH*, Urt. vom 28.1.1986, Rs. 270/83, „*Kommission/Frankreich (avoir fiscal)*", Slg. 1986, 285 Tz. 24

290 *EuGH*, Urt. vom 28.1.1986, Rs. 270/83, „*Kommission/Frankreich (avoir fiscal)*", Slg. 1986, 285 Tz. 26. Zustimmend *Englisch*, S. 288 f.; *Herzig/Dautzenberg*, DB 1992, 2519, 2521.

291 *EuGH*, Urt. vom 28.1.1986, Rs. 270/83, „*Kommission/Frankreich (avoir fisca)l*", Slg. 1986, 285 Tz. 26. Zustimmend *Thömmes*, GS Knobbe-Keuk, S. 795, 822 f.; *Cordewener*, S. 399; *Tietje*, EuR 1995, 398, 410 f.

292 Vgl. allein *EuGH*, Urt. vom 14.11.1995, Rs. C-484/93, „*Svensson und Gustavsson*", Slg. 1995, I-3971 Tz. 15; *EuGH*, Urt. vom 16.7.1998, Rs. C-264/96, „*ICI*", Slg. 1998, I-4711 Tz. 28; *EuGH*, Urt. vom 21.9.1999, Rs. C-307/97, „*Saint-Gobain*", Slg. 1999, I- 6161 Tz. 50 und 53, *EuGH*, Urt. vom 6.6.2000; Rs. 35/98, „*Verkooijen*", Slg. 2000, I-4131 Tz. 48; *EuGH*, Urt. vom 27.6.1996, Rs. C-107/94, „*Asscher*", Slg. 1996, I-3113 Tz. 51-53; *EuGH*, Urt. vom 8.3.2001, Rs. C-397/98 u.a., „*Metallgesellschaft und Hoechst*", Slg. 2001, I-1760 Tz. 59. Dieser Rechtsprechung ist zuzustimmen, vgl. oben unter Teil 1, C. III. 2. Gleiche Ansicht *Cordewener*, S. 936 f.; *Herzig*, GS Knobbe-Keuk, 627, 643; *Schön*, GS Knobbe-Keuk, 743, 769.

Missbrauch und Steuerflucht, der Kohärenz sowie der Einwand eines allgemeinen Vorteilsausgleichs von Bedeutung. Den letzteren Rechtfertigungsgrund hat der EuGH[293] zwar nicht anerkannt. Er steht jedoch in einem systematischen Zusammenhang mit dem grundsätzlich gebilligten Einwand der Mitgliedstaaten, die Kohärenz ihrer Besteuerungssysteme zu wahren.

1. Sicherung der steuerlichen Kontrolle

Die Sicherung der steuerlichen Kontrolle wurde durch den EuGH schon in der Rechtssache „*Cassis de Dijon*“[294] anerkannt und in nachfolgenden Entscheidungen von ihm inhaltlich präzisiert. Ein Verstoß gegen die Grundfreiheiten ließe sich danach rechtfertigen, wenn er der Überprüfung der für die Besteuerung relevanter Sachverhalte diene.[295] Dazu müsse der Eingriff in die Grundfreiheiten zur Ermittlung der Besteuerungsgrundlagen sowohl geeignet und erforderlich sein.[296] Unverhältnismäßig, weil nicht erforderlich, sei es aber insbesondere, jeden Nachweis der Besteuerungsgrundlagen durch pauschale Regelungen abzuschneiden. Auch dürfe keine Vermutung zu Lasten des Steuerpflichtigen aufgestellt werden, welche bei inländischen Sachverhalten nicht eingreifen würde.[297] Dem Steuerpflichtigen müsse vielmehr Gelegenheit gegeben werden, Belege vorzulegen, welche die erforderlichen Feststellungen ermöglichten.[298] Soweit es tatsächlich nur um die Ermittlung der Besteuerungsgrundlagen gehe, so der EuGH,[299] bestehe die Möglichkeit eines Auskunftsersuchens an einen anderen Mitgliedstaat auf der Grundlage der Amtshilferichtlinie,[300] was vor allem ihm Rahmen der Erforderlichkeit nationaler Kontrollmechanismen zu berücksichtigen sei.

---

293 *EuGH*, Urt. vom 26.1.1986, Rs. 270/83, „*Kommission/Frankreich (avoir fiscal)*“, Slg. 1986, I-285 Tz. 21.

294 *EuGH*, Urt. vom 20.2.1979, Rs. 120/70, „*Cassis de Dijon*“, Slg. 1979, 649 Tz. 8.

295 Zusammenfassend *Körner*, IStR 2004, 253, 262.

296 *EuGH*, Urt. vom 28.10.1999, Rs. C-55/98, „*Vestergaard*“, Slg. 1999, I-7641 Tz. 24 f.; *EuGH*, Urt. vom 15.5.1997, Rs. C-250/95, „*Futura Participations*“, Slg. 1997, I-2471 Tz. 36.

297 *EuGH*, Urt. vom 28.10.1999, Rs. C-55/98, „*Vestergaard*“, Slg. 1999, I-7641 Tz. 25.

298 *EuGH*, Urt. vom 28.10.1999, Rs. C-55/98, „*Vestergaard*“, Slg. 1999, I-7641 Tz. 26 ff.; *EuGH*, Urt. vom 15.5.1997, Rs. C-250/95, „*Futura Participations*“, Slg. 1997, I-2471 Tz. 40 f.

299 *EuGH*, Urt. vom 12.4.1994, Rs. C-1/93, „*Halliburton Services* “, Slg. 1994, I-1157 Tz. 22; *EuGH*, Urt. vom 28.1.1992, Rs. C-204//90, „*Bachmann*“, Slg. 1992, I-276 Tz. 18.

300 Richtlinie 77/799/EWG des Rates vom 19.12.1977 über die gegenseitige Amtshilfe zwischen den zuständigen Behörden der Mitgliedstaaten im Bereich der direkten Steuern, ABl.EG 1977 Nr. L 336, 15 ff.

Auch komme ein an den Steuerpflichtigen gerichtetes Auskunftsersuchen in Betracht.[301]

Wie sich aus diesen Erwägungen des EuGH ergibt, kann der Rechtfertigungsgrund der Sicherung der steuerlichen Kontrolle allein verfahrensrechtliche Verstöße gegen die Grundfreiheiten rechtfertigen. Die Mitgliedstaaten dürfen danach beschränkende Maßnahmen treffen, soweit diese sich als notwendig zur Sachverhaltermittlung und zur Bestätigung der Angaben des Steuerpflichtigen erweisen. Nicht erfasst werden hingegen materiellrechtliche Schlechterstellungen, um Beweisschwierigkeiten aus dem Weg zu gehen.[302]

a) Kritik der Rechtslehre

Durch die Mittel, die den Mitgliedstaaten nach der Ansicht des EuGH aufgrund der Amtshilferichtlinie zur Verfügung stehen, ist es schwer möglich, eine Regelung unter dem Gesichtspunkt der Sicherung der steuerlichen Kontrolle zu rechtfertigen.[303] Aufgrund dieser pauschalen Verweisung auf die Amtshilferichtlinie wird der EuGH von der Rechtslehre[304] kritisiert. Ihm wird vorgeworfen, der Hinweis auf die Amtshilferichtlinie beachte nicht deren Unzulänglichkeiten in der Praxis.[305] Die Einholung einer Auskunft auf der Grundlage der Amtshilferichtlinie werde oftmals Jahre in Anspruch nehmen und sei mit einem hohen administrativen Aufwand verbunden. Auch sei ein solches Ersuchen nicht immer erfolgreich, weil die Behörden anderer Mitgliedstaaten nach Maßgabe der Richtlinie entsprechende Anfragen zurückstellen oder nicht bearbeiten müssten. Diese Schwierigkeiten müsse der EuGH aber berücksichtigen, da die Effektivität der Verwaltung Teil der nach dem EG-Vertrag zustehenden Steuerhoheit der Mitgliedstaaten sei.[306]

---

301 *EuGH*, Urt. vom , Rs. C-422/01, „*Skandia und Ramstedt*", Slg. 2003, I-6187 Tz. 43.

302 *Körner*, IStR 2004, 697, 702.

303 *Schindler*, IStR 2004, 300, 307; *Randelzhofer/Forsthoff*, in: Grabitz/Hilf, Recht der EU, vor Art. 39-55 Rz. 240.

304 *Faltlhauser*, FS Solms, S. 153, 158; *Hey*, StuW 2004, 193, 196; *Drüen/Kahler*, StuW 2005, 171, 179; a.A. *Cordewener*, DStR 2004, 6, 9, 15, *Eickmann/Stein*, DStZ 2007, 723, 724.

305 Dazu *Schmitz*, StBp 2002, 153, 163 f.; *Seer*, in: Tipke/Kruse, AO, FGO, § 90 AO Rz. 30; *Fischer*, FR 2007, 361, 366 f.

306 *Faltlhauser*, FS Solms, S. 153, 159; *Kube*, IStR 2003, 325, 330 f.

b) Stellungnahme

Dieser Kritik ist im Wesentlichen, wenn auch nicht im vollem Umfang, zuzustimmen. Es besteht ein berechtigtes Interesse der Mitgliedstaaten, die steuerlich relevanten Umstände zu ermitteln oder zu verifizieren. Dem Grundsatz einer gleichmäßigen Erhebung von Steuern nach Maßgabe des Leistungsfähigkeitsprinzips entspricht es, auch bei grenzüberschreitenden Sachverhalten die notwendigen Besteuerungsgrundlagen festzustellen. Gleichwohl muss das Gemeinschaftsrecht nicht in jedem Fall zurückstehen. Nur wenn die entsprechende Regelung materiell-rechtlich nicht diskriminierend oder beschränkend ausgestaltet ist, muss das Interesse an der Sicherung der steuerlichen Kontrolle als schutzwürdig anerkannt werden. Ansonsten bestünde die Gefahr, dass Sachverhalte mit einem grenzüberschreitenden Bezug nicht effektiv erfasst werden könnten. Dies widerspräche aber letztlich dem völkerrechtlich anerkannten Recht der Mitgliedstaaten, grenzüberschreitende Sachverhalte, die einen Anknüpfungspunkt zum Inland („*genuine link*")[307] aufweisen, zu besteuern.

Die gegen den EuGH geäußerte Kritik greift aber zu kurz, wenn sie mit dem Hinweis auf die praktischen Unzulänglichkeiten der Amtshilferichtlinie eine Rechtfertigung eines grundfreiheitlichen Verstoßes annehmen möchte. Denn nach der Auffassung des EuGH[308] ist eine Rechtfertigung auch dann möglich, wenn die über die Amtshilfe erlangten Auskünfte generell nicht geeignet sind, eine Kontrolle zu ermöglichen und für eine nationale Regelung keine Anforderungen gestellt werden, die über das Erforderliche hinausgehen. Die Mitgliedstaaten können daher ihr Kontrollinteresse auch durch erhöhte Mitwirkungspflichten des Steuerpflichtigen sichern. Solche kommen regelmäßig dann in Betracht, wenn die weniger belastende Einholung von Auskünften ausgeschlossen, unzureichend oder mit einem unverhältnismäßigen Aufwand verbunden ist.[309] Gegenüber einem generellen Ausschluss einer Nachweismöglichkeit ist eine erhöhte Mitwirkungspflicht selbst dann das mildere Mittel, wenn sie diskriminierend wirken.[310]

---

307 Vgl. dazu *Tiedtke*, FS 600 Jahre Juristenfakultät, S. 463, 464; *Tiedtke/Langheim*, DStZ 2003, 10, 12.

308 *EuGH*, Urt. vom 15.5.1997, Rs. C-250/95, „*Futura Participations*", Slg. 1997, I-2471 Tz. 26 ff.; *EuGH*, Urt. vom 26.10.1995, Rs. C-151/94, „*Kommission/Luxemburg*", Slg. 1995, I-3685 Tz. 21.

309 Vgl. dazu *EuGH*, Urt. vom 26.9.2000, C-478/98, „*Kommission/Belgien*", Slg. 2000, I-7587 Tz. 45; *EuGH*, Urt. vom 5.1.2002., Rs. C-55/00, „*Gottardo*", Slg. 2002, I-413 Tz. 38.

310 So *Englisch*, S. 292, in diesem Sinn auch *Hahn*, IStR 2006, 797, 802 f.; a.A. *de Weerth*, RIW 2003, 131, 135.

Gleichwohl dürfen nach der Ansicht des EuGH[311] die Anforderungen im Rahmen dieser erhöhten Mitwirkungspflichten nicht darauf hinauslaufen, dem Steuerpflichtigen den Nachweis eines steuerrelevanten Sachverhaltes gänzlich unmöglich zu machen. Sie müssen daher – auch wenn sie allein grenzüberschreitende Sachverhalte betreffen – verhältnismäßig ausgestaltet sein.

2. *Allgemeiner Vorteilsausgleich und Kohärenz*

a) *Allgemeiner Vorteilsausgleich*

Zur Rechtfertigung eines Grundfreiheitsverstoßes genügt es nicht, wenn der damit verbundenen Benachteiligung Vorteile anderer Art gegenüberstehen[312]. Die französische Regierung berief sich in der Rechtssache *„avoir fiscal"*[313] darauf, dass der Versagung einer Steuergutschrift des Körperschaftsteuerrechtes gegenüber beschränkt steuerpflichtigen Versicherungsunternehmen andere steuerliche Vorteile gegenüberstünden, die französischen Gesellschaften nicht gewährt würden. Der EuGH verwarf jedoch die Möglichkeit eines derartigen allgemeinen Vorteilsausgleichs; die Feststellung einer Diskriminierung hänge allein davon ab, ob eine bestimmte Norm unter dem Vergleich der objektiven Lage zwischen beschränkt und unbeschränkt Steuerpflichtigen im konkreten Einzelfall eine benachteiligende Wirkung für den Nichtansässigen habe.[314]

Hinter dieser Rechtsprechung steht der Ansatz des EuGH, im Rahmen der erforderlichen Vergleichspaarbildung alleine die jeweils diskriminierende oder beschränkende Norm zu prüfen und solche Regelungen auszublenden, die möglicherweise mit Vorteilen für den Steuerpflichtigen verbunden sind, aber keinen unmittelbaren Bezug zu der gemeinschaftswidrigen Norm aufweisen. Aufgrund dessen lehnt er es in ständiger Rechtspre-

---

311 *EuGH*, Urt. vom 10.3.2005, Rs. C-39/04, *„Laboratoires Fournier"*, Tz. 24 und 25; *EuGH*, Urt. vom 13.12.2005, Rs. C-446/03, *„Marks & Spencer"*, IStR 2006, 19 Tz. 56.

312 *EuGH*, Urt. vom 28.1.1986, Rs. 270/83, *„Kommission/Frankreich (avoir fiscal)"*, Slg. 1986, I-285 Tz. 21. Vgl. auch *EuGH*, Urt. vom 27.6.1996, Rs. C-107/94, *„Asscher"*, Slg. 1996, I-3089 Tz. 53 f.; *EuGH*, Urt. vom 21.9.1999, Rs. C-307/97, *„Saint Gobain"*, Slg. 1999, I-6181 Tz. 54; *EuGH*, Urt. vom 26.10.1999, Rs. C-294/97, *„Eurowings"*, Slg. 1999, I-7447 Tz. 43 f.

313 *EuGH*, Urt. vom 28.1.1986, Rs. 270/83, *„Kommission/Frankreich (avoir fiscal)"*, Slg. 1986, I-285 Tz. 21.

314 *Thömmes*, GS Knobbe-Keuk, S. 795, 819; *Lang*, Rechtsprechung des EuGH, S. 53 f.

chung[315] ab, im Rahmen einer umfassenden Untersuchung der steuerlichen Situation des betroffenen Steuerpflichtigen eine Saldierung von Vor- und Nachteilen vorzunehmen.

b) Kohärenz des Besteuerungssystems

Von dieser engen Betrachtungsweise rückt der EuGH nur dann ab, wenn es sich bei den belastenden und entlastenden Regelungen um Teile eines Normenkomplexes handelt, die in ihrer Gesamtheit ein kohärentes Besteuerungssystem darstellen, also aus systematischen Gründen aufeinander bezogen sind. Denn in diesem Fall ist es auch nach seiner Ansicht sinnwidrig, die streitige Regelung isoliert zu betrachten.[316] Allerdings hat der EuGH lediglich in den beiden (parallelen) Rechtssachen *„Bachmann"*[317] und *„Kommission/Belgien"*[318] aus dem Jahre 1992 eine Rechtfertigung aus Gründen der Kohärenz eines Steuersystems angenommen, in allen nachfolgenden Entscheidungen lehnte er das Eingreifen dieses Rechtfertigungsgrundes hingegen ab.[319] Nach seiner Auffassung könne ein Grundfreiheitsverstoß aus Gründen der Kohärenz nur in engen Grenzen gerechtfertigt werden.[320] Erforderlich sei, so der EuGH, dass bei dem betreffenden Steuerpflichtigen ein „unmittelbarer" Zusammenhang"[321] oder eine „strenge Wechselbeziehung"[322] zwischen einem steuerlichen Nachteil und einem diesen ausgleichenden Vorteil bestehe.

---

315 *EuGH*, Urt. vom 27.6.1996, Rs. C-107/94, *„Asscher"*, Slg. 1996, I-3089 Tz. 53 f.; *EuGH*, Urt. vom 21.9.1999, Rs. C-307/97, *„Saint Gobain"*, Slg. 1999, I-6181 Tz. 54; *EuGH*, Urt. vom 26.10.1999, Rs. C-294/97, *„Eurowings"*, Slg. 1999, I-7447 Tz. 43 f.

316 *Elicker*, IStR 2005, 89 f.; *Everett*, DStZ 2006, 457, 462.

317 *EuGH*, Urt. vom 28.1.1992, Rs. C-204/90, *"Bachmann"*, Slg. 1992, I-279 Tz. 21-23; vgl. dazu *Tiedtke*, FS 600 Juristenfakultät, S. 463, 481 ff.

318 *EuGH*, Urt. vom 28.1.1992, Rs. C-300/92, *„Kommission/Belgien"*, Slg. 1992, I-305 Tz. 14-16.

319 Vgl. allein *EuGH*, Urt. vom 11.8.1995, Rs. C-80/94, *„Wielockx"*, Slg. 1995, I-2495 Tz. 23-25; *EuGH*, Urt. vom 14.11.1995, Rs. C-484/93, *„Svensson und Gustavsson"* Slg. 1995, I-3955 Tz. 18; *EuGH*, Urt. vom 13.4.2000, Rs.C-251/98, *„Baars"*, Slg. 2000, I-2787 Tz. 33-40; *EuGH*, Urt. vom 6.6.2000, Rs. C-35/98, *„Verkooijen"*, Slg. 2000, I-4071 Tz. 56-58.

320 *Hey*, StuW 2004, 193, 194; *Hirsch*, DStZ 1998, 489, 493; In der Rechtslehre wird daher vertreten, dem Rechtfertigungsgrund der Kohärenz käme keine praktische Bedeutung mehr zu, vgl. *Thömmes*, GS Knobbe-Keuk, S. 795, 831 ff. („Leerformel"), *Mössner*, ASA 2004, 673, 677 („Topos ohne Wert"); *Wunderlich/Albarth*, DStZ 2005, 547, 553; *Faltlhauser*, FS Solms, S, 153, 157; *Stahlschmitt*, FR 2006, 249, 261.

321 *EuGH*, Urt. vom 14.11.1995,Rs. C-484/93, *„Svensson und Gustavsson"*, Slg. 1995, I-3955 Tz. 18.

322 *EuGH*, Urt. vom 11.8.1995, Rs. C-80/94, *„Wielockx"*, Slg. 1995, I-2493 Tz. 24.

aa) Ausgangspunkt: Die Entscheidung in der Rechtssache „Bachmann"

Einen solchen unmittelbaren Zusammenhang nahm der EuGH zunächst in der Rechtssache „*Bachmann*"[323] an. Nach dem belgischen Einkommensteuerrecht war der Abzug von Lebensversicherungsbeiträgen davon abhängig, dass der Steuerpflichtige diese an einen Versicherer in Belgien entrichtete. Diese Voraussetzung erfüllte der Steuerpflichtige Bachmann nicht; er hatte vor seinem Wohnsitzwechsel nach Belgien verschiedene Versicherungsverträge mit deutschen Versicherungsunternehmen geschlossen und an diese Versicherungsbeiträge geleistet. Der EuGH nahm eine Rechtfertigung aus Gründen der Kohärenz an, weil die Abzugsmöglichkeit mit der späteren Steuerpflicht der Versicherungsleistungen korrespondierte. Komme der Sonderausgabenabzug nicht in Betracht oder verzichte der Steuerpflichtige auf die Abzugsmöglichkeit, so blieben die später zufließenden Versicherungsleistungen steuerfrei. Die Ungleichbehandlung des Steuerpflichtigen Bachmann sei deshalb letztlich auch geeignet und erforderlich, die Kohärenz des Steuersystems zu wahren.

bb) Entwicklung der Rechtsprechung

In nachfolgenden Entscheidungen hat der EuGH die Anforderungen an den geforderten unmittelbaren Zusammenhang verschärft. Ein solcher sei insbesondere dann nicht gegeben, wenn die Vor- und Nachteile nicht einen Steuerpflichtigen sondern jeweils unterschiedliche Steuersubjekte beträfen.[324] Insbesondere handele es sich nach der Auffassung des EuGH[325] bei dem Gesellschafter einer Kapitalgesellschaft und der Kapitalgesellschaft selbst um zwei getrennt zu betrachtende Steuerpflichtige. Die Besteuerungszusammenhänge seien in diesem Fall lediglich mittelbarer Art.[326] In der Rechtssache „*Baars*" präzisierte der EuGH[327] diese Anforderungen an einen unmittelbaren Zusammenhang. Danach liege ein solcher nicht vor, wenn die jeweiligen Vor- und Nachteile nicht nur verschiedene Steuer-

---

323 *EuGH*, Urt. vom 28.1.1992, Rs. C-204/90, „*Bachmann*", Slg. 1992, I-279 ff.

324 *EuGH*, Urt. vom 14.11.1995, Rs. C-484/93, *Svensson und Gustavsson*", Slg. 1995, I-3955 Tz. 18 ff.; *EuGH*, Urt. vom 28.10.1999, "*Vestergaard*", Rs. C-55/98, Slg. 1999, I-7641Tz. .*EuGH*, Urt. vom 26.10.1999, Rs. C-294/97, „*Eurowings*" Slg. 1999, I-7447 Tz. 42.

325 *EuGH*, Urt. vom 13.4.2000; Rs. C-251/98, „*Baars*", Slg. 2000, I-2787 Tz. 40; *EuGH*, Urt. vom 6.6.200, Rs. C-35/98, „*Verkooijen*", Slg. 2000, I-4071 Tz. 57 f.; *EuGH*, Urt. vom 15.7.2004, Rs. C-315/02, „*Lenz*", IStR 2004, 522 Tz. 36.

326 *EuGH*, Urt. vom 26.10.1999, Rs. C-294/97, „*Eurowings*" Slg. 1999, I-7447 Tz. 42.

327 *EuGH*, Urt. vom 13.4.2000, Rs. C-251/91„*Baars*", Slg. 2000, I-2787 Tz. 39 ff.

pflichtige sondern auch zwei verschiedene Steuerarten beträfen. Diese restriktive Handhabung des Rechtfertigungsgrundes der Kohärenz hat der EuGH[328] in der Rechtssache *„Manninen“* zwar in der Weise gelockert, dass er in bestimmten Fällen einen Ausgleich von Vor- und Nachteilen zwischen zwei Steuersubjekten und verschiedenen Steuerarten zulässt. Zugunsten einer übergreifenden Betrachtungsweise hat sich der EuGH also stückweise von dem bislang geforderten engen Zusammenhang zwischen Vor- und Nachteil gelöst.[329] Im Ergebnis hat er aber auch in dieser Entscheidung eine Rechtfertigung aus Gründen der Kohärenz abgelehnt, weil im konkreten Fall weniger belastende Mittel bestanden hätten, um die Kohärenz des Besteuerungssystems zu wahren.[330]

cc) Einschränkung durch Regelungen in Doppelbesteuerungsabkommen

Darüber hinaus kann nach der Ansicht des EuGH[331] eine Rechtfertigung aus Gründen der Kohärenz dann nicht angenommen werden, wenn der unmittelbare Zusammenhang zwischen Vor- und Nachteil erst unter Heranziehung eines zwischen den Mitgliedstaaten vereinbarten Doppelbesteuerungsabkommens gewährleistet werde. Dies betrifft Konstellationen, in denen ein Mitgliedstaat abkommensrechtlich bestimmte Besteuerungsrechte in Anspruch genommen oder auf sie verzichtet hat, obwohl dies im Widerspruch zur an sich kohärenten Ausge-staltung seines nationalen Besteuerungssystems steht.[332] Als Beispiel dient in diesem Zusammenhang das Urteil des EuGH in der Rechtssache *„X und Y“* vom 21.11.2202.[333] Darin hatte sich der EuGH mit der Einbringung von Anteilen an einer schwedischen Kapitalgesellschaft auf eine andere schwedische Kapitalgesellschaft durch zwei in Schweden ansässige natürliche Personen zu beschäftigen. Der erforderliche grenzüberschreitende Bezug ergab sich daraus, dass die übernehmende schwedische Kapitalgesellschaft die Tochter einer im Ausland ansäs-

---

328 *EuGH*, Urt. vom 7.9.2004, Rs. C-319/02, *„Maninnen“*, DStRE 2004, 1220 Tz. 45 f.

329 *Englisch*, IStR 2004, 684; 685; *Stahlschmitt*, FR 2006, 249, 260. Kritisch *Schnitger*, FR 2004, 1357, 1360.

330 *EuGH*, Urt. vom 7.9.2004, Rs. C-319/02, *„Maninnen“*, DStRE 2004, 1220 Tz. 46 ff.; Dazu *Rust*, EWS 2004, 450, 452.

331 *EuGH*, Urt. vom 11.8.1995, Rs. C-80/94, *„Wielockx“*, Slg. 1995, I-2495 Tz. 24.; *EuGH*, Urt. vom 15.7.2004, Rs. C-242/03, *„Weidert und Paulus“*, IStR 2004, 686 Tz. 25 f.; *EuGH*, Urt. vom 3.10.2002, Rs. C-136/00, *„Danner“*, Slg. 2002, I-8171 Tz. 41.

332 Der EuGH reagierte damit auf die Kritik der Rechtslehre, er habe die abkommensrechtliche Situation in der Rechtsache *„Bachmann“* verkannt. Vgl. dazu *Tiedtke*, FS 600 Jahre Juristenfakultät, S. 463, 481 f., *Saß*, FR 1998, 1, 5; *Thömmes*, GS Knobbe-Keuk, S. 795, 827 ff.

333 *EuGH*, Urt. vom 21.11.2002, Rs. C-436/00, *„X und Y“*, Slg. 2002, I-10847 ff.

sigen belgischen Kapitalgesellschaft war, deren Anteile wiederum mittelbar und unmittelbar von den übertragenden natürlichen Personen gehalten wurden. Die Übertragung sollte zu einem unangemessen niedrigen Entgelt erfolgen,[334] was nach den schwedischen Vorschriften zur sofortigen Auflösung der stillen Reserven in den Anteilen führte, weil die übernehmende inländische Gesellschaft eine Tochter einer belgischen Gesellschaft war. Wäre die Übertragung der Anteile hingegen auf eine schwedische Kapitalgesellschaft erfolgt, an der die Übertragenden unmittelbar oder mittelbar, aber ohne Zwischenschaltung einer ausländischen Gesellschaft, beteiligt gewesen wären, hätte das schwedische Steuerrecht einen Steueraufschub bis zur tatsächlichen Veräußerung der Anteile gewährt. Nach der Ansicht des EuGH[335] lag in dieser Ungleichbehandlung eine Beschränkung der Niederlassungs- und Kapitalverkehrsfreiheit. Die schwedische Regierung berief sich zur Rechtfertigung auf die Kohärenz der Steuerregelung, da ein Mitgliedstaat grundsätzlich berechtigt sei, eine Besteuerung der unter seiner Hoheit entstandenen stillen Reserven vorzusehen. Ein Besteuerungsaufschub könne aber nur dann erfolgen, wenn das Kapital, dessen Besteuerung aufgeschoben werde, weiterhin der schwedischen Besteuerung unterliege, so dass eine spätere Besteuerung der stillen Reserven gesichert sei. Die Einbringung der Anteile in eine Gesellschaft, an der eine ausländische Gesellschaft beteiligt sei, führe aber zu dem Verlust des Besteuerungsrechts hinsichtlich der Gewinne aus der Veräußerung derselben Anteile.[336]

Der EuGH[337] folgte diesem Vorbringen nicht. Aufgrund des zwischen Schweden und Belgien abgeschlossenen Doppelbesteuerungsabkommens werde die Kohärenz nicht durch eine strenge Wechselbeziehung zwischen dem Besteuerungsaufschub und der endgültigen Besteuerung hergestellt, sondern auf die Ebene der bilateralen Abkommen verlagert. Schweden habe durch die Zuteilung der Gewinne aus der Veräußerung der Anteile an den jeweiligen Ansässigkeitsstaat des Übertragenden nach Art. 13 Abs. 4

---

[334] Es handelte sich deshalb um eine verdeckte Einlage. Vgl. *EuGH*, Urt. vom 21.11.2002, Rs. C-436/00, *„X und Y"*, Slg. 2002, I-10847 Tz. 4; *Hügel*, FS Wiesner, S. 179, 186; *Kessler/Huck/Obser/Schmalz*, DStZ 2004, 855, 856; *Schnitger*, FR 2003, 90, 92.

[335] *EuGH*, Urt. vom 21.11.2002, Rs. C-436/00, *„X und Y"*, Slg. 2002, I-10847 Tz. 35 ff. (Niederlassungsfreiheit), 66 ff. (Kapitalverkehrsfreiheit).

[336] Eine ausführliche Darstellung der Stellungnahme der schwedischen Regierung findet sich allein in den Schlussanträgen des Generalanwaltes *Mischo*, vgl. EuGH, Rs. C-436/00, *„X und Y"*, Slg. 2002, I-10832 Tz. 34 und 35. Der EuGH gibt sie nicht wieder, befasst sich aber im Rahmen der Kohärenz mit ihr.

[337] *EuGH*, Urt. vom 21.11.2002, Rs. C-436/00, *„X und Y"*, Slg. 2002, I-10847 Tz. 51 ff.

DBA Schweden-Belgien (der Art. 13 Abs. 4 OECD-MA entspricht[338]) auf seine Besteuerungsrechte verzichtet. „Das Risiko eines endgültigen Wegzugs des Übertragenden (...)", führt der EuGH[339] aus, „wird somit durch Art. 13 Abs. 4 des belgisch-schwedischen Abkommens auf gegenseitige Weise in dem Sinne erfasst, dass in diesem Fall allein der Vertragsstaat, in den der Übertragende seinen Wohnsitz verlegt, zur Besteuerung des fraglichen Gewinns befugt ist." Zudem sei eine sofortige Gewinnrealisierung weder erforderlich noch verhältnismäßig.[340] Das Ziel der schwedischen Regelung, die stillen Reserven in den Anteilen bei den übertragenden natürlichen Personen vor deren endgültigen Wegzug zu besteuern, könne auch durch weniger belastende Mittel erreicht werden. Insoweit käme die Stellung einer Kaution oder sonstigen Garantie in Betracht, um eine spätere Steuerzahlung zu sichern.[341]

3. *Verhinderung von Missbräuchen und Steuerhinterziehungen*

Ein weiteres vom EuGH anerkanntes zwingendes Allgemeininteresse stellt das Bestreben der Mitgliedstaaten dar, Missbräuche und Steuerhinterziehungen zu unterbinden. Allerdings hat der EuGH diesen Rechtfertigungsgrund nicht von Anfang an akzeptiert. In der Rechtssache *„avoir fiscal"*[342] hat er dieses Argument der Mitgliedstaaten noch mit der Begründung abgelehnt, dass Art. 43 EG keine Ausnahme vom Grundprinzip der Niederlassungsfreiheit zulasse. In späteren Entscheidungen hat der EuGH[343] seine Rechtsprechung allerdings geändert, indem er die Gefahr des Missbrauchs und der Steuerhinterziehung als Rechtfertigungsgrund anerkannt hat. Nach seiner Auffassung[344] sind die Voraussetzungen für eine Rechtfertigung aus

---

338 Vgl. *Hügel*, FS Wiesner, S. 177, 191; *Kessler/Huck/Obser/Schmalz*, DStZ 2004, 855, 856.

339 *EuGH*, Urt. vom 21.11.2002, Rs. C-436/00, *„X und Y"*, Slg. 2002, I-10847 Tz. 55.

340 *EuGH*, Urt. vom 21.11.2002, Rs. C-436/00, *„X und Y"*, Slg. 2002, I-10847 Tz. 57 f.

341 *EuGH*, Urt. vom 21.11.2002, Rs. C-436/00, *„X und Y"*, Slg. 2002, I-10847 Tz. 59

342 *EuGH*, Urt. vom 28.1.1986, Rs. 270/83, *„Kommsission/Frankreich (avoir fiscal)"*, Slg. 1986, I-285 Tz. 25.

343 Grundlegend *EuGH*, Urt. vom 16.7.1998, Rs. C-264/96, *„ICI"*, Slg. 1998, I-4695 Tz. 26.

344 Eine Übersicht über die Entwicklung der Rechtsprechung und die noch bestehenden Unschärfen dieses Rechtfertigungsgrundes geben *Thömmes*, FS Wassermeyer, S. 207 ff.; *Kube*, IStR 2003, 325, 328 ff., *Drüen/Kahler*, StuW 2005, 171 ff. Umfassend zu Fragen des steuerlichen Missbrauch auf der Ebene der Gemeinschaft *Schön*, IStR 1996, Beihefter zu Heft 2, S. 1 ff.; *Rädler*/Lausterer/*Blumenberg*, DB 1996, Beilage 3, S. 1 ff. Zum grenzüberschreitenden Anteilstausch nach alter Rechtslage (§ 26 Abs. 2 Satz 1 UmwStG 1995) vgl. *Borschel/Kotyrba*, IStR 2003, 37 ff.

diesem Grunde jedoch eng zu fassen. Danach muss die streitige Regelung im Besonderen darauf abzielen, künstlich geschaffene, der Gesetzesumgehung dienende Sachverhalte von einem nationalen Steuervorteil auszuschließen. Erfasst sie hingegen allgemein Sachverhalte, unter denen auch missbräuchliche Gestaltungen sein können, ist die diskriminierende oder beschränkende Anwendung aufgrund des übermäßigen Eingriffs in die Grundfreiheiten nicht zu rechtfertigen.[345] Nach der Auffassung des EuGH[346] liege insbesondere dann kein missbräuchlicher Gebrauch der Niederlassungs- oder Kapitalverkehrsfreiheit vor, wenn der Steuerpflichtige allein deshalb grenzüberschreitend tätig wird, um sein unternehmerisches Engagement in einen Mitliedsstaat zu verlegen, in dem er einer niedrigeren steuerlichen Belastung ausgesetzt ist. Damit kommt der Rechtfertigungsgrund der Bekämpfung von Missbrauch und Steuerhinterziehung nur dann in Betracht, wenn die Ungleichbehandlung von einer Vorschrift ausgeht, die im Besonderen auf die Verhinderung eines Missbrauchs ausgerichtet ist und nicht weniger belastend ausgestaltet werden kann. Eine allgemeine Annahme, dass eine Steuerumgehung oder Steuerhinterziehung stattfinden werde, ist von vorneherein nicht geeignet, einen Grundfreiheitsverstoß zu rechtfertigen.[347] Zu einer Rechtfertigung eignen sich daher auch nicht Vorschriften, die in pauschaler Weise die Vermutung eines Missbrauchs aufstellen und dem betroffenen Steuerpflichtigen nicht die Möglichkeit des Gegenbeweises geben, dass in seinem konkreten Fall kein Missbrauch vorliegt.[348]

Der EuGH hat diese Anforderungen an den Rechtfertigungsgrund der Verhinderung von Missbrauch und Steuerhinterziehung in seiner Rechtspre-

---

[345] *EuGH*, Urt. vom 16.7.1998, Rs. C-264/96, *„ICI"*, Slg. 1998, I-4695 Tz. 26; EuGH, Urt. vom 28.4.1998, Rs. C-118/96, *„Safir"*, Slg. 1998, I-1897 Tz. 33; *EuGH*, Urt. vom 12.12.2002, Rs. C-324/00, *„Lankhorst-Hohorst"*, Slg. 2002, I-11802 Tz. 37.

[346] Vgl. *EuGH*, Urt. vom 16.7.1998, Rs. C-264/96, *„ICI"*, Slg. 1998, I-4695 Tz. 26; *EuGH*, Urt. vom 8.3.2001, Rs. C-297/98 und C-410/98, *„Metallgesellschaft und Hoechst"*, Slg. 2001, I-1760 Tz. 57; Zur Dienstleistungsfreiheit *EuGH*, Urt. vom 26.10.1999, Rs. C-294/97, *„Eurowings"* Slg. 1999, I-7447 Tz. 43.

[347] Beispielsweise durch die Anordnung einer verdeckten Gewinnausschüttung nach § 8a KStG a.F., wenn ein Gesellschafterdarlehen eine bestimmte Relation zum anteileigen Eigenkapital des betreffenden Gesellschafters überschreitet. Vgl. *EuGH*, Urt. vom 12.12.2002, Rs. C-324/00, *„Lankhorst-Hohorst"*, Slg. 2002, I-11802 ff, *EuGH*, Urt. vom 4.3.2004, Rs. C-334/02, *„Kommission/Frankreich"*, IStR 2004, 275 Tz. 29

[348] *EuGH*, Urt. vom 12.12.2002, Rs. C-324/00, *„Lankhorst-Hohorst"*, Slg. 2002, I-11802 Tz. 37; *EuGH*, Urt. vom 21.11.2002, Rs. C-436/00, *„X und Y"*, Slg. 2002, I-10847 Tz. 60 ff.; *EuGH*, Urt. vom 11.3.2004, Rs. 9/02, *„de Lasteyrie du Saillant"*, IStR 2004, 236 Tz. 49 ff.

chung[349] zur Missbrauchsvorschrift des Art. 11 Abs. 1 Buchst. a FRL entwickelt und sie dann auf andere, nicht der Fusionsrichtlinie unterfallende Sachverhalte ausgedehnt.[350] Nach Art. 11 Abs. 1 Buchst. a FRL sind die Mitgliedstaaten berechtigt, die Steuerbegünstigungen der Fusionsrichtlinie zu versagen oder rückgängig zu machen, wenn der hauptsächliche Beweggrund einer Einbringung oder sonstigen Umstrukturierungsmaßnahme nach der Fusionsrichtlinie eine Steuerumgehung oder Steuerhinterziehung ist.[351] Für den hier interessierenden Zusammenhang der grenzüberschreitenden Einbringung von Unternehmensteilen besteht daher eine spezielle gemeinschaftsrechtliche Missbrauchsvorschrift. Im Hinblick auf die konkreten Anforderungen an eine Rechtfertigung aus Gründen der Bekämpfung von Missbräuchen und dem verbleibenden Befugnisse der Mitgliedstaaten zur Ausgestaltung umwandlungssteuerrechtlicher Missbrauchsvorschriften sei deshalb auf die entsprechenden Erörterungen im Rahmen von Art. 11 Abs. 1 Buchst. a FRL verwiesen.[352]

---

349 Vgl. *EuGH*, Urt. vom 17.7.1997, Rs. C-28/95, „*Leur-Bloem*", Slg. 1997, I-4161 ff.

350 Ausdrückliche Bezugnahme auf die Entscheidung „*Leur-Bloem*" in *EuGH*, Urt. vom 26.9.2000, Rs. C-478/98, „*Kommission/Belgien*", Slg. 2000, I-7587 Tz. 45. Auf die letztere Entscheidung verweist der EuGH in seiner Rechtsprechung zu den direkten Steuern regelmäßig, vgl. *EuGH*, Urt. vom 21.11.2002, Rs. C-436/00, „*X und Y*", Slg. 2002, I-10847 Tz. 62; *EuGH*, Urt. vom 11.3.2004, Rs. 9/02, „*de Lasteyrie du Saillant*", IStR 2004, 236 Tz. 51. Siehe auch *Thömmes*, FS Wassermeyer, S. 207, 217 (Fn. 36), 231; *Hügel*, FS Wiesner, S. 177, 191; *Drüen*, DStZ 2006, 539, 541.

351 *Drüen*, DStZ 2006, 539, 540; *Gille*, IStR 2006, 194, 195, *Thömmes*, FS Wassermeyer, S. 207, 223.

352 Vgl. dazu die nachfolgenden Ausführungen im 2. Teil unter F. I.

2. Teil: Die Einbringung von Unternehmensteilen nach der Fusionsrichtlinie

Eine grenzüberschreitende Einbringung fällt, wie dargelegt, unter den Schutzbereich der Niederlassungs- und Kapitalverkehrsfreiheit. Eine grenzüberschreitende Einbringung von Unternehmensteilen darf daher weder im Falle einer Inlandseinbringung (Marktzutrittskonstellation) noch bei einer Auslandseinbringung (Marktaustrittkonstellation) im Vergleich zu einer reinen Inlandseinbringung schlechter behandelt werden. Nach der herrschenden Auffassung in der Rechtslehre[1] stellen die Regelungen der Fusionsrichtlinie eine Ausprägung der Niederlassungsfreiheit dar. Soweit ein Vorgang unter den persönlichen und sachlichen Anwendungsbereich der Richtlinie falle, werde eine Diskriminierung oder Beschränkung ausgeschlossen.[2] Dies gilt ebenso für die Kapitalverkehrsfreiheit, da grenzüberschreitende Einbringungen auch von dem sachlichen, räumlichen und persönlichen Anwendungsbereich dieser Grundfreiheit erfasst werden.

Es stellt sich daher die Frage, welche Regelungen die Fusionsrichtlinie enthält, um Beschränkungen im Rahmen der Niederlassungs- und Kapitalverkehrsfreiheit zu verhindern.

Dazu soll zunächst die steuerrechtliche Ausgangslage von Einbringungen im Inland einerseits und grenzüberschreitenden Einbringungen andererseits, sowie auf das Lösungskonzept der Richtlinie zur Beseitigung von Diskriminierungen und Beschränkungen von grenzüberschreitenden Einbringungen eingegangen werden.

A. Steuerliche Ausgangslage und Lösungskonzept der Fusionsrichtlinie

I. Ausgangslage bei Einbringungen im Inland

Steuerliche Probleme ergeben sich bei einer Einbringung im Inland aus der damit verbundenen Auflösung der stillen Reserven. Denn bei einer solchen

---

1 *Knobbe-Keuk*, DB 1991, 298, 300 ff.; *dies*, Bilanz- und Unternehmenssteuerrecht, § 8 b II, S. 340; *Farmer/Lyal*, EC Tax Law, S. 316; *Schön*, IStR 1996, Beihefter zu Heft 2, S. 7; *Staringer*, Besteuerung doppelt ansässiger Kapitalgesellschaften, S. 224; *Tumpel*, DStJG 23 (2000), 321, 368; *Hey*, GmbHR 2001, 993, 1001.

2 Vgl. allein *Schmalz*, S. 52; *Kessler/Huck/Obser/Schmalz*, DStZ 2004, 855, 860; *Knobbe-Keuk*, EuZW 1992, 336, 342; *Herzig*, in: Lüdicke, Fortentwicklung, S. 117, 124 f.

Sacheinlage handelt es sich um ein Anschaffungsgeschäft des übernehmenden Rechtsträgers und einem Erwerbsgeschäft für den einbringenden Rechtsträger.[3] Die mit der Auflösung der stillen Reserven verbundene steuerliche Belastung ist einerseits hoch, andererseits aber auch deswegen belastend, weil als Gegenleistung für die Einbringung des Betriebsvermögens keine liquiden Mittel sondern lediglich Gesellschaftsrechte am übernehmenden Rechtsträger gewährt werden. Daher vermeiden Unternehmen solche Umstrukturierungen regelmäßig, wenn nicht steuerrechtliche Sondervorschriften eine günstigere Regelung treffen. Für Einbringungen innerhalb der Bundesrepublik Deutschland bestand seit dem Inkrafttreten des UmwStG 1969 die gesetzliche Möglichkeit, die Buchwerte des eingebrachten Betriebsvermögens fortzuführen. Der Ansatz der Buchwerte in der Bilanz der übernehmenden Gesellschaft bestimmte zugleich den Veräußerungspreis für den Einbringenden und die Anschaffungskosten der im Gegenzug gewährten Anteile (so genannte doppelte Buchwertverknüpfung). Eine Einbringung war danach zunächst steuerneutral möglich. Eine Besteuerung der stillen Reserven erfolgte erst dann, wenn das eingebrachte Betriebsvermögen oder die erhaltenen Anteile veräußert wurden. Insoweit wurde bis zum Zeitpunkt der tatsächlichen Realisation der stillen Reserven ein Besteuerungsaufschub gewährt. Der maßgebliche Beweggrund des Gesetzgebers, den unmittelbaren Vorgang der Einbringung steuerlich nicht zu belasten, war das Bedürfnis der Wirtschaft, betriebswirtschaftlich notwendige Umstrukturierungen zu erleichtern.[4] In den nachfolgenden Novellierungen des UmwStG, dem UmwStG 1977[5] und dem UmwStG 1995,[6] bestätig-

---

3 Vgl. *BFH*, Urt. vom 24.3.1983, IV R 138/80, BStBl. II 1984, 233, 234; *BFH*, Urt. vom 29.10.1987, IV R 93/85, BStBl. II 1988, 374, 376; *BFH*, Urt. vom 20.6.1989, VIII R 100/86, BFH/NV 1990, 102, 104; *BFH*, Urt. vom 26.1.1994, III R 39/91, BStBl. II 1994, 458, 460; *BFH*, Urt. vom 16.2.1996, I R 183/94, BStBl. II 1996, 342, 343; *BFH*, Urt. vom 19.10.1998, VIII R 69/95, BStBl. II 2000, 230; *BFH*, Urt. vom 5.6.2002, I R 6/01, BFH/NV 2003, 88; *BFH*, Urt. vom 19.9.2002, I R 97/02, BStBl. II 2003, 684; *Tiedtke/Langheim*, FR 2007, 368, 373.

4 Allgemeine Begründung zum UmwStG 1969, BR-Drucks. 292/68, S. 8, 14.; BT-Drucks. 5/3186, S. 8. Zur Rechtslage vor dem UmwStG 1969, vgl. *RFH*, Urt. vom 9.5.1933, VI A 434/30, RStBl. 1933, 999, 1002; *RFH*, Urt. vom 12.4.1934, BB 1960, 1053 und *BFH*, Urt. vom 21.8.1961, I 32/61, BStBl. III 1961, 500; *BFH*, Urt. vom 13.7.1965, 167/59, BStBl. III 1965, 640; *BFH*, Urt. vom 23.4.1971, IV 201/65, 686, 687; *BFH*, Urt. vom 10.2.1972, IV 317/65, BStBl. II 1972, 419, 420 f.; *BFH*, Urt. vom 29.3.1972, I R 43/69, BStBl. II 1972, 537.

5 Vgl. Allgemeine Ausführungen des Finanzausschusses zum UmwStG 1977, BT-Drucks. 7/5502: „Der Ausschuss begrüßt die dem neugefassten Umwandlungssteuergesetz zugrunde liegende Konzeption, wonach Umwandlungen weitgehend steuerneutral durchgeführt werden sollen, um die Anpassung der Unternehmensform an die betriebswirtschaftlich und unternehmenspolitischen Erfordernisse zu ermöglichen."

te der Gesetzgeber diesen wirtschaftspolitischen Zweck des UmwStG.[7] So heißt es in der Gesetzesbegründung zum UmwStG 1995: „Durch die umfassendere Regelung handelsrechtlicher Umwandlungsvorgänge[8] wird jedoch die Möglichkeit eröffnet, diese Umstrukturierungen stärker als bisher steuerneutral zu stellen und Verlustvorträge zuzulassen, soweit dem nicht spezifische Belange des Steuerrechts entgegenstehen. Dadurch werden betriebswirtschaftlich erwünschte und handelsrechtlich zukünftig mögliche Umstrukturierungen der Wirtschaft nicht durch steuerliche Folgen behindert, die ohne die besondere Regelung des Umwandlungssteuergesetzes eintreten würden."

II. Ausgangslage bei grenzüberschreitenden Einbringungen

1. Auflösung der stillen Reserven

Auch im Zusammenhang mit einer grenzüberschreitenden Einbringung stellt sich das Problem der Auflösung der stillen Reserven, da es sich ebenso wie bei Einbringungen, die auf das Inland beschränkt sind, um ein tauschähnliches, entgeltliches Geschäft[9] handelt, welches nach allgemeinen Grundsätzen zu einer Gewinnrealisierung führt.[10] Die stillen Reserven in den Wirtschaftgütern der eingebrachten Unternehmensteile sind aufzulösen, ohne dass es wirtschaftlich zu einem Verkauf kommt, der zu einer Steigerung der Liquidität führen würde.[11] Die damit verbundene steuerliche Belastung behindert eine Umstrukturierung und stellt grundsätzlich eine Beschränkung der Niederlassungs- und Kapitalverkehrsfreiheit dar, sofern es

6 Begr. UmwStG-Entwurf, BT-Drucks. 12/6885 vom 24.2.1994, S. 14 und BT-Drucks. 12/7263 vom 14. 4.1994, S. 3, sowie BR-Drucks. 132/94 vom 4.2.1994, S. 38.

7 Vgl. *Crezelius*, FS Widmann, S. 241, 246 f. („Regelungsidee des UmwStG"); *Blumers/Kramer*, DB 1993, 852, 854.

8 Die Reform des UmwStG 1995 erfolgte aufgrund der Reform des UmwG durch das Gesetz zu Bereinigung des Umwandlungsgesetzes (UmwBerG) vom 28. 10. 1994 (BGBl. I 1994, S. 3267), mit dem die die zivilrechtlichen Möglichkeiten einer Umwandlung nach dem UmwG erheblich erweitert wurden vgl. *Dötsch*, in: Dötsch/Patt/Pung/Jost, UmwStR, 5. Aufl., Einf. UmwStG Rz. 2 ff.

9 *Kellersmann/Treisch*, Europäische Unternehmensbesteuerung, S. 221.

10 *Terra/Wattel*, European Tax Law, S. 535 ff.; *Patt*, in: Dötsch/Patt/Pung/Jost, UmwStR, 5. Aufl., § 23 UmwStG Rz. 5; *Kellersmann/Treisch*, Europäische Unternehmensbesteuerung, S. 220; Kloster, S. 272.

11 *Herzig/Dautzenberg/Heyeres*, DB 1991, Beilage 12, S. 3 f.; *Altheim*, IStR 1993, 406 f.; *Eilers/Bahns/Sedlaczek*, in: von der Groeben/Schwarze, EUV/EGV, Vorbem. zu den Artt. 90 bis 93 Rz. 10.

in einem vergleichbaren Fall der Einbringung im Inland zu keiner Besteuerung der stillen Reserven kommt.[12]

2. *Unterschiedliche Gewinnermittlungsmethoden und Sicherstellung der Besteuerungsrechte*

Neben der Auflösung der stillen Reserven als Hauptproblem grenzüberschreitender Einbringungen bestehen im Rahmen von grenzüberschreitenden Einbringungen zwei weitere Hindernisse. Das System der Buchwertverknüpfung ist auf reine Inlandssachverhalte zugeschnitten, bei denen der einbringende und der übernehmende Rechtsträger den gleichen steuerrechtlichen Gewinnermittlungsmethoden unterliegen.[13] Diese wurden auf Gemeinschaftsebene jedoch noch nicht harmonisiert. In anderen Mitgliedstaaten ist insbesondere die handelsrechtliche Rechnungslegung nicht für die steuerliche Gewinnermittlung maßgeblich. Die Europäische Kommission beabsichtigt zwar, eine gemeinsame konsolidierte Körperschaftsteuerbemessungsgrundlage (GKKB) für grenzüberschreitende Tätigkeiten von Unternehmen einzuführen. Die Ermittlung des steuerlichen Gewinns eines Unternehmens soll dabei auf der Grundlage der internationalen Rechnungslegungsstandards IAS (International Accounting Standards) und IFRS (International Financial Reporting Standards) erfolgen.[14] Der Vorschlag der Kommission ist aber in weiten Teilen noch nicht ausformuliert.[15] Daher besteht weiterhin ein Nebeneinander von unterschiedlichsten Gewinnermittlungsmethoden in der Europäischen Union. Eine Fortführung der Buchwerte und eine entsprechende Buchwertverknüpfung sind daher nicht möglich, wenn die beteiligten Rechtsträger nicht dem deutschen Steuer-

---

12 *Knobbe-Keuk*, DB 1991, 298; *Tumpel*, DStJG 23 (2000), 321, 368.

13 *Thömmes*, in: Flick/Wassermeyer/Baumhoff, AStG, vor § 23 UmwStG Rz. 87.

14 Mitteilung der Europäischen Kommission vom 23.10.2001 an den Rat, das Europäische Parlament und den Wirtschafts- und Sozialausschuss: Unternehmensbesteuerung im Binnenmarkt, KOM (2001), 582 endg. S. 13 ff und Mitteilung der Europäischen Kommission vom 23.10.2001 an den Rat, das Europäische Parlament und den Wirtschafts- und Sozialausschuss: Unternehmensbesteuerung im Binnenmarkt, KOM (2003), 613 endg. S. 13 ff.

15 Vgl. Mitteilung der Kommission vom 5.4.2006 an den Rat, das Europäische Parlament und den Wirtschafts- und Sozialausschuss: Bisherige Fortschritte und weitere Schritte zu einer gemeinsamen konsolidierten Körperschaftsteuerbemessungsgrundlage (GKKB), KOM (2006), 157 endg., S. 5 und Mitteilung der Kommission vom 2.5.2007 an den Rat, das Europäische Parlament und den Wirtschafts- und Sozialausschuss, KOM (2007), 223 endg., S. 4 ff.

recht unterliegen und die im Ausland angewandte Gewinnermittlungsmethode die Möglichkeit des Ansatzes der Buchwerte nicht vorsieht.[16]

Darüber hinaus besteht das Problem der Sicherstellung der stillen Reserven in dem Betriebsvermögen des eingebrachten Unternehmensteils. Bringt etwa eine deutsche GmbH im Rahmen einer Auslandseinbringung einen Betrieb aus einer tschechischen Betriebsstätte,[17] welche keine Tätigkeit im Sinn des Art. 23 Abs. 1c DBA Deutschland-Tschechoslowakei[18] ausübt, in eine österreichische GmbH ein, verliert Deutschland das Recht zur Besteuerung der Gewinne aus der Veräußerung des Betriebsvermögens. Konnten diese vor der Einbringung unter Anrechnung der in Tschechien gezahlten Steuer in Deutschland besteuert werden, besteht diese Möglichkeit nach der Einbringung nicht mehr, da die deutsche GmbH durch die Einbringung anstelle des eingebrachten Betriebsvermögens lediglich Anteile an der österreichischen GmbH erhält.[19] Will die Bundesrepublik Deutschland aber nicht endgültig auf ihr Recht zur Besteuerung der stillen Reserven verzichten, kann ein Besteuerungsaufschub aber nur so lange gewährt werden, wie die stillen Reserven in der deutschen Steuerhoheit verstrickt sind, der Zugriff auf die stillen Reserven also sichergestellt ist.[20] Umgekehrt besteht kein Bedürfnis, eine Auflösung der stillen Reserven zu verlangen, wenn trotz einer grenzüberschreitenden Einbringung die Besteuerung der stillen Reserven gesichert ist.[21] Insoweit ist an eine Einbringung eines Betriebs aus einer deutschen Betriebsstätte einer beschränkt steuerpflichtigen französischen Aktiengesellschaft (S.A., Société Anonyme) in eine unbeschränkt

---

16 *Thömmes*, in: Flick/Wassermeyer/Baumhoff, AStG, vor § 23 UmwStG Rz. 88; *Tulloch*, in: Goutier/Knopf/Tulloch, UmwR, § 20 UmwStG Rz. 57; § 23 UmwStG Rz. 22; *Herzig/Dautzenberg/Heyeres*, DB 1991, Beilage 12, S. 5. Zu den Wertansatzmöglichkeiten in anderen EU-Staaten, *Widmann*, in: Widmann/Mayer, UmwR, § 23 UmwStG Rz. 237; die vom deutschen Gesetzgeber verlangte Buchwertverknüpfung ist in Österreich und Frankreich möglich, nicht aber im Vereinigten Königreich. Daher konnten die deutschen Aktionäre der Mannesmann AG ihre Anteile nicht steuerneutral auf die Vodafone plc. übertragen, vgl. *Bogenschütz*, IStR 2000, 608, 612, 613;

17 Die Betriebsstätte ist kein eigenständiges Einbringungsobjekt. Sie kann nur dann eingebracht werden, wenn sie selbst einen Betrieb oder Teilbetrieb darstellt oder Teil eines Betriebs oder Teilbetriebs ist, vgl. *Merkert*, in: Bordewin/Brandt, EStG, § 23 UmwStG Rz. 20.

18 Das Doppelbesteuerungsabkommen zwischen Deutschland und der Tschechoslowakei vom 30.11.1982 gilt gemäß Vereinbarung mit der Tschechischen Republik unverändert fort, vgl. BGBl. I 1993, 762.

19 Vgl. *Benz/Rosenberg*, in: Blumenberg/Schäfer, Das SEStEG, S. 161 f.

20 *Widmann*, DStJG 4 (1981), 163, 164; *Thiel*, GmbHR 1994, 277, 278; *Hey*, GmbHR 2001, 993, 1000; *Müller-Gatermann*, StbJb 2005/2006, 11, 14.

21 *Engert*, DStR 2004, 664, 668; *Rödder*, DStJG 25 (2002), 253, 258; *Rödder/Schumacher*, DStR 2006, 1525.

steuerpflichtige deutsche GmbH zu denken. Das Besteuerungsrecht für die Gewinne aus Veräußerung des Betriebsstättenvermögens unterlag dabei nach den Artt. 7 Abs. 2, 4 Abs. 4 DBA Deutschland-Frankreich schon vor der Einbringung dem Besteuerungsrecht Deutschlands als Betriebsstättenstaat.[22] Das Besteuerungsrecht Deutschlands wurde daher durch die Einbringung weder ausgeschlossen noch beschränkt. Eine dennoch vorgenommene Besteuerung der stillen Reserven im Zeitpunkt der Einbringung wäre ein Verstoß gegen die Niederlassungs- und Kapitalverkehrsfreiheit, da es bei einer vergleichbaren Einbringung im Inland aufgrund der Möglichkeit der Buchwertfortführung und der Buchwertverknüpfung zu keiner Auflösung der stillen Reserven kommt.

III. Lösungskonzept der Fusionsrichtlinie

Das Lösungskonzept der Fusionsrichtlinie zur Beseitigung von Diskriminierungen und Beschränkungen im Rahmen von grenzüberschreitenden Einbringungen ergibt sich aus den Erwägungsgründen, welche in der Präambel der Fusionsrichtlichtlinie den Regelungen zu den einzelnen Umstrukturierungsvorgängen vorangestellt sind und das Ziel der Richtlinie offen legen. Nach der Rechtsprechung des EuGH[23] sind diese Erwägungsgründe nicht bloße Gesetzesmaterialen sondern untrennbarer Bestandteil einer Richtlinie. Danach lassen sich drei Zielsetzungen identifizieren, welche das Lösungskonzept der Fusionsrichtlinie zur Beseitigung von Diskriminierungen und Beschränkungen kennzeichnen.

1. Förderung grenzüberschreitender Umstrukturierungen

Nach den Erwägungsgründen Nr. 1 und Nr. 2 der Präambel verfolgt die Fusionsrichtlinie das Ziel, grenzüberschreitende Umstrukturierungen auf einem gemeinsamen Binnenmarkt wettbewerbsneutral auszugestalten. Bestehende steuerliche Benachteiligungen sollen beseitigt werden. Wörtlich heißt es dazu in den betreffenden Erwägungsgründen:

> „Fusionen, Spaltungen, die Einbringung von Unternehmensteilen und der Austausch von Anteilen, die Gesellschaften verschiedener Mitgliedstaaten betreffen, können notwendig sein, um binnenmarktähnliche Verhältnisse in der Gemeinschaft zu schaffen und damit die Errichtung und das Funktionieren des Gemeinsamen Marktes zu gewährleisten. Sie dürfen nicht durch besondere Beschränkun-

---

[22] *Wassermeyer*, in: Debatin/Wassermeyer, Doppelbesteuerung, Art. 7 MA Rz. 261, 264; *Kantwill*, SteuerStud 2002, 375, 382.

[23] *EuGH*, Urt. vom 23.2.1988, Rs. C-131/86, „*Legehennen*", Slg. 1988, 925.

gen, Benachteiligungen oder Verfälschungen aufgrund von steuerlichen Vorschriften der Mitgliedstaaten behindert werden. Demzufolge müssen wettbewerbsneutrale steuerliche Regelungen für diese Vorgänge geschaffen werde, um die Anpassung von Unternehmen an die Erfordernisse des Gemeinsamen Marktes, eine Erhöhung ihrer Produktivität und eine Stärkung ihrer Wettbewerbsfähigkeit auf internationaler Ebene zu ermöglichen.
Gegenwärtig werden diese Vorgänge im Vergleich zu entsprechenden Vorgängen bei Gesellschaften desselben Mitgliedstaates durch Bestimmungen steuerlicher Art benachteiligt. Diese Benachteiligung muss beseitigt werden."

Der Richtliniengeber, der Europäische Rat, stellt damit die betriebswirtschaftlichen Bedürfnisse der Unternehmen an grenzüberschreitenden Umstrukturierungen als Zielsetzung der Fusionsrichtlinie heraus.[24] Er will deren Anpassungsfähigkeit im Rahmen des europäischen Binnenmarkts soll stärken, indem er die bestehenden Benachteiligungen grenzüberschreitender Umstrukturierungen beseitigt.[25] Diese wirtschaftpolitische Zielsetzung der Fusionsrichtlinie entspricht der des nationalen UmwStG.[26] Wie auch das UmwStG hat die Fusionsrichtlinie aber nur einen eingeschränkten Anwendungsbereich. Sie zielt darauf ab, bestehende steuerliche Benachteiligungen zu beseitigen, die aus Anlass einer grenzüberschreitenden Umstrukturierung entstehen. Im Hinblick auf die zeitlich nachfolgende Besteuerung der umstrukturierten Unternehmen enthält sie keine Regelungen. Ebenso stellt sie keine Vorgaben hinsichtlich der Behandlung von Dividenden und Gewinnausschüttungen auf, die der übernehmende Rechtsträger nach der Umstrukturierung an den einbringenden Rechtsträger auszahlt. Die Fusionsrichtlinie begünstigt damit lediglich den Aufbau von grenzüberschreitend tätigen Konzernen, vereinheitlicht jedoch nicht deren laufende Besteuerung.[27]

2. Verzicht auf die Übernahme nationaler Regelungskonzepte und Begriffe

Nach dem Erwägungsgrund Nr. 3 verzichtet die Fusionsrichtlinie auf eine Übernahme nationaler Regelungskonzepte und eine Erstreckung nationaler Begriffsbestimmungen auf Gemeinschaftsebene. Die Förderung wirtschaft-

---

[24] *Tumpel*, DStJG 23 (2000), 321, 334 f.; 338 f. 367 ff.; *Eilers/Bahns/Sedlaczek*, in: von der Groeben/Schwarze, EUV/EGV, Vorbem. zu den Artt. 90 bis 93 Rz. 10, 11.

[25] *Laule*, IStR 2001, 297, 302; *Hey*, GmbHR 2001, 993, 1000; *Terra/Wattel*, European Tax Law, S. 535 f.

[26] *Herzig*, in: Lüdicke, Fortentwicklung, S. 117, 124; *Saß*, DB 1990, 2340, 2341; *Herzig/Förster*, DB 1992, 911, 913; *Carl*, Inf 1992, 316, 317; *Thömmes/Tomsett*, EC Tax Rev. 1992, 228.

[27] *Laule*, IStR 2001, 297, 302; *Terra/Wattel*, European Tax Law, S. 536; *Kellersmann/Treisch*, Europäische Unternehmensbesteuerung, S. 220.

lich sinnvoller Umstrukturierung „lasse sich", so der Wortlaut der Präambel, „nicht dadurch erreichen, dass man die in den einzelnen Mitgliedstaaten geltenden nationalen Systeme auf Gemeinschaftsebene ausdehnt, da die Unterschiede zwischen diesen Systemen Wettbewerbsverzerrungen auslösen können. Nur eine gemeinsame steuerliche Regelung kann deshalb eine befriedigende Lösung bieten."

Dieser Verzicht auf nationale Begriffe und Regelungskonzepte zeigt sich bei der Bestimmung der von der Richtlinie erfassten Umstrukturierungsvorgänge. Art. 2 FRL enthält in den Buchstaben a bis d eigene Definitionen, welche den sachlichen Anwendungsbereich der Richtlinie umschreiben und von den nationalen Begriffen abweichen. Ebenso enthält die Fusionsrichtlinie in Art. 2 Buchst. i FRL einen eigenständigen, europäischen Teilbetriebsbegriff. Auch hinsichtlich der Möglichkeit des Ansatzes eines Buchwerts durch den übernehmenden Rechtsträger, verzichtet die Richtlinie auf eine Übernahme nationaler Begriffe. Art. 4 Abs. 1 Satz 1 FRL schreibt lediglich vor, dass eine Umstrukturierung keine Besteuerung des Veräußerungsgewinns auslösen darf, welcher sich aus dem Unterschied zwischen dem tatsächlichen Wert des übertragenden Aktiv- und Passivvermögens und dessen steuerlichem Wert ergibt. Als steuerlichen Wert definiert Art. 4 Abs. 1 Satz 2 Buchst. a FRL den Wert, auf dessen Grundlage ein etwaiger Veräußerungsgewinn ermittelt worden wäre. Dies entspricht dem deutschen Verständnis, den Veräußerungsgewinn anhand der Differenz zwischen dem Buchwert und dem Verkehrswert (gemeiner Wert oder Teilwert) des veräußerten Betriebsvermögens zu ermitteln. Mit Rücksicht auf davon abweichende Gewinnermittlungsmethoden anderer Mitgliedstaaten verzichtet die Richtlinie aber auf eine Übernahme dieser Begriffe.[28]

3. Besteuerungsaufschub unter Wahrung der Interessen der Mitgliedstaaten

Die wichtigsten Ziele der Fusionsrichtlinie ergeben sich aus den Erwägungsgründen Nr. 4 bis 6 der Präambel.[29] Darin heißt es:

---

[28] *Tumpel* (*Tumpel*, S. 168) weist darauf hin, dass die Unterscheidung zwischen tatsächlichem und steuerlichem Wert im Sinne des Art. 4 Abs. 1 FRL dem britischen und irischen Steuerrecht entlehnt ist, bei dem die handelsrechtliche Rechnungslegung nicht für die steuerliche Gewinnermittlung maßgeblich ist. Vgl. auch *Saß*, DB 1990, 2340, 2341.

[29] Vgl. *Herzig*, in. Lüdicke, Fortentwicklung, S. 130; *Schmalz*, S. 48; *Tumpel*, DStJG 23 (2000), 321, 368 f.; *Herzig/Dautzenberg/Heyeres*, DB 1991, Beilage 12, S. 7 f., *Thömmes*, in: Flick/Wassermeyer/Baumhoff, AStG, vor § 23 UmwStG Rz. 83.

„Die gemeinsame steuerliche Regelung muss eine Besteuerung anlässlich einer Fusion, Spaltung oder Einbringung von Unternehmenteilen oder eines Austauschs von Anteilen vermeiden, unter gleichzeitiger Wahrung der finanziellen Interessen des Staates der einbringenden oder erworbenen Gesellschaft.
Soweit es sich um Fusionen, Spaltungen oder Einbringung von Unternehmensteilen handelt, haben diese Vorgänge in der Regel (...) die Zurechnung des übertragenen Vermögens zu einer übernehmenden Betriebsstätte der übernehmenden Gesellschaft zur Folge.
Wird auf die einer solchen Betriebsstätte zugewiesenen Vermögenswerte das Verfahren des Aufschubs der Besteuerung des Wertzuwaches eingebrachter Vermögenswerte bis zu deren tatsächlicher Realisation angewendet, so lässt sich die Besteuerung des entsprechenden Wertzuwachses vermeiden und zugleich eine spätere Besteuerung durch den Staat der einbringenden Gesellschaft im Zeitpunkt der Realisation sicherstellen."

Nach diesen Erwägungen verfolgt die Fusionsrichtlinie den Zweck, einen verhältnismäßigen Ausgleich zwischen dem Interesse der Mitgliedstaaten an einer Besteuerung der stillen Reserven und dem durch die Grundfreiheiten geschützten Interesse an einer Steuerneutralität von Umstrukturierungen herzustellen.[30] Beide Interessen stehen gleichrangig nebeneinander. Dazu ordnet die Richtlinie zunächst in Art. 4 Abs. 1 Satz 1 FRL einen Besteuerungsaufschub an: Eine Auflösung der stillen Reserven darf nicht im Zuge der Umstrukturierung sondern erst bei ihrer tatsächlichen Realisation erfolgen.[31] Die Sicherstellung des Besteuerungsrechts hinsichtlich der tatsächlich realisierten stillen Reserven wird dadurch bewirkt, dass es für die Gewährung des Besteuerungsaufschubs nach Art. 4 Abs. 1 Satz 2 Buchst. b FRL auf eine Übertragung der jeweiligen Wirtschaftgüter in eine Betriebsstätte des übernehmenden Rechtsträgers im Mitgliedstaat des einbringenden Rechtsträgers ankommt (so genannte Betriebsstättenbedingung).[32] Ein Besteuerungsaufschub muss daher nur solange und soweit gewährt werden, wie das übertragene Betriebsvermögen nach der Umstrukturierung in einer inländischen Betriebsstätte verstrickt ist. Hintergrund dieser Regelung ist das abkommensrechtliche Betriebsstättenprinzip gemäß den Artt. 7 Abs. 1, 13 Abs. 2 OECD-MA, welches von allen Mitgliedstaaten der Europäischen Union anerkannt und in den zwischen ihnen abgeschlossenen Doppelbesteuerungsabkommen enthalten ist.[33] Danach sind die Gewinne aus der

---

30 *Tumpel*, DStJG 23 (2000), 321, 368 f.; *Eilers/Bahns/Sedlaczek*, in: von der Groeben/Schwarze, EUV/EGV, Vorbem. zu den Artt. 90 bis 93 Rz. 10, 11.

31 *Benecke/Schnitger*, IStR 2005, 641, 642; *Herzig/Dautzenberg/Heyeres*, DB 1991, Beilage 12, S. 7 f; *Kessler/Obser/Huck/Schmalz*, DStZ 2004, 855, 859.

32 *Herzig*, in: Lüdicke, Fortentwicklung, S. 130; *Saß*, DB 1990, 2340, 2343; *Knobbe-Keuk*, EuZW 1992, 336, 342.

33 *Herzig/Dautzenberg/Heyeres*, DB 1991, Beilage 12, S. 7 f.; *Schmalz*, S. 48 f. Eine Übersicht über die jeweiligen Doppelbesteuerungsabkommen in der Europäischen Uni-

Veräußerung von Betriebsstättenvermögen im Wege der Freistellungsmethode nach Art. 23 A OECD-MA stets dem Betriebsstättenstaat zugewiesen.[34] Aufgrund dieses Regelungskonzepts ist es dem Mitgliedstaat des einbringenden Rechtsträgers möglich, im Augenblick der Einbringung auf sein Besteuerungsrecht zu verzichten, ohne eine nachhaltige Minderung seines Besteuerungsrechts in Kauf zu nehmen.[35] Die Fusionsrichtlinie verlangt damit nicht eine Steuerneutralität der Umstrukturierung um jeden Preis, sondern nur dann, wenn das Besteuerungsrecht des Mitgliedstaats, in dem die stillen Reserven gebildet wurden, gesichert bleibt.

B. Rechtsnatur, Rechtsentwicklung und Umsetzung der Fusionsrichtlinie

I. Rechtsnatur

Die Fusionsrichtlinie ist eine Richtlinie gemäß Art. 249 Abs. 3 EG (ex Art. 189 Abs. 3 EGV). Im Gegensatz zur Verordnung, welche nach Art. 249 Abs. 2 EG in all ihren Teilen verbindlich ist und unmittelbar in jedem Mitgliedstaat gilt, ist eine Richtlinie nur hinsichtlich ihres Ziels und nur für die Mitgliedstaaten, an die sie gerichtet ist, bindend. Richtlinien sind daher nicht unmittelbar anwendbar, sondern bedürfen der Umsetzung in das nationale Recht durch die Mitgliedstaaten. Dabei überlässt Art. 249 Abs. 3 EG den Mitgliedstaaten bei Erlass der Umsetzungsvorschriften ausdrücklich die Wahl der Form und Mittel. Es ist daher nicht erforderlich, dass der Wortlaut des nationalen Gesetzes dem der Richtlinie entspricht, sofern nicht von der Zielsetzung abgewichen wird.

II. Rechtsentwicklung und Umsetzung der Richtlinie

Die wirtschaftspolitische Notwendigkeit eines gemeinsamen Steuersystems für grenzüberschreitende Umstrukturierungen wurde schon frühzeitig er-

---

on, welche die Gewinne aus der Veräußerung des Betriebsstättenvermögens freistellen, geben *Benz/Rosenberg*, in: Blumenberg/Schäfer, Das SEStEG, S. 155 Fn. 34.

[34] Dieses zunächst für den Fall einer Fusion geltende Prinzip, findet über die Verweisungsnorm des Art. 9 FRL auch für die Einbringung von Unternehmensteilen Anwendung.

[35] *Thömmes*, in: Flick/Wassermeyer/Baumhoff, AStG, vor § 23 UmwStG Rz. 84; *Kellersmann/Treisch*, Europäische Unternehmensbesteuerung, S. 224.

kannt.[36] Dem Hauptproblem solcher Unternehmenszusammenschlüsse, der Auflösung der stillen Reserven, sollte nach der Auffassung der Europäischen Kommission[37] in ihrem Programm zur Harmonisierung der direkten Steuern vom 26.6.1967 durch eine Verteilung der Steuerbelastung auf die folgenden zehn Jahre begegnet werden. In der weiteren Diskussion wurde dieser Plan jedoch verworfen und stattdessen ein Besteuerungsaufschub bis zum Zeitpunkt der tatsächlichen Realisierung der stillen Reserven als zweckdienlicher angesehen. Der Besteuerungsanspruch des Mitgliedstaats des einbringenden Rechtsträgers sollte durch die Verbindung des eingebrachten Vermögens mit einer Betriebsstätte, für das ihm das Besteuerungsrecht zukommt, gesichert werden. Diese Lösung wurde von der Europäischen Kommission in ihrem Richtlinienentwurf aus dem Jahre 1969 empfohlen und letztlich in der endgültigen Fassung der Richtlinie vom 23.7.1990[38] berücksichtigt. Die Umsetzung der Fusionsrichtlinie erfolgte in der Bundesrepublik Deutschland nur teilweise.[39] Lediglich die Regelungen über die Einbringung von Unternehmensteilen gemäß Art. 2 Buchst. c FRL und diejenigen über den Austausch von Anteilen nach Art. 2 Buchst. d FRL wurden zunächst in § 20 Abs. 6 und Abs. 8 UmwStG 1977[40] und später in § 23 Abs. 1 bis Abs. 4 UmwStG 1995[41] umgesetzt.[42] Die Vorschriften zu Fusionen und Spaltungen nach Art. 2 Buchst. a und b FRL wurden hingegen nicht umgesetzt.[43] Nach dem Wortlaut der Fusionsrichtlinie sind beide

---

36 Vgl. den EWG-Bericht des Steuer- und Finanzausschusses unter dem Vorsitz von Prof. Fritz Neumark (so genannter *Neumark*-Bericht), Veröffentlichungsstellen der Europäischen Gemeinschaften 8070/2/XII/1962/5; *Tumpel*, Harmonisierung, S. 101, *Herrmann*, AG 1972, 203, 204 ff.

37 Vgl. DOK (67) 1480 endg., ABl. EWG 79/1543 vom 25.4.1967, ebenfalls abgedruckt in EWG-Bulletin 8/1867 als Sonderbeilage; vgl. auch *Bell*, DFI 2004, 119 ff.

38 Richtlinie (90/434/EWG)des Rates über das gemeinsame Steuersystem für Fusionen, Spaltungen, die Einbringung von Unternehmensteilen und den Austausch von Anteilen, die Gesellschaften verschiedener Mitgliedstaaten betreffen vom 23.7.1990, Abl. EG 1990 Nr. L 225/1.

39 Vgl. BT-Drucks. 12/1108, S. 36, 80.

40 Durch das Steueränderungsgesetz 1992 vom 28.2.1993, BGBl. I 1992, 297. Die Umsetzung der Fusionsrichtlinie erfolgte dabei rückwirkend zum 1.1.1992, vgl. dazu *Herzig/Förster*, DB 1992, 911 ff., 959 ff.

41 Durch das Standortsicherungsgesetz vom 13.9.1993, BGBl. I 1993, S. 1569. Die Herauslösung aus § 20 UmwStG erfolgte zu besseren Lesbarkeit und zur Erleichterung der Rechtsanwendung, vgl. allein *Patt*, in: Dötsch/Patt/Pung/Jost, UmwStR, 5.Aufl., § 23 UmwStG Rz. 2.

42 *Knobbe-Keuk*, EuZW 1992, 336, 342; *Saß*, DB 1993, 1892; *Haritz*, DStR 2004, 889. Einen Überblick über die Umsetzung der Fusionsrichtlinie in den anderen Staaten der Europäischen Union geben *Kellersmann/Treisch*, Europäische Unternehmensbesteuerung, S. 228.

43 *Engert*, DStR 2004, 664, 665; *Schmitt*, in: Schmitt/Hörtnagl/Stratz, UmwG/UmwStG, § 23 UmwStG Rz. 4, 5.

Anwendungsfälle von entsprechenden gesellschaftsrechtlichen Regelungen auf Gemeinschaftsebene abhängig, die entsprechend dem deutschen UmwG eine Möglichkeit einer grenzüberschreitenden Gesamtrechts- oder Sonderrechtsnachfolge vorsehen.[44] Solche Regelungen fehlten jedoch im Zeitpunkt der erstmaligen Umsetzung der Richtlinie in das nationale Umwandlungssteuerrecht.[45] Es bestanden zwar gemeinschaftsrechtliche Vorgaben zur Harmonisierung des UmwG. Die Zweite Gesellschaftsrichtlinie vom 13.12.1977,[46] die Dritte Gesellschaftsrichtlinie vom 9.10.1978[47] und die Sechste Gesellschaftsrichtlinie vom 17.12.1982[48] verpflichteten die Mitgliedstaaten aber nicht, Vorschriften für grenzüberschreitende Umwandlungen innerhalb des Gemeinschaftsgebiets einzuführen.[49] Erst mit der Verabschiedung der Verordnungen über das Statut der Europäischen Aktiengesellschaft (Societas Europaea, SE) vom 8.10.2001[50] und das Statut der Europäischen Genossenschaft (Societas Cooperativa Europaea, SCE) vom 22.7.2003,[51] die durch eine gesellschaftsrechtliche Verschmelzung gegründet werden können,[52] änderte sich diese Rechtslage. Nach der Verordnung über die Europäische Aktiengesellschaft war zudem eine Sitzverlegung gesellschaftsrechtlich möglich. Eine steuerrechtliche Regelung, welche die Steuerneutralität der Sitzverlegung vorsah, fehlte allerdings. Aus diesem

---

44 *Thömmes*, ZGR 1994, 75, 77; *Dötsch/Pung*, Der Konzern 2006, 258; *Blumers/Kinzl*, BB 2005, 971 f.

45 Eine davon zu unterscheidende Frage ist, ob die Regelungen der Fusionsrichtlinie hinsichtlich einer Fusion oder Spaltung trotz fehlendem gesellschaftsrechtlichen Unterbau und ihrer mangelnden Umsetzung in das deutsche UmwStG unmittelbar anwendbar waren. Dies war in der Rechtslehre umstritten. Für eine unmittelbare Anwendbarkeit der Richtlinie *Kallmeyer*, ZIP 1994, 1746, 1752; *Herzig/Förster*, DB 1994, 1, 6; *Wassermeyer*, GmbHR 2004, 613, 617; *Thömmes*, IWB, F. 11, Gr. 2, 547, 554. A.A. *Schaumburg*, GmbHR 1996, 501, 503; *Schulz/Geismar*, DStR 2001, 1078, 1080; wohl auch *Bogenschütz*, IStR 2000, 609, 610. Zusammenfassend *Albrecht*, in: Haritz/Benkert, UmwStG, § 23 Rz. 19 m.w.N. Vereinzelt wird aus der Fusionsrichtlinie ein an den nationalen Gesetzgeber gerichtetes Öffnungsgebot abgeleitet, welche diesen verpflichte, notwendige gesetzliche Maßnahmen auf dem Gebiet des Gesellschaftsrecht zu treffen, vgl. *Thömmes/Tomsett*, EC Tax Rev. 1992, 228, 232, 234.

46 Zweite Richtlinie 77/91/EWG des Rates vom 13.12.1976, ABl. EG 1976 Nr. L 26, 1.

47 Dritte Richtlinie 77/855/EWG des Rates vom 9.10.1978, ABl. EG 1978 Nr. L 295, 36.

48 Sechste Richtlinie 82/891/EWG des Rates vom 17.12.1982, ABl. EG 1982 Nr. L 378, 47.

49 *Benecke/Schnitger*, IStR 2005, 606 f.; *Blumers/Kinzl*, BB 2005, 971 f.

50 Verordnung (EG) Nr. 2157/2001 des Rates vom 8.10.2001 über das Statut der Europäischen Aktiengesellschaft (SE), ABl. EG 2001 Nr. L 207. 1

51 Verordnung (EG) Nr. 1435/2003 des Rates vom 22.7.2003 über das Statut der Europäischen Genossenschaft (SCE), ABl. EG 2003 Nr. L 207, 1.

52 *Haritz/Wisniewski*, GmbHR 2004, 28, 29; *van Lishaut*, FR 2004, 1301, 1304; *Rödder*, DStR 2005, 893 f.

Grund unterbreitete die Europäische Kommission am 17.10.2003 einen Vorschlag zur Änderung der Fusionsrichtlinie.[53] Dieser Vorschlag sah nicht nur steuerrechtliche Regelungen im Hinblick auf eine Sitzverlegung der Europäischen Aktiengesellschaft und der Europäischen Genossenschaft vor.[54] Er enthielt darüber hinaus eine Vielzahl von Änderungen, die von unterschiedlichen Zielsetzungen geprägt waren und eine Liberalisierung von grenzüberschreitenden Umstrukturierungen zum Inhalt hatten. Besonders hervorzuheben sind die Regelungen zur Beseitigung der doppelten Buchwertverknüpfung im Rahmen von grenzüberschreitenden Einbringungen,[55] die einige Mitgliedstaaten (Österreich, Deutschland, Italien, Frankreich und Spanien[56]) sowohl für rein inländische als auch grenzüberschreitende Einbringungen vorsahen, sowie die Erweiterung des Konzepts des Beteuerungsaufschubs auf diejenigen Fälle, in denen die Wirtschaftgüter des eingebrachten Unternehmensteils vor der Einbringung bereits in einer Betriebsstätte im Mitgliedstaat des übernehmenden Rechtsträgers gebunden waren.[57] Die Europäische Kommission konnte sich jedoch nicht in vollem Umfang durchsetzen; über eine Verpflichtung der Mitgliedstaaten zur Abschaffung der doppelten Buchwertverknüpfung in grenzüberschreitenden Fällen (Art. 9 Abs. 2 des Richtlinienentwurfs) konnte keine Einigung erzielt werden.[58] Die angenommenen Änderungsvorschläge wurden schließlich am 17.2.2005 durch den Europäischen Rat verabschiedet.[59] Die Regelungen zur Sitzverlegung der Europäischen Aktiengesellschaft und der Europäischen

---

53 Vorschlag für eine Richtlinie des Rates zur Änderung der Richtlinie 90/434/EWG des Rates vom 23.7.1990 über das gemeinsame Steuersystem für Fusionen, Spaltungen, die Einbringung von Unternehmensteilen und den Austausch von Anteilen, die Gesellschaften verschiedenen Mitgliedstaaten betreffen, KOM (2003) 613 endg.

54 Vgl. dazu *Kessler/Obser/Huck/Schmalz*, DStZ 2004, 855, 858 ff.; *Benecke/Schnitger*, IStR 2005, 641, 647.

55 Dazu *Saß*, DB 2004, 2231 f.; *Blumers/Kinzl*, BB 2005, 971, 974

56 Nachweise zu den einzelnen Regelungen der Mitgliedstaaten bei *Benecke/Schnitger*, IStR 2005, 606, 607 Fn. 14; *dies.*, intertax 2005, 170, 171, 177.

57 So genannte Umwandlung einer Betriebsstätte in eine Tochtergesellschaft. Nach der Auffassung der Europäischen Kommission handelt es sich dabei lediglich um eine Klarstellung der bisherigen Rechtslage. Vgl. Vorschlag für eine Richtlinie des Rates zur Änderung der Richtlinie 90/434/EWG des Rates vom 23.7.1990 über das gemeinsame Steuersystem für Fusionen, Spaltungen, die Einbringung von Unternehmensteilen und den Austausch von Anteilen, die Gesellschaften verschiedenen Mitgliedstaaten betreffen, KOM (2003) 613 endg. Tz. 12.

58 *van den Brande*, EC Tax Rev. 2005, 119, 127; *Saß*, DB 2005, 1238; *Benecke/Schnitger*, intertax 2005, 171, 177; kritisch *Blumers/Kinzl*, BB 2005, 971, 974.

59 Richtlinie 2005/19/EG des Rates vom 17.2.2005 zur Änderung der Richtlinie 90/434/EWG über das gemeinsame Steuersystem für Fusionen, Spaltungen, die Einbringung von Unternehmensteilen und den Austausch von Anteilen, die Gesellschaften verschiedener Mitgliedstaaten betreffen, ABl. EU Nr. 58/19.

Genossenschaft mussten bis zum 1.1.2006 durch die Mitgliedstaaten umgesetzt werden. Für die restlichen Regelungen bestand eine Frist zur Umsetzung bis zum 1.1.2007.[60] In der Bundesrepublik Deutschland erfolgte die Umsetzung der geänderten Fusionsrichtlinie durch das Gesetz über steuerliche Begleitmaßnahmen zur Einführung der Europäischen Gesellschaft und zur Änderung weiterer steuerlicher Vorschriften (SEStEG),[61] welches am 13.12.2006 in Kraft trat.

C. Persönlicher Anwendungsbereich

Der persönliche Anwendungsbereich der Fusionsrichtlinie ergibt sich aus den Artt. 1 und 3 FRL. Die Anwendung der Richtlinie ist danach von zwei Voraussetzungen abhängig: Zum einen sind von der Richtlinie Umstrukturierungen nur dann begünstigt, wenn daran Rechtsträger aus zwei oder mehr Mitgliedstaaten beteiligt sind. Im Rahmen der Einbringung von Unternehmensteilen sind dies die einbringende und die übernehmende Gesellschaft. Art. 2 Buchst. e FRL definiert die einbringende Gesellschaft als die Gesellschaft, die ihr Aktiv- und Passivvermögen überträgt oder einen oder mehrere Teilbetriebe einbringt. Die übernehmende Gesellschaft ist dementsprechend nach Art. 2 Buchst. f FRL die Gesellschaft, die das Aktiv- oder Passivvermögen oder einen oder mehrere Teilbetriebe von der einbringenden Gesellschaft übernimmt. Die Voraussetzung der Beteiligung von Gesellschaften aus zwei oder mehr Mitgliedstaaten hat den Zweck, die Anwendung der Richtlinie auf grenzüberschreitende Umstrukturierungen zu beschränken. Zum anderen müssen die beteiligten Gesellschaften nach Art. 3 Buchst. a bis c FRL einer der im Anhang zur Fusionsrichtlinie aufgeführten Rechtsformen einer Kapitalgesellschaft entsprechen,[62] in der Europäischen Union ansässig sein und in einem Mitgliedstaat zwingend der Körperschaftsteuer unterliegen.[63] Eine Differenzierung danach, ob diese Kapi-

---

[60] Die Aufnahme der Abspaltung nach Art. 2 Buchst. ba FRL in den sachlichen Anwendungsbereich musste allerdings nicht im UmwStG umgesetzt werden, da nach § 15 Abs. 3 UmwStG 1995 schon eine solche Regelung bestand.

[61] vom 7.12.2006 (verkündet am 12.12.2006), BGBl. I 2006, S. 2782; BStBl. I 2007, 4.

[62] Gemäß Buchst. e des Anhangs zur Fusionsrichtlinie sind dies in Deutschland die AG, die KGaA, die GmbH, der Versicherungsverein auf Gegenseitigkeit, Erwerb- und Wirtschaftsgenossenschaften und Betriebe gewerblicher Art von juristischen Personen des öffentlichen Rechts sowie andere nach deutschem Recht gegründete Gesellschaften, die der deutschen Körperschaftsteuer unterliegen.

[63] Subjektiv steuerbefreite Gesellschaften sind danach den Begünstigungen der Fusionsrichtlinie ausgeschlossen. Kritisch *Herzig/Dautzenberg/Heyeres*, DB 1991, Beilage 12, S. 17; *Tumpel*, Harmonisierung, S. 111

talgesellschaften in den einzelnen Mitgliedstaaten beschränkt oder unbeschränkt körperschaftsteuerpflichtig sind, trifft die Fusionsrichtlinie nicht. Können danach Kapitalgesellschaften sowohl einbringende als auch übernehmende Rechtsträger sein, sind Personengesellschaften ebenso wie natürliche Personen nicht vom persönlichen Anwendungsbereich umfasst.[64] Bei der Einbringung von Unternehmensteilen können diese insbesondere nicht als einbringende Rechtsträger beteiligt sein. Die Beschränkung auf Kapitalgesellschaften erfolgte aufgrund der unterschiedlichen Körperschaftsteuersysteme in den Mitgliedstaaten. Einige Mitgliedstaaten sahen im Zeitpunkt der Verabschiedung der Fusionsrichtlinie im Jahre 1990 kein Vollanrechnungssystem vor, so dass die Körperschaftsteuer auf der Ebene der Körperschaft definitiv war. Durch die Beschränkung des persönlichen Anwendungsbereich auf die im Anhang aufgeführten Kapitalgesellschaften sollte eine steuerneutrale Einbringung der stillen Reserven auf einkommensteuerpflichtige Rechtsträger und eine damit verbundene Umgehung der definitiven Körperschaftsteuerbelastung vermieden werden.[65] Dem folgte die nationale Umsetzung gemäß § 23 Abs. 1 bis 3 UmwStG 1995, wonach nur EU-Kapitalgesellschaften an einer grenzüberschreitenden Einbringung beteiligt sein konnten. Dies entsprach zwar den Vorgaben der Fusionsrichtlinie.[66] Deren enger persönlicher Anwendungsbereich steht jedoch im Widerspruch zu den persönlichen Anwendungsbereichen der höherrangigen Niederlassungs- und Kapitalverkehrsfreiheit. Da es sich bei einer Einbringung eines Unternehmensteils durch eine natürliche Person (Einzelunternehmer)oder eine Personengesellschaft um einen Sachverhalt handelt, der mit der Einbringung durch eine Kapitalgesellschaft vergleichbar ist und keine Gründe bestehen, die eine Differenzierung nach der Rechtsform rechtfertigen, besteht daher nach der Auffassung von *Knobbe-Keuk*[67] eine Verpflichtung der nationalen Gesetzgeber beide Sachverhalte gleich zu behandeln und bei der Umsetzung der Fusionsrichtlinie in das nationale Recht auch

[64] Eine Ausnahme gilt für die Person des übertragenden Rechtsträgers bei einem Austusch von Anteilen nach Art. 2 Buchst. d FRL. Die Fusionsrichtlinie sieht für diesen Fall keine Einschränkungen im Hinblick auf Rechtsform und Ansässigkeit vor, vgl. *Knobbe-Keuk*, DStZ 1992, 675, 677; *Tumpel*, Harmonisierung, S. 234.

[65] *Eilers/Bahns/Sedlaczek*, in: von der Groeben/Schwarze, EUV/EGV, Vorbem. zu den Artt. 90 bis 93 Rz. 16; *Herzig/Dautzenberg/Heyeres*, DB 1991, Beilage 12, S. 16.

[66] *Thömmes*, in: Flick/Wassermeyer/Baumhoff, AStG, § 23 UmwStG Rz. 6; *Patt*, in: Dötsch/Patt/Pung/Jost, UmwStR, 5. Aufl., § 23 UmwStG Rz. 8, 45, 61.

[67] *Knobbe-Keuk*, DB 1991, 298, 304, 306; *dies.*, Bilanz- und Unternehmenssteuerrecht, § 22 VIII 5 a, S. 848 f. Zustimmend *Herzig/Dautzenberg/Heyeres*, DB 1991, Beilage 12, S. 16; *Schmalz*, S. 34; *Debatin*, BB 1991, 947, 949 f.; *Albrecht*, in: Haritz/Benkert, UmwStG, § 23 Rz. 26.

Einzelunternehmen und Personengesellschaften zu begünstigen.[68] Dieser Auffassung ist mit der Einschränkung zuzustimmen, dass eine Verpflichtung zur Einbeziehung von natürlichen Personen und Personengesellschaften nur dann bestehen kann, wenn auch bei Einbringungen durch solche Personen eine Besteuerung der stillen Reserven durch den Mitgliedstaat gesichert bleibt, unter dessen Hoheit sie gebildet wurden.[69] Darüber hinaus stellt die Beschränkung der Fusionsrichtlinie auf EU-Kapitalgesellschaften einen Verstoß gegen den räumlichen Anwendungsbereich der Niederlassungs- und Kapitalverkehrsfreiheit dar. Auch natürliche und juristische Personen aus dem EWR (Norwegen, Island und Liechtenstein) können sich auf diese Grundfreiheiten berufen. Für die Niederlassungsfreiheit ergibt sich dies aus den Artt. 31, 34 des EWR-Abkommens, während die Kapitalverkehrsfreiheit aufgrund ihres weiten räumlichen Anwendungsbereichs unmittelbar für solche Personen anwendbar ist.

D. Sachlicher Anwendungsbereich

In Art. 2 FRL wird der sachliche Anwendungsbereich der Fusionsrichtlinie definiert. Er umfasst grenzüberschreitende Fusionen, Spaltungen, Abspaltungen, Einbringungen von Unternehmensteilen sowie den Anteilstausch, deren Inhalt in Art. 2 Buchst. a bis d FRL näher umschrieben wird. Bei der Einbringung von Unternehmensteilen handelt es sich nach Art. 2 Buchst. c FRL um einen Vorgang, durch den „eine Gesellschaft eines Mitgliedstaates, ohne aufgelöst zu werden, ihren Betrieb insgesamt oder einen oder mehrere Teilbetriebe in eine Gesellschaft eines anderen Mitgliedstaates gegen Gewährung von Gesellschaftsanteilen der übernehmenden Gesellschaft einbringt." Der Unterschied zu der Einbringung von Unternehmensteilen und der Verschmelzung sowie der Spaltung besteht darin, dass die einbringende Gesellschaft nicht aufgelöst wird, sondern Anteile an der übernehmenden Gesellschaft erhält. Die Gesellschafter der einbringenden Gesellschaft sind von der Umstrukturierung nicht unmittelbar betroffen.

---

[68] Auch die Europäische Kommission hebt in ihrer Studie „ Unternehmensbesteuerung im Binnenmarkt" aus dem Jahre 2001 den engen persönlichen Anwendungsbereich der Fusionsrichtlinie hervor, vgl. Mitteilung der Europäischen Kommission vom 23.10.2001 an den Rat, das Europäische Parlament und den Wirtschafts- und Sozialausschuss: Unternehmensbesteuerung im Binnenmarkt, KOM (2001), 582 endg. S. 339

[69] Die Einbringung von Unternehmensteilen in eine Personengesellschaft nach § 24 UmwStG 1995 erfasste schon vor der Reform des SEStEG de lege lata auch grenzüberschreitende Vorgänge, vgl. *Schmalz*, S. 34 Fn. 251.

I. Einbringung in eine bestehende oder eine neu gegründete Gesellschaft

Die Einbringung ist sowohl in eine bestehende als auch in eine neu gegründete Gesellschaft eines anderen Mitgliedstaates möglich. Obwohl der Wortlaut des Art. 2 Buchst. c FRL diese Frage nicht behandelt, ergibt sich aus der Zielsetzung der Richtlinie, grenzüberschreitende Umstrukturierungen nicht zu behindern, dass eine vorherige Bargründung der übernehmenden Gesellschaft nicht notwendig ist. Des Weiteren kann die einbringende Gesellschaft bereits vor der Einbringung an der übernehmenden Gesellschaft beteiligt sein oder sich erst durch die Sacheinlage an der übernehmenden Gesellschaft beteiligen. Vorraussetzung für die Anwendung der Richtlinienbestimmungen über die Einbringung von Unternehmensteilen ist nach Art. 2 Buchst. c FRL jedoch immer, dass entweder der gesamte Betrieb oder zumindest ein Teilbetrieb der einbringenden Gesellschaft übertragen wird. Diese Beschränkung auf Unternehmensteile schließt eine grenzüberschreitende Einbringung von Einzelwirtschaftgütern und solchen Gesamtheiten aus, die nicht die Qualität eines Teilbetriebs haben. Bei deren Einbringung überwiegt der Veräußerungscharakter, so dass die Mitgliedstaaten eine Besteuerung des sich aus der Einbringung ergebenden Veräußerungsgewinns nach den allgemeinen Gewinnermittlungsvorschriften vornehmen dürfen.[70]

II. Teilbetrieb als Einbringungsgegenstand

Die Fusionsrichtlinie enthält in Art. 2 Buchst. i FRL eine eigene Definition des Teilbetriebs. Teilbetrieb ist danach „die Gesamtheit der in einem Unternehmensteil einer Gesellschaft vorhandenen aktiven und passiven Wirtschaftsgüter, die in organisatorischer Hinsicht einen selbständigen Betrieb, d.h. eine aus eigenen Mitteln funktionsfähige Einheit darstellen." In der Rechtslehre findet sich nur vereinzelt eine Auslegung der Definition des europäischen Teilbetriebsbegriffs.[71] Auch der EuGH hat sich lediglich in dem

---

70 Vgl. auch die Begründung des Richtlinienvorschlags aus dem Jahre 1969: „Bezüglich der Einbringung von Unternehmensteilen wird vorgeschlagen, dass das gemeinsame System auch für partielle Einbringungen gilt, soweit sie einen oder mehrere Teilbetriebe erfassen. Weiterzugehen hieße den Gesellschaften einen Anreiz zu biete, in der Form von Einbringungen verschleierte Veräußerungen vorzunehmen." Dazu *Thömmes*, in: Flick/Wassermeyer/Baumhoff, AStG, § 23 UmwStG Rz. 42; *Herzig/Dautzenberg/Heyeres*, DB 1991, Beilage 12, S. 6; *Tumpel*, Harmonisierung, S. 145.

71 Vgl. vor allem *Thömmes*, in: Flick/Wassermeyer/Baumhoff, AStG, § 23 UmwStG Rz. 60 ff.; *ders.*, FS Widmann, S. 583 ff.; *Herzig/Förster*, DB 1992, 911, 913; *Herzig*, IStR 1994, 1 ff.; *Strobl-Haarmann*, FS Widmann, S. 553 ff.; *Hahn*, IStR 1998, 326, 328; *Patt*, in: Dötsch/Patt/Pung/Jost, UmwStR, 5. Aufl., § 23 UmwStG Rz. 11; *Schmitt*,

Urteil vom 15.1.2002 in der Rechtssache „*Andersen og Jensen*"[72] mit dem Inhalt und den Anforderungen des Art. 2 Buchst. i FRL befasst.[73] Die in der Rechtslehre geführte Diskussion zeichnet sich vor allem durch eine vergleichende Betrachtung des europäischen und des nationalen Teilbetriebsbegriffs aus.[74] Letzterer wird im deutschen Steuerrecht an verschiedenen Stellen verwendet, jedoch im Gesetz nicht abschließend definiert. Es besteht aber eine Vielzahl von Entscheidungen des RFH und des BFH, welche den Inhalt des nationalen Teilbetriebsbegriffs ausgestaltet haben. Diese – vor allem zu den Fällen der Teilbetriebsveräußerung und -aufgabe nach § 16 EStG – ergangene Rechtsprechung wird jedoch in der Rechtslehre zum Teil heftig kritisiert.[75] Insbesondere hat sich im Bereich des UmwStG eine Meinung herausgebildet, die eine Übernahme des von der Rechtsprechung entwickelten Teilbetriebsbegriffs auf das Umwandlungssteuerrecht ablehnt und einen eigenständigen Teilbetriebsbegriff für Umstrukturierungen befürwortet.[76] Vereinzelt wird dazu auf den europäischen Teilbetriebsbegriff zurückgegriffen.[77] Dieser habe geringere Anforderungen und sei deshalb besser als der nationale Teilbetriebsbegriff für Umstrukturierungen geeig-

---

in: Schmitt/Hörtnagl/Stratz, UmwG/UmwStG, § 23 UmwStG Rz. 24 ff.; *Merkert*, in: Bordewin/Brandt, EStG, § 23 UmwStG Rz. 19 ff.; *Albrecht*, in: Haritz/Benkert, UmwStG, § 23 Rz. 116 ff.; *Blumers*, DB 2001, 722, 725 m.w.N.

72 *EuGH*, Urt. vom 15.1.2002, Rs. C-43/00, „*Andersen og Jensen*", Slg. 2002, I-394 ff. = FR 2002, 298 ff. Diese Entscheidung hat allerdings in der Rechtslehre bislang wenig Beachtung gefunden, vgl. aber *Menner/Broer*, DB 2002, 815 ff.; *dies.*, BB 2003, 229 ff.; *Thömmes*, JbFSt 2002/2003, 82 ff.; *Aigner*, SWI 2002, 259 ff.; *ders.*, SWI 2001, 173 ff. *Heß/Schnitger* (vgl. *Heß/Schnitger*, in: PwC, Reform des UmwStR, Rz. 1530) gehen davon aus, dass der EuGH in dieser Entscheidung den europäischen Teilbetriebsbegriff nicht abschließend ausgelegt hat.

73 Vgl. aber *Menner/Broer*, DB 2002, 815 ff.; *dies.*, BB 2003, 229 ff.; *Thömmes*, JbFSt 2002/2003, 82 ff.; *Aigner*, SWI 2002, 259 ff.; *ders.*, SWI 2001, 173 ff.

74 Vgl. allein *Schön*, JbFSt 1997/1998, 126 ff.; *Herzig*, IStR 1994, 1 ff., 5. Zusammenfassend *Patt*, in: Dötsch/Patt/Pung/Jost, UmwStR, 5. Aufl., § 23 UmwStG Rz. 11; *ders.*, in: Dötsch/Patt/Pung/Möhlenbrock, UmwStR, 6. Aufl., § 20 UmwStG (SEStEG) Rz. 90 ff.

75 Vgl. *Tiedtke*, Einkommensteuer- und Bilanzsteuerrecht, S. 113; *Wälzholz*, S. 117 ff.

76 *Rödder/Beckmann*, DStR 1999, 751, 752; *Haarmann*, FS Widmann, S. 375, 391, *Blumers*, DB 1995, 496, 500; *ders.*, DB 2001, 722, 724; *Wälzholz*, S. 228, 229 m.w.N.

77 *Strobl-Haarmann*, FS Widmann, S. 553, 563; *Blumers/Kramer*, DB 1993, 852, 856; *Blumers*, DB 1995, 496, 499; *ders.*, BB 1997, 1876, 1877; *Haarmann*, JbFSt 2001/2002, S. 181, 185; *Herzig/Momen*, DB 1994, 2210, 2213; *Weier*, S. 99, 118, 120; *Kellner*, S. 40. Differenzierend *Haarmann*, FS Widmann, S. 375, 391; *Blumers*, DB 2001, 722, 725 Fn. 48 („De lege ferenda wünschenswert"). Kritisch *Carl*, Inf 1992, 316, 320; *Wälzholz*, S. 239 f.; *Patt*, in: Dötsch/Patt/Pung/Jost, UmwStR, 5. Aufl., § 23 UmwStG Rz. 49; *Wolff*, in: Blümich, EStG, KStG, GewStG, § 20 UmwStG Rz. 48 f. Vgl. auch *BFH*, Urt. vom 16.11.2005, X R 17/03, BFH/NV 2006, 552, 553 (Ablehnung einer Übernahme des europäischen Teilbetriebsbegriffs auf § 16 EStG); dazu auch *FG Hessen*, Urt. vom 20.3.2002, 10 K 2612/98, EFG 2003, 1383 ff.

net.[78] Dies gelte insbesondere für das Merkmal der Selbständigkeit des Teilbetriebs. Im Rahmen des nationalen Teilbetriebsbegriffs sei eine Selbständigkeit des Teilbetriebs dann anzunehmen, wenn sich die Tätigkeit des Teilbetriebs gegenüber der übrigen Tätigkeit des Betriebs unterscheide. Nach seinem Wortlaut verzichte der europäische Teilbetriebsbegriff hingegen auf eine solche Unterscheidbarkeit.[79] Teilweise wird im Hinblick auf die Entscheidung des EuGH[80] in der Rechtsache *„Andersen og Jensen“* die Ansicht vertreten, der europäische Teilbetriebsbegriff sei enger als der nationale Teilbetriebsbegriff, da er eine Übertragung sämtlicher Wirtschaftsgüter verlange. Anders als im Rahmen des nationalen Teilbetriebsbegriffs sei eine Übertragung der (funktional) wesentlichen Betriebsgrundlagen nicht ausreichend.[81] Schließlich wird die Auffassung vertreten, die bestehenden Unterschiede zwischen beiden Begriffen seien nicht erheblich; in wesentlichen Punkten stimmten sie sogar überein.[82] Die folgenden Ausführungen zur Teilbetriebsdefinition des Art. 2 Buchst. i FRL lassen sich daher ohne eine vorherige Erläuterung des nationalen Teilbetriebsbegriffs und des Begriffs der wesentlichen Betriebsgrundlagen nicht nachvollziehen. Für das Umwandlungssteuerrecht betrifft dies mit den §§ 20, 24 UmwStG 1995 zwar Regelungen, die mit der „Europäisierung“ des UmwStG durch das SEStEG außer Kraft getreten sind. Zu der neuen Rechtslage besteht jedoch weder ein Erlass der Finanzverwaltung noch eine Entscheidung der Finanzgerichte. Aus diesem Grund soll an dieser Stelle zunächst auf die Rechtslage vor dem Inkrafttreten des SEStEG zurückgegriffen werden.

---

78 *Strobl-Haarmann*, FS Widmann, S. 553, 563; *Herzig*, IStR 1994, 1, 2 f.

79 *Widmann*, in: Widmann/Mayer, UmwR, § 23 UmwStG Rz. 19; *Albrecht*, in: Haritz/Benkert, UmwStG, § 23 Rz. 117; *Thömmes*, FS Widmann, S. 583, 596 ff.; Herzig, IStR 1994, 1, 3 ff.; *Carl*, Inf 1992, 316, 320; *Herzig/Förster*, DB 1992, 911, 913.

80 *EuGH*, Urt. vom 15.1.2002, Rs. C-43/00, *„Andersen og Jensen“*, Slg. 2002, I-394 ff. = FR 2002, 298 ff.

81 *Schmitt*, in: Schmitt/Hörtnagl/Stratz, UmwG/UmwStG, § 23 UmwStG Rz. 30; *Neumann*, EStB 2002, 437, 441; *Blumers*, DB 2001, 722, 725.

82 *Patt*, in: Dötsch/Patt/Pung/Jost, UmwStR, 5. Aufl., § 23 UmwStG Rz. 11; *ders.*, in: Dötsch/Patt/Pung/Möhlenbrock, UmwStR, 6. Aufl., § 20 UmwStG (SEStEG) Rz. 76; *Widmann*, in: Widmann/Mayer, UmwR, § 23 UmwStG Rz. 18 („geringfügiger sprachlicher Unterschied“); *Tumpel*, Harmonisierung, S. 145. In diesem Sinne auch *Heß/Schnitger*, in: PwC, Reform des UmwStR, Rz. 1530.

III. Teilbetriebsbegriff und wesentliche Betriebsgrundlagen nach nationalem (Umwandlungssteuer-)Recht

1. Teilbetriebsbegriff

a) Einheitlichkeit des Teilbetriebsbegriffs nach der Rechtsprechung des BFH

Der Begriff des Teilbetriebs wird im nationalen Steuerrecht an verschiedenen Stellen verwendet. Er fand sich nicht nur in den §§ 20 ff. UmwStG 1995. Auch andere Normen außerhalb des UmwStG, namentlich die §§ 6 Abs. 3, 14, 16 Abs. 1 und Abs. 3 EStG und die §§ 7, 8 GewStG sowie die §§ 13a, 19a ErbStG, setzen weiterhin das Vorliegen eines Teilbetriebs voraus. Eine Legaldefinition dieses Begriffs findet sich aber an keiner Stelle des Gesetzes.

Der BFH[83] geht jedoch in seiner Rechtsprechung von einer Identität des Teilbetriebsbegriffs im gesamten Steuerrecht aus. Ein Teilbetrieb ist hiernach ein organisch geschlossener, mit einer gewissen Selbständigkeit ausgestatteter Teil des Gesamtbetriebs, der – für sich betrachtet – alle Merkmale eines Betriebs aufweist und als solcher lebensfähig ist.[84]

Diese Voraussetzungen wurden ursprünglich durch den RFH[85] für die Fälle der Teilbetriebsveräußerung und -aufgabe nach § 30 EStG 1925[86] entwickelt, für die entsprechende Nachfolgevorschrift des § 16 EStG 1934[87] von ihm bestätigt und schließlich vom BFH in seiner Rechtsprechung zu § 16 EStG[88] und § 14 EStG[89] übernommen. Nach seiner Auffassung ergäben sich die vorgenannten Merkmale eines Teilbetriebs vornehmlich aus

---

83 *BFH*, Urt. vom 27.10.1994, I R 107/93, BStBl. II 1995, 403, 405; *FG Köln*, Urt. vom 23.3.2000, 2 K 6152/95, DStRE 2000, 854.

84 Vgl. EStR 139 Abs. 3 Satz 1.

85 *RFH*, Urt. vom 20.6.1998, VI A 272/28, RStBl. 1928, 344; *RFH*, Urt. vom 6.11.1929, VI A 1470/29, RStBl. 1930, 29.

86 Der Teilbetriebsbegriff wurde in dieser Vorschrift nicht verwandt. Sie ging vielmehr von dem Vorliegen eines „Teiles eines Gewerbebetriebs" aus. Vgl. Gesetzesbegründung zum EStG 1925, III. Wahlperiode 1925, RT-Drucks. Nr. 795 (= RT-Drucks. 1924 Nr. 724/802), S. 21 ff.

87 § 16 des Einkommensteuergesetz vom 16.10.1934, RStBl. 1934, 1261, 1266. In dieser Norm wurde die Formulierung „Teil des GewerbeBetriebs" durch den Begriff des Teilbetriebs ersetzt. Eine sachliche Änderung der Anforderungen an den Teilbetriebsbegriff war nach dem Willen des Gesetzgebers damit nicht verbunden. Vgl. RStBl. 1935, 33, 42.

88 *BFH*, Urt. vom 13.2.1996, VIII R 39/92, BStBl. II 1996, 409, 410; *BFH*, Urt. vom 27.10.1994, I R 107/93, BStBl. II 1995, 403, 405;

89 BFH, Urt. vom 26.10.1989, IV R 25/88, BStBl. II 1990, 373, 374; *BFH*, Urt. vom 9.11.1995, IV R 96/93, BFH/NV 1996, 316; *BFH*, Urt. vom 5.11.1981, IV R 180/77, BStBl. II 1982, 158, 159.

dem Sinn und Zweck des § 16 EStG, die Voraussetzungen für eine Anwendung der Tarifbegünstigung des § 34 EStG unterliegen und des Freibetrags nach § 16 Abs. 4 EStG festzulegen.[90] Mit diesen Regelungen sollen, so der BFH,[91] die Progressionsnachteile ausgeglichen werden, die bei schlagartiger Auflösung über viele Jahre angesammelter stiller Reserven entstünden.

Der BFH wendet jedoch den zu § 16 EStG entwickelten Teilbetriebsbegriff auch auf andere Vorschriften an, in denen es nicht oder nur unter bestimmten Umständen zu einer Auflösung der stillen Reserven kommt. Nach seiner Ansicht[92] sei auch im Falle einer unentgeltlichen Übertragung nach § 6 Abs. 3 EStG der Begriff des Teilbetriebs mit dem des § 16 EStG identisch. Ebenso war nach der Auffassung des BFH[93] im UmwStG von der Geltung des Teilbetriebsbegriffs auszugehen. Dies galt insbesondere für die Einbringungsvorschriften der §§ 20, 24 UmwStG 1995, bei denen es nur bei einem Ansatz des Zwischen- oder Teilwerts zu einer Auflösung der stillen Reserven in den Wirtschaftsgütern des eingebrachten Teilbetriebs kam.[94]

Die vom BFH aufgestellte These der Einheitlichkeit geht soweit, dass er sie auch auf die gesetzlich nicht geregelten Anwendungsfälle des Teilbetriebsbegriffs anwendet. So gelte er auch im Falle der Verpachtung eines Teilbetriebs.[95] Der BFH wendet ihn aber ebenso auf solche Normen an, in denen der Teilbetriebsbegriff nicht zu den Voraussetzungen gehört.[96] Auch wenn der Wortlaut der jeweiligen Norm nicht den Begriff des Teilbetriebs

---

90 Dieses Ziel verfolgte ausdrücklich auch der historische Gesetzgeber mit § 58 EStG 1925, dem Vorgänger des § 34 EStG. Vgl. Gesetzesbegründung zum EStG 1925, III. Wahlperiode 1925, RT-Drucks. Nr. 795 (= RT-Drucks. 1924 Nr. 724/802), S. 66.

91 Ständige Rechtsprechung des *BFH*, vgl. allein *BFH*, Urt. vom 26.1.1994, III R 39/91, BStBl. II 1994, 458, 461; *BFH*, Beschl. vom 19.7.1993, GrS 2/92, BStBl. II 1993, 897; *BFH*, Urt. vom 19.3.1991, VIII R 76/87; BStBl. II 1991, 635, 636; *BFH*, Urt. vom 26.5.1993; X R 101/90, BStBl. II 1993, 710; *Tiedtke*, StRK EStG § 16 R. 215; *Wacker*, in: Schmidt, EStG, § 16 Rz. 7.

92 Zur Vorgängervorschrift des § 7 EStDV, vgl. *BFH*, Urt. vom 12.4.1989, I R 105/85, BStBl. II 1989, 653, 654; *BFH*, Urt. vom 26.4.1979, IV R 108/75, BStBl. II 1979, 732.

93 Zum UmwStG 1977 *BFH*, Urt. vom 20.6.1989 VII R 100/86; BFH/NV 1990, 102, 103; *BFH*, Urt. vom 16.2.1996, I R 183/94, BStBl. II 1996, 342, 343 (bloße Fortführbarkeit genüge nicht).

94 *BFH*, Urt. vom 24.4.1969 IV R 202/68; BStBl. II 1969, 397; *BFH*, Urt. vom 12.4.1989 I R 105/85; BStBl. II 1989, 653f.; *BFH*, Urt. vom 14.4.1989; BFH/NV 1991 291; *BFH*, Urt. vom 13.2.1996, VIII R 39/92. BStBl. II 1996, 409 f.; *BFH*, Urt. vom 20.6.1989 VIII R 100/86; BFH/NV 1990, 102, 103; *BFH*, Urt. vom 16.2.1996, I R 183/94, BStBl. II 1996, 342, 343.

95 *BFH*, Urt. vom 20.2.1974, I R 127/71, BStBl. II 1974, 357; *Bauer*, DB 1982, 1069, 1070 Fn. 12; *Wacker*, in: Schmidt, EStG, § 16 Rz. 694.

96 *Wälzholz*, S. 57 m.w.N.

zur Voraussetzung hat, sei er bei dem „selbständigen Teil des Vermögens" im Sinne des § 18 Abs.3 EStG,[97] wie auch bei dem „in der Gliederung eines Unternehmens gesondert geführter Betrieb" im Sinne des § 75 AO 1977[98] und des § 1 Abs. 1a UStG[99] anwendbar.

b) Begründung für die Identität der Teilbetriebsbegriffe

Eine Begründung für diese grundsätzliche These der Einheitlichkeit des Teilbetriebsbegriffs im gesamten Steuerrecht ist nicht ersichtlich.[100] Für den BFH[101] sind jedenfalls keine Gründe erkennbar, warum der Teilbetriebsbegriff nicht einheitlich verwendet werden kann. In der Rechtslehre[102] zum UmwStG 1995 wurde vertreten, die Übernahme des Teilbetriebsbegriffs für die Anwendungsfälle des UmwStG sei deshalb erfolgt, weil man ansonsten eine Umgehung des Teilbetriebsverständnisses der §§ 16, 34 EStG „durch die Hintertür" befürchtet habe. Für die Rechtssprechung sprechen indes die Gründe der Rechtsklarheit und der Rechtssicherheit für einen einheitlichen Teilbetriebsbegriff.[103] Gleichwohl gilt die These der Einheitlichkeit der Teilbetriebsbegriffe auch für den BFH nicht in aller Konsequenz. Er unterscheidet hinsichtlich der Voraussetzung der Selbständigkeit bei einem forstwirtschaftlichen und bei einem freiberuflichen Teilbetrieb. Die Anforderungen an die Selbständigkeit sind bei einem forstwirtschaftlichen niedrig, bei einem freiberuflichen Teilbetrieb hoch.

---

97 *BFH*, Beschl. vom 18.10.1999, GrS 2/98, BStBl. II 2000, 123, 128 f.; *BFH*, Urt. vom 25.7.1994, I B 2/94; BFH/NV 1995, 497; *BFH*, Urt. vom 22.12.1993, I R 62/93, BStBl. II 1994, 352; *BFH*, Urt. vom 5.11.1981, IV R 180/77, BStBl. II 1982, 158, 159; *Seeger*, in: Schmidt, EStG § 18 Rz. 250 m.w.N.

98 Vgl. AEAO zu § 75 Tz. 3.1. Satz 2; *BFH*, Urt. vom 19.11.1985, VII R 189/83, BFH/NV 1987, 275; *BFH*, Urt. vom 13.1.1966, IV R 76/63, BStBl. III 1966, 168, 169; *Boeker*, in: Hübschmann/Hepp/Spitaler, AO, § 75 Rz. 27; *Halaczinsky*, in: Koch/Scholtz, AO, § 75 Rz. 5; *Intemann*, in: Pahlke/Koenig, AO, § 75 Rz. 9.

99 *BFH*, Urt. vom 25.2.1993, V R 35/89, BStBl. II 1993, 641, 643; *Benkert/Mennert*, UR 1995, 81, 82; *Oldenburg*, DB 1996, 1999, 2000.

100 *Wälzholz*, S. 58; *Bauer*, DB 1982, 1069, 1070.

101 Vgl. *BFH*, Urt. vom 27.8.1997, I R 76/96; BFH/NV 1998, 742; *BFH*, Urt. vom 26.7.1995, I B 184/94; BFH/NV 1996, 257, 258; *BFH*, Urt. vom 27.10.1994, I R 107/93, BStBl. II 1995, 403, 405; *BFH*, Urt. vom 25.7.1994; I B 2/94, BFH/NV 1995, 497; vgl. auch *Blumers*, DB 2001, 722.

102 *Rödder/Beckmann*, DStR 1999, 751, 752 unter Bezug auf *Patt*, DStR 1998, 190, 195.

103 Vgl. *Haarmann*, FS Widmann, S. 375, 386, *Hahn*, IStR 1998, 326, 327.

c) *Teilbetriebsbegriff des UmwStG nach der herrschenden Auffassung*

aa) *Herrschende Auffassung*

Die herrschende Auffassung in der Rechtslehre[104] zum UmwStG 1995 folgte der Rechtsprechung des BFH. Auch die Finanzverwaltung[105] schloss sich dem BFH an. Der Teilbetriebsbegriff war danach in den §§ 20 und 24 UmwStG 1995 nicht abweichend von dem Teilbetriebsbegriff des § 16 EStG auszulegen.

Für diese Auffassung sprach der Umstand, dass das Umwandlungssteuergesetz systematisch auf dem Einkommensteuergesetz und dem Körperschaftsteuergesetz aufbaut. Es begründet weder eine eigene Steuerart noch eine besondere Steuerpflicht. Aus diesem Grunde wiesen die §§ 20, 24 UmwStG 1995 wesentliche Gemeinsamkeiten mit § 16 EStG auf. Nach allgemeiner Meinung[106] waren die Einbringungsvorschriften daher leges speciales zu § 16 EStG. Der Wortlaut der §§ 20, 24 UmwStG 1995 verdeutlichte dieses Verhältnis. In § 20 Abs. 4 Satz 1 UmwStG 1995 und § 24 Abs. 3 Satz 1 UmwStG 1995 wurde der Wertansatz des eingebrachten Betriebsvermögens als „Veräußerungspreis" für den Einbringenden bestimmt. Dieser Begriff findet sich ebenso in § 16 Abs. 2 Satz 1 EStG. Diese systematische Nähe setzte sich bezüglich des Freibetrags nach § 16 Abs. 4 EStG und

---

[104] *Patt*, in: Dötsch/Patt/Pung/Jost, UmwstR, 5. Aufl., § 20 UmwStG Rz. 52 unter Verweis auf *BFH*, Urt. vom 13.2.1996, VIII R 39/92 , BStBl. II 1996, 409; *BFH*, Beschl. vom 18.10.1999, GrS 2/98, BStBl. II 2000, 123; *BFH*, Urt. vom 9.11.2000, IV R 60/99; BFH/NV 2001, 263 (alle zu § 16 EStG); *Patt*, DStR 1998, 190, 192; *Klingberg*, in: Blümich, EStG, KStG, GewStG, § 20 UmwStG Rz. 48; *Merkert*, in: Bordewin/Brandt, EStG, § 20 UmwStG Rz. 19 ff.; *Friederichs*, in: Haritz/Benkert, UmwStG, § 20 Rz. 98; *Widmann*, in: Widmann/Mayer, UmwR, § 20 UmwStG 1995 Rz. 80; *Hörger*, FR 1994, 765, 768; *Götz*, DStZ 1997, 551, 554; *Thiel*, DStR 1995, 237, 240; *Hörger*, FR 1994, 765, 768; *Herzig/Förster*, DB 1995, 338, 342. Vgl. auch *Schulze zur Wiesche*, GmbHR 1981, 60, 62 (zum UmwStG 1977); *Hübl*, in: Hermann/Heuer/Raupach, § 20 UmwStG 1977 Anm. 31.

[105] *BMF* vom 25.3.1998, BStBl. I 1998, 268 Tz. 15.02, 20.08, 24.04 i.V.m. 20.08. Vgl. auch *BMF* vom 16.12.2003, BStBl. I 2003, 786 (grundsätzliches Festhalten an der Auffassung in *BMF* vom 25.3.1998, BStBl. I 1998, 268).

[106] *BFH*, Urt. vom 5.6.2002, I R 6 /01, BFH/NV 2003, 88, 89; *BFH*, Urt. vom 19.10.1998, VIII R 69/95, BStBl II 2000, 230; *BFH*, Urt. vom 16.2.1996, I R 183/94, BStBl. II 1996, 342, 343; *BFH*, Urt. vom 21.6.1994, VIII R 5/92, BStBl. II 1994, 856, 858; *BFH*, Urt. vom 26.1.1994, III R 39/91, BStBl. II 1994, 458, 460; *BFH*, Urt. vom 11.9.1991, XI R 15/90, BStBl. II 1992, 404, 405; *BFH*, Urt. vom 20.6.1989, VIII R 100/86, BFH/NV 1990, 102, 104. Vgl. auch *Patt*, in: Dötsch/Patt/Pung/Jost, UmwstR, 5. Aufl., § 20 UmwStG Rz. 52; *Wacker*, BB 1996, 2224; *Schmitt*, in: Schmitt/Hörtnagl/Stratz, UmwG/UmwStG, Vor §§ 20-23 UmwStG Rz. 5; *Tiedtke/Langheim*, FR 2007, 368, 373 m.w.N.

des anzuwendenden Steuertarifs nach § 34 EStG fort.[107] Sowohl nach § 20 Abs. 5 UmwStG 1995 als auch nach § 24 Abs. 3 Satz 2 UmwStG 1995 fanden die §§ 16 Abs. 4, 34 EStG Anwendung, wenn das eingebrachte Betriebsvermögen mit dem Teilwert angesetzt wurde und der Einbringende eine natürliche Person war.

bb) Kritik an der herrschenden Auffassung – eigener Teilbetriebsbegriff des UmwStG

Gegen die Annahme, der Teilbetriebsbegriff des UmwStG sei mit dem des EStG identisch, hatte sich jedoch eine Ansicht in der Rechtslehre[108] herausgebildet, die einen eigenen, umwandlungssteuerrechtlichen Teilbetriebsbegriff befürwortete. Aufgrund des Sinns und Zwecks des UmwStG, betriebswirtschaftliche Umstrukturierungen nicht durch steuerliche Folgen zu behindern, seien die Anforderungen an einen Teilbetrieb im UmwStG wesentlich geringer als im Rahmen von § 16 EStG. Im Falle der Einbringung eines Teilbetriebs habe es genügt, wenn die eingebrachten Wirtschaftsgüter eine ausreichende Grundlage für die Fortführbarkeit der bisherigen Tätigkeit geboten hätten.[109] Nach dieser Ansicht kam es nicht darauf an, ob der Teilbetrieb schon vor seiner Einbringung im Rahmen des Gesamtbetriebs über eine gewisse Selbständigkeit verfügt hatte. Als Teilbetrieb des UmwStG galt demnach ein organisatorisch verselbständigter Teil des Gesamtbetriebs, der als solcher lebensfähig war und damit eine aus eigenen Mitteln funktionsfähige Einheit darstellte.[110]

---

[107] Nach der Auffassung von *Wälzholz* (*Wälzholz*, S. 223, 224 f.) bestand aufgrund des § 34 EStG keine systematische Nähe des § 20 UmwStG zu § 16 EStG. Zur Begründung verweist er auf das Urteil des *BFH* vom 25.9.1991, I R 184/87 (BStBl. II 1992, 406) zu § 20 Abs. 5 Satz 1 UmwStG 1977. Danach und bis zur Änderung des § 20 Abs. 5 UmwStG 1995 durch das UntStFG (Unternehmensteuerfortentwicklungsgesetz vom 20.12.2001, BGBl. I 2001, S. 3858) war § 34 EStG auch dann anwendbar, wenn nicht der Teilwert sondern der Buch- oder Zwischenwert angesetzt wurde. Auch wenn es zu keiner vollständigen Aufdeckung der stillen Reserven kam, war ein Einbringungsgewinn tarifbegünstigt. Diese Rechtslage hat sich mit der Einführung des zwingenden Teilwertansatzes durch das UntStFG jedoch geändert.

[108] *Rödder/Beckmann*, DStR 1999, 751, 752; *Luther*, StBp 1998, 103, 104; *Herzig*, IStR 1994, 1, 2; *Bien u.a.*, DStR 1998, Beilage 1, S. 29 und 48; *Haarmann*, FS Widmann, S. 375, 391, *Blumers*, DB 1995, 496, 500; *ders.*, DB 2001, 722, 724; *Wälzholz*, S. 228, 229; *Menner/Broer*, BB 2003, 229, 234; *Hahn*, IStR 1998, 326, 327; *Blumers/Kramer*, DB 1993, 852, 857; *Brezing*, DStJG 10 (1987), 195, 202.

[109] Vgl. *Blumers*, DB 2001, 722, 724; *Götz*, DStZ 1997, 551, 555; *Wälzholz*, S. 228; *Rödder/Beckmann*, DStR 1999, 751, 752; *Haarmann*, FS Widmann, S. 375, 386; *Herzig/Förster*, DB 1995, 338, 342.

[110] Vgl. *Rödder/Beckmann*, DStR 1999, 751, 752.

cc) Stellungnahme

Eine abweichende Interpretation des Teilbetriebsbegriffs für das UmwStG 1995 ergab sich daraus, dass jeder Rechtsbegriff eine normspezifische Funktion hat und im Hinblick auf seine Ordnungsaufgabe teleologisch auszulegen ist.[111] Durch die Voraussetzung der Veräußerung oder Aufgabe eines Teilbetriebs nach § 16 Abs. 1 und Abs. 3 EStG wird nach allgemeiner Meinung[112] keine Steuerpflicht begründet. Sie hat lediglich eine klarstellende Funktion. Die Aufgabe des Teilbetriebsbegriffs in § 16 EStG liegt vielmehr darin, die Voraussetzungen festzulegen, unter denen der Freibetrag des § 16 Abs. 4 EStG und der ermäßigte Steuersatz des § 34 EStG zu gewähren sind.[113] Demgegenüber dient der Teilbetriebsbegriff im UmwStG dazu, die Einbringung von Einzelwirtschaftgütern auszuschließen. Auf diese Weise sichert er den gesetzgeberischen Zweck des UmwStG, erwünschte und notwendige Umstrukturierungen nicht durch steuerliche Folgen zu behindern.[114] Anders als im Fall der Veräußerung oder Aufgabe nach § 16 EStG beendet der Steuerpflichtige im Rahmen einer Einbringung nicht sein unternehmerisches Engagement, sondern führt es in einer anderen Form fort.[115] Diese Fortführung in einem anderen Rechtskleid und durch ein anderes Steuersubjekt[116] wollte das UmwStG 1995 fördern.[117] Eine Besteue-

---

111 *BGH*, Urt. vom 13.10.1977, II ZR 123/76, BGHZ 69, 334; *Larenz*, Methodenlehre der Rechtswissenschaft, S. 331 f., 333. Aus der Rechtsprechung des *BFH*, vgl. *BFH*, Urt. vom 13.7.1989, IV R 55/88, BStBl. II 1990, 23; *BFH*, Urt. vom 21.5.1992, X R 61/91, BStBl. II 1992, 944.

112 *BFH*, Urt. vom 2.3.1989, IV R 128/86, BStBl. II 1989, 543, 544; *Tiedtke/Wälzholz*, FR 1999, 117, *Hahn*, IStR 1998, 326, 328; *Wacker*, in: Schmidt, EStG § 16 Rz. 7

113 *BFH*, Urt. vom 26.1.1994, III R 39/91, BStBl. II 1994, 458, 461; *BFH*, Beschl. vom 19.7.1993, GrS 2/92, BStBl. II 1993, 897; *BFH*, Urt. vom 19.3.1991, VIII R 76/87; BStBl. II 1991, 635, 636; *BFH*, Urt. vom 26.5.1993; X R 101/90, BStBl. II 1993, 710.

114 Vgl. Begr. UmwStG-Entwurf 1995, BT-Drucks. 12/6885 vom 24.2.1994, S. 14 und BT-Drucks. 12/7263 vom 14. 4.1994, S. 3, sowie BR-Drucks. 132/94 vom 4.2.1994, S. 38.

115 *Herzig/Förster*, DB 1994, 1, 6 f.; *Hügel*, DStJG 17 (1994), 69, 88 f.; *Luckey*, DB 1981, 389 f.; *Rödder*, DStJG 25 (2002), 253, 255; *Widmann*, DStJG 4 (1981), 163; 164; *Herzig*, in: Lüdicke, Fortentwicklung, S. 117, 125 f.; *Hörger*, FR 1994, 765; *Meyer*, S. 91; *Hölzle*, S. 69.

116 Allerdings kommt es im Rahmen des § 24 UmwStG regelmäßig zu keinem Steuersubjektwechsel, da die aufnehmende Mitunternehmerschaft (Personengesellschaft) kein Steuersubjekt ist. Werden die eingebrachten Wirtschaftsgüter dem Kapitalkonto des Einbringenden, zugeschrieben, welches seine Gewinn- und Stimmrechte repräsentiert, bleiben die stillen Reserven auch nach der Einbringung dem Einbringenden als Mitunternehmer zugeordnet, vgl. *Tiedtke/Langheim*, FR 2007, 368, 373 Fn. 42 m.w.N.

117 *Blumers*, DB 1995, 496, 500, *ders.* BB 1997, 1876; *Hahn*, IStR 1998, 326, 328; *Behrens/Schmitt*, FR 2002, 549, 553.

rung der im Teilbetrieb enthaltenen stillen Reserven sollte daher unterbleiben oder zumindest aufgeschoben werden. Dies wurde durch die Möglichkeit des Buchwertansatzes in §§ 20, 24 UmwStG 1995 sichergestellt. Im Gegensatz zur Teilbetriebsveräußerung und -aufgabe nach § 16 EStG bestand daher nicht die Gefahr der endgültigen Nichtbesteuerung der stillen Reserven.[118] Sie konnten besteuert werden, wenn sie nach der Einbringung realisiert wurden. Hinzu trat der Umstand, dass im Rahmen einer Einbringung keine liquiden Mittel zuflossen, mit denen eine Auflösung der stillen Reserven hätte bezahlt werden können.[119]

dd) Besonderheit des § 23 UmwStG 1995 – richtlinienkonforme Auslegung

Eine Ausnahme von der Annahme, der Teilbetriebsbegriff des UmwStG 1995 sei mit dem des § 16 EStG identisch, galt nach ganz herrschender Auffassung in der Rechtslehre[120] für den Fall der Einbringung eines Teilbetriebs in eine oder durch eine EU-Kapitalgesellschaft nach § 23 Abs. 1 bis Abs. 3 UmwStG 1995. Diese Regelungen beruhten auf der Umsetzung der Vorgaben der Fusionsrichtlinie zur Einbringung von Unternehmensteilen nach Art. 2 Buchst. c FRL in das deutsche Umwandlungssteuergesetz. Die Finanzverwaltung[121] ging hingegen davon aus, der Teilbetriebsbegriff im Rahmen des § 23 UmwStG 1995 sei – wie auch bei den anderen Einbringungsvorschriften des UmwStG 1995 – im Sinne von § 16 EStG auszulegen. Gegen diese Auffassung sprach, dass nach der Rechtsprechung des EuGH[122] der in einer Richtlinie verwendete Begriff aus sich selbst heraus zu entwickeln ist. Entsprechend dem Ziel einer Harmonisierung, darf das jeweilige nationale Vorverständnis eines Richtlinienbegriffs nicht zum Maßstab einer Auslegung gemacht werden. Auch im Anwendungsbereich der

118 *Thiel*, DStR 1995, 237, 239; *Herzig/Momen*, DB 1994, 2157, 2158; *Saß*, DB 1990, 2340, 2341; *Wälzholz*, S. 226 f.; *Weier*, S. 98.

119 *Haarmann*, FS Widmann, 375, 387, 388; *Blumers/Kramer*, DB 1993, 853, 854.

120 *Schmitt*, in: Schmitt/Hörtnagl/Stratz, UmwG/UmwStG, § 23 UmwStG Rz. 24; *Patt*, in: Dötsch/Patt/Pung/Jost, UmwstR, 5. Aufl., § 23 UmwStG Rz. 11; *Merkert*, in: Bordewin/Brandt, EStG, § 23 UmwStG 1995 Rz. 19; *Widmann*, in: Widmann/Mayer, UmwR, § 23 UmwStG Rz. 18; *Menner/Broer*, BB 2003, 229; *dies*, DB 2002, 815, 818; *Albrecht*, in: Haritz/Benkert, UmwStG, § 23 UmwStG Rz. 116 ff.; *Thömmes*, in Flick/Wassermeyer/Baumhoff, AStG, § 23 UmwStG Rz. 45; *ders.*, FS Widmann, S. 583, 600; *Herzig/Förster*, DB 1992, 913; *Strobl-Haarmann*, FS Widmann, S. 553, 558, 559; *Wassermeyer*, EuZW 1992, 738; *Blumers*, DB 2001, 722, 724 f.; *Haarmann*, JbFSt 2001/2002, 181, 185; a.A. *Thiel*, GmbHR 1994, 277, 283.

121 *BMF* vom 25.3.1998, BStBl. I 1998, 268 Tz. 23.01.

122 *EuGH*, Urt. vom 13.12.1979, Rs. C-44/79, „*Hauer*“ Slg. 1979, 3727, 3743 f.; *Strobl-Haarmann*, FS Widmann, S. 553, 555; *Schön*, Auslegung, S. 49 m.w.N.

Fusionsrichtlinie wollte der Richtliniengeber keinen Begriff des nationalen Rechts übernehmen. Dies ergibt sich aus dem Erwägungsgrund Nr. 3 der Präambel zur Fusionsrichtlinie, wonach auf eine Ausweitung der nationalen Regelungen für Umstrukturierungen auf den europäischen Raum zugunsten einer eigenständigen Regelung verzichtet wurde.[123] Mit der Aufnahme des Teilbetriebsbegriffs in Art. 2 Buchst. i FRL ist dieser zu einem eigenständigen Begriff des Gemeinschaftsrechts geworden, der der ausschließlichen Auslegung durch den EuGH unterliegt und von einem nationalen Vorverständnis unabhängig ist.[124] Daraus konnte aber nicht der Schluss gezogen werden, § 23 UmwStG 1995 habe gegen die Fusionsrichtlinie verstoßen, soweit man darin den Teilbetriebsbegriff entsprechend der von der Rechtsprechung zu § 16 EStG entwickelten Definition auslegte.[125] Vielmehr ergab sich eine Übernahme der Begriffsbestimmung aus der Fusionsrichtlinie aus dem Gebot der richtlinienkonformen Auslegung.[126] Dieses Erfordernis ergibt sich im Allgemeinen aus Art. 10 EG (ex Art. 5 EGV),[127] welche die Mitgliedstaaten und deren Organe zur Gemeinschaftstreue und daher zu einer möglichst genauen Umsetzung der Vorgaben der Richtlinie verpflichtet.[128] Dementsprechend stellte der EuGH in der Rechtssache "*Colson und Kamann*"[129] fest, dass es insbesondere die Aufgabe der nationalen Gerichte sei, das zur Durchführung einer Richtlinie erlassene Gesetz in Übereinstimmung mit den Anforderungen des Gemeinschaftsrechts auszulegen.

2. *Einbringung der wesentlichen Betriebsgrundlagen*

Bei der Einbringung eines Unternehmensteils nach den §§ 20 ff. UmwStG 1995 musste nach allgemeiner Meinung[130] nicht jedes einzelne Wirtschafts-

---

[123] Vgl. Erwägungsgrund Nr. 3 der Präambel zur Fusionsrichtlinie.

[124] *Herzig*, IStR 1994, 1; *Thömmes*, FS Widmann, S. 583, 600.

[125] So aber *Widmann*, in: Widmann/Mayer, UmwR, § 23 UmwStG 1995 Rz. 18 und 21; *Kaminski*, DStR 1997, 53, 54. Kritisch daher *Thömmes*, in: Flick/Wassermeyer/Baumhoff, AStG, § 23 UmwStG 1995 Rz. 71; *Hahn*, IStR 1998, 326, 328.

[126] Gleiche Ansicht *Hahn*, IStR 1998, 326, 328; *Herzig*, IStR 1994, 1, 4; *Wälzholz*, S. 233; *Thömmes*, in: Flick/Wassermeyer/Baumhoff, AStG, § 23 UmwStG 1995 Rz. 71; *ders.*, FS Widmann, S. 583, 600; *Schön*, JbFSt 1997/1998, 126, 129.

[127] Zu dieser Verpflichtung der Mitgliedstaaten, die Instrumente bereitzustellen, die dem Gemeinschaftsrecht zur vollen Wirksamkeit verhelfen („*effet util*") *Tiedtke/Langheim*, ZIP 2006, 2251, 2254.

[128] *Schön*, Auslegung, S. 38 ff. Vgl. auch *BFH*, Urt. vom 20.1.1988, X R 48/81, BStBl. II 1988, 557, 558.

[129] *EuGH*, Urt. vom 10.4.1984, Rs. C-14/83, „*Colson und Kamann*", Slg. 1984, 1891 Tz. 27 f.

[130] *BMF* vom 25.03.1998, BStBl. I 1998, 268 Tz. 20.08 und 24.04; *BFH*, Urt. vom 16.2.1996, I R 183/94, BStBl. II 1996, 342, 344.; *Herrmann*, in: Frotscher/Maas,

gut, das zum Betriebsvermögen des jeweiligen Einbringungsgegenstandes gehörte, übertragen werden. Ausreichend, aber auch erforderlich war – ebenso wie in den Fällen des § 16 EStG[131] – die Einbringung aller wesentlichen Betriebsgrundlagen. Die Einbringung sollte nicht daran scheitern, dass der Einbringende beispielsweise ein sofort ersetzbares, abgenutztes Wirtschaftsgut, also unwesentliches Betriebsvermögen, zurückbehielt und in ein anderes Betriebsvermögen übernahm.[132] Umgekehrt war es schädlich, wenn im Rahmen der Einbringung wesentliche Betriebsgrundlagen zurückbehalten wurden. Dies hatte zur Folge, dass kein begünstigter Unternehmensteil (Betrieb, Teilbetrieb oder Mitunternehmeranteil) sondern nur Einzelwirtschaftsgüter eingebracht worden waren. Die enthaltenen stillen Reserven waren daher aufzudecken und als laufender Gewinn zu versteuern.[133] Dieser Abgrenzung zwischen wesentlichen und unwesentlichen Betriebsgrundlagen bedurfte es nicht nur bei den §§ 20 ff. UmwStG 1995. Sie ist auch weiterhin bei den Veräußerungs- und Aufgabefällen der §§ 14, 16 EStG und des § 18 EStG sowie bei der (Teil-) Betriebsverpachtung von Bedeutung.[134] Schließlich ist im Rahmen der Betriebsaufspaltung mindestens eine wesentliche Betriebsgrundlage von dem Besitzunternehmen an das Betriebsunternehmen zur Nutzung zu überlassen.[135]

KStG, UmwStG, § 20 UmwStG Rz. 53 ff.; *Schmitt,* in: Schmitt/Hörtnagl/Stratz, UmwG/UmwStG, § 20 UmwStG Rz. 51 und § 24 UmwStG Rz. 85; *Haarmann,* FS Widmann, S. 375, 385; *Rogall,* DB 2005, 410; *Hörger/Schulz,* DStR 1998, 233; *Patt,* DStR 1996, 1585, 1586; *ders.,* DStR 1998, 190, 191; *Binz/Freudenberg/Sorg,* DStR 1993, 3, 5; *Röhrig,* EStB 2000, 390 f.; *Reiche,* DStR 2006, 1205.

[131] *BFH,* Urt. vom 17.4.1997, VIII R 2/95, BStBl. II 1998, 388; *BFH,* Urt. vom 9.10.1996, XI R 71/95, BStBl. II 1997, 236; *BFH,* Urt. vom 17.4.1996, X R 128/94; BFH/NV 1996, 877; *BFH,* Urt. vom 20.6.1989, VIII R 396/83, BFH/NV 1989, 634, 635; *BFH,* Urt. vom 9.8.1989, X R 62/87, BStBl. II 1989, 973; *Wacker,* in: Schmidt, EStG, § 16 Rz. 100, 414 m.w.N.

[132] Beispiel von *Wälzholz,* S. 97. Insoweit liegt keine Entnahme vor, vgl. *BMF* vom 25.03.1998, BStBl. I 1998, 268 Tz. 20.10; *BFH,* Urt. vom 16.2.1996, BStBl. II 1996, 342 (zu § 20 UmwStG); *BFH,* Urt. vom 26.5.1993, X R 101/90, BStBl. II 1993, 710, 713; *BFH,* Urt. vom 29.11.1988, VIII R 316/82, BStBl. II 1989, 602, 604; *BFH,* Urt. vom 29.10.1987, IV R 93/85, BStBl. II 1988, 374 (zu § 16 EStG); *Friederichs,* in: Haritz/Benkert, UmwStG, § 20 UmwStG Rz. 59. Bei der Überführung unwesentlicher Betriebsgrundlagen in das Privatvermögen liegt hingegen eine Entnahme vor; *BMF* vom 25.03.1998, BStBl. I 1998, 268 Tz. 20.10; *Schmitt,* in: Schmitt/Hörtnagl/Stratz, UmwG/UmwStG, § 20 UmwStG Rz. 59.

[133] *BMF* vom 25.3.1998, BStBl. I 267 Tz. 20.09; *Schmitt,* in: Schmitt/Hörtnagl/Stratz, UmwG/UmwStG, § 20 UmwStG 1995 Rz. 60 m.w.N.

[134] *BFH,* Urt. vom 2.10.1997, IV R 84/96, BStBl. II 1998, 104; *Patt,* DStR 1996, 1585, 1587; *Hörger,* DB 1987, 349, 350.

[135] *BFH,* Urt. vom 10.11.2005, IV R 7/05, BStBl. II 2006, 176; *BFH,* Urt. vom 17.11.1992, VIII R 36/91, BStBl. II 1993, 233 m.w.N.; *Tiedtke,* Einkommensteuer- und Bilanzsteuerrecht, S. 69, 73 ff.; *Tiedtke/Gareiss,* GmbHR 1992, 202, 206 ff., *Patt,*

a) Beispielsfälle

aa) Wesentliche Betriebsgrundlagen

Ein Herausarbeiten übergreifender Kriterien für die Bestimmung des Begriffs der wesentlichen Betriebsgrundlage ist – abgesehen von einigen Aussagen zu Betriebsgrundstücken[136] -durch den BFH bislang nicht erfolgt. Wann ein Wirtschaftgut zu den wesentlichen Betriebsgrundlagen gehört, richtet sich nach seiner Auffassung[137] vielmehr nach den Umständen des Einzelfalls unter Berücksichtigung der besonderen Verhältnisse des jeweiligen Betriebs oder Teilbetriebs.

Regelmäßig sind jedoch alle beweglichen Wirtschaftsgüter des Anlagevermögens,[138] die zur Erreichung des Betriebszwecks erforderlich sind und die ein besonderes Gewicht für die Betriebsführung haben, wesentliche Betriebsgrundlagen. Auch bebaute[139] und unbebaute[140] Grundstücke gehören dazu. Ebenso sind immaterielle Wirtschaftsgüter wie der Kundenstamm,[141]

---

in: Dötsch/Patt/Pung/Jost, UmwStR, 5. Aufl., § 20 UmwStG 1995 Rz. 43; *Wacker,* in: Schmidt, EStG, § 15 EStG Rz. 808. Die Rechtsprechung und die herrschende Meinung in der Rechtslehre vertritt in diesem Fall eine rein funktionale Betrachtungsweise. Vgl. *BFH,* Urt. vom 2.10.1997, IV R 84/96, BStBl. II 1998, 104; *Patt,* DStR 1998, 190, 191; *ders.,* DStR 1996, 1585, 1588.

136 *BFH,* Urt. vom 10.11.2005, IV R 7/05, BStBl. II 2006, 176; *BFH,* Urt. vom 1.7.2003, VIII R 24/01, BStBl. 2003, 757; *BFH,* Urt. vom 23.5.2000, VIII R 11/99, BStBl. II 2000, 621.

137 *BFH,* Urt. vom 20.1.1999, IV B 99/98, BFH/NV 1999, 1073; *BFH,* Urt. vom 17.4.1997, VIII R 2/95, BStBl. II 1998, 388; *Reiß,* in Kirchhof/Söhn/Mellinghof, EStG, § 16 Rz. B 230 m.w.N.; *Schmitt,* in: Schmitt/Hörtnagl/Stratz, UmwG/UmwStG, § 20 UmwStG Rz. 12.

138 *BFH,* Urt. vom 24.8.1989, IV R 135/86, BStBl. II 1989, 1014.

139 *BFH,* Urt. vom 14.7.1993, X R 74/90, X R 75/90, X R 74-75/90, BStBl. II 1994, 15 (zu § 7 EStDV), maßgeblich ist das wirtschaftliche Gewicht für den Betrieb; *BFH,* Urt. vom 1.7.2003, VIII R 24/01, BStBl. II 2003, 757; *BFH,* Urt. vom 17.4.1997, VIII R 2/95, BStBl. II 1998, 388.

140 *BFH,* Urt. vom 3.6.2003, IX R 15/01, BFH/NV 2003, 1321; *BFH,* Urt. vom 24.8.1989, IV R 135/86, BStBl. II 1989, 1014; *BFH,* Urt. vom 17.3.1987, VIII R 36/84, BStBl. II 1987, 858; *BFH,* Urt. vom 5.2.1981, IV R 165-166/77, BStBl. II 1981, 376.

141 *BFH,* Urt. vom 18.12.1996, XI R 63/96, BStBl. II 1997, 573; *BFH,* Urt. vom 3.10.1984, I R 119/81, BStBl. II 1985, 245; *BFH,* Urt. vom 4.2.1982, IV R 150/78, BStBl. II 1982, 348; *BFH,* Urt. vom , BStBl. II 1976, 672. Der Zurückbehaltung von einzelnen Mandaten einer freiberuflichen Praxis, steht es nicht entgegen, wenn auf diese in den letzten drei Jahren weniger als 10 v.H. der gesamten Einnahmen entfielen, *BFH,* Urt. vom 16.12.2004, IV R 3/03, BFH/NV 2005, 879, 880; *BFH,* Urt. vom 29.10.1992, IV R 16/91, BStBl. II 1993, 182; *BFH,* Urt. vom 7.11.1991, IV R 14/90, BStBl. II 1992, 457.

Patente,[142] der Firmen- und Praxiswert[143] sowie insbesondere der Geschäftwert mit allen seinen Elementen (örtliche Lage und Wirkungskreis des Unternehmens, Personal, Organisation und Geschäftsbeziehungen)[144] wesentliche Betriebsgrundlagen. Auch Wirtschaftgüter des Sonderbetriebsvermögens I, also solche Wirtschaftsgüter, die im zivilrechtlichen oder wirtschaftlichen Eigentum eines Mitunternehmers stehen, der Mitunternehmerschaft aber zur Nutzung überlassen wurden und dadurch unmittelbar dem Betrieb der Mitunternehmerschaft dienen,[145] sind für die Funktion eines Betriebs von Bedeutung. Ein Grundstück, welches beispielsweise eine wesentliche Betriebsgrundlage eines einzubringenden Betriebs einer Personengesellschaft ist, letzterer aber durch einen Mitunternehmer nur zur Nutzung überlassen wurde, muss daher wie die restlichen wesentlichen Betriebsgrundlagen, die zum Gesamthandsvermögen der einbringenden Personengesellschaft (Mitunternehmerschaft) gehören, übertragen werden.[146] Dies folgt aus der so genannten Gleichstellungsthese, also dem Zweck des Sonderbetriebsvermögens, den Mitunternehmer einem Einzelunternehmer weitgehend gleichzustellen. Auch Beteiligungen an einer Kapitalgesellschaft können eine wesentliche Betriebsgrundlage darstellen, wenn sie die wirtschaftliche Tätigkeit des jeweiligen Unternehmensteils im Sinne einer unselbständigen Betriebsabteilung fördern oder ergänzen und nicht nur wie eine reine Finanzanlage gehalten werden.[147]

---

142 *BFH*, Urt. vom 1.6.1978, BStBl. II 1978, 545; *BFH*, Urt. vom 21.10. 1988, III R 15/87, BFH/NV 1990, 58; *FG Bremen*, Urt. vom 27.1.1994, 1 88 175, 1 88 176 und 1 88 271 K 6, 1 88 175 K 6, 1 88 176 K 6, 1 88 271 K 6, EFG 1994, 1003.

143 *BFH*, Urt. vom 16.12.2004, IV R 3/03, DStR 2005, 553, 554; *BFH*, Urt. vom 5.6.2003, IV R 18/02, BStBl. II 2003, 838; *BFH*, Urt. vom 16.12.1992, X R 52/90, BStBl. II 1994, 838; *BFH*, Urt. vom 25.11.1980, VIII R 32/77, BStBl. II 1981, 419, 422.

144 *BFH*, Urt. vom 16.12..2004, IV R 3/03, BFH/NV 2005, 879, 880; *BFH*, Urt. vom 8.10.1996 XI R 71/95, BStBl. 1997, 236; *BFH*, Urt. vom 25.5.1988, I R 92/84, BFH/NV 1989, 258; *BFH*, Urt. vom 4.2.1982, IV R 150/78, BStBl. II 1982, 348; *Reiß*, in: Kirchhof/Söhn/Mellinghof, EStG, § 16 EStG Rz. B 238.

145 *BFH*, Urt. vom 14.4.1988, IV R 271/84, BStBl. II 1988, 667, 668; *BFH*, Urt. vom 19.2.1991, VIII R 65/89, BStBl. II 1991, 789, 790; *BFH*, Urt. vom 30.3.1993, VIII R 8/91, BStBl. II 1993, 864, 866. Dabei macht es keinen Unterschied, ob die Überlassung der Wirtschaftsgüter auf schuldrechtlicher, gesellschaftsrechtlicher oder sonstiger Rechtsgrundlage erfolgt oder entgeltlicher, teilentgeltlicher, sowie unentgeltlicher Natur ist; *BFH*, Urt. vom 2.12.1982, IV R 72/79, BStBl. II 1983, 215, 217; *BFH*, Urt. vom 14.4.1988, IV R 160/84, BFH/NV 1989, 95, 97; *BFH*, Urt. vom 7.4.1994, IV R 11/92, BStBl. II 1994, 796, 798; *BFH*, Urt. vom 1.3.1994, VIII R 35/92, BStBl. II 1994, 241, 243; *BFH*, Urt. vom 16.12.1997, VIII R 11/95, BStBl. II 1998, 379.

146 *BFH*, Urt. vom 16.2.1996, I R 183/94, BStBl. II 1996, 342.

147 *BMF* vom 25.3.1998, BStBl. I 1998, 268 Tz. 20.08, 20.12, 24.04; *BFH*, Urt. vom 6.9.2000, IV R 18/99, BStBl. II 2001, 229, 231 (Beteiligung einer Besitzgesellschaft an einer Betriebskapitalgesellschaft im Rahmen einer Betriebsaufspaltung); *BFH*,

bb) Unwesentliche Betriebsgrundlagen

Keine wesentlichen Betriebsgrundlagen sind nach der Rechtsprechung des BFH grundsätzlich bewegliche Wirtschaftsgüter des Umlaufvermögens[148] sowie Kassen- und Bankbestände[149] und insbesondere Verbindlichkeiten.[150] Aufgrund der anzulegenden Einzelfallbetrachtung bestehen aber Ausnahmen von diesem Grundsatz. So kann Umlaufvermögen ausnahmsweise eine wesentliche Betriebsgrundlage sein, wenn es in seiner konkreten Zusammensetzung für den Betrieb eine erhebliche Bedeutung hat und nicht kurzfristig wiederbeschaffbar ist.[151] Auch Maschinen des Anlagevermögens, sowie der Geschäftswert können ausnahmsweise funktional unwesentlich sein, obwohl sie grundsätzlich wesentlich sind.[152] Umstritten ist, ob Wirtschaftgüter des Sonderbetriebsvermögens II wesentliche Betriebsgrundlagen eines Unternehmensteils sein können. Sonderbetriebsvermögen II ist anzunehmen, wenn die dem Mitunternehmer gehörenden oder zurechenbaren Wirtschaftsgüter zur Begründung oder Stärkung seiner Beteiligung eingesetzt werden.[153] Diese Voraussetzungen sind insbesondere erfüllt, wenn die Wirtschaftsgüter nicht den Betrieb der Mitunternehmerschaft fördern, aber die individuelle Mitunternehmerstellung innerhalb der Mitunternehmerschaft verbessern. So gehört die Beteiligung des Kommanditisten einer GmbH & Co KG an der Komplementär-GmbH, welche sich im Wesentlichen auf die Geschäftsführung der Kommanditgesellschaft beschränkt, zum

---

Urt. vom 24.4.1991, II B 99/90, BStBl. II 1991, 623 (Beteiligung im Rahmen einer Organschaft; kritisch dazu *Patt,* in: Dötsch/Patt/Pung/Jost, UmwStR, 5. Aufl., § 20 UmwStG Rz. 35); vgl. auch *Widmann,* in: Widmann/Mayer, UmwR, § 20 UmwStG Rz. 14; *Schmitt* in: Schmitt/Hörtnagl/Stratz, UmwG/UmwStG, § 20 UmwStG Rz. 16; *Merkert,* in: Bordewin/Brandt, EStG, § 20 UmwStG Rz. 15, *Reiche,* DStR 2006, 1205, 1207.

[148] *Patt,* in Dötsch/Patt/Pung/Jost, UmwStR, 5. Aufl., § 20 UmwStG Rz. 27; *Schmitt,* in: Schmitt/Hörtnagl/Stratz, UmwG, UmwStG, § 20 UmwStG Rz. 31.

[149] *BFH,* Urt. vom 24.1.1973, BStBl. II 1973, 219; *Wacker,* in: Schmidt, EStG, § 16 Rz. 106.

[150] *BFH,* Urt. vom 10.9.1991, XI R 15/90, BStBl. II 1992, 404; *BFH,* Urt. vom 7.7.1998, VIII R 5/96, BStBl. II 1999, 209.

[151] *BFH,* Urt. vom 24.06.1976, IV R 200/72, BStBl. II 1976, 672; *BFH,* Urt. vom 29.11.1988, VIII R 316/82, BStBl. II 1989, 602, 604; *Merkert,* in: Bordewin/Brandt, EStG, § 20 UmwStG 1995 Rz. 14.

[152] *BFH,* Beschl. vom 18.5.2004, X B 167/03, BFH/NV 2004, 1262; *BFH,* Urt. vom 12.6.1996, XI R 56, 57/95, BStBl. II 1996, 527; *BFH,* Urt. vom 16.5.1993, X R 101/90, BStBl. II 1993, 710, 712.

[153] *BFH,* Urt. vom 23.1.2000, VIII R 12/99, BStBl. II 2001, 825; *BFH,* Urt. vom 15.10.1998, IV R 18/98, BStBl. II 1999, 286; *BFH,* Urt. vom 1.10.1996, VIII R 44/95, BStBl. II 1997, 530; *BFH,* Urt. vom 10.11.1994, IV R 15/93, BStBl. II 1995, 452; *Wacker,* in: Schmidt, EStG, § 16 Rz. 506 m.w.N.

Sonderbetriebsvermögen II.[154] Nach der Auffassung des BFH[155] ist derartiges Sonderbetriebsvermögen nicht als wesentliche Betriebsgrundlage anzusehen. Die Finanzverwaltung schloss sich dieser Auffassung zunächst an.[156] Später hat sie jedoch den gegenteiligen Standpunkt eingenommen.[157]

b) Freies Zuordnungsrecht für unwesentliche und neutrale Wirtschaftsgüter

Unwesentliche Betriebsgrundlagen konnten zurückbehalten oder mit dem einzubringenden Unternehmensteil übertragen werden.[158] Das galt insbesondere auch für „neutrales Vermögen." Das sind solche Wirtschaftsgüter, die aufgrund ihrer Bedeutung für den Gesamtbetrieb nicht dem einzubringenden Teilbetrieb zugeordnet werden konnten, oder zwar zu einem Teilbetrieb gehörten, aber keine wesentliche Betriebsgrundlage darstellen (beispielsweise Bankguthaben und Wertpapiere des Umlaufvermögens).[159] Für diese Wirtschaftsgüter bestanden nach der Auffassung der Finanzverwaltung[160] weitgehende Zuordnungswahlrechte. Insbesondere wurde dies auch für Verbindlichkeiten anerkannt.[161] Auf die Art der Verbindlichkeit und deren bisherige Zuordnung zu einem Teilbetrieb kam es dabei nicht an. Auch ein wirtschaftlicher Zusammenhang mit Wirtschaftsgütern des Aktivvermögens beeinflusste eine freie Zuordnung nicht. Eine freie Zuordnung einer

---

154 *BFH,* Urt. vom 26.2.1992, I R 85/91, BStBl. II 1992, 937; *BFH,* Urt. vom 16.4.1991, VIII R 63/87, BStBl. II 1991, 832; *BFH,* Urt. vom 31.10. 1989, VIII R 374/83, BStBl. II 1990, 677; *BFH,* Urt. vom 7.12.1984, III R 35/79, BStBl. II 1985, 236.

155 *BFH,* Urt. vom 16.2.1996, I R 183/94, BStBl. II 1996, 342, 344, *Friederichs,* in: Haritz/Benkert, UmwStG, § 20 UmwStG Rz. 113. Kritisch dazu *BFH,* Urt. vom 2.10.1997, IV R 84//96, BStBl. II 1998, 104, 105.

156 *BMF* vom 25.3.1998, BStBl. I 1998, 268 Tz. 15.02 und 20.08.

157 *BMF* vom 16.8.2000, BStBl. I 2000, 1253; *OFD Münster* vom 10.9.2002, DStR 2002, 1860. Ebenso *Brandenberg,* DB 2003, 2563, 2564; *Schmitt,* in: Schmitt/Hörtnagl/Stratz, UmwG, UmwStG, § 20 UmwStG Rz. 56; *Storg,* DStR 2002, 1384, 1386; differenzierend *Patt,* in: Dötsch/Patt/Pung/Jost, UmwStR, 5. Aufl., § 20 UmwStG Rz. 94. A.A. *Rogall,* DB 2005, 410, 412; *Ley,* KÖSDI 2004, 14024, 14032 m.w.N.

158 *BFH,* Urt. vom 29.10.1987, IV R 93/85, BStBl. II 1988. 374, 378; *BFH,* Urt. vom 25.9.1991, I R 184/87, BStBl. II 1992, 406, 407; *FG Saarland,* Urt. vom 20.1.1993, 1 K 100/92, EFG 1993, 480, 481.

159 *BMF* vom 25.3.1998, BStBl. I 1998, 268 Tz. 15.02; *Schmitt,* in: Schmitt/Hörtnagl/Stratz, UmwG, UmwStG, § 20 UmwStG Rz. 67; *Hörtnagl,* in: Schmitt/Hörtnagl/Stratz, UmwG, UmwStG, § 15 UmwStG Rz. 70.

160 *BMF* vom 9.1.1992, BStBl. I 1992, 47, 48 (Spaltungserlass) Tz. 2 h; *OFD Magdeburg* vom 11.1.1999, DB 1999, 179 ff.; *OFD Hannover* vom 26.10.2000, DB 2000, 2349; *Haritz,* in: Haritz/Benkert, UmwStG, § 15 UmwStG Rz. 40.

161 Vgl. *Schmitt,* in: Schmitt/Hörtnagl/Stratz, UmwG, UmwStG, § 20 UmwStG 1995 Rz. 62; *Menner/Broer,* BB 2003, 229, 231 f. Eine Ausnahme gilt für Pensionsverpflichtungen, vgl. *OFD Magdeburg* vom 11.1. 1999, DB 1999, 179.

Verbindlichkeit des übertragenden Rechtsträgers war daher auch möglich, wenn diese durch Grundschulden an einem Betriebsgrundstück des einzubringenden Betriebs gesichert war. Auch wenn die Verbindlichkeit aus einer Finanzierung des Aktivvermögens stammte oder zu einer Verminderung des Werts des Teilbetriebs in der Bilanz des Gesamtbetriebs eingesetzt wurde, konnte sie zurückbehalten oder eingebracht werden.[162]

3. *Anzulegende Betrachtungsweise*

Bedeutender als die Frage, ob ein Wirtschaftgut im Einzelfall die Eigenschaft als wesentliche Betriebsgrundlage hat, ist die Bestimmung der anzulegenden Betrachtungsweise.[163] Ob ein Wirtschaftsgut eine wesentliche Betriebsgrundlage für das eingebrachte Betriebsvermögen darstellt, hängt einerseits davon ab, wie dieses Wirtschaftsgut in dem Unternehmen tatsächlich eingesetzt wird und aufgrund seiner Funktion im Betriebsablauf für den Unternehmenszweck erforderlich ist (so genannte funktionale Betrachtungsweise).[164] Andererseits kann die Eigenschaft als wesentliche Betriebsgrundlage auch dadurch begründet werden, dass in dem Wirtschaftsgut erhebliche stille Reserven verborgen sind (so genannte quantitative Betrachtungsweise).[165] Die jeweilige Beurteilung des Begriffs der wesentlichen Betriebsgrundlage hängt dabei von dem Sinn und Zweck der Rechtsnorm ab, bei deren Anwendung der Begriff eine Rolle spielt.[166] Im Wege einer normspezifischen Auslegung ist daher zu differenzieren.

---

[162] *BFH*, Urt. vom 11.9.1991, XI R 15/90, BStBl. II 1992, 404, 405; *Hörtnagl*, in: Schmitt/Hörtnagl/Stratz, UmwG, UmwStG, § 15 UmwStG 1995 Rz. 71.

[163] Vgl. *Reiche*, DStR 2006, 1205 ff.; *Röhrig*, EStB 2000, 390 ff.; *Rogall*, DB 2005, 410 ff.; *Hahn*, IStR 1998, 326, 327 f.

[164] *BFH*, Urt. vom 30.10.1974, I R 40/72, BStBl. II 1975, 232, 234; *BFH*, Urt. vom 19.1.1983, I R 57/79, BStBl. II 1983, 312, 313; *BFH*, Urt. vom 24.8.1989, IV R 135/86, BStBl. II 1989, 1014, 1015; *BFH*, Urt. vom 9.10.1996, XI R 71/95, BStBl. II 1997, 236, 238.

[165] *BFH*, Urt. vom 26.4.1979, IV R 119/76, BStBl. II 1979, 557, 558; *BFH*, Urt. vom 19.1.1983, I R 57/97, BStBl. II 1983, 312, 313; *BFH*, Urt. vom 13.2.1996, VIII R 39/92, BStBl. II 1996, 409, 412.

[166] *BFH*, Urt. vom 2.10.1997, IV R 84/96, BStBl. II 1998, 104, 105; *Wacker*, in: Schmidt, EStG, § 16 Rz. 100; *Patt*, DStR 1998, 190, 191; *Patt*, DStR 1996, 1585, 1588; *Reiche*, DStR 2006, 1205, 1206; *Binz/Freudenberg/Sorg*, DStR 1993, 3, 5; *Hörger/Mentel/Schulz*, DStR 2000, 565, 566; *Schmitt*, in: Schmitt/Hörtnagl/Stratz, UmwG, UmwStG, § 20 UmwStG Rz. 6; *Patt/Rasche*, FR 2000, 1328, 1329. Zur normspezifischen Auslegung des Begriffs des Teilwerts im Rahmen einer Einbringung nach § 20 UmwStG 1977, vgl. *BFH*, Urt. vom 10.7.2002, I R 79/01, BStBl. II 2002, 784, 785.

a) Betrachtungsweise im Rahmen des § 16 EStG

Im Rahmen des § 16 EStG ist nach der Auffassung der Rechtsprechung,[167] der Rechtslehre[168] und der Finanzveraltung[169] von einer gemischt funktional-quantitativen Betrachtungsweise auszugehen. Eine wesentliche Betriebsgrundlage ist daher in den Fällen der Veräußerung oder Aufgabe nicht nur dann anzunehmen, wenn das jeweilige Wirtschaftsgut zur Erreichung des Betriebszwecks erforderlich ist und ein besonderes wirtschaftliches Gewicht für den jeweiligen Betrieb, Teilbetrieb oder Mitunternehmeranteil hat, sondern auch dann, wenn in ihm erhebliche stille Reserve enthalten sind. Diese Betrachtungsweise ergibt sich zunächst aus dem Zweck der §§ 16, 34 EStG, eine zusammengeballte Auflösung der stillen Reserven nicht dem progressiven Steuersatz zu unterwerfen und damit eine übermäßige Steuerbelastung des Steuerpflichtigen zu verhindern. Darüber hinaus stellt der Steuerpflichtige, der einen der in § 16 EStG aufgeführten Unternehmensteile veräußert oder aufgibt, seine bisherige betriebliche Tätigkeit ganz oder zumindest teilweise[170] ein.[171] Dementsprechend fordert der BFH[172] in ständiger Rechtsprechung, dass eine nach den §§ 16, 34 EStG begünstigte Veräußerung oder Aufgabe nur dann vorliegt, wenn die ursprünglich ausgeübte Tätigkeit beendet werde. Aufgrund dieser Voraussetzung einer Tätigkeitsbeendigung[173] ist hinsichtlich der anzulegenden Betrachtungsweise auch darauf abzustellen, ob in dem übertragenen Betriebsvermögen stille Reserven enthalten sind.

---

167 *BFH*, Urt. vom, 2.10.1997, IV R 84/96, BStBl. II 1998, 104; *BFH*, Urt. vom 13.2.1996, VIII 39/93, BStBl. II 1996, 409, 412; *BFH*, Urt. vom 3.2.1994, III R 23/89, BStBl. II 1994, 709, 710.

168 *Wacker*, in: Schmidt, EStG, § 16 Rz. 101; *Patt*, DStR 1998, 190, 191; *Hörger/Schulz*, DStR 1998, 233.

169 H 139 Abs. 8 EStR.

170 Die Veräußerung eines Teilbetriebs erfordert nicht die Aufgabe jeglicher Tätigkeit, vgl. *BFH*, Urt. vom 16.12.1992, X R 52/90, BStBl. II 1994, 838, 839. So aber das *FG Saarland*, Urt. vom 24.6.1987, 1 K 260/86, EFG 1987, 565, 566 mit ablehnender Anmerkung von *Tiedtke*, FR 1988, 233, 236.

171 *Tiedtke*, FR 1981, 445, 446, *ders.*, Einkommens- und Bilanzsteuerrecht, S. 114; *Tiedtke/Wälzholz*, DStR 1999, 217; *Wacker*, in: Schmidt, EStG, § 16 Rz. 97.

172 *BFH*, Urt. vom 13.2.1996, VIII R 39/92, BStBl. II 1996, 409, 411; *BFH*, Urt. vom 12.2.1992, XI R 21/90, BFH/NV 1992, 516; *BFH*, Urt. vom 16.12.1992, X R 52/90, BStBl. II 1994, 838, 839; *BFH*, Urt. vom 26.10.1989, IV R 25/88, BStBl. 1990, 373, 375.

173 *BFH*, Urt. vom 16.12.1992, X R 52/90, BStBl. II 1994, 838, 839; *BFH*, Urt. vom 9.8.1989, X R 62/87, BStBl. II 1989, 973, 974. Zur dogmatischen Einordnung dieser Voraussetzung vgl. *Wälzholz*, S. 92 ff.

b) *Betrachtungsweise im Rahmen der §§ 20 ff. UmwStG 1995*

aa) *Ansicht der Rechtsprechung*

Der BFH hatte zu der Frage, welche Betrachtungsweise im Rahmen des UmwStG gelten sollte, ausdrücklich keine Stellung bezogen. In dem Urteil vom 2.10.1997[174], in dem es um die Aufgabe eines Mitunternehmeranteils nach § 16 Abs. 3 EStG ging, stellte er jedoch in einem obiter dictum fest, dass die im Rahmen einer Veräußerung oder Aufgabe geltende funktional-quantitative Betrachtungsweise für andere Vorschriften keine Rolle spiele. Dabei wurden auch die Einbringungsvorschriften der §§ 20 ff UmwStG 1995 beispielhaft genannt.

bb) *Ansicht der Finanzverwaltung*

Nach der Auffassung der Finanzverwaltung[175] war der Begriff der wesentlichen Betriebsgrundlagen im Rahmen der §§ 20 ff. UmwStG 1995 ursprünglich wie bei § 16 EStG zu verstehen. Es sollte damit auch für das UmwStG eine funktional-quantitative Betrachtungsweise gelten. Im Anschluss an das Urteil des BFH vom 2.10.1997[176] änderte die Finanzveraltung aber ihre Meinung mit Schreiben vom 16.8.2000.[177] Danach war in erster Linie von einer rein funktionalen Betrachtungsweise auszugehen, wenn die übernehmende Kapitalgesellschaft im Rahmen des § 20 UmwStG 1995 das eingebrachte Betriebsvermögen mit dem Buchwert ansetzte.[178] Wenn allerdings die übernehmende Kapitalgesellschaft das Betriebsvermögen mit dem Teilwert ansetze und als Einbringender eine natürliche Person auftrete, sei wieder das Vorhandensein von stillen Reserven und damit eine gemischt funktional-quantitative Betrachtungsweise entscheidend. Denn dann handelte es sich nach der Auffassung der Finanzverwaltung um eine echte Veräußerung

---

174 *BFH*, Urt. vom 2.10.1997, IV R 84/96, BStBl. II 1998, 104, 105.

175 *BMF* vom 25.3.1998, BStBl. I 1998, 267 Tz. 15.01 und 20.08.

176 *BFH*, Urt. vom 2.10.1997, IV R 84/96, BStBl. II 1998, 104, 105.

177 *BMF* vom 16.8.2000, BStBl. I 2000, 1253.

178 Nicht deutlich wurde, ob dies auch für eine Einbringung in eine Personengesellschaft nach § 24 UmwStG 1995 gelten sollte, da ausdrücklich nur die Passagen des Umwandlungssteuererlasses (BMF vom 25.3.1998, BStBl. I 1998, 267 ff.) zu den §§ 15 und 20 UmwStG 1995 abgeändert wurden (Tz. 15.01 und 20.08). Da die betreffende Tz. 24.04 jedoch lediglich auf die Tz. 20.08 Bezug nimmt, aber keine eigenständige Regelung trifft, war auch im Rahmen von § 24 UmwStG 1995 von einer rein funktionalen Betrachtungsweise auszugehen. Gleiche Ansicht *Röhrig*, EStB 2000, 390, 392; *Schmitt*, in: Schmitt/Hörtnagl/Stratz, UmwG/UmwStG, § 24 UmwStG Rz. 65.

im Sinne des § 16 EStG, da gemäß § 20 Abs. 5 UmwStG 1995 die Tarifbegünstigung des § 34 EStG anzuwenden war.[179]

cc) Ansicht der Rechtslehre

Die Ansicht der Rechtslehre zu der Frage, welche Betrachtungsweise im UmwStG gelten sollte, war geteilt. Ein Teil[180] nahm von jeher die Geltung einer rein funktionalen Betrachtungsweise an. Andere Vertreter[181] verwiesen auf die systematische Nähe der §§ 20 ff. UmwStG 1995 zu § 16 EStG. Sie kamen daher zu dem Schluss, die gemischt funktional-quantitative Betrachtungsweise sei im Rahmen der der §§ 20 ff. UmwStG 1995 maßgeblich.

dd) Stellungnahme

Der Ansicht, im Rahmen der §§ 20 ff. UmwStG 1995 sei eine rein funktionale Betrachtungsweise maßgeblich, ist zuzustimmen.[182] Während die §§ 16, 34 EStG den Zweck verfolgen, eine geballte Auflösung der angesammelten stillen Reserven nicht dem progressiven Steuersatz zu unterwerfen, dienen die Einbringungsvorschriften dazu, betriebswirtschaftlich sinnvolle Umstrukturierungen zu ermöglichen. Zu diesem Zweck bestand nach § 20 Abs. 2 UmwStG 1995 die Möglichkeit, die Buchwerte des eingebrachten Betriebsvermögens fortzuführen. Dadurch wurde sichergestellt, dass die stillen Reserven bei ihrer späteren Realisation besteuert wurden. Auch wenn der Einbringende Wirtschaftsgüter mit stillen Reserven zurückbehielt wurden, bestand nicht die Gefahr, dass sie endgültig verloren gingen. Ihre Besteuerung wurde zum einen dann ausgelöst, wenn er sie durch eine Entnahme in das Privatvermögen übernahm. Zum anderen blieb ihre Besteuerung sichergestellt, wenn sie in seinem Betriebsvermögen zurückblieben und er sie erst später durch einen Veräußerungsakt realisierte. Ein Abstellen auf stille Reserven ist darüber hinaus allein dann von Bedeutung, wenn sich diese realisieren und dadurch die Leistungsfähigkeit des Steuerpflichtigen erhöhen. Das ist jedoch im Falle einer Einbringung zum Buchwert nicht

---

[179] Kritisch dazu *Patt/Rasche*, FR 2000, 1328, 1329.

[180] *Hörger*, DB 1987, 349, 352; *Hörger/Schulz*, DStR 1998, 233; *Blumers*, DB 1995, 496, 497; *Binz/Freudenberg/Sorg*, DStR 1993, 3, 5.

[181] *Patt*, DStR 1995, 1081, 1085; *ders.*, DStR 1996, 1585, 1588, *ders.*, DStR 1998, 190, 191; *Reiß*, in: Kirchhof/Söhn/Mellinghof, EStG, § 16 Rz. B 228.

[182] Vgl. auch *Schmitt*, in: Schmitt/Hörtnagl/Stratz, UmwG, UmwStG, § 20 UmwStG Rz. 5, 6; *Reiche*, DStR 2006, 1205, 1206; *Rogall*, DB 2005, 410; *ders.*, DB 2006, 66, 67; *Blumers*, DB 2001, 722, 723 f; *Märkle*, DStR 2000, 797, 801; kritisch *Patt*, in: Dötsch/Patt/Pung/Jost, UmwStR, 5. Aufl., § 20 UmwStG Rz. 26.

der Fall, da als Gegenleistung nur Anteile an der übernehmenden Gesellschaft gewährt werden, die zu keiner Erhöhung der Liquidität des Einbringenden führen. Nach dem Sinn und Zweck der §§ 20 ff. UmwStG 1995 war es daher allein notwendig, die funktional wesentlichen Wirtschaftsgüter zu übertragen.[183] Davon war auch auszugehen, wenn im Falle eines Teilwertansatzes die stillen Reserven vollständig aufgedeckt wurden. Der Auffassung der Finanzverwaltung, welche in einem solchen Fall die wesentlichen Betriebsgrundlagen nach funktional-quantitativen Gesichtspunkten bestimmte,[184] war nicht zuzustimmen. Indem sie die anzulegende Betrachtungsweise von der Ausübung des Bewertungswahlrechtes abhängig machte, vermischte sie den Tatbestand und die Rechtsfolge einer Sacheinlage nach § 20 UmwStG 1995. Gemäß § 20 Abs. 1 Satz 1 Halbsatz 1 UmwStG 1995 waren die übrigen Absätze dieser Norm erst dann anzuwenden, wenn die tatbestandlichen Voraussetzungen einer Einbringung vorlagen. Das nach § 20 Abs. 2 UmwStG 1995 vorgesehene Bewertungswahlrecht stellte die Rechtsfolge einer Sacheinlage dar und konnte daher nicht über ihre tatbestandlichen Voraussetzungen entscheiden. Erst wenn feststand, dass ein begünstigter Unternehmensteil eingebracht worden war, fanden die Regelungen zur Bewertung dieser Einlage Anwendung.[185]

4. Zwischenergebnis

Nach der Auffassung des BFH und der Finanzverwaltung war der Begriff des Teilbetriebs in den §§ 20, 24 UmwStG 1995 identisch mit dem des § 16 EStG. Dieser Auffassung war nicht zuzustimmen. Vielmehr war aufgrund einer teleologischen Auslegung von einem eigenständigen Teilbetriebsbegriff im Rahmen der §§ 20 ff. UmwStG auszugehen. Aus dem Sinn und Zweck der §§ 20 ff. UmwStG 1995 ergab sich, dass es nicht auf die Selbständigkeit des Teilbetriebs im Rahmen des Gesamtbetriebs sondern auf seine Fortführbarkeit ankam. Im Rahmen des § 23 UmwStG 1995 war aufgrund des Gebots der richtlinienkonformen Auslegung der europäische Teilbetriebsbegriff anwendbar. Die wesentlichen Betriebsgrundlagen bestimmten sich nach der funktionalen Betrachtungsweise. Unwesentliche Betriebsgrundlagen und neutrales Vermögen konnten zurückbehalten oder dem einzubringenden Teilbetrieb zugeordnet werden.

---

[183] Gleiche Ansicht *Menner/Broer*, BB 2003, 229, 234.

[184] *BMF* vom 16.8.2000, BStBl. I 2000, 1253.

[185] Gleiche Ansicht *Patt/Rasche*, FR 2000, 1328, 1329; *Kellner*, S. 20; *Menner/Broer*, BB 2003, 229, 232.

IV. Auslegung des europäischen Teilbetriebsbegriffs durch den EuGH

Steht nach den bisherigen Ausführungen fest, wie nach nationalem Einkommens- und Umwandlungssteuerrecht der Begriff des Teilbetriebs auszulegen und der Umfang der wesentlichen Betriebsgrundlagen zu bestimmen war, stellt sich die Frage, inwieweit sich der nationale Teilbetriebsbegriff von dem der Fusionsrichtlinie unterscheidet. Von Interesse ist in diesem Zusammenhang die Entscheidung des EuGH in der Rechtssache *„Andersen og Jensen"*.[186] In dieser Entscheidung befasste er sich zum ersten Mal mit der Teilbetriebsdefinition des Art. 2 Buchst. i FRL.

1. Das Urteil des EuGH in der Rechtssache „Andersen og Jensen"

a) Sachverhalt

Der Entscheidung des EuGH in der Rechtssache *„Andersen og Jensen"* lag folgender Sachverhalt zugrunde:

Die Aktionäre der Randers Sport A/S, einer Aktiengesellschaft des dänischen Rechts, hatten eine neue Tochtergesellschaft gegründet (die Randers Sport Nyt A/S), auf die der gesamte Geschäftsbetrieb der Randers Sport A/S übertragen werden sollte. Da die Aktionäre das bestehende Eigenkapital der Muttergesellschaft vor Ansprüchen aus dem künftigen Geschäftsbetrieb schützen und bei dieser belassen wollten, wurde das zu übertragende Nettobetriebsvermögen durch die Aufnahme eines Darlehens in Höhe von 10 Mio. dänische Kronen verringert; die entsprechende Verbindlichkeit sollte zusammen mit dem Geschäftsbetrieb auf die Tochtergesellschaft übergehen, während die Darlehensvaluta bei der Muttergesellschaft verbleiben sollte. Das Aktienkapital der Mutter- und der Tochtergesellschaft war im Vergleich zur Darlehenssumme niedrig. Das der Muttergesellschaft betrug 300.000 dänische Kronen, das der Tochtergesellschaft 500.000 dänische Kronen. Neben der Darlehensvaluta sollte die Randers Sport A/S auch ein Aktienpaket einer dritten Gesellschaft behalten. Schließlich nahm die Tochtergesellschaft im Zuge der Umstrukturierung einen Kredit bei einem Kreditinstitut auf, was hierfür ein Pfandrecht an den Aktien der Tochtergesellschaft verlangte.

Die von der Muttergesellschaft vorab angerufene dänische Finanzverwaltung teilte dieser mit, dass eine Umstrukturierung nur in Betracht käme, wenn die Darlehensvaluta entweder mit der entsprechenden Verbindlich-

---

[186] *EuGH*, Urt. vom 15.1.2002, Rs. C-43/00, *„Andersen og Jensen"*, Slg. 2002, I-394 ff. = FR 2002, 298 ff.

keit in der einbringenden Muttergesellschaft verbliebe, oder beide zusammen auf die übernehmende Tochtergesellschaft übertragen würden; außerdem sei – so die dänische Finanzverwaltung – die Bestellung von Sicherheiten durch die einbringende Gesellschaft, ihre persönlichen Hauptaktionäre oder Dritte steuerschädlich. Die Muttergesellschaft führte die geplante Einbringung entsprechend den Auflagen der Finanzverwaltung durch. Dennoch erhob sie Klage, um die Rechtswidrigkeit der verfügten Auflagen feststellen zu lassen. Das angerufene dänische Gericht legte dem EuGH nach Art. 234 EG verschiedene Fragen zur Auslegung der Fusionsrichtlinie vor. Der Sachverhalt war zwar ausschließlich nach nationalem dänischem Recht zu beurteilen. Der dänische Gesetzgeber hatte aber in § 15c des nationalen Fusionsgesetzes die Regelungen der Fusionsrichtlinie zur Einbringung von Unternehmensteilen und die entsprechende Definition des Teilbetriebsbegriffs aus Art. 2 Buchst. i FRL übernommen, so dass eine einheitliche Anwendung sowohl auf innerstaatliche als auch auf grenzüberschreitende Sachverhalte vorgesehen war.

b) Entscheidung des EuGH

Der EuGH bejahte zunächst die Zulässigkeit der Vorlage.[187] Unter Hinweis auf seine Rechtsprechung in den Rechtsachen „*Dzodzi*“[188] und „*Leur-Bloem*“[189] bejahte er seine Zuständigkeit für die Auslegung des Gemeinschaftsrechts, wenn dieses den fraglichen Sachverhalt nicht unmittelbar regelt, der nationale Gesetzgeber aber bei der Umsetzung der Bestimmungen einer Richtlinie beschlossen hat, rein innerstaatliche Sachverhalte sowie Sachverhalte, die unter die Richtlinie fallen, gleich zu behandeln und seine innerstaatlichen Vorschriften deshalb an das Gemeinschaftsrecht anpasst;[190] dann bestehe, so der EuGH,[191] ein klares Interesse der Gemeinschaft, dass die übernommenen Bestimmungen und Begriffe einheitlich ausgelegt werden, um künftige Auslegungsunterschiede zu verhindern.

In der Sache entschied der EuGH hingegen, dass die Voraussetzungen für eine steuerneutrale Einbringung nicht gegeben seien. Weder der

[187] *EuGH*, Urt. vom 15.1.2002, Rs. C-43/00, „*Andersen og Jensen*“, Slg. 2002, I-394 Tz. 14.

[188] *EuGH*, Urt. vom 18.10.1990, Rs. C-297/88 und C-197/89, „*Dzodzi*“, Slg. 1990, I-3763 ff.

[189] *EuGH*, Urt. vom 17.7.1997, Rs. C-28/95, „*Leur-Bloem*“, Slg. 1997, I-4190 Tz. 27 ff.

[190] Vgl. dazu *de Weerth*, RIW 2003, 131, 135;

[191] *EuGH*, Urt. vom 15.1.2002, Rs. C-43/00, „*Andersen og Jensen*“, Slg. 2002, I-394 Tz. 18.

EuGH[192] noch der Generalanwalt *Tizzano*[193] gingen von der Einbringung des gesamten Geschäftsbetriebs aus, da das Aktienpaket an der dritten Gesellschaft zurückbehalten wurde und daher nicht alle Aktiva und Passiva der einbringenden Gesellschaft im Sinne von Art. 2 Buchst. c FRL eingebracht worden seien. Damit kam es darauf an, ob die Voraussetzungen eines Teilbetriebs nach Art. 2 Buchst. i FRL vorlagen. Der EuGH verneinte dies aufgrund der unterbliebenen Übertragung der Darlehensvaluta. Insofern fehle es an der Übertragung der „Gesamtheit der Wirtschaftsgütern" des Teilbetriebs.[194] Das Erfordernis der Übertragung der „Gesamtheit der Wirtschaftsgüter" folge, so der EuGH,[195] aus dem Wortlaut von Art. 2 Buchst. c und i FRL, der von der Einbringung der Gesamtheit der einen Teilbetrieb bildenden aktiven und passiven Wirtschafsgüter spreche. Nach der Auffassung des EuGH war es die Absicht des Richtliniengebers, die Voraussetzungen eines Teilbetriebs an die Übertragung der Gesamtheit der aktiven und passiven Wirtschaftsgüter zu knüpfen. Verbleibe aber die Darlehensvaluta bei der einbringenden Gesellschaft und werde nur die entsprechende Verbindlichkeit auf die übernehmende Gesellschaft übertragen, sei dies eine schädliche Trennung von Wirtschaftsgütern.[196] Hilfsweise berief sich der EuGH[197] auf die Möglichkeit, durch die gewählte Gestaltung die Voraussetzungen der Fusionsrichtlinie zu umgehen. Das gleiche Ergebnis der Umstrukturierung wäre erzielt worden, wenn die übernehmende Gesellschaft das Darlehen aufgenommen und anschließend die Unternehmensteile gegen die Übertragung eigener Anteile und der Darlehensvaluta erworben hätte. Eine solche Übertragung gegen Geldleistung widerspreche aber dem Wortlaut der Fusionsrichtlinie, die in Art. 2 Buchst. c FRL lediglich Anteile an der übernehmenden Gesellschaft, nicht aber bare Zuzahlungen als Gegenleistung vorsehe.[198]

---

192 *EuGH*, Urt. vom 15.1.2002, Rs. C-43/00, *„Andersen og Jensen"*, Slg. 2002, I-394 Tz. 28

193 Siehe Schlussanträge des Generalanwaltes *Tizzano*, EuGH, Rs. C-43/00, *„Andersen og Jensen"*, Slg. 2002, I-382 Tz. 24 ff., 27.

194 *EuGH*, Urt. vom 15.1.2002, Rs. C-43/00, *„Andersen og Jensen"*, Slg. 2002, I-394 Tz. 25. Zusammenfassend *Menner/Broer*, DB 2002, 815, 816; *Thömmes*, JbFSt 2002/2003, 82, 83; *Aigner*, SWI 2001, 173, 175. Vgl. auch *Eicker*, intertax 2002, 206.

195 *EuGH*, Urt. vom 15.1.2002, Rs. C-43/00, *„Andersen og Jensen"*, Slg. 2002, I-394 Tz. 24 und 25.

196 *EuGH*, Urt. vom 15.1.2002, Rs. C-43/00, *„Andersen og Jensen"*, Slg. 2002, I-394 Tz. 25.

197 *EuGH*, Urt. vom 15.1.2002, Rs. C-43/00, *„Andersen og Jensen"*, Slg. 2002, I-394 Tz. 26. Vgl. dazu *Thömmes*, JbFSt 2002/2003, 82, 85.

198 Zum Verbot von baren Zuzahlungen als Gegenleistung nach der Fusionsrichtlinie *Thömmes*, IWB, F. 11a, 561, 565, *ders.*, in: Flick/Wassermeyer/Baumhoff, AStG, § 23 UmwStG Rz. 33.

Zur Frage, ob auch dann ein selbständiger Betrieb, also eine aus eigenen Mitteln funktionsfähige Einheit im Sinne von Art. 2 Buchst. i FRL vorliege, wenn der zukünftige Liquiditätsbedarf der übernehmenden Gesellschaft durch einen Kredit finanziert werde, verwies der EuGH[199] das vorlegende Gericht auf eine eigene Beurteilung anhand der Umstände des Einzelfalls. Dennoch interpretierte der EuGH[200] in diesem Zusammenhang das Erfordernis des Vorliegens der Selbständigkeit des Betriebs im Sinne der Teilbetriebsdefinition der Fusionsrichtlinie. Die Selbständigkeit sei dabei in erster Linie unter einem funktionalen und erst in zweiter Linie unter einem finanziellen Aspekt zu beurteilen. Die Selbständigkeit des Teilbetriebs setze voraus, dass er als eigenständiges Unternehmen funktionsfähig sei. Die finanzielle Selbständigkeit werde nicht dadurch beeinträchtigt, dass die übernehmende Gesellschaft einen Kredit aufnehme, welcher durch die Verpfändung eigener Anteile gesichert sei. Anders könne die Rechtslage sein, wenn die finanzielle Situation so schlecht sei, dass die übernehmende Gesellschaft nicht mehr aus eigenen Mitteln lebensfähig wäre. Diese Gefahr bestehe nach der Auffassung des EuGH[201] dann, wenn die Einkünfte der übernehmenden Gesellschaft im Verhältnis zu den Zinsen und Tilgungsraten der aufgenommenen Schulden als unzureichend erscheinen.

c) Stellungnahme

Wie sich aus den Schlussanträgen des Generalanwalts *Tizzano* ergibt, hatte der EuGH über eine atypische Fallkonstellation zu entscheiden.[202] Die steuerschädliche Trennung von Aktiva und Passiva sollte sich insbesondere aus der Höhe des aufgenommenen Darlehens ergeben. Aufgrund dessen war der Zusammenhang zwischen Darlehensvaluta und Verbindlichkeit nach der Auffassung des Generalanwalts so eng, dass nur beide zusammen übertragbar waren. Der EuGH teilte die Ansicht des Generalanwalts.[203] Nach seiner Auffassung[204] ergebe sich die Untrennbarkeit von Darlehensva-

---

199 *EuGH*, Urt. vom 15.1.2002, Rs. C-43/00, „*Andersen og Jensen*", Slg. 2002, I-394 Tz. 30 ff., 37.

200 *EuGH*, Urt. vom 15.1.2002, Rs. C-43/00, „*Andersen og Jensen*", Slg. 2002, I-394 Tz. 35 ff.

201 *EuGH*, Urt. vom 15.1.2002, Rs. C-43/00, „*Andersen og Jensen*", Slg. 2002, I-394 Tz. 36. Zustimmend *Thömmes*, IWB 2002, F. 11a, 561, 566, *Aigner*, SWI 2001, 173, 178.

202 Schlussanträge des Generalanwaltes *Tizzano*, EuGH, Rs. C-43/00, „*Andersen og Jensen*", Slg. 2002, I-382 Tz. 24, 25. („Anomalie des vorliegenden Falls")

203 Schlussanträge des Generalanwaltes *Tizzano*, EuGH, Rs. C-43/00, „*Andersen og Jensen*", Slg. 2002, I-382 Tz. 21.

204 *EuGH*, Urt. vom 15.1.2002, Rs. C-43/00, „*Andersen og Jensen*", Slg. 2002, I-394 Tz. 24.

luta und Verbindlichkeit aber nicht allein aus der Höhe des aufgenommenen Darlehens sondern vor allem aus dem Wortlaut des Art. 2 Buchst. c und i FRL, wonach grundsätzlich die „Gesamtheit der Wirtschaftsgüter" eines Teilbetriebs eingebracht werden müssten. Sowohl die Darlehensvaluta als auch die Darlehensverbindlichkeit seien daher dem einzubringenden Teilbetrieb zuzurechnen. Auch die englische („*all assets and liabilities*") und die französische Fassung („*l'ensemble des éléments d'actif et de passif*") der Fusionsrichtlinie verlangen die umfängliche Übertragung derjenigen Wirtschaftsgüter, die einem Teilbetrieb zuzurechnen sind.[205] Gegen eine Zurechnung der Darlehensvaluta und der Verbindlichkeit zum Teilbetrieb bestehen aber folgende Bedenken:

aa) Allgemeine Anforderungen an die Zuordnung von Wirtschaftsgütern

Allgemein wird eine Zuordnung von Wirtschaftsgütern zu einem bestimmten Teilbetrieb nur dann als zwingend angesehen, wenn eine hinreichend klare Verbindung zwischen den aktiven und passiven Wirtschaftsgütern einerseits und dem Teilbetrieb andererseits besteht.[206] Auch der EuGH[207] bestätigt das, wenn er das Zurückbehalten des Aktienpakets als unschädlich erachtet, weil nach seiner Auffassung „nur ein Teilbetrieb übertragen werde, der mit der Aktienbeteiligung nichts zu tun habe."

Bei Wirtschaftgütern des aktiven Vermögens liegt eine klare Verbindung zu einem Teilbetrieb nicht immer vor. Beispielsweise ist die Zuordnung von Verwaltungsgebäuden des Gesamtbetriebs oder nicht unmittelbar betriebsnotwendigen, also funktional unwesentlichen Wirtschaftsgütern, nicht ohne weiteres möglich.[208] Bei Verbindlichkeiten ist eine Zuordnung noch schwerer, da bei ihnen in der Regel kein Zusammenhang mit bestimmten Aktiva und dem Teilbetrieb besteht. Insoweit ist an den Fall zu denken, dass ein Darlehen für jeden einzelnen Teilbetrieb allein ausreichend ist, nicht aber für alle gemeinsam. Welcher von mehreren Teilbetrieben dann die Ursache für die Darlehensaufnahme ist, lässt sich nicht feststellen. Vielmehr erfolgt die Aufnahme eines Darlehens in einem solchen Fall für den gesamten Betrieb. Dementsprechend kann auch die entsprechende

---

205 *Menner/Broer*, DB 2002, 815, 817, *Tumpel*, Harmonisierung, S. 146.

206 *Herzig/Dautzenberg/Heyeres*, DB 1991, Beilage 12, S. 6; *Tumpel*, Harmonisierung, S. 146; *Aigner*, SWI 2002, 259, 262; *Patt*, in: Dötsch/Patt/Pung/Jost, UmwStR, 5. Aufl., § 20 UmwStG Rz. 73.

207 *EuGH*, Urt. vom 15.1.2002, Rs. C-43/00, „*Andersen og Jensen*", Slg. 2002, I-394 Tz. 28, vgl. auch Schlussanträge des Generalanwaltes *Tizzano*, EuGH, Rs. C-43/00, „*Andersen og Jensen*", Slg. 2002, I-382 Tz. 27.

208 *Strobl-Haarmann*, FS Widmann, S. 553, 556.

Darlehensverbindlichkeit nicht einem Teilbetrieb sondern nur dem Gesamtbetrieb zugeordnet werden. In dem vom EuGH zu entscheidenden Fall wurde das Darlehen vor der Einbringung von der Muttergesellschaft aufgenommen, um das Eigenkapital bei ihr zu belassen und es vor Ansprüchen von Gläubigern zu schützen. Aus den Schlussanträgen des Generalanwaltes ergibt sich, dass die Darlehensvaluta noch nicht verwendet sondern noch als Bankguthaben vorhanden war.[209] Werden aber Geldbestände im Rahmen eines Unternehmens nicht verwendet und als Reserve für den Gesamtbetrieb gehalten, so besteht keine Beziehung dieser liquiden Mittel und der entsprechenden Verbindlichkeit zu einem Teilbetrieb. Anders als funktional wesentliche Wirtschaftsgüter des Anlagevermögens, haben Bankguthaben und Verbindlichkeiten keine unmittelbare Bedeutung für einen Teilbetrieb. Etwas anders gilt dann, wenn sie mit einer bestimmten Tätigkeit des Teilbetriebs in Verbindung stehen oder seinem betrieblichen Zweck dienen. Dies ist dann der Fall, wenn die Verbindlichkeit aus der Finanzierung von Anlagevermögen des Teilbetriebs entstanden ist[210] oder im Zusammenhang mit der Bildung einer Pensions- oder Investitionsrückstellung steht. Diese Voraussetzungen waren aber in dem vom EuGH zu entscheidenden Fall nicht erfüllt.

bb) Selbständigkeit des Teilbetriebs in funktionaler Hinsicht

Die Auffassung des EuGH, die Darlehensverbindlichkeit habe nicht isoliert auf die Tochtergesellschaft übertragen werden dürfen, steht in einem Zusammenhang zu seiner Ansicht, die Selbständigkeit des Teilbetriebs sei in erster Linie unter funktionellen Aspekten zu bestimmen. Nur eine aus eigenen Mitteln funktionsfähige Einheit könne, wie der EuGH[211] betont, einen Teilbetrieb darstellen. Die Aufnahme eines Bankkredits durch die Tochtergesellschaft und die Stellung einer Sicherheit hält er dabei grundsätzlich für zulässig. Wörtlich führt der EuGH[212] aus: „Dass eine übernehmende Gesellschaft zu normalen Marktbedingungen einen Bankkredit aufnimmt, schließt allein noch nicht aus, dass der eingebrachte Betrieb selbständig ist, selbst wenn das Darlehen von den Aktionären der übernehmenden Gesellschaft gesichert wird (...).“ Er stellt damit im Rahmen der Selbständigkeit

---

[209] Schlussanträge des Generalanwaltes *Tizzano*, EuGH, Rs. C-43/00, *„Andersen og Jensen“*, Slg. 2002, I-382 Tz. 24, 25. Vgl. auch *Aigner*, SWI 2002, 259, 264.

[210] Vgl. *Thömmes*, IWB F. 11a, 561, 566.

[211] *EuGH*, Urt. vom 15.1.2002, Rs. C-43/00, *„Andersen og Jensen“*, Slg. 2002, I-394 Tz. 24.

[212] *EuGH*, Urt. vom 15.1.2002, Rs. C-43/00, *„Andersen og Jensen“*, Slg. 2002, I-394 Tz. 35.

des Teilbetriebs auf seine eigenständige Funktionsfähigkeit ab. Insoweit ist es unschädlich, wenn sich der Teilbetrieb aus fremden Mitteln finanziert. Schädlich ist es aber nach der Auffassung des EuGH, wenn daneben eine weitere Darlehensverbindlichkeit besteht und die damit verbundene Darlehensvaluta nicht dem Teilbetrieb zugute kommt. Seine Ausführungen sind daher so zu verstehen, dass die kumulative Belastung mit zwei Verbindlichkeiten der Funktionsfähigkeit des Teilbetriebs entgegenstehe. Eine Aussage darüber, ob die Darlehensvaluta und die entsprechende Verbindlichkeit zwingend dem Teilbetrieb zugeordnet werden müssen, ist damit nicht verbunden.

cc) Verstoß gegen die Ziele der Fusionsrichtlinie

Nach den Erwägungsgründen Nr.1 und Nr. 2 der Präambel besteht der Sinn und Zweck der Fusionsrichtlinie darin, wirtschaftlich sinnvolle Umstrukturierungen zu ermöglichen.[213] Eine Besteuerung der in dem übertragenden Betriebsvermögen enthaltenen stillen Reserven soll unterbleiben, damit der übernehmende Rechtsträger das unternehmerische Engagement fortführen kann. Danach kann es für die „Gesamtheit der Wirtschaftsgüter" eines Teilbetriebs nur auf die Übertragung solcher Wirtschaftgüter ankommen, die dem übernehmenden Rechtsträger eine Fortführung des unternehmerischen Engagements ermöglichen. Die isolierte Belastung des Teilbetriebs mit einer Verbindlichkeit führt aber nicht im Allgemeinen dazu, dass eine solche Funktionsfähigkeit nicht mehr angenommen werden kann. Das Eigenkapital des eingebrachten Teilbetriebs ist lediglich geringer, wenn ihm eine Verbindlichkeit, aber keine liquiden Mittel zuordnet werden. Entsprechend niedrig ist auch der Verkehrs- oder Marktwert der im Gegenzug erhaltenen Anteile. Die Besteuerung der stillen Reserven im Betriebsvermögen des eingebrachten Teilbetriebs ist aber gesichert. Damit bleibt auch das weitere Ziel der Richtlinie,[214] die Sicherstellung der finanziellen Interessen des Staates der einbringenden Gesellschaft, gewahrt. Ist aber einer Besteuerung der stillen Reserven gewährleistet, besteht kein Grund, darüber hinaus gehende Anforderungen an den Umfang der einzubringenden Wirtschaftgüter aufzustellen.[215]

---

[213] Vgl. Erwägungsgründe Nr. 1 und Nr. 2 der Präambel zur Fusionsrichtlinie.
[214] Vgl. Erwägungsgrund Nr. 4 bis 6 der Präambel zur Fusionsrichtlinie.
[215] In diesem Sinne *Thömmes*, FS Widmann, S. 583, 590.

d) *Fazit*

aa) *Fehlende Zurechenbarkeit von Darlehensvaluta und -verbindlichkeit*

Der Auffassung des EuGH, Darlehensvaluta und Darlehensverbindlichkeit dem Teilbetrieb zuzurechnenden, ist nicht zuzustimmen. Die Darlehensvaluta wurde allein zur Steigerung der Liquidität der Muttergesellschaft und nicht zur Finanzierung des eingebrachten Teilbetriebs verwendet.[216] Dementsprechend waren Darlehensvaluta und Darlehensverbindlichkeit dem Gesamtbetrieb der Muttergesellschaft und nicht dem Teilbetrieb zuzurechnen.[217] Entgegen der Ansicht des EuGH scheiterte die Einbringung nicht daran, dass nicht alle Wirtschaftsgüter des Teilbetriebs übertragen wurden.

bb) *Verbot zusätzlicher Gegenleistungen*

Hilfsweise verneint der EuGH[218] das Vorliegen einer Einbringung von Unternehmensteilen, weil das gleiche wirtschaftliche Ergebnis auch dann erreicht worden wäre, wenn die übernehmende Gesellschaft zunächst das Darlehen aufgenommen und anschließend den Teilbetrieb gegen eine Übertragung von Anteilen und der Darlehensvaluta erworben hätte. Eine solche Übertragung, die teilweise gegen eine Geldleistung erfolgt, sei keine Einbringung von Unternehmensteilen im Sinne der Fusionsrichtlinie. Dieser Ansicht des EuGH ist zuzustimmen. Nach dem Wortlaut des Art. 2 Buchst. c FRL kommen als Gegenleistung nur Anteile am Gesellschaftskapital der übernehmenden Gesellschaft in Betracht. Andere Gegenleistungen scheiden hingegen aus. Daraus ergibt sich im Gegenschluss das Verbot der Gewährung von anderen Wirtschaftsgütern und baren Zuzahlungen als Gegenleistungen. Denn in einem solchen Fall liegt kein Tausch des einbrachten Betriebsvermögens gegen Anteile an der übernehmenden Gesellschaft sondern eine echte Veräußerung des Betriebsvermögens vor. Wie der EuGH zu Recht hervorhebt, stellte die isolierte Übertragung der Verbindlichkeit eine Gestaltung dar, um dieses Verbot zusätzlicher Gegenleistungen zu umgehen. Im Ergebnis ist daher der Entscheidung des EuGH in der Rechtssache „*Andersen og Jensen*" zuzustimmen.

---

216 *Thömmes* (JbFSt 2002/2003, 82, 83) spricht von einer extremen Sachverhaltkonstellation; vgl. auch *de Weerth*, RIW 2003, 131, 136.

217 *Menner/Broer*, DB 2002, 815, 817, allgemein *Strobl-Haarmann*, FS Widmann, S. 553, 561 Fn. 51.

218 *EuGH*, Urt. vom 15.1.2002, Rs. C-43/00, „*Andersen og Jensen*", Slg. 2002, I-394 Tz. 26.

cc) Weitere Rückschlüsse aus der Entscheidung des EuGH

In der Rechtslehre[219] wird aus der „*Andersen og Jensen*"-Entscheidung geschlossen, im Rahmen des europäischen Teilbetriebsbegriffs müssten alle Wirtschaftsgüter des Teilbetriebs in ihrer Gesamtheit einbracht werden, so dass es auf eine Unterscheidung zwischen wesentlichen und unwesentlichen Betriebsgrundlagen nicht ankomme. Ein solcher Rückschluss lässt sich jedoch der Entscheidung des EuGH nicht entnehmen. Vielmehr unterscheidet auch der EuGH im Grundsatz zwischen funktional unwesentlichen und wesentlichen Wirtschaftgütern.[220] So sei das Aktienpaket an der dritten Gesellschaft nicht mit einzubringen gewesen, da der Teilbetrieb keinen Bezug zu dieser Beteiligung habe, die Beteiligung also funktional von keiner Bedeutung für den Teilbetrieb sei.[221] Des Weiteren betont der EuGH, dass eine Einbringung eines Teilbetriebs im Sinne der Fusionsrichtlinie nur dann vorliege, wenn eine aus eigenen Mitteln funktionsfähige Einheit übertragen werde. Eine solche aus eigenen Mitteln funktionsfähige Einheit wird auch dann übertragen, wenn nur die funktional wesentlichen Betriebsgrundlagen und nicht alle Wirtschaftsgüter des Teilbetriebs Gegenstand der Einbringung sind.

Der EuGH betont jedoch im Hinblick auf die Selbständigkeit des Teilbetriebs, dass diese in erster Linie unter einem funktionalen Aspekt zu beurteilen sei. Die übertragenen Unternehmensteile müssten, so der EuGH,[222] als selbständiges Unternehmen funktionsfähig sein.[223] Erst in zweiter Linie sei die Selbständigkeit des Teilbetriebs unter finanziellen Gesichtpunkten zu würdigen. Diese Ausführungen des EuGH und die Tatsache, dass er im Grundsatz zwischen unwesentlichen und wesentlichen Wirtschaftsgütern eines Teilbetriebs unterscheidet, können dem Urteil des EuGH in der Rechtssache „*Andersen og Jensen*" als kennzeichnende Merkmale des europäischen Teilbetriebsbegriffs entnommen werden.

---

219 *Neumann*, EStB 2002, 437, 441; *Blumers*, DStR 2001, 722, 725. A.A. *Aigner*, SWI 2002, 259, 264; *Menner/Broer*, DB 2002, 815, 817; wohl auch *Strobl-Haarmann*, FS Widmann, S. 553, 563.

220 Gleiche Ansicht *Menner/Broer*, DB 2002, 815, 816.

221 *EuGH*, Urt. vom 15.1.2002, Rs. C-43/00, „*Andersen og Jensen*", Slg. 2002, I-394 Tz. 28.

222 *EuGH*, Urt. vom 15.1.2002, Rs. C-43/00, „*Andersen og Jensen*", Slg. 2002, I-394 Tz. 35.

223 In diesem Sinn schon *Schön*, JbFSt 1997/1998, 126, 129; *Knobbe-Keuk*, Bilanz- und Unternehmenssteuerrecht, § 22 VIII 4 b, S. 843; *Herzig/Förster*, DB 1992, 911, 913.

V. Eigene Auslegung des europäischen Teilbetriebsbegriff

Lassen sich aufgrund der besonderen Sachverhaltskonstellation nur wenige Rückschlüsse aus der „*Andersen og Jensen*"-Entscheidung entnehmen, stellt sich die Frage, welche weiteren Voraussetzungen der europäische Teilbetriebsbegriff enthält. Da keine weitere Entscheidung des EuGH zur Teilbetriebsdefinition des Art. 2 Buchst. i FRL vorliegt, sollen die Voraussetzungen des europäischen Teilbetriebsbegriffs im Rahmen eines Vergleichs mit dem nationalen Teilbetriebsbegriff ermittelt werden. Der in nationaler Hinsicht maßgebende Teilbetriebsbegriff soll der von der Rechtsprechung zur Teilbetriebsveräußerung und -aufgabe nach § 16 EStG entwickelte Begriff sein. Zuvor ist in der gebotenen Kürze auf die Kriterien zur Auslegung von Richtlinienbegriffen einzugehen.

1. Kriterien für die Auslegung von Richtlinienbegriffen

Der Ausgangspunkt jeder Auslegung eines Richtlinienbegriffs ist – wie auch bei Begriffen des nationalen Rechts[224]– sein Wortlaut.[225] Im Rahmen dieser grammatikalischen Auslegung sind die verschiedenen sprachlichen Fassungen der Richtlinie gleichwertig zu würdigen.[226] Der Wortlaut einer sprachlichen Fassung stellt daher keine Grenze dar. Der mögliche Wortsinn ist erst überschritten, wenn sich die gefundene Auslegung mit keiner Sprachfassung mehr in Einklang bringen lässt.[227] Auch der systematischen Auslegung kommt bei der Auslegung von Richtlinienbegriffen eine gewisse Bedeutung zu. In diesem Zusammenhang können durch einen Vergleich mit anderen Richtlinien, die zeitgleich oder zu sachlich zusammengehörenden Regelungsgegenständen ergangen sind, Anhaltspunkte für die Bestimmung eines Rechtsbegriffs entnommen werden.[228] Diese Auslegungsmethoden treten jedoch in ihrer Bedeutung hinter die teleologische Auslegung zurück. Die Auslegung von Begriffen einer Richtlinie richtet sich vornehmlich nach dem Zweck der Richtlinie, wie er sich aus den vorangestellten Erwägungs-

---

[224] *Tiedtke*, DStR 1979, 543, 544; *ders.*, Aufrechnungsfragen, S. 49.

[225] *EuGH*, Urt. vom 8.11.1977, Rs. 36/77, „*AIMA*", Slg. 1997, I-2059 ff.; *EuGH*, Urt. vom 8.10.1987, Rs. 80/86, „*Kolpinghaus Nijmegen*", Slg. 1987, I-3969 ff.; *Thömmes*, in: Flick/Wassermeyer/Baumhoff, AStG, vor § 23 UmwStG Rz. 48; *Schön*, Auslegung, S. 50 f. m.w.N.

[226] *EuGH*, Urt. vom 23.2.1988, Rs. 353/85, „*Kommission/Vereinigtes Königreich*", Slg. 1988, I-817 ff.; *EuGH*, Urt. vom 7.7.1988, Rs. 55/87, „*Moksel*", Slg. 1988, I-3945 ff.

[227] *Schön*, Auslegung, S. 50 f. m.w.N aus der Rechtsprechung des EuGH.

[228] *Herzig*, IStR 1994, 1, 3 f.; *Blumers/Kramer*, DB 1993, 852, 856 f. *Thömmes*, in: Flick/Wassermeyer/Baumhoff, AStG, vor § 23 UmwStG Rz. 49.

gründen ergibt.[229] Dieser Vorrang der teleologischen Auslegung leitet sich aus Art. 249 Abs. 3 EG (ex Art. 189 Abs. 3 EGV) ab, der die Mitgliedstaaten bei der Umsetzung einer Richtlinie an deren Ziel bindet und lediglich einen Ermessenspielraum hinsichtlich der Wahl der Form und Mittel der Umsetzung lässt.[230] Eine ausdrückliche Definition eines Begriffs einer Richtlinie stellt daher für den EuGH lediglich eine Auslegungshilfe bei der Festlegung des Inhalts des Begriffs dar.[231] Der maßgebliche Inhalt des Begriffs ergibt sich vielmehr aus der ergänzenden Heranziehung des Ziels der Richtlinie. Demgegenüber spielt der historische Aspekt nur eine begrenzte Rolle. Im Hinblick auf den Kompromisscharakter einer Richtlinie und die oftmals divergierenden Vorverständnisse der beteiligten Mitgliedstaaten ist die Entstehungsgeschichte einer Richtlinie von keiner oder allenfalls geringer Bedeutung. Insbesondere können im Rahmen einer historischen Auslegung nicht überkommene Vorstellungen einzelner Mitgliedstaaten für die Auslegung eines Richtlinienbegriffs herangezogen werden.[232] Für die Fusionsrichtlinie ergibt sich dies aus dem Erwägungsgrund Nr. 3 der Präambel, wonach der Richtliniengeber zur Vermeidung von Wettbewerbsverfälschungen auf eine Übernahme nationaler Begriffe und Vorschriften verzichtet hat.

2. Inhalt des nationalen und des europäischen Teilbetriebsbegriffs

Nach der Auffassung des BFH ist der Teilbetriebsbegriff in allen nationalen Vorschriften, in denen er verwandt wird, grundsätzlich identisch. Ein Teilbetrieb im Sinne des deutschen Steuerrechts ist ein organisch geschlossener Teil des Gesamtbetriebs, der für sich allein lebensfähig ist und eine gewisse Selbständigkeit hat.[233] Danach sind die Merkmale organisatorische Geschlossenheit, die eigenständige Lebensfähigkeit und eine gewisse Selbständigkeit für den nationalen Teilbetriebsbegriff kennzeichnend.[234] Darüber

229 *Thömmes*, FS Widmann, S. 583, 590; *Schön*, Auslegung, S. 52 f., *Everling*, DStJG 11 (1988), 51, 60.

230 *Thömmes*, in: Flick/Wassermeyer/Baumhoff, AStG, vor § 23 UmwStG Rz. 50; *Bleckmann*, RIW 1987, 929, 930.

231 *Thömmes*, FS Widmann, S. 583, 589.

232 *Everling*, ZGR 1992, 376, 381, 386, *Schön*, Auslegung, S. 53.

233 *BFH*, Urt. vom 24.4.1969, IV R 202/68, BStBl. II 1969, 397, 398, *BFH*, Urt. vom 19.2.1976, IV R 179/72, BStBl. II 1976, 415, 416; *BFH*, Urt. vom 15.3.1984, IV R 189/81, BStBl. II 1984, 486; *BFH*, Urt. vom 27.10.1994, I R 107/93, BStBl. II 1995, 403, 405; *BFH*, Urt. vom 13.2.1996, VIII R 39/92, BStBl. II 1996, 409, 410; *BFH*, Beschl. vom 18.10.1999, GrS 2/98, BStBl. II 2000, 123, 126.

234 *Wacker*, in: Schmidt, EStG, § 16 Rz. 144; *Stuhrmann*, in: Blümich, EStG, KStG, GewStG, § 16 EStG Rz. 124.

hinaus ist nach der herrschenden Meinung[235] erforderlich, dass der Teilbetrieb für sich betrachtet alle Merkmale eines Gewerbebetriebs erfüllt. Diese Voraussetzungen sind mit der Teilbetriebsdefinition des Art. 2 Buchst. i FRL zu vergleichen.[236]

a) *Selbständigkeit des Teilbetriebs*

aa) *Gewisse Selbständigkeit des Teilbetriebs im nationalen Recht*

Das kennzeichnende Merkmal des nationalen Teilbetriebsbegriffs ist das der „gewissen“ Selbständigkeit des Teilbetriebs. Es dient sowohl der Abgrenzung eines Teilbetriebs von einem unselbständigen Betriebsteil, als auch der Abgrenzung des Teilbetriebs zu einem selbständigen Betrieb. Dementsprechend muss lediglich auch nur eine „gewisse“ Selbständigkeit vorliegen. Eine vollständige Selbständigkeit im Sinne von zwei selbständigen Betrieben des Steuerpflichtigen ist nicht notwendig.[237] Erforderlich ist aber, dass der Teilbetrieb mehr als ein bloßer Betriebsteil ist und eine selbständige Funktion im Rahmen des Betriebs hat.[238] Diese Voraussetzung ist gegeben, sofern die Wirtschaftgüter des Betriebsvermögens in ihrer Gesamtheit einer Betätigung dienen, die sich im Rahmen des Gesamtunternehmens von der übrigen gewerblichen Tätigkeit deutlich unterscheidet.[239] Nach der Auffassung des BFH[240] ist es daher nicht ausreichend, wenn der Gesamtbetrieb in zwei mit einer gewissen Selbständigkeit ausgestattete

---

235 Ständige Rechtsprechung des BFH, vgl. *BFH,* Urt. vom 12.11.1997, XI R 24/97, BFH/NV 1998, 690 f.; *BFH,* Urt. vom 13.2.1996, VIII R 39/92, BStBl. II 1996, 409, 410. *Tiedtke/Wälzholz,* FR 1999, 117 f. m.w.N.

236 Die einzelnen Voraussetzungen des nationalen Teilbetriebsbegriffs sind von einer umfassenden Kasuistik geprägt. Die folgende Untersuchung beschränkt sich auf die Grundzüge der Rechtsprechung des BFH. Für eine umfassende Untersuchung der bisherigen Rechtsprechung zum nationalen Teilbetriebsbegriff sei deshalb auf die grundlegende Arbeit von *Wälzholz,* S. 51 ff. verwiesen. Zur Kritik an dieser Rechtsprechung, vgl. insbesondere *Wälzholz,* S. 126 ff.; *Tiedtke/Wälzholz,* FR 1999, 117 ff.; *Tiedtke,* DStR 1979, 543, 544 ff.; *ders.,* Einkommensteuer- und Bilanzsteuerrecht, S. 113 f. m.w.N.

237 *BFH,* Urt. vom 17.1991, IV R 12/89, BStBl. II 1991, 566, 568; *BFH,* Urt. vom 24.8.1989, IV R 120/88, BStBl. II 1990, 55, 56; *BFH,* Urt. vom 15.3.1984, IV R 189/81, BStBl. II 1984, 486.

238 *Wacker,* in: Schmidt, EStG, § 16 Rz. 140; *Reiß,* in: Kirchhof/Söhn/Mellinghof, EStG, § 16 Rz. B 255; *Wälzholz,* S. 68.

239 *BGH,* Urt. vom 13.2.1996, VIII R 39/92, BStBl. II 1996, 409, 410; *BFH,* Urt. vom 29.4.1993, IV R 88/92, BFH/NV 1994, 694, 695; *BFH,* Urt. vom 15.3.1984, IV R 189/81, BStBl. II 1984, 486.

240 *BFH,* Urt. vom 23.11.1965, I 171/63, StRK EStG, § 16 R. 90; *BFH,* Urt. vom 23.11.1988, X R 1/86, BStBl. II 1989, 376.

Teilbetriebe aufgeteilt werden kann, sondern der Teilbetrieb muss bereits vor seiner Veräußerung, Aufgabe oder Einbringung mit der erforderlichen Selbständigkeit ausgestattet sein. Die bloße Möglichkeit der Aufteilung reicht also nicht aus.[241] Für die Frage, wann von einer „gewissen" Selbstständigkeit auszugehen ist, bestehen keine allgemeingültigen Kriterien. Nach der Auffassung des BFH[242] sei dies vielmehr aufgrund einer Gesamtbetrachtung der Umstände des Einzelfalls zu ermitteln. Zu diesem Zweck hat er eine Reihe von Indizien entwickelt, die nicht alle gleichzeitig vorliegen müssen, da sonst eine vollständige Selbständigkeit vorläge. Ihnen kommt dabei ein unterschiedliches Gewicht zu, je nachdem, ob es sich um ein Produktions-, Dienstleistungs- oder Handelsunternehmen handelt.[243] Als Abgrenzungskriterien kommen insbesondere[244] die Verwendung von eigenem Personal[245], das Vorhandensein von eigenem Inventar und Anlagevermögen[246], eine gesonderte Buchführung[247], die örtliche Trennung[248], das Vorliegen eines eigenen Kundenstammes[249] sowie die Unterschiedlichkeit der Tätigkeiten, die in dem Teilbetrieb und dem Rest des Betriebs ausgeübt werden.[250] Auch die Möglichkeit einer eigenen Preisgestaltung und das Vorhandensein von eigenen Einkaufsbeziehungen lassen auf das Vorliegen einer gewissen Selbständigkeit schließen.[251] Ist es jedoch branchentypisch, dass eine Einzelhandelsfiliale ihre Waren von wenigen Großhändlern über ein organisiertes Vertriebssystem und zu gleich bleibenden Preisen be-

---

241 *BFH*, Urt. vom 23.11.1988, X R 1/86, BStBl. II 1989, 376; *FG Rheinland-Pfalz*, Urt. vom 10.7.1990, 2 K 54/88, EFG 1990, 583.

242 *BFH*, Urt. vom 15.3.1984, IV R 189/81, BStBl. II 1984, 486; *Wacker*, in: Schmidt, EStG, § 16 Rz. 148.

243 BFH, Urt. vom 5.6.2003, IV R 18/02, BStBl. II 2003, 838; *BFH*, Urt. vom 29.4.1993, IV R 88/92, BFH/NV 1994, 694, 695; *BFH*, Urt. vom 12.2.1992, XI R 21/90, BFH/NV 1992, 516; *BFH*, Urt. vom 27.10.1994, I R 107/93, BStBl. II 1995, 403, 405; *Tiedtke/Wälzholz*, DStZ 2000, 127.

244 Vgl. dazu umfassend *Wälzholz*, S. 69 ff., 73 ff. Auf eine ausführliche Darstellung der in Betracht kommenden Abgrenzungskriterien kann im Rahmen des Vergleichs zwischen nationalen und europäischen Teilbetriebsbegriff verzichtet werden.

245 *BFH*, Urt. vom 13.2.1996, VIII R 39/92. BStBl. II 1996, 409, 410; *BFH*, Urt. vom 29.4.1993, IV R 88/92, BFH/NV 1994, 694, 695.

246 *BFH*, Urt. vom 29.4.1993, IV R 88/92, BFH/NV 1994, 694, 695.

247 *BFH*, Urt. vom 12.9.1979, I R 146/76, BStBl. II 1980, 51.

248 *BFH*, Urt. vom 9.11.1995, IV R 96/93, BFH/NV 1996, 316.

249 *BFH*, Urt. vom 27.10.1994, I R 107/93, BStBl. II 1995, 403, 405; *BFH*, Urt. vom 12.4.1989, I R 105/85, BStBl. II 1989, 653, 654.

250 *BFH*, Urt. vom 13.2.1996, VIII R 39/92. BStBl. II 1996, 409, 410; *BFH*, Urt. vom 25.7.1994, I B 2/94, BFH/NV 497.

251 *BFH*, Urt. vom 12.2.1992, XI R 21/90, BFH/NV 1992, 516, 517; *BFH*, Urt. vom 24.4.1980, IV R 61/77, BStBl. II 1980, 690, 691; *Wacker*, in: Schmidt, EStG, § 16 Rz. 148; *Blumers*, DB 2001, 722, 723.

zieht, kommt es nach der Auffassung des BFH[252] für die Frage, ob diese Filiale ein Teilbetrieb oder eine bloße „Verkaufsstelle“ ist, nicht mehr darauf an, ob eine eigene Preisgestaltung und Einkaufsbeziehung vorliegen. Der BFH hat dies für Brauereigaststätten[253] und für den Bereich des Tabakhandels[254] bestätigt. Für andere Fälle des Einzelhandels hat er bislang keine Stellung bezogen. Im Rahmen der vom BFH vorgenommenen Gesamtschau ist daher von Fall zu Fall zu entscheiden, ob eine „gewisse“ Selbständigkeit gegeben ist. Dies und die restriktive Ausgestaltung des Merkmals der gewissen Selbständigkeit, wie es durch den BFH geschieht, wird von der Rechtslehre[255] kritisiert. Danach habe das Merkmal der gewissen Selbständigkeit allein die Aufgabe, die Tätigkeit des Teilbetriebs von der übrigen Tätigkeit des Steuerpflichtigen zu unterscheiden. Unterscheide sich die Tätigkeit eines Teilbetriebs aufgrund des Vorliegens von eigenem Anlagevermögen, Personal und Kundenstamm und einer örtlichen Trennung von der restlichen Tätigkeit des Gesamtbetriebs, sei eine selbständige „Erwerbsquelle“ im Sinne eines selbständigen Teilbetriebs gegeben. Auf weitergehende Voraussetzungen komme es, im Gegensatz zur Rechtsprechung des BFH, dann nicht mehr an. Vereinzelt[256] wird sogar gefordert, auf das Merkmal der gewissen Selbständigkeit zu verzichten. Maßgeblich sei allein, ob sich mit einem oder mehreren Wirtschaftsgütern ein selbständiger oder lebensfähiger Betrieb führen lasse. Auf die Frage, ob diese Wirtschaftsgüter schon vor der Veräußerung oder Aufgabe über eine gewisse Selbständigkeit verfügt hätten, komme es nicht an.

Dieser Auffassung kann jedenfalls im Rahmen des nationalen Teilbetriebsbegriffs nicht zugestimmt werden, da sie dem Willen des historischen Gesetzgebers widerspricht. Mit der Einführung des § 30 EStG 1925 verfolgte dieser das Ziel, solche Vorgänge zu erfassen, die nach der Quellentheorie bislang nicht steuerbar gewesen waren.[257] Dies waren, wie insbesondere

[252] *BFH*, Urt. 10.3.1998, VIII R 31/95, BFH/NV 1998, 1209. Vgl. auch *FG Sachsen-Anhalt*, Urt. vom 26.1.1995, I 128/93, EFG 1995, 659 (Apotheken). Weitergehend *Tiedtke*, FR 1981, 445 ff.; *Tiedtke/Wälzholz*, DStZ 2000, 127, 128 (für Buchläden und Tankstellen).

[253] *BFH*, Urt. vom 3.8.1966, IV 380/62, BStBl. II 1967, 47, 48.

[254] *BFH*, Urt. vom 10.3.1998, VIII R 31/95, BFH/NV 1998, 1209.

[255] Vgl. *Tiedtke*, Einkommensteuer- und Bilanzsteuerrecht, S. 114 f.; *ders.*, DStR 1979, 543, 546; *Wälzholz*, S. 154; tendenziell auch *Reiß*, in: Kirchhof/Söhn/Mellinghof, EStG, § 16 Rz. B 260.

[256] *Hermstädt*, BB 1979, 96, 99.

[257] *BFH*, Urt. vom 16.9.1966, VI 118/65, BStBl. III 1967, 70, 71; *Becker*, Grundlagen, S. 205 ff., vgl. auch *Wälzholz*, S. 127 ff.

Tiedtke[258] herausgearbeitet hat, allein die Fälle, in denen der Steuerpflichtige einen selbständigen Teil seines Betriebs, also eine selbständige Einkommensquelle veräußerte oder aufgab. Eine beliebige Zusammenfassung von Wirtschaftsgütern, die sich nicht von der restlichen Tätigkeit des Betriebs unterscheidet, erfüllt diese Voraussetzung nicht. Zudem stellt der Steuerpflichtige durch die Veräußerung oder Aufgabe eines Teilbetriebs einen Teil seiner unternehmerischen Tätigkeit ein. Dieses Merkmal der Tätigkeitsbeendigung erfordert eine Abgrenzung der aufgebenden Tätigkeit zu den weitergeführten und fortgesetzten Tätigkeiten desselben Steuerpflichtigen. Denn ansonsten bestünde die Gefahr, dass der Steuerpflichtige einerseits die steuerlichen Vergünstigungen der §§ 16 Abs. 4, 34 EStG für die veräußerte oder aufgegebene Tätigkeit in Anspruch nimmt, andererseits die gleiche Tätigkeit aber in seinem weiter bestehenden Unternehmen in gleicher oder in ähnlicher Weise fortführt. Aus diesen Gründen kann im Rahmen des nationalen Teilbetriebsbegriffs nicht auf das Merkmal der gewissen Selbständigkeit verzichtet werden.

bb) Vergleich mit dem europäischen Teilbetriebsbegriff

(1) Der Wortlaut (Grammatikalische Auslegung)

Der Begriff des Teilbetriebs wird in Art. 2 Buchst. i FRL als Gesamtheit der in einem Unternehmensteil einer Gesellschaft vorhandenen aktiven und passiven Wirtschaftsgüter definiert, „die in organisatorischer Hinsicht einen selbständigen Betrieb, d.h. eine aus eigenen Mitteln funktionsfähige Einheit darstellen." Nach dem Wortlaut der Definition verlangt der europäische Teilbetriebsbegriff eine organisatorische Selbständigkeit des einzubringenden Teilbetriebs. Damit ist aber im Gegensatz zum nationalen Teilbetriebsbegriff keine „gewisse" Selbständigkeit im Sinne einer Unterscheidbarkeit der Tätigkeit des Teilbetriebs von der übrigen Tätigkeit des Unternehmens gemeint. Zwar geht die Begriffsdefinition davon aus, dass ein Teilbetrieb nur dann vorliegt, wenn er organisatorisch verselbständigt ist. Das Merkmal der Selbständigkeit wird jedoch durch den erläuternden Nebensatz „d.h. eine aus eigenen Mitteln funktionsfähige Einheit" als eigenständige Funktionsfähigkeit umschrieben.[259] Die für den Teilbetrieb vorausgesetzte Selb-

---

[258] *Tiedtke*, DStR 1979, 543, 545; *ders.*, FR 1985, 298, 299; *ders.*, StRK EStG, § 16 R. 230; vgl. auch *Wälzholz*, S. 147; *Mittmann*, DStZ 1989, 473, 474.

[259] *Schön*, JbFSt 1997/98, 126, 129; *Herzig/Förster*, DB 1992, 911, 912, 913; *Strobl-Haarmann*, FS Widmann, S. 553, 556; *Hahn*, IStR 1998, 326, 328; *Knobbe-Keuk*, Bilanz- und Unternehmenssteuerrecht, § 22 VIII 4 b, S. 843.

ständigkeit und die eigenständige Funktionsfähigkeit sind nach dem Wortlaut des Art. 2 Buchst. i FRL Synonyme und keine kumulativen Merkmale.[260] Entscheidend ist danach, ob die Zusammenfassung der Wirtschaftgüter in dem Betriebsvermögen des einbringenden Rechtsträgers eine ausreichende Grundlage für eine Fortsetzung des unternehmerischen Engagement darstellen.[261] Dass sich diese Zusammenfassung von Wirtschaftsgütern aufgrund ihrer örtlichen Trennung, einer gesonderten Buchführung oder dem Einsatz von eigenem Personal von der restlichen Tätigkeit unterscheidet, ist hingegen ohne Bedeutung. Die weitgehenden Anforderungen des nationalen Teilbetriebsbegriffs an die gewisse Selbständigkeit des Teilbetriebs finden daher im europäischen Teilbetriebsbegriff keine Entsprechung.[262] Diese Auslegung entspricht der des EuGH in der Rechtssache *„Andersen og Jensen"*. Nach seiner Auffassung[263] sei das selbständige Funktionieren des Betriebs in erster Linie unter einem funktionellen und erst in zweiter Linie unter einem finanziellen Aspekt zu beurteilen. Die übertragenen Unternehmensteile müssten, so der EuGH,[264] als selbständiges Unternehmen funktionsfähig sein, ohne dass sie hierfür zusätzlicher Investitionen oder Einbringungen bedürften. Auch in anderen sprachlichen Fassungen der Fusionsrichtlinie kommt es für das Vorliegen der Selbständigkeit auf die Funktionsfähigkeit des einzubringenden Teilbetriebs an. Nach der englischen Fassung wird die erforderliche Selbständigkeit mit einer eigenständigen Funktionsfähigkeit umschrieben („*independent business, that is to say an entity capaple of functioning by its own means*").[265] Ebenso stellen die französische, [266] die italienische[267] und die spanische Fassung[268] der Fusionsricht-

---

[260] *Herzig*, IStR 1994, 1, 2 f.; *Blumers*, DB 2001, 722, 725. *Herzig/Förster*, DB 1992, 911, 913; *Strobl-Haarmann*, FS Widmann, S. 553, 556.

[261] *Albrecht*, in: Haritz/Benkert, UmwStG, § 23 Rz. 117; *Widmann*, in: Widmann/Mayer, UmwR, § 23 UmwStG Rz. 18.

[262] *Carl*, Inf 1992, 316, 320; *Blumers/Kramer*, DB 1993, 852, 856; *Bien u.a.*, DStR 1998, Beilage 1, S. 48.

[263] *EuGH*, Urt. vom 15.1.2002, Rs. C-43/00, *„Andersen og Jensen"*, Slg. 2002, I-394 Tz. 35.

[264] *EuGH*, Urt. vom 15.1.2002, Rs. C-43/00, *„Andersen og Jensen"*, Slg. 2002, I-394 Tz. 35.

[265] *Terra/Wattel*, European Tax Law, S. 545.

[266] Die französische Fassung des Art. 2 Buchst. i FRL lautet: *„branche d'activité: l'ensemble des éléments d'actif et de passif d'une division d'une société qui constituent, du point de vue de l'organisation, une exploitation autonome, c'est-à-dire un ensemble capable de fonctionner par ses propres moyens."*

[267] Die italienische Fassung des Art. 2 Buchst. i FRL lautet: *„ramo d'attività: il complesso degli elementi attivi e passivi di un settore di una società che costituiscono, dal punto di vista organizzativo, un'azienda indipendente, cioè un complesso capace di funzionare con i propri mezzi."*

linie auf die Funktionsfähigkeit, also die Fortführbarkeit des Teilbetriebs ab. Auch ein Vergleich mit den Regelungen in anderen Mitgliedstaaten der Europäischen Union, welche die Fusionsrichtlinie in ihr nationales Recht umgesetzt haben, bestätigt diese Auslegung.[269] Ein solcher Vergleich zwischen den einzelnen Umsetzungsregelungen ist zwar keine eigentliche Erkenntnisquelle im Rahmen der grammatikalischen Auslegung eines Richtlinienbegriffs. Der EuGH stellt aber neben einer Auslegung eines Begriffs aus der Richtlinie selbst auch auf seine Handhabung in anderen Mitgliedstaaten ab.[270] In Belgien[271] reicht eine Einheit, die in der Lage ist, mit ihren eigenen Mitteln zu funktionieren. In Frankreich[272] wird entsprechend der französischen Fassung der Fusionsrichtlinie eine *„unité économique automome capable de foncionner par se propres moyens"* vorausgesetzt, also eine Wirtschaftseinheit, die selbständig mit eigenen Mitteln funktionsfähig ist. In den Niederlanden[273] genügt nach der Auffassung der Rechtsprechung „ein Teil eines selbständigen Unternehmens, der fähig ist, mit eigenen Mitteln tätig zu sein." In Portugal und Dänemark[274] wurde der Wortlaut des Art. 2 Buchst. i FRL in das nationale Steuerrecht übernommen. Auch die Umsetzungsregelungen in Italien, Schweden, Spanien und dem Vereinigten Königreich[275] orientieren sich an dem Wortlaut des europäischen Teilbetriebsbegriffs. Nach der Wortlautauslegung ist damit eine bloße Funktionsfähigkeit des einzubringenden Teilbetriebs ausreichend.[276] Dies erlaubt die Einbringung von organisatorisch und funktional abgegrenzten Abteilungen, die bislang ihre Leistungen oder Produkte ausschließlich in den Dienst des Gesamtunternehmens gestellt haben und bei denen eine gewisse Selbständigkeit im Sinne des nationalen Teilbetriebsbegriffs, also beispielsweise eine örtliche Trennung oder ein eigener Kundenstamm, fehlt.

---

268 Die spanische Fassung des Art. 2 Buchst. i FRL lautet: *„rama de actividad: el conjunto de elementos de activo y de pasivo de una división de una sociedad que constituyen desde el punto de vista de la organización una explotación autónoma, es decir, un conjunto capaz de funcionar por sus propios medios."*

269 Vgl. umfassend *Widmann*, in: Widmann/Mayer, UmwR, § 23 UmwStG Rz. 22, 156.

270 *Widmann*, in: Widmann/Mayer, UmwR, § 23 UmwStG Rz. 22,

271 *Widmann*, in: Widmann/Mayer, UmwR, § 23 UmwStG Rz. 156.

272 Vgl. *Hahn*, IStR 1998, 326, 328 m.w.N. zur Rechtsprechung und Finanzverwaltung in Frankreich.

273 *Widmann*, in: Widmann/Mayer, UmwR, § 23 UmwStG Rz. 156.

274 *Widmann*, in: Widmann/Mayer, UmwR, § 23 UmwStG Rz. 156. Zu der Umsetzung in Dänemark siehe auch den Sachverhalt von *EuGH*, Urt. vom 15.1.2002, Rs. C-43/00, *„Andersen og Jensen"*, Slg. 2002, I-394 ff.

275 *Widmann*, in: Widmann/Mayer, UmwR, § 23 UmwStG Rz. 22 (Italien), 156 (Spanien, Schweden und Vereinigtes Königreich).

276 Gleiche Ansicht Herlinghaus, in: Rödder/Herlinghaus/van Lishaut, UmwStG, § 20 Rz. 62

(2) *Systematische Auslegung: Die „Europartner"-Entscheidung des EuGH*

(a) *Übertragbarkeit der Entscheidung auf die Fusionsrichtlinie*

Das Ergebnis der grammatikalischen Auslegung wird durch die Entscheidung des EuGH in der Rechtssache „*Europartner*"[277] bestätigt. Diese Entscheidung betraf zwar nicht die Fusionsrichtlinie, sondern die Auslegung des Begriffs des Teilbetriebs in § 9 Abs. 2 Nr. 3 KVStG 1972,[278] welcher auf der Umsetzung von Art. 7 Abs. 1 Buchst. b der Kapitalverkehrssteuerrichtlinie (KVStRL)[279] beruhte und eine Reduzierung des Steuertarifs des KVStG 1972 von 1% auf 0,5 v. H. bewirkte. In der Rechtslehre[280] wird die Auffassung vertreten, die Entscheidung des EuGH habe auch eine Bedeutung für die Auslegung des Teilbetriebsbegriffs der Fusionsrichtlinie. Dieser Ansicht ist zuzustimmen. Zwar geht die Kapitalverkehrssteuerrichtlinie nicht wie die Fusionsrichtlinie von dem Begriff des Teilbetriebs sondern in Art. 7 Abs. 1 Buchst. b KVStRL von dem Begriff des „Zweigs ihrer Tätigkeit" aus. Diese unterschiedliche Begriffswahl in der Kapitalverkehrssteuerrichtlinie einerseits und in der Fusionsrichtlinie andererseits steht aber einer Übertragung der „*Europartner*"-Entscheidung nicht entgegen. Denn nur in den deutschen Fassungen der Richtlinien findet sich dieser Unterschied, während beispielsweise die französischen und die englischen Fassungen beider Richtlinien die inhaltsgleiche Bezeichnung des Tätigkeitszweigs („*branche d'actvité*" und „*branch of activity*") verwenden.[281] Zudem besteht ein systematischer Zusammenhang zwischen beiden Richtlinien. Der Entwurf der Fusionsrichtlinie wurde im Jahr 1969, also in zeitlicher Nähe zur Verabschiedung

---

277 *EuGH*, Urt. vom 13.10.1992, Rs. C-50/91, „*Commerz-Credit-Bank AG-Europartner/ Finanzamt Saarbrücken*", Slg. 1992, I-5225 ff. = EuZW 1992, 737.

278 Aufgehoben durch die Richtlinie zur Änderung der Richtlinie 69/335/EWG vom 10.6.1985, 85/303/EWG, ABl.EG 1985 Nr. L 156/23.

279 Richtlinie 69/335/EWG des Rates vom 17.7.1969 betreffend die indirekten Steuern auf die Ansammlung von Kapital, ABl.EG 1969 Nr. L 249/25.

280 *Wassermeyer*, EuZW 1992, 738; *Herzig*, IStR 1994, 1, 3 f.; *Schmitt*, in: Schmitt/Hörtnagl/ Stratz, UmwG, UmwStG, § 23 UmwStG Rz. 24; *Albrecht*, in: Haritz/Benkert, UmwStG, § 23 Rz. 118; *Menner/Broer*, DB 2002, 815; *Blumers*, DB 2001, 722, 725; *Schön*, JbFSt 1997/98, 126, 130; *Blumers/Kramer*, DB 1993, 853, 856; *Widmann*, in: Widmann/Mayer, UmwR, § 23 UmwStG Rz. 19; a.A. *Thömmes*, FS Widmann, S. 583, 593; *Strobl-Haarmann*, FS Widmann, S. 553, 557.

281 *Terra/Wattel*, European Tax Law, S. 545; *Blumers*, DB 1995, 496, 499; *Herzig*, IStR 1994, 1, 3 f.; *Bien. u.a.*, DStR 1998, Beilage 1, S. 48; *Thömmes*, FS Widmann, S. 583, 592 f. führt den Unterschied auf bloße Ungenauigkeiten bei der abschließenden redaktionellen Bearbeitung der Richtlinienfassungen in den einzelnen Sprachen hin. Vgl. auch die italienische und die spanische Fassung der Fusionsrichtlinie (Fn. 267 und Fn. 268)

der Kapitalverkehrssteuerrichtlinie von der Europäischen Kommission vorgelegt. Er nimmt darüber hinaus auf die Kapitalverkehrssteuerrichtlinie Bezug.[282] Dementsprechend heißt es in der Präambel zum Vorschlag der Fusionsrichtlinie vom 16.1.1969[283]: „Die die Gesellschaftsteuer[284] und die Umsatzsteuer betreffenden Probleme wurden in befriedigender Weise im Rahmen der vom Rat bereits angenommenen Richtlinie gelöst." Beide Richtlinien verfolgen zudem die gleichen Zielsetzungen. Beide streben an, steuerliche Beschränkungen im Rahmen der Umorganisation von Unternehmen zu beseitigen und insbesondere die Zusammenlegung verschiedener Einheiten innerhalb eines Unternehmens zu erleichtern.[285] Auch die Europäische Kommission hat in ihrer Stellungnahme zu der „*Europartner*"-Entscheidung auf die Parallele zwischen der Kapitalverkehrssteuerrichtlinie und der Fusionsrichtlinie hingewiesen.[286]

(b) Inhalt der Entscheidung

Der Entscheidung des EuGH in der Rechtssache Europartner lag der Vorlagebeschluss des BFH vom 31.10.1990[287] zugrunde. In diesem Beschluss ging es um die Einbringung von fünf Filialen einer Großbank in eine Tochtergesellschaft (Europartner). Insoweit war der Sachverhalt der „*Europartner*"-Entscheidung mit dem einer Einbringung von Unternehmensteilen nach Art. 2 Buchst. c FRL vergleichbar. Die Tochtergesellschaft begehrte, mit dem ermäßigten Steuersatz besteuert zu werden, da jede der Filialen die Voraussetzungen eines Teilbetriebs im Sinne des § 9 Abs. 2 Nr. 3 KVStG 1972 erfüllt habe. Das Finanzamt Saarbrücken lehnte dies ab, da die Filialen nicht ausreichend selbständig gewesen seien und sich nicht deutlich von der Tätigkeit des übrigen Unternehmens unterschieden haben. Das Finanzamt folgte also dem von der Rechtsprechung zu § 16 EStG angewandten Teilbetriebsbegriff zugrunde. Der BFH[288] legte dem EuGH deshalb die Frage vor, ob der in der Kapitalverkehrssteuerrichtlinie verwandte Begriff

282 Vgl. *Thömmes*, FS Widmann, S. 583, 592.
283 ABl.EG vom 22.3.1969, Nr. C 39/1.
284 Gemeint sind die steuerlichen Vorgänge, die durch die Kapitalverkehrssteuerrichtlinie erfasst werden, vgl. *Thömmes*, FS Widmann, S. 583, 592.
285 *EuGH*, Urt. vom 13.10.1992, Rs. C-50/91, „*Commerz-Credit-Bank AG-Europartner/Finanzamt Saarbrücken*", Slg. 1992, I-5225 Tz. 11; *Strobl-Haarmann*, FS Widmann, S. 553, 557; *Thömmes*, FS Widmann, S. 583, 590.
286 *Wassermeyer*, EuZW 1992, 738; *Herzig*, IStR 1994, 1, 3 f.; *Blumers/Kramer*, DB 1993, 853, 856.
287 *BFH*, Beschl. vom 31.10.1990, I R 46/88, BStBl. II 1991, 370.
288 *BFH*, Beschl. vom 31.10.1990, I R 46/88, BStBl. II 1991, 370, 371.

„Zweig ihrer Tätigkeit" einen Teilbetrieb voraussetze, der mit einer gewissen Selbständigkeit ausgestattet sei und dessen Wirtschaftgüter in ihrer Zusammenfassung einer Bestätigung dienen, die sich ihrer Natur nach von der gewerblichen Tätigkeit des übrigen Unternehmens deutlich unterschieden.

Nach der Auffassung des EuGH müssten diese Voraussetzungen nicht vorliegen, um den ermäßigten Steuersatz nach § 9 Abs. 2 Nr. 3 KVStG 1972 in Anspruch nehmen zu können. Er entschied, dass die eingebrachten Filialen jeweils die Voraussetzungen eines Tätigkeitszweiges im Sinne des Art. 7 Abs. 1 Buchst. b KVStRL erfüllten. Ein solcher liege schon dann vor, wenn eine Filiale „eine organisierte Gesamtheit von Vermögensgegenständen und Personen darstellt, die zur Durchführung einer bestimmten Tätigkeit beitragen können."[289] Weitere Anforderungen stellte der EuGH nicht auf. Hingegen komme es nach seiner Auffassung nicht darauf an, ob sich die Tätigkeit der Filiale von der Tätigkeit des Restunternehmens unterscheide. Ebenso seien die Anzahl der Tätigkeiten des Gesamtunternehmens und eine etwaige Weisungsgebundenheit sowie eine finanzielle oder materielle Abhängigkeit der Filiale von dem Gesamtunternehmen nicht von Bedeutung.[290] Entscheidend sei allein, dass es sich um eine Gesamtheit von Vermögensgegenständen und Personen handelt, die zur Durchführung einer bestimmten Tätigkeit beitragen könne.[291]

(c) Stellungnahme

Wie auch in der „*Andersen og Jensen*"-Entscheidung stellt der EuGH in der „*Europartner*"-Entscheidung auf die eigenständige Funktionsfähigkeit des Tätigkeitszweiges als entscheidendes Merkmal ab. Diese Parallele zwischen den beiden Richtlinienbegriffen wird auch durch das Urteil des EuGH in der Rechtssache „*Muwi Bouwgroup BV*"[292] bestätigt, welches ebenfalls zur Kapitalverkehrsrichtlinie ergangen ist. In dieser Entscheidung ging es um die Frage, ob ein Kapitalgesellschaftsanteil in Höhe von 100 v.H. einen „Zweig ihrer Tätigkeit" im Sinne des Art. 7 Abs. 1 Buchst. b KVStRL dar-

---

289 *EuGH,* Urt. vom 13.10.1992, Rs. C-50/91, „*Commerz-Credit-Bank AG-Europartner/ Finanzamt Saarbrücken*", Slg. 1992, I-5225 Tz. 12.

290 *EuGH,* Urt. vom 13.10.1992, Rs. C-50/91, „*Commerz-Credit-Bank AG-Europartner/ Finanzamt Saarbrücken*", Slg. 1992, I-5225 Tz. 14 bis 16.

291 *EuGH,* Urt. vom 13.10.1992, Rs. C-50/91, „*Commerz-Credit-Bank AG-Europartner/ Finanzamt Saarbrücken*", Slg. 1992, I-5225 Tz. 17.

292 *EuGH,* Urt. vom 13.12.1991, Rs. C-164/90, „*Muwi Bouwgroup BV*", Slg. 1991, I-6069 ff.

stelle. Der EuGH[293] verneinte dies, da mit Art. 7 Abs. 1 Buchst. bb KVStRL eine speziellere Vorschrift bestand, welche den Austausch von Kapitalgesellschaftsanteilen regelte. Die Regelung des Art. 7 Abs. 1 Buchst. b KVStRL beschränke sich demgegenüber auf die Einbringung von Tätigkeitszweigen. Wörtlich führte er[294] zu der Nichtanwendung des Art. 7 Abs. 1 Buchst. b KVStRL aus: „Aus dem Wortlaut von Art. 7 Abs. 1 Buchst. b, insbesondere aus der Erwähnung des Begriffs Gesellschaftsvermögen geht deutlich hervor, dass dieser Artikel auf den Fall einer Gesellschaft abstellt, die in eine andere Gesellschaft verschiedene Werte einbringt, die unabhängig davon, ob sie ihr gesamtes Gesellschaftsvermögen oder nur einen Teil davon darstellen, eine Gesamtheit bilden, die selbständig funktionieren kann."

Darüber hinaus verneint der EuGH in der *„Europartner"*-Entscheidung das Vorliegen einer gewissen Selbständigkeit als notwendige Voraussetzung für das Vorliegen eines Tätigkeitszweiges im Sinne der Kapitalverkehrssteuerrichtlinie. Aufgrund des systematischen Zusammenhanges zwischen Kapitalverkehrssteuerrichtlinie und Fusionsrichtlinie und der inhaltgleichen Verwendung des Begriffs des Tätigkeitszweigs in anderen sprachlichen Fassungen beider Richtlinien gilt dies auch für die Teilbetriebsdefinition des Art. 2 Buchst. i FRL.

(3) Teleologische Auslegung

Gemäß den Erwägungsgründen Nr. 1 und Nr. 2 der Präambel zur Fusionsrichtlinie verfolgt diese den Zweck, steuerliche Benachteiligungen im Rahmen von grenzüberschreitenden Umstrukturierungen zu beseitigen. Ebenso wie im Bereich des nationalen UmwStG soll die Fortführung des unternehmerischen Engagements durch einen anderen Rechtsträger nicht behindert werden. Insoweit stellt der Begriff des Teilbetriebs in der Fusionsrichtlinie sicher, dass ein solches unternehmerisches Engagement und nicht nur eine Zusammenfassung von einzelnen Wirtschaftgütern übergeht. Dieser Zweck des Teilbetriebsbegriffs in der Fusionsrichtlinie unterscheidet sich von dem des § 16 EStG. Dort hat der Teilbetriebsbegriff vor allem die Aufgabe, die Voraussetzungen festzulegen, nach denen es zu einer Anwendung des ermäßigten Steuersatzes nach § 34 EStG und des Freibetrages nach § 16 Abs. 4 EStG kommt. Gemäß dem Willen des historischen Gesetzgebers wa-

---

293 *EuGH*, Urt. vom 13.12.1991, Rs. C-164/90, *„Muwi Bouwgroup BV"*, Slg. 1991, I-6069 Tz. 23.

294 *EuGH*, Urt. vom 13.12.1991, Rs. C-164/90, *„Muwi Bouwgroup BV"*, Slg. 1991, I-6069 Tz. 22.

ren dies allein die Fälle, in denen der Steuerpflichtige eine selbständige Einkommensquelle veräußerte oder aufgab und seine entsprechende Tätigkeit dadurch beendete.[295] Im Rahmen einer grenzüberschreitenden Einbringung geht es hingegen nicht um eine Beendigung einer Tätigkeit und einer entsprechenden Veräußerung oder Aufgabe einer selbständigen Einkommensquelle, sondern um die Fortführung dieser Einkommensquelle durch den übernehmenden Rechtsträger. Insoweit ist es folgerichtig, wenn der Wortlaut des Art. 2 Buchst. i FRL allein auf die Funktionsfähigkeit, also die Fortführbarkeit des Teilbetriebs abstellt. Weiterhin verfolgt die Fusionsrichtlinie den Zweck, durch die Beseitigung von steuerlichen Hemmnissen die Zusammenarbeit von Gesellschaften verschiedener Mitgliedstaaten zu fördern. Eine solche Zusammenarbeit hat in der Regel nur dann Sinn, wenn sich die Tätigkeiten der beiden beteiligten Gesellschaften zumindest ähneln. Würde man im Rahmen des Teilbetriebsbegriffs hingegen verlangen, dass sich die Tätigkeit des Teilbetriebs von der des übrigen Unternehmens unterscheidet, wäre die von der Fusionsrichtlinie angestrebte Unternehmenskooperation nur solchen Gesellschaften eröffnet, die über zwei Teilbetriebe verfügen, die sich ihrer Art nach unterscheiden. Eine solche Einschränkung von grenzüberschreitenden Umstrukturierungen ist aber nach der Zielsetzung der Fusionsrichtlinie nicht gewollt.

Damit bestätigt die teleologische Auslegung die Ergebnisse der grammatikalischen und der systematischen Auslegung. Die im Rahmen der Teilbetriebsdefinition des Art. 2 Buchst. i FRL geforderte Selbständigkeit des Teilbetriebs ist im Sinne einer eigenständigen Funktionsfähigkeit zu verstehen. Im Rahmen des europäischen Teilbetriebsbegriffs kommt es im Gegensatz zum nationalen Begriffsverständnis auf eine „gewisse" Selbständigkeit des Teilbetriebs nicht an. Ob sich die Tätigkeit des Teilbetriebs von der restlichen Tätigkeit des Gesamtunternehmens unterscheidet, also über eine gewisse Selbständigkeit im Sinne des nationalen Teilbetriebsbegriffs verfügt, ist ohne Bedeutung.[296] Maßgeblich ist allein, ob die Zusammenfassung der Wirtschaftgüter eine funktionsfähige Einheit darstellt und daher die Möglichkeit bietet, das bisherige unternehmerische Engagement fortzuführen.

---

[295] *Tiedtke*, DStR 1979, 543, 545; *ders.*, FR 1985, 298, 299; *ders.*, StRK EStG, § 16 R. 230.

[296] *Widmann*, in: Widmann/Mayer, UmwR, § 23 UmwStG Rz. 18; *Thömmes*, in: Flick/Wassermeyer/Baumhoff, AStG, § 23 UmwStG Rz. 63; *Herzig*, IStR 1994, 1, 3 f.

b) *Lebensfähigkeit des Teilbetriebs*

aa) *Eigenständige Lebensfähigkeit des Teilbetriebs im nationalen Recht*

Nach der Auffassung des BFH[297] muss ein Teilbetrieb über eine eigenständige Lebensfähigkeit verfügen. Diese Voraussetzung ist für einen Teil des Gesamtbetriebs gegeben, wenn von ihm seiner Struktur nach eine eigenständige betriebliche Tätigkeit ausgeübt werden kann. Lebensfähig sei danach ein Teilbetrieb, wenn er aufgrund seiner Organisation eine eigenbetriebliche Betätigung ermögliche.[298] Dies gelte nach der Auffassung des BFH[299] auch dann, wenn seine wirtschaftliche Bedeutung für das Gesamtunternehmen gering sei; die Wertverhältnisse innerhalb des Gesamtunternehmens spielten insoweit keine Rolle. Die Lebensfähigkeit des Teilbetriebs werde nicht dadurch in Frage gestellt, dass er bisher keinen Gewinn erwirtschaftet habe[300] und in Zukunft auch nicht erwirtschaften werde.[301] Das Vorliegen der eigenständigen Lebensfähigkeit ist daher abstrakt, also unabhängig von den erzielten Gewinnen und der Marktlage des Gesamtunternehmens zu bestimmen.[302] Sie ist auch dann gegeben, wenn der Teilbetrieb als einzige Einkommensquelle für einen Steuerpflichtigen keine ausreichende Existenzgrundlage darstellt.

In der Rechtsprechung des BFH überschneidet sich das Merkmal der eigenständigen Lebensfähigkeit teilweise mit dem der „gewissen" Selbständigkeit.[303] So wird beispielsweise das Vorliegen eines eigenen Kundenstammes in manchen Urteilen als Frage der eigenständigen Lebensfähigkeit,[304] in anderen Urteilen als Frage der gewissen Selbständigkeit behandelt.[305] Das Gleiche gilt im Zusammenhang mit dem Vorliegen einer eigenen Einkaufsbeziehung bei Einzelhandelsfilialen. Liegt eine solche Einkaufsbeziehung nicht vor, so fehlt es nach der Ansicht des BFH entweder an einer eigen-

---

297 *BFH,* Urt. vom 13.2.1996, VIII R 39/92, BStBl. II 1996, 409, 411; *BFH,* Urt. vom 26.10.1989, IV R 25/88, BStBl. II 1990, 373, 374; *BFH,* Urt. vom 19.2.1976, IV R 179/72, BStBl. II 1976, 415.

298 *Patt,* in: Dötsch/Patt/Pung/Jost, UmwStR, 5. Aufl., § 20 UmwStG Rz. 62;

299 *BFH,* Urt. vom , VIII R 87/72, BStBl. II 1977, 45; *Wacker,* in: Schmidt, EStG, §16 Rz. 147

300 *BFH,* Urt. vom 13.2.1996, VIII R 39/92, BStBl. II 1996, 409, 411.

301 *BFH,* Urt. vom 23.11.1988, X R 1/86, BStBl. II 1989, 376.

302 *Raupach,* in: Hermann/Heuer/Raupach, EStG § 16 Rz. 110.

303 *Wälzholz,* S. 66.

304 *BFH,* Urt. vom 26.6.1975, VIII R 39/74, BStBl. II 1975, 832, 833.

305 *BFH,* Urt. vom 12.2.1992, XI R 21/90, BFH/NV 1992, 516, 518.

ständigen Lebensfähigkeit[306] oder an einer gewissen Selbständigkeit des Teilbetriebs.[307]

bb) Vergleich mit dem europäischen Teilbetriebsbegriff

In der Rechtslehre[308] wird die Auffassung vertreten, das Merkmal der Lebensfähigkeit nach nationalem Recht entspreche dem Merkmal der Funktionsfähigkeit nach der Richtliniendefinition. Dieser Ansicht ist im Grundsatz zuzustimmen. Kennzeichnend für den europäischen Teilbetriebsbegriff ist das Vorliegen einer aus eigenen Mitteln funktionsfähigen Einheit. Dies entspricht den vom BFH im Grundsatz aufgestellten Anforderungen an die eigenständige Lebensfähigkeit des Teilbetriebs. Wenn nach der Auffassung des BFH eine eigenständige Lebensfähigkeit vorliegt, wenn der Teilbetrieb aufgrund seiner Organisation eine eigenbetriebliche Betätigung ermögliche, so umschreibt diese Begriffsbestimmung zugleich die Anforderungen des europäischen Teilbetriebsbegriffs an eine Funktionsfähigkeit des einzubringenden Teilbetriebs. Insoweit stimmen beide Begriffe überein. Diese Parallele wird auch durch ein – wenn auch vereinzelt gebliebenes – Urteil des RFH[309] zum nationalen Teilbetriebsbegriff be-stätigt. Danach sei von einer eigenständigen Lebensfähigkeit auszugehen, wenn der Erwerber den Teilbetrieb ohne wesentliche neue Investitionen fortführen könne. Kleinere Zusatzinvestitionen seien unschädlich, so beispielsweise wenn das Inventar oder das Umlaufvermögen nicht mitveräußert werde. Diese Aussagen des RFH zur eigenständigen Lebensfähigkeit entsprechen denen des EuGH[310] in der Rechtssache *„Andersen og Jensen"* zur Funktionsfähigkeit des einzubringenden Teilbetriebs. Danach sei eine Funktionsfähigkeit gegeben, wenn die übertragenen Unternehmensteile als selbständiges Unternehmen funktionsfähig seien, ohne dass sie hierfür zusätzlicher Investitionen oder Einbringungen bedürften.

Keine Überstimmung zwischen dem nationalen und europäischen Teilbetriebsbegriff besteht im Rahmen der Frage, ob der Teilbetrieb in der Lage

---

306 *BFH*, Urt. vom 29.4.1993, IV R 88/92, BFH/NV 1994, 694, 695.

307 *BFH*, Urt. vom 12.9.1979, I R 146/76, BStBl. II 1980, 51.

308 *Herlinghaus*, in: Rödder/Herlinghaus/van Lishaut, UmwStG, § 20 Rz. 63;Thömmes, in: Flick/Wassermeyer/Baumhoff, AStG, § 23 UmwStG Rz. 62; *ders.*, FS Widmann, S. 583, 595; *Herzig*, IStR 1994, 1, 4. *Blumers*, DB 2001, 722, 725; *Herzig/Förster*, DB 1992, 911, 913, wohl auch *Merkert*, in: Bordewin/Brandt, EStG, § 23 UmwStG Rz. 19.

309 *RFH*, Urt. vom 1.7.1931, VI A 140, StuW 1931, 1721.

310 *EuGH*, Urt. vom 15.1.2002, Rs. C-43/00, *„Andersen og Jensen"*, Slg. 2002, I-394 Tz. 35.

sein müsse, Gewinne zu erwirtschaften. Nach der Auffassung des BFH muss diese Voraussetzung nicht gegben sein, um eine eigenständige Lebensfähigkeit anzunehmen. Diese Ansicht des BFH ist schon im Rahmen des nationalen Teilbetriebsbegriffs bedenklich.[311] Denn der Begriff der Lebensfähigkeit suggeriert, der Teilbetrieb müsse in der Lage sein, selbst Gewinne zu erwirtschaften. Es widerspricht daher dem natürlichen Wortsinn, dennoch eine Lebensfähigkeit anzunehmen, wenn keine Gewinne erwirtschaftet werden können. Die Forderung nach eigenständiger Lebensfähigkeit des Teilbetriebs ist daher missverständlich. Demgegenüber ist nach der Auffassung des EuGH[312] in der Rechtssache *„Andersen og Jensen"* das selbständige Funktionieren des Teilbetriebs auch unter finanziellen Aspekten zu würdigen. Von einer finanziellen Unabhängigkeit könne nicht mehr ausgegangen werden, wenn der übertragene Unternehmensteil derart verschuldet ist, dass er wahrscheinlich nicht aus eigenen Mitteln lebensfähig sein kann. In diesem Zusammenhang wird vom EuGH ausdrücklich auf die Möglichkeit des übernehmenden Rechtsträgers abgestellt, in der Zukunft Gewinne zu erwirtschaften. Von einer fehlenden Lebensfähigkeit sei, so der EuGH,[313] dann nicht auszugehen, wenn die Einkünfte des übernehmenden Rechtsträgers im Verhältnis zu den Zinsen und Tilgungsraten der aufgenommenen Schulden unzureichend seien.

Ein weiterer Unterschied besteht in der Art und Weise, die eigenständige Lebensfähigkeit zu ermitteln. Nach der Auffassung des BFH ist die eigenständige Lebensfähigkeit abstrakt, also in rein objektiver Weise zu ermitteln. Der EuGH[314] betont hingegen in der *„Andersen og Jensen"*-Entscheidung, dass die Funktionsfähigkeit des Teilbetriebs anhand der besonderen Umstände des Einzelfalls zu beurteilen ist.

---

311 Vgl. auch *Wälzholz*, S. 140.

312 *EuGH*, Urt. vom 15.1.2002, Rs. C-43/00, *„Andersen og Jensen"*, Slg. 2002, I-394 Tz. 35, 36.

313 *EuGH*, Urt. vom 15.1.2002, Rs. C-43/00, *„Andersen og Jensen"*, Slg. 2002, I-394 Tz. 36.

314 *EuGH*, Urt. vom 15.1.2002, Rs. C-43/00, *„Andersen og Jensen"*, Slg. 2002, I-394 Tz. 37.

c) *Organische Geschlossenheit*

aa) *Anforderungen an die organische Geschlossenheit im nationalen Recht*

Nach der Ansicht des BFH[315] liegt ein Teilbetrieb nur vor, wenn es sich um einen organisch geschlossenen Teil eines Betriebs handelt. Ein einzelnes Wirtschaftsgut erfülle diese Voraussetzungen nicht.[316] Mehrere Betriebsmittel müssen vielmehr zu einer Einheit zusammengeschlossen sein. Die Aufgabe des Merkmals der organischen Geschlossenheit ist es damit, die Veräußerung einzelner, zusammenhangsloser Wirtschaftsgüter aus dem Teilbetriebsbegriff auszugrenzen. Eine weitere Konkretisierung hat das Merkmal der organischen Geschlossenheit in der Rechtsprechung des BFH nicht erfahren. Eine tatsächliche Prüfung, ob es sich um einen organisch geschlossenen Teil eines Betriebs handelt, findet in der Rechtsprechung des BFH nicht statt.[317] Das Merkmal der organischen Geschlossenheit wird daher in der Rechtslehre[318] für überflüssig gehalten.

bb) *Vergleich mit dem europäischen Teilbetriebsbegriff*

Im Rahmen des europäischen Teilbetriebsbegriffs findet das Merkmal der organischen Geschlossenheit keine Entsprechung. Der Ausschluss einzelner Wirtschaftsgüter ergibt sich schon aus dem Wortlaut des Art. 2 Buchst. i FRL, der von einer Gesamtheit der in einem Unternehmensteil einer Gesellschaft vorhandenen aktiven und passiven Wirtschaftsgüter ausgeht. Zwar wird im Rahmen der erforderlichen Selbständigkeit darauf abgestellt, ob diese Selbständigkeit in „organisatorischer Hinsicht“ vorliegt. Dies legt den Schluss nahe, der europäische Teilbetriebsbegriff verlange zumindest eine organisatorische Geschlossenheit des Teilbetriebs.[319] Wie der Wortlaut des Art. 2 Buchst. i FRL verdeutlicht, kommt diesem Merkmal jedoch keine eigenständige Bedeutung zu. Es wird vielmehr durch den Nebensatz „ d.h. eine aus eigenen Mitteln funktionsfähige Einheit“ konkretisiert. Liegt eine wirtschaftliche Einheit in diesem Sinne vor, so ist zugleich ein in organisa-

---

315 *BFH*, Urt. vom 29.4.1993, IV R 88/92, BFH/NV 1994, 694, 695; *BFH*, Urt. vom 12.2.1992, XI R 21/90, BFH/NV 1992, 516.

316 *BFH*, Urt. vom 9.12.1960, IV 6/58 U, BStBl. III 1961, 124, 125.

317 *Reiß*, in: Kirchhof/Söhn/Mellinghof, EStG, §16 Rz. B. 254, *Wälzholz*, S. 139 f.

318 *Geissler*, in: Hermann/Heuer/Raupach, EStG, KStG, § 16 Anm. 142; *Reiß*, in: Kirchhof/Söhn/Mellinghof, EStG, § 16 Rz. B. 254; *Wälzholz*, S. 139 f.; *Gänger*, in: Bordewin/Brandt, EStG, § 16 Rz. 61 ff.; a.A. *Blumers* DB 2001, 722, 723.

319 *Widmann*, in: Widmann/Mayer, UmwR, § 23 UmwStG Rz. 18 a.E. geht daher von dem Erfordernis eines organisatorisch selbständigen Betriebs aus.

torischer Hinsicht selbständiger Betrieb gegeben. Eine weitere Prüfung, ob die aus eigenen Mitteln funktionsfähige Einheit in organisatorischer Hinsicht verselbständigt ist, erübrigt sich dann.[320]

d) Eigengewerbliche Tätigkeit des Teilbetriebs

aa) Nationaler Teilbetriebsbegriff

Nach der Auffassung des BFH[321] und der herrschenden Meinung in der Rechtslehre[322] muss der Teilbetrieb für sich betrachtet alle Merkmale eines Gewerbebetriebs erfüllen. Es ist eine eigengewerbliche Tätigkeit des Teilbetriebs notwendig. Die vollständige Definition des § 15 Abs. 2 Satz 1 EStG müsse demnach bei isolierter Betrachtung des Teilbetriebs auch außerhalb des bisherigen Gesamtunternehmens vorliegen. Eine Fiktion der Gewerblichkeit des Teilbetriebs nach § 15 Abs. 3 Nr. 1 EStG, also im Falle eines „vermögensverwaltenden Teilbetriebs" einer Mitunternehmerschaft, ist nicht auseichend.[323] In diesem Fall, in dem der Teilbetrieb lediglich Grundstücke verwaltet, fehlt es isoliert betrachtet an der Gewerblichkeit; die Tätigkeit des Teilbetriebs beschränkt sich auf die Vermögensverwaltung im Sinne des § 14 Satz 3 AO 1977. Ebenso liegt kein Teilbetrieb vor, wenn sich die Gewerblichkeit seiner Tätigkeit allein kraft Rechtsform nach § 15 Abs. 3 Nr. 2 EStG (gewerblich geprägte Personengesellschaft) oder nach § 8 Abs. 2 KStG (Tätigkeit einer Körperschaft) ergibt.[324]

---

320 In diesem Sinne auch *Strobl-Haarmann*, FS Widmann, S. 553, 556; *Herzig*, IStR 1994, 1, 3.

321 *BFH*, Urt. vom 12.11.1997, XI R 24/97, BFH/NV 1998, 690 f.; *BFH*, Urt. vom 13.2.1996, VIII R 39/92, BStBl. II 1996, 409, 410; BFH, Urt. vom 26.10.1989, IV R 25/88, BStBl. II 1990, 373; BFH, Urt. vom 12.4.1989, I R 105/85, BStBl. II 1989, 653.

322 *Wacker*, in: Schmidt, EStG, § 16 Rz. 160; *Patt*, in: Dötsch/Patt/Pung/Jost, UmwStR, 5. Aufl., § 20 Rz. 63; *Schmitt*, in: Schmitt/Hörtnagl/Stratz, UmwG/UmwStG, § 20 Rz. 86. Kritisch *Tiedtke/Wälzholz*, FR 1999, 117, 119 ff.; vgl. auch *Herlinghaus*, in: Rödder/Herlinghaus/van Lishaut, UmwStG, § 20 Rz. 63 m.w.N.

323 *BFH*, Urt. vom 12.11.1997, XI R 24/97, BFH/NV 1998, 690 f.; *BFH*, Urt. vom 13.10.1972, I R 213/69, BStBl. II 1973, 209, 211; *BFH*, Urt. vom 24.4.1969, IV R 202/68, BStBl. II 1969, 397, anders noch *BFH*, Urt. vom 1.6.1967, IV 47/66, BStBl. II 1967, 730.

324 *Patt*, in: Dötsch/Patt/Pung/Jost, UmwStR, 5. Aufl., § 20 Rz. 63; *Schmitt*, in: Schmitt/Hörtnagl/Stratz, UmwG/UmwStG, § 20 Rz. 86. Zur Frage, ob das Merkmal der eigenständigen betrieblichen Tätigkeit auch im Rahmen einer Betriebsaufspaltung oder Teilbetriebsverpachtung von Bedeutung ist. Vgl. *Tiedtke/Wälzholz*, FR 1999, 117, 118 f. m.w.N.

bb) Vergleich mit dem europäischen Teilbetriebsbegriff

Es stellt sich die Frage, ob von der Definition des Art. 2 Buchst. i FRL nur solche Teilbetriebe erfasst werden, die bei isolierter Betrachtung eine gewerbliche Tätigkeit zum Gegenstand haben. Aus der Rechtsprechung des EuGH ergeben sich keine Hinweise zur Beantwortung dieser Frage. In der Rechtssache *„Leur-Bloem"*, bei der es um den Inhalt der Missbrauchsabwehrklausel des Art. 11 Abs. 1 Buchst. a FRL im Rahmen eines Anteilstausches ging, vertrat der EuGH[325] die Auffassung, ein übernehmender Rechtsträger könne auch eine bloße Holdinggesellschaft sein, deren Geschäftstätigkeit sich allein auf das Halten von Kapitalanteilen an anderen Gesellschaften beschränke. Auf die Frage, ob nur dann ein von der Fusionsrichtlinie geregelter Vorgang vorliegt, wenn die Tätigkeit des einbringenden Rechtsträgers gewerblicher Art ist, ist der EuGH hingegen nicht eingegangen.[326]

(1) Auffassung in der Rechtslehre

In der Rechtslehre wird diese Frage nicht oder nur vereinzelt erörtert. Nach der Auffassung von *Thömmes*[327] habe das Merkmal der betrieblichen Tätigkeit im Rahmen der Umsetzung der Fusionsrichtlinie keine Bedeutung, da diese allein Kapitalgesellschaften begünstige, welche nach § 8 Abs. 2 KStG stets gewerbliche Einkünfte hätten. Diese Ansicht beantwortet die gestellte Frage nicht, da sie davon ausgeht, ein Teilbetrieb liege aus Sicht des nationalen Rechts auch bei einer Gewerblichkeit kraft Rechtsform vor. Zudem stellt sie auf die Umsetzung der Fusionsrichtlinie und nicht auf den Wortlaut der Richtliniendefinition ab.[328] Nach der Auffassung von *Albrecht*[329] er-

---

325 *EuGH*, Urt. vom 17.7.1997, Rs. C-28/95, *„Leur-Bloem"*, Slg. 1997, I-4161 Tz. 23.

326 *Terra/Wattel*, European Tax Law, S. 546. Auch aus der Rechtssache *„Muwi Bouwgroup BV"* ergeben sich keine Hinweise. Nach der Auffassung des EuGH stellt eine Kapitalgesellschaftsbeteiligung in Höhe von 100 v.H. kein „Zweig der Tätigkeit" im Sinne des Art. 7 Abs. 1 Buchst. b FRL dar, weil für den Austausch von Kapitalgesellschaftsanteilen eines eine speziellere Vorschrift bestand. Vgl. *EuGH*, Urt. vom 13.12.1991, Rs. C-164/90, *„Muwi Bouwgroup BV"*, Slg. 1991, I-6069 Tz. 22 f.

327 *Thömmes*, in: Flick/Wassermeyer/Baumhoff, AStG , § 23 UmwStG Rz. 63; *ders.*, FS Widmann, S. 583, 595.

328 Die Frage ist darüber hinaus auch dann zu erörtern, wenn der im Rahmen des Umsetzungsaktes nicht nur Kapitalgesellschaften der Fusionsrichtlinie sondern auch andere Rechtsträger an grenzüberschreitenden Einbringungen beteiligt werden.

329 *Albrecht*, in: Haritz/Benkert, UmwStG, § 23 Rz. 115. Zusätzlich weist er darauf hin, dass einige Mitgliedstaaten bei der Umsetzung der Fusionsrichtlinie Aktivitätsklauseln vorgesehen haben, wonach Betriebsvermögen, das im wesentlichen aus Finanzvermögen besteht, nicht als eigener Betrieb gilt (beispielsweise in Belgien), oder wo-

gebe sich aus der Verwendung des Begriffs des „Unternehmensteils“ in Art. 2 Buchst. i FRL, dass eine bloße vermögensverwaltende Tätigkeit des Teilbetriebs nicht ausreichend sei.[330] *Patt*[331] ist schließlich der Ansicht, der Fusionsrichtlinie lasse sich jedenfalls für die Übertragung eines ganzen Betriebs nicht die Einschränkung entnehmen, dass eine Einbringung ausgeschlossen sei, wenn der Betrieb lediglich die Verwaltung von Grundbesitz oder Kapitalanteilen zum Gegenstand habe.

(2) Stellungnahme

Die Teilbetriebsdefinition des Art. 2 Buchst. i FRL setzt das Vorliegen eines in organisatorischer Hinsicht selbständigen Betriebs voraus. Diese Formulierung legt den Schluss nahe, der Teilbetrieb müsse eine eigenständige betriebliche Tätigkeit zum Gegenstand haben. Dies trifft jedoch nicht zu. Nach der hier vertretenen Auffassung[332] wird das Merkmal des organisatorisch selbständigen Betriebs durch den Nebensatz „d.h. eine aus eigenen Mitteln funktionsfähige Einheit“ konkretisiert. Damit dient das Merkmal des selbständigen Betriebs dazu, das Erfordernis der eigenständigen Funktionsfähigkeit als kennzeichnendes Element des europäischen Teilbetriebsbegriff zu bestimmen. Dass der Teilbetrieb bei isolierter Betrachtung alle Merkmale eines Gewerbebetriebs erfüllen muss, ergibt sich hingegen nicht aus ihm.[333] Abzulehnen ist weiterhin die Auffassung von *Albrecht*, nach der sich aus der Verwendung des Begriffs des „Unternehmensteils“ ergebe, dass eine vermögensverwaltende Tätigkeit des Teilbetriebs nicht ausreichend sei. Der Begriff des „Unternehmensteils“ hat nach dem Wortlaut der Teilbetriebsdefinition nicht die Aufgabe, „vermögensverwaltende Teilbetriebe“ auszuschließen. Er steht vielmehr im Zusammenhang mit der Formulierung „Gesamtheit der in einem Unternehmensteil einer Gesellschaft vorhandenen aktiven und passiven Wirtschaftsgüter“ und dient damit dem Zweck, die Einbringung von Unternehmensteilen (Betrieb, Teilbetrieb) von der Einbringung von Einzelwirtschaftsgütern abzugrenzen. Eine weitergehende

---

nach aktive gewerbliche Einkünfte vorliegen müssen (beispielsweise in den Niederlanden und dem Vereinigten Königreich). Vgl. auch *Saß*, DB 1993, 1892, 1895, 1897.

330 Nach der Auffassung von *Patt* (*Patt*, in: Dötsch/Patt/Pung/Jost, UmwStR, 5. Aufl., § 23 UmwStG Rz. 15) könne dahingestellt bleiben, ob die Fusionsrichtlinie verlange, dass Tätigkeit einer Gesellschaft originär zu den Gewinneinkunftsarten gehöre. Maßgeblich sei allein die Umsetzung in das nationale Recht.

331 *Patt*, in: Dötsch/Patt/Pung/Jost, UmwStR, 5. Aufl., § 23 UmwStG Rz. 15.

332 Vgl. oben unter Teil 2., D., V., 2., a), bb).

333 Gleiches Ergebnis, wenn auch ohne nähere Begründung *Herzig*, IStR 1994, 1, 3 f.

Bedeutung kommt dem Begriff „Unternehmensteils“ nicht zu. Aus dem Wortlaut der Definition des Art. 2 Buchst. i FRL ergibt sich daher keine Beschränkung auf solche Teilbetriebe, die bei isolierter Betrachtung alle Merkmale eines Gewerbebetriebs erfüllen.

Dieses Ergebnis entspricht auch dem Sinn und Zweck der Fusionsrichtlinie. Dieser besteht darin, steuerliche Hindernisse für grenzüberschreitende Umstrukturierungen zu beseitigen.[334] Das betriebswirtschaftliche Interesse von Unternehmen an einer Umstrukturierung soll gefördert werden. Zu diesem Zweck ermöglicht die Fusionsrichtlinie grenzüberschreitende Einbringungen, ohne dass die im Betriebsvermögen eines Teilbetriebs vorhandenen stillen Reserven aufgedeckt werden müssen. Dabei macht es keinen Unterschied, ob die stillen Reserven im Betriebsvermögen eines Teilbetriebs enthalten sind, welcher bei isolierter Betrachtung alle Merkmale eines Gewerbebetriebs erfüllt oder nur aufgrund einer gesetzlichen Fiktion oder der Rechtsform des Unternehmensträgers einen gewerblichen Charakter hat. Ohne die besonderen Regelungen der Fusionsrichtlinie wären in beiden Fällen die stillen Reserven aufzudecken. Eine Ungleichbehandlung beider Fälle würde dem Sinn und dem Zweck der Fusionsrichtlinie widersprechen. Denn auch im Zusammenhang mit Einbringung von Teilbetrieben, die keine eigengewerbliche Tätigkeit besitzen, kann ein wirtschaftliches Bedürfnis an einer Umstrukturierung bestehen.[335] Insoweit ergeben sich keine Unterschiede zu der Einbringung von Teilbetrieben, die bei isolierter Betrachtung alle Merkmale eines Gewerbebetriebs erfüllen.

(3) Zwischenergebnis

Danach folgt weder aus dem Wortlaut des Art. 2 Buchst. i FRL noch aus dem Sinn und Zweck der Fusionsrichtlinie, dass der einzubringende Teilbetrieb eine eigengewerbliche Tätigkeit zum Gegenstand haben muss. Auch die Einbringung von vermögensverwaltenden Teilbetrieben und solchen Teilbetrieben, die allein aufgrund der Rechtform des jeweiligen Unternehmensträgers einen gewerblichen Charakter haben, wird von der Einbringung nach Art. 2 Buchst. c FRL erfasst.

---

[334] Vgl. Erwägungsgründe Nr. 1 und Nr. 2 der Präambel zur Fusionsrichtlinie.

[335] *Patt*, in: Dötsch/Patt/Pung/Jost, UmwstR, 5. Aufl., § 20 UmwstG Rz. 14 zur Frage der Einbringung eines Gewerbetriebs kraft Rechtsform; *Herlinghaus*, in: Rödder/ Herlinghaus/van Lishaut, UmwStG, § 20 Rz. 63; a.A. *Albrecht*, in: Haritz/ Benkert, UmwstG, § 23 Rz. 115, weil einer solcher (Teil-)Betriebsbegriff kaum noch seine Aufgabe erfüllen könne, Unternehmensumstrukturierungen von Veräußerungsgeschäften abzugrenzen.

3. *Fazit*

a) *Eigenständige Funktionsfähigkeit als kennzeichnendes Merkmal*

Kennzeichnendes Merkmal des europäischen Teilbetriebsbegriffs ist die eigenständige Funktionsfähigkeit des jeweiligen Teilbetriebs. Die Zusammenfassung der Wirtschaftsgüter in dem Betriebsvermögen des einbringenden Rechtsträgers müssen eine Einheit darstellen, die aus eigenen Mitteln funktionsfähig ist und damit dem übernehmenden Rechtsträger die Möglichkeit geben, das bisherige unternehmerische Engagement des Einbringenden fortzuführen. Es kommt also auf die Fortführbarkeit des Teilbetriebs an. Eine „gewisse" Selbständigkeit des Teilbetriebs ist hingegen nicht erforderlich. Die Tätigkeit des Teilbetriebs muss sich daher nicht von der restlichen Tätigkeit des Gesamtunternehmens unterscheiden. Insoweit stellt der europäische Teilbetriebsbegriff geringere Anforderungen als der nationale Teilbetriebsbegriff auf. Das Merkmal der Funktionsfähigkeit entspricht grundsätzlich dem Merkmal der eigenständigen Lebensfähigkeit im Rahmen des nationalen Teilbetriebsbegriffs. Ein Unterschied besteht darin, dass die Funktionsfähigkeit des Teilbetriebs anhand der konkreten Umstände des Einzelfalls zu untersuchen ist. Auch ist es im Gegensatz zur Rechtsprechung des BFH nicht ausreichend, wenn der Teilbetrieb aufgrund seiner finanziellen Situation nicht in der Lage ist, Gewinne zu erwirtschaften. Ein weiterer Unterschied zwischen beiden Begriffen besteht darin, dass es weder nach dem Wortlaut des Art. 2 Buchst. i FRL noch nach dem Sinn und Zweck der Fusionsrichtlinie darauf ankommt, ob der Teilbetrieb eine eigengewerbliche Tätigkeit zum Gegenstand hat.

b) *Übereinstimmung mit dem Teilbetriebsbegriff des UmwStG*

Der europäische Teilbetriebsbegriff verzichtet auf das Merkmal der „gewissen" Selbständigkeit, welches den Teilbetriebsbegriff des § 16 EStG kennzeichnet. Insoweit besteht eine Übereinstimmung mit der oben[336] vertretenen Auslegung des Teilbetriebsbegriffs im Rahmen der §§ 20, 24 UmwStG 1995.[337] Entgegen einer in der Rechtslehre verbreiteten Ansicht[338] ist dies

336 Unter Teil 2., D., III., 1., a), cc).

337 Vgl. auch *Geissler*, in: Hermann/Heuer/Raupach, EStG, KStG, § 16 Anm. 140; *Wälzholz*, S. 239; *Heß/Schnitger*, in: PwC, Reform des UmwStR Rz. 1530; *Blumers*, DB 2001, 721, 724.

338 *Blumers*, DB 1995, 496, 499; *ders.*, BB 1997, 1876, 1877; *Blumers/Kramer*, DB 1993, 852, 856; *Herzig/Momen*, DB 1994, 2210, 2213; *Herzig*, IStR 1994, 1, 5; *Strobl-Haarmann*, FS Widmann, S. 553, 563; *Weier*, S. 99, 118, 120; *Kellner*, S. 40.

jedoch nicht das Resultat einer Austrahlungswirkung des europäischen Teilbetriebsbegriffs auf die §§ 20 ff. UmwStG 1995. Der Grund dafür liegt vielmehr darin, dass das UmwStG 1995 und die Fusionsrichtlinie systematische und teleologische Parallelen aufweisen. Dies führt im Rahmen der jeweils eigenständigen Auslegung des nationalen und des europäischen Teilbetriebsbegriffs zu identischen Ergebnissen. Die Übereinstimmung in der Auslegung beider Begriffe beruht also auf der Tatsache, dass der nationale und der europäische Gesetzgeber unabhängig voneinander gleiche Regelungen getroffen haben und diese den gleichen Sinn und Zweck verfolgen. Dies ist offensichtlich rein zufällig geschehen.[339]

4. *Einzelfragen*

a) *Teilbetrieb im Aufbau und zerstörter Teilbetrieb*

aa) *Der Teilbetrieb im Aufbau*

Nach der herrschenden Auffassung in der Rechtsprechung[340] und der Rechtslehre[341] liegt ein Teilbetrieb i. S. des § 16 EStG auch vor, wenn er sich im Aufbau befindet. Nach der Ansicht der Rechtslehre[342] und der Finanzverwaltung[343] sei auch im UmwStG ein solcher Teilbetrieb als Einbringungsgegenstand ausreichend.

Ein Teilbetrieb im Aufbau liegt vor, wenn er seine werbende Tätigkeit noch nicht aufgenommen hat, er also noch im Entstehen ist. Er unterscheidet sich daher durch die bisher fehlende Teilnahme am allgemeinen wirtschaftlichen Verkehr von anderen, bereits tätigen Teilbetrieben. Regelmäßig ist eine eigenständige Lebensfähigkeit des im Aufbau befindlichen

339 So zu Recht *Wälzholz*, S. 240; vgl. auch *BFH*, Urt. vom 16.11.2005, X R 17/03, BFH/NV 2006, 552, 553 (Ablehnung einer Übernahme des europäischen Teilbetriebsbegriffs auf § 16 EStG); dazu auch *FG Hessen*, Urt. vom 20.3.2002, 10 K 2612/98, EFG 2003, 1383 ff.

340 *RFH*, Urt. vom 19.2.1936, VI A 806/34, RStBl. 1936, 766; *BFH*, Urt. 7.11.1991, IV R 50/90, BStBl. II 1992, 380, 381; *BFH*, Urt. vom 1.2.1989, VIII R 33/85, BStBl. II 1989, 458; *BFH*, Urt. vom 17.4.1986, IV R 100/84, BStBl. II 1986, 527.

341 *Tiedtke*, Einkommenssteuer- und Bilanzsteuerrecht, S. 113; *Wacker*, in Schmidt, EStG, § 16 Rz. 150, 160; *Geissler*, in: Hermann/Heuer/Raupach, EStG, KStG, § 16 EStG Anm. 142; *Wälzholz*, S. 105 ff. m.w.N.

342 *Thiel*, DStR 1995, 237, 249 Fn. 22; *Bien* u.a., DStR 1998, Beilage 1, S, 30; *Schmitt*, in: Schmitt/Hörtnagl/Stratz, UmwG, UmwstG, § 20 UmwStG Rz. 65; *Patt*, in: Dötsch/Patt/Pung/Jost, UmwstR, 5. Aufl., § 20 UmwStG Rz. 70; *Merkert*, in: Bordewin/Brandt, EStG, § 20 UmwStG Rz. 11; *Wälzholz*, S. 232 f.

343 *BMF* vom 25.3.1998, BStBl. I 1998, 268 Tz. 15.10.

Teilbetriebs nicht gegeben, da die noch zur Lebensfähigkeit erforderlichen Elemente (beispielsweise der eigene Personalbestand) fehlen. Gleichwohl sind für einen Teilbetrieb im Aufbau dieselben Auslegungskriterien wie bei der Beurteilung eines bereits bestehenden Teilbetriebs anzulegen.[344] Insbesondere wird der im Aufbau befindliche Teilbetrieb hinsichtlich der vorweggenommenen Einnahmen und Ausgaben wie ein bereits bestehender Teilbetrieb behandelt.[345] Zu einer Gleichbehandlung müssen aber nach der Auffassung des BFH[346] bereits alle wesentlichen Betriebsgrundlagen vorhanden und bei zielgerichteter Verfolgung des Aufbauplans ein mit einer eigenständigen Lebensfähigkeit ausgestatteter Organismus zu erwarten sein, der sich zudem von der Tätigkeit im übrigen Gesamtunternehmen nach Lage und Funktion deutlich unterscheidet.

bb) Der zerstörte Teilbetrieb

Ein zerstörter Teilbetrieb ist gegeben, wenn er durch Brand, Explosion oder ähnliche Ereignisse in seinem Gefüge als funktionierender Teilbetrieb so getroffen wird, dass er als lebende, werbende Wirtschaftseinheit zu existieren aufhört.[347] Nach der Auffassung des BFH[348] liege ein Fall einer begünstigten Veräußerung oder Aufgabe nach §§ 16, 34 EStG vor, wenn der Teilbetrieb im unmittelbaren zeitlichen und wirtschaftlichen Zusammenhang mit der Zerstörung aufgeben oder veräußert werde. Ist ein solcher Zusammenhang nicht gegeben, scheide ein begünstigter Vorgang aus. In diesem Falle erhalte der Erwerber keinen wirtschaftlich lebensfähigen Organismus, den er fortführen könne sondern lediglich Einzelwirtschaftsgüter. Dieser Auffassung hat sich die Rechtslehre zum Einkommensteuer-[349] und Umwandlungssteuerrecht[350] angeschlossen.

---

344 *Patt*, in: Dötsch/Patt/Pung/Jost, UmwStR, 5. Aufl., § 20 UmwStG Rz. 70.

345 *BFH*, Urt. 1.2.1989, VIII R 33/85, BStBl. II 1989, 458, 460; *BFH*, Urt. vom 24.4.1980, IV R 68/77, BStBl. II 1980, 658, 659; vgl. schon *Becker*, Grundlagen, S. 211 f.

346 *BFH*, Urt. vom 7.11.1991, IV R 50/90, BStBl. II 1992, 380, 381; *BFH*, Urt. vom 1.2.1989, VIII R 33/85, BStBl. II 1989, 459; *Patt*, in: Dötsch/Patt/Pung/Jost, UmwStR, 5. Aufl., § 20 UmwStG Rz. 70; a.A. *FG Düsseldorf*, Urt. vom 17.08.2000, 10 K 5594/96, DStRE 2000, 1136.

347 *Wälzholz*, S. 107; *Wacker*, in: Schmidt, EStG, § 16 Rz. 151.

348 *BFH*, Urt. vom 11.3.1982, IV R 25/79, BStBl. II 1982, 707, 710.

349 *Geissler*, in: Hermann/Heuer/Raupach, EStG, KStG, § 16 Anm. 143, 120; *Wacker*, in: Schmidt, EStG, § 16 Rz. 151.

350 *Schmitt*, in: Schmitt/Hörtnagl/Stratz, UmwG, UmwStG, § 20 UmwStG Rz. 65 m.w.N.

cc) *Vergleich mit dem europäischen Teilbetriebsbegriff*

Kennzeichnendes Merkmal des europäischen Teilbetriebsbegriffs ist die eigenständige Funktionsfähigkeit des Teilbetriebs. Es muss eine aus eigenen Mitteln funktionsfähige Einheit vorliegen, die es dem Erwerber ermöglicht, das unternehmerische Engagement des einbringenden Rechtsträgers fortzuführen. Diese Voraussetzungen sind nicht im Falle eines zerstörten Teilbetriebs gegeben. Ein solcher Teilbetrieb ist aufgrund seiner Zerstörung kein lebensfähiger Organismus mehr. Das bisherige unternehmerische Engagement kann aufgrund der Zerstörung durch den Erwerber nicht fortgeführt werden.

Fraglich ist, ob im Falle eines Teilbetriebs im Aufbau von einer erforderlichen Funktionsfähigkeit ausgegangen werden kann. In der Rechtslehre[351] wird die Auffassung vertreten, ein solcher Teilbetrieb werde aufgrund seiner mangelnden Lebensfähigkeit nicht von dem europäischen Teilbetriebsbegriff erfasst. Dagegen könnte sprechen, dass bei einer zielgerichteten Verfolgung des Aufbauplans aus dem im Aufbau befindlichen Teilbetrieb eine lebensfähige Wirtschaftseinheit wird. Es besteht daher die Möglichkeit, dass der Erwerber mit der Einbringung in die Position des einbringenden Rechtsträgers eintritt und nach der Vollendung des Aufbaus über eine Einheit verfügt, die aus eigenen Mitteln funktionsfähig ist. Eine solche Auslegung widerspräche jedoch dem Wortlaut des Art. 2 Buchst. i FRL. Ein Teilbetrieb ist danach die Gesamtheit der in einem Unternehmensteil „vorhandenen" aktiven und passiven Wirtschaftsgüter, die in organisatorischer Hinsicht einen selbständigen Betrieb, also eine aus eigenen Mitteln funktionsfähige Einheit darstellen. Mit anderen Worten muss es sich um eine Einheit handelt, die schon im Zeitpunkt der Einbringung aus eigenen Mitteln funktionsfähig ist. Ein Teilbetrieb im Aufbau ist jedoch eine Zusammenfassung von Wirtschaftsgütern, die sich erst bei entsprechender Fortentwicklung zu einem funktionsfähigen Organismus entwickelt. Dies ist für das Vorliegen eines Teilbetriebs i. S. des Art. 2 Buchst. i FRL nicht ausreichend.[352]

b) *Die 100%ige Beteiligung an einer Kapitalgesellschaft*

Eine 100%ige Beteiligung an einer Kapitalgesellschaft stellt nach § 16 Abs. 1 Nr. 1 Satz 2 EStG einen Teilbetrieb dar, weil diese bei wirtschaftlicher Be-

---

351 *Neumann*, EStB 2002, 437, 441; *Patt*, in: Dötsch/Patt/Pung/Jost, UmwStR, 5. Aufl., § 23 UmwStG Rz. 12; *ders.*, in: Dötsch/Patt/Pung/Möhlenbrock, UmwStR, 6. Aufl., § 20 UmwStG (SEStEG) Rz. 95, 106.

352 A.A. *Herlinghaus*, in: Rödder/Herlinghaus/van Lishaut, UmwStG, § 20 Rz. 69

trachtungsweise einem Teilbetrieb entspricht.[353] Es handelt sich dabei nicht um einen Teilbetrieb im eigentlichen Sinne sondern um die gesetzliche Fiktion eines Teilbetriebs.[354] Ob eine „gewisse" Selbständigkeit vorliegt, ist daher nicht zu prüfen. Eine ähnliche Fiktion bestand nach § 15 Abs. 1 Satz 3 UmwStG 1995 für die Fälle der Abspaltung und der Aufspaltung eines Teilbetriebs. Demgegenüber wurde die Einbringung einer 100%gen Beteiligung in eine Kapitalgesellschaft nach § 20 Abs. 1 Satz 2 UmwStG 1995 nicht als Einbringung eines Teilbetriebs, sondern als Einbringung einer so genannten mehrheitsvermittelnden Beteiligung, also als eigener Einbringungsgegenstand behandelt.[355] Für den Fall einer Einbringung in eine Personengesellschaft nach § 24 UmwStG 1995 wurde keine Regelung getroffen. Nach herrschender Meinung[356] erfüllte eine 100%ige Beteiligung jedoch die Voraussetzungen eines Teilbetriebs, wenn die Beteiligung im Betriebsvermögen des Einbringenden gehalten wurde. Weiterhin besteht keine Regelung für den Fall einer unentgeltlichen Übertragung einer 100%igen Beteiligung. Es ist daher umstritten,[357] ob auch in diesem Fall die Übertragung einer 100%igen Beteiligung einem Teilbetrieb gleichsteht und insoweit § 6 Abs. 3 EStG zur Anwendung kommt. Der BFH hat – soweit ersichtlich – zu dieser Frage noch keine Stellung bezogen.

Es stellt sich die Frage, ob auch eine 100%ige Beteiligung als Teilbetrieb unter die Definition des Art. 2 Buchst. i FRL fällt. Nach der herrschenden Auffassung in der Rechtslehre[358] sei dies nicht der Fall. Dieser Ansicht ist zuzustimmen. Die Gleichstellung mit einem Teilbetrieb erfolgte im Rah-

---

[353] BT-Drucks. IV/3189, S. 6; *BFH*, Urt. vom 15.9.1988, IV R 75/87, BStBl. II 1991, 624; *BFH*, Urt. vom 24.6.1982, IV R 151/79, BStBl. II 1982, 751; *BFH*, Urt. vom 27.10.1977, IV R 60/74, BStBl. II 1978, 100.

[354] *BFH*, Urt. vom 1.7.1992, I R 5/92, BStBl. II 1993, 131; *Wacker*, in: Schmidt, EStG, § 16 Rz. 161; *Gänger*, in: Bordewin/Brandt, EStG, § 16 Rz. 71; *Patt*, in: Dötsch/Patt/Pung/Jost, UmwStR, 5. Aufl., § 20 UmwstG Rz. 69.

[355] *Patt*, FR 2004, 561, 563; *Widmann*, in: Widmann/Mayer, UmwR, § 20 UmwStG Rz. 14; a.A. Merkert, in: Bordewin/Brandt, EStG, § 20 UmwstG Rz. 42; zusammenfassend *Dörfer/Rautenstrauch/Adrian*, BB 2006, 1711, 1712; *Schmitt*, in: Schmitt/Hörtnagl/Stratz, UmwG, UmwStG, § 20 UmwstG Rz. 67 m.w.N.

[356] Für die Finanzverwaltung: *BMF* vom 25.3.1998, BStBl. I 1998, 268 Tz. 24.03. Aus der Rechtslehre: *Patt*, in: Dötsch/Patt/Pung/Jost, UmwStR, 5. Aufl., § 24 UmwStG Rz. 82, *Schmitt*, in: Schmitt/Hörtnagl/Stratz, UmwG, UmwStG, § 24 UmwstG Rz. 69; *Schlößer*, in: Haritz/Benkert, UmwStG, § 24 Rz. 22 m.w.N.

[357] Gegen eine Gleichstellung: *Glanegger*, in: Schmidt, EStG, § 6 Rz. 477; *Wacker*, in: Schmidt, EStG, § 16 Rz. 16. Für eine Gleichstellung: *Reiß*, in: Kirchhof/Söhn/Mellinghof, EStG, § 16 B 287; *Haritz/Slabon*, GmbHR 1998, 1159, 1161; *Wälzholz*, S. 221.

[358] *Schmitt*, in: Schmitt/Hörtnagl/Stratz, UmwG, UmwStG, § 23 Rz. 29; *Patt*, in: Dötsch/Patt/Pung/Jost, UmwStR, 5. Aufl. § 23 UmwStG Rz. 13; *Tulloch*, in: Goutier/Knopf/Tulloch, UmwR, § 23 Rz. 18.

men des EStG durch das Steueränderungsgesetz 1965[359] vom 14.6.1965. Maßgeblicher Beweggrund des Gesetzgebers war, dass eine 100%ige Beteiligung zwar kein Teilbetrieb sei, aber bei wirtschaftlicher Betrachtungsweise einem solchen entspreche.[360] Dieser Gesichtspunkt lässt sich nicht auf den europäischen Teilbetriebsbegriff übertragen. Voraussetzung für das Vorliegen eines Teilbetriebs ist nach Art. 2 Buchst. i FRL das Vorliegen eines selbständigen Betriebs, welcher aus eigenen Mitteln funktionsfähig ist. Zwar vermittelt eine 100%ge Beteiligung aufgrund ihrer Höhe einen beherrschenden Einfluss, so dass der übernehmende Rechtsträger nach der Einbringung das unternehmerische Engagement der beherrschten Kapitalgesellschaft maßgeblich beeinflussen und leiten kann. Als einzelnes Wirtschaftsgut stellt die 100%ge Beteiligung aber keine aus eigenen Mitteln funktionsfähige Einheit in dem Unternehmen des einbringenden Rechtsträgers dar.[361] Nach dem Wortlaut des Art. 2 Buchst. i FRL ist dies jedoch die Voraussetzung für das Vorliegen eines Teilbetriebs.[362] Eine 100%ige Beteiligung wird daher nicht von dem europäischen Teilbetriebsbegriff erfasst. Sie kann jedoch eine wesentliche Betriebsgrundlage für einen Teilbetrieb darstellen. Beispielsweise gilt dies für eine 100%ige Beteiligung einer Muttergesellschaft an ihrer Tochtergesellschaft, welche im Wege der Auftragsproduktion für die Muttergesellschaft tätig ist.[363]

c) *Maßgeblichkeit der Verhältnisse*

aa) *Nationaler Teilbetriebsbegriff*

Nach der Rechtsprechung[364] und der herrschenden Auffassung in der Rechtslehre[365] ist im Rahmen des § 16 EStG bei der Prüfung der Frage, ob

---

359 BGBl. I 1965, S. 217

360 Vgl. BT-Drucks. 6/3189, 6 Ziffer 7.

361 Gleiche Ansicht *Patt*, in: Dötsch/Patt/Pung/Jost, UmwStR, 5. Aufl., § 23 UmwStG Rz. 13.

362 Des Weiteren besteht nach Art. 2 Buchst. d FRL für den grenzüberschreitenden Austausch von Kapitalgesellschaftsanteilen eine abschließende Sonderregelung. Diese findet unabhängig von der Höhe der gewährten Anteilen Anwendung. Vgl. auch *EuGH*, Urt. vom 13.12.1991, Rs. C-164/90, „*Muwi Bouwgroup BV*", Slg. 1991, I-6069 ff.: Nach der Auffassung des EuGH falle die Einlage einer 100%igen Beteiligung nicht unter die Einbringung eines „Zweiges der Tätigkeit" im Sinne des Art. 7 Abs. 1 Buchst. b der Kapitalverkehrssteuerrichtlinie.

363 *Plewka/Marquardt*, Handbuch Umstrukturierung, S. 378, 380 Fall 3.

364 *BFH*, Urt. vom 10.3.1998, VIII R 31/95, BFH/NV 1998, 1209,1210; *BFH*, Urt. vom 13.2.1996, VIII R 39/92, BStBl. II 1996, 409, 411; *BFH*, Urt. vom 12.2.1992, XI R 21/90, BFH/NV 1992, 516; *BFH*, Urt. vom 26.101989, IV R 25/88, BStBl. II 1990, 373, 375; *BFH*, Urt. vom 23.11.1988, X R 1/86, BStBl. II 1989, 376.

ein Teilbetrieb vorliegt, auf die Verhältnisse beim Veräußerer abzustellen. Es spiele daher keine Rolle, ob die übergegangenen Wirtschaftsgüter bei dem Erwerber einen Teilbetrieb darstellten, sofern nicht schon im Betrieb des Übertragenden ein Teilbetrieb vorgelegen habe.[366] Ebenso sei es irrelevant, wenn die übertragenen Wirtschaftsgüter so in das Unternehmen des übernehmenden Rechtsträgers eingegliedert und integriert werden, dass sie dort nur noch unselbständige Bestandteile des Betriebs seien und ihre Eigenschaft als Teilbetrieb verlören.[367] Maßgeblich seien die Verhältnisse bei dem Veräußerer, so wie sie sich aus der Sicht eines Dritten darstellten.[368] Für die Fälle der Einbringung eines Teilbetriebs nach den §§ 20 ff. UmwStG 1995 wurde die gleiche Ansicht vertreten; maßgeblich seien die Verhältnisse des Einbringenden.[369] Eine Ausnahme bestehe im Fall eines forstwirtschaftlichen Teilbetriebs. Insoweit kam es darauf an, ob der veräußerte Teil bei planmäßiger Bewirtschaftung für den Erwerber eine selbständige Erwerbsgrundlage bildete.[370]

bb) Europäischer Teilbetriebsbegriff

In der Rechtslehre[371] wird überwiegend die Auffassung vertreten, im Rahmen des europäischen Teilbetriebsbegriffs seien nicht die Verhältnisse des einbringenden sondern die des übernehmenden Rechtsträgers maßgeblich. Für diesen müsse der Teilbetrieb fortführbar sein.[372] Eine Begründung für diese Auffassung findet sich nicht.[373] Vereinzelt[374] wird lediglich auf das

---

365 *Wacker*, in: Schmidt, EStG, § 16 Rz. 149; *Tiedtke*, FR 1981, 445; *Raupach*, in: Hermann/Heuer/Raupach, EStG, KStG, § 16 Rz. 110; *Reiß*, in: Kirchhof/Söhn/Mellinghof, EStG, § 16 B 262.

366 *BFH*, Urt. vom 26.10.1989, IV R 25/88, BStBl. II 1990, 373; *BFH*, Urt. vom 14.3.1989, I R 75/85, BFH/NV 1991, 291, 292; *BFH*, Urt. vom 23.11.1988, X R 1/86, BStBl. II 1989, 376.

367 *BFH*, Urt. vom 17.1.1991, IV R 12/89, BStBl. II 1991, 566, 568; *BFH*, Urt. vom 15.3.1984, IV R 189/81, BStBl. II 1984, 486; *BFH*, Urt. vom 12.9.1979, I R 146/76, BStBl. II 1980, 51; *BFH*, Urt. vom 22.11.1972, I R 124/70, BStBl. II 1973, 403.

368 *BFH*, Urt. vom 26.6.1975, VIII R 39/74, BStBl. II 1975, 832.

369 Vgl. allein *Patt*, in Dötsch/Patt/Pung/Jost, UmwStR, 5. Aufl., § 20 UmwStG Rz. 73; *Schmitt*, in: Schmitt/Hörtnagl/Stratz, UmwG, UmwStG, § 20 UmwStG Rz. 70.

370 *BFH*, Urt. vom 17.1.1991, IV R 12/89, BStBl. II 1991, 566, 568; *BFH*, Urt. vom 5.11.1981, IV R 180/77, BStBl. II 1982, 158.

371 *Strobl-Haaarmann*, FS Widmann, S. 553, 556; *Widmann*, in: Widmann/Mayer, UmwR, § 23 UmwStG Rz. 18; *Blumers*, DB 2001, 722, 725; *Neumann*, EStB 2002, 437, 438; wohl auch *Albrecht*, in: Haritz/Benkert, UmwStG, § 23 Rz. 117; vgl. auch *Menner/Broer*, DB 2002, 815.

372 *Blumers*, DB 2001, 722, 725.

373 Vgl. *Blumers*, DB 2001, 722, 725; *Stobl-Haarmann*, FS Widmann, S. 553, 556; *Neumann*, EStB 2002, 437, 438; *Haarmann*, JbFSt 2001/2002, 180, 184.

Urteil des EuGH in der Rechtsache *„Europartner"* hingewiesen. Der EuGH habe in dieser Entscheidung auf die Verhältnisse bei dem übernehmenden Rechtsträger, also den Erwerber abgestellt. Dieser Hinweis ist zutreffend. Als entscheidend für die Gewährung der Steuervergünstigung nach der Kapitalverkehrssteuerrichtlinie hat es der EuGH[375] in der *„Europartner"*-Entscheidung angesehen, dass der Tätigkeitszweig zur Entwicklung des übernehmenden Unternehmens beitragen könne. Weitere Anforderungen stellte der EuGH nicht auf. Jedoch ist diese Auffassung des EuGH nicht auf die Fusionsrichtlinie übertragbar. Denn der Vorgang der Einbringung von Unternehmensteilen und der Begriff des Teilbetriebs werden in Art. 2 Buchst. i und Buchst. i FRL abschließend definiert. Nach dem Wortlaut beider Definitionen kommt es für das Vorliegen eines Teilbetriebs auf die Verhältnisse des einbringenden Rechtsträgers an.[376] Art. 2 Buchst. c FRL definiert die Einbringung von Unternehmensteilen als Vorgang, durch den eine Gesellschaft, ohne aufgelöst zu werden, ihren Betrieb insgesamt oder einen oder mehrere Teilbetriebe in eine andere Gesellschaft einbringt. Der Teilbetrieb wird danach als Untereinheit des Betriebs der einbringenden Gesellschaft angesehen.[377] In anderen sprachlichen Fassungen der Fusionsrichtlinie wird diese Anknüpfung an die Verhältnisse des einbringenden Rechtsträgers noch deutlicher. Nach der französischen und der englischen Fassung liegt eine Einbringung von Unternehmensteilen vor, wenn eine Gesellschaft „alle, einen oder mehrere ihrer Tätigkeitszweige" (französische Fassung: *„l'ensemble ou une ou plusieurs branches de son activité"*; englische Fassung: *„all or one or more branches of its activity"*)[378] überträgt. Nach Art. 2 Buchst. i FRL wird ein Teilbetrieb durch die Gesamtheit der in einem Unternehmensteil einer Gesellschaft „vorhandenen" aktiven und passiven Wirtschaftsgüter gekennzeichnet. „Vorhanden" sind die aktiven und passiven Wirtschaftsgüter nur bei dem einbringenden und nicht bei dem übernehmenden Rechtsträger, der die Wirtschaftsgüter im Zuge der Einbringung erst erwirbt.

---

374 *Menner/Broer*, DB 2002, 815.

375 *EuGH*, Urt. vom 13.10.1992, Rs. C-50/91, *„Commerz-Credit-Bank AG-Europartner/ Finanzamt Saarbrücken"*, Slg. 1992, I-5225 Tz. 14, 15.

376 Vgl. auch *Schmitt*, in: Schmitt/Hörtnagl/Stratz, UmwG, UmwStG, § 23 UmwStG Rz. 31.

377 *Thömmes*, FS Widmann, S. 583, 602; *Patt*, in: Dötsch/Patt/Pung/Jost, UmwStR, 5. Aufl., § 23 UmwStG Rz. 11; *ders.*, in: Dötsch/Patt/Pung/Möhlenbrock, UmwStR, 6. Aufl., § 20 UmwStG (SEStEG) Rz. 92.

378 In gleicher Weise definieren die italiensche, die spanische, die portugiesische, die niederländische und die dänische Fassung des Art. 2 Buchst. c FRL die Einbringung von Unternehmensteilen, vgl. *Thömmes*, in: Flick/Wassermeyer/Baumhoff, AStG, § 23 UmwStG Rz. 32.

Eine Beurteilung des Teilbetriebs aus der Sicht des Einbringenden ergibt sich auch aus dem sachlichen Anwendungsbereich der Einbringung von Unternehmensteilen.[379] In Art. 2 Buchst. c FRL wird dieser als Einbringung des Betriebs oder eines oder mehrerer Teilbetriebe umschrieben. Wenn es auf die Sicht des Erwerbers ankäme, liege bei einer Einbringung eines Teilbetriebs in einen durch den Einbringungsvorgang erst gegründeten Rechtsträger immer eine Einbringung eines vollständigen Betriebs vor, weil die eingebrachten Wirtschaftsgüter das gesamte Betriebsvermögen des übernehmenden Rechtsträgers ausmachen.[380] In einem solchen Fall der Einbringung zur Neugründung der übernehmenden Gesellschaft wäre eine Einbringung eines Teilbetriebs nicht denkbar. Auch aus dem Sinn und Zweck der Fusionsrichtlinie ergibt sich nichts anderes. Das Ziel der Fusionsrichtlinie ist es, steuerliche Hemmnisse für grenzüberschreitende Umstrukturierungen abzubauen. Zu diesem Zweck wird die Auflösung der stillen Reserven bis zu ihrer tatsächlichen Realisation aufgeschoben. Für die Einbringung von Unternehmensteilen ergibt sich ein solcher Besteuerungsaufschub allerdings nur dann, wenn ein Betrieb oder Teilbetrieb eingebracht wird. Durch diese Voraussetzung wird gesichert, dass nicht eine beliebige Zusammenfassung von einzelnen Wirtschaftsgütern sondern eine wirtschaftliche Einheit übertragen wird, die es dem Erwerber ermöglicht, das bisherige unternehmerische Engagement fortzusetzen. Die Beschränkung auf die Einbringungsgegenstände Betrieb und Teilbetrieb dient letztlich dazu, eine von der Fusionsrichtlinie begünstigte Umstrukturierung von der Veräußerung von Einzelwirtschaftsgütern abzugrenzen. Würde man bei der Einbringung eines Teilbetriebs auf die Verhältnisse des Erwerbers abstellen, wäre diese Abgrenzung nicht mehr möglich; dann wäre es ausreichend, wenn die eingebrachten Wirtschaftsgüter und die schon vorhandenen Wirtschaftsgüter zusammen einen Teilbetrieb darstellten. Dies widerspräche aber der Fusionsrichtlinie, welche nur solche Einheiten begünstigt, die von vorneherein eine eigenständige Funktionsfähigkeit besitzen, so dass der Erwerber ohne weitere Maßnahmen das bisherige unternehmerische Engagement fortsetzen kann. Nach alledem kommt es für die Beurteilung, ob ein Teilbetrieb im Sinne des Art. 2 Buchst. i FRL vorliegt, auf die Verhältnisse des einbringenden Rechtsträgers an.

---

[379] *Patt*, in: Dötsch/Patt/Pung/Jost, UmwStR, 5. Aufl., § 23 UmwStG Rz. 11; ders., in: Dötsch/Patt/Pung/Möhlenbrock, UmwStR, 6. Aufl., § 20 UmwStG (SEStEG) Rz. 92; gleiche Ansicht, wenn auch mit anderer Begründung, *Herlinghaus*, in: Rödder/Herlinghaus/van Lishaut, UmwStG, § 20 Rz. 68.

[380] *Thömmes*, FS Widmann, S. 583, 602; *Patt*, in: Dötsch/Patt/Pung/Jost, UmwStR, 5. Aufl., § 23 UmwstG Rz. 11; *ders.*, in: Dötsch/Patt/Pung/Möhlenbrock, UmwStR, 6. Aufl., § 20 UmwStG (SEStEG) Rz. 92.

5. *Die einzubringenden Betriebsgrundlagen*

a) *Wesentliche und unwesentliche Betriebsgrundlagen*

Im Rahmen des nationalen Teilbetriebsbegriffs müssen nach allgemeiner Meinung[381] nicht alle Wirtschaftsgüter sondern nur die wesentlichen Betriebsgrundlagen des Teilbetriebs übertragen werden. Für den europäischen Teilbetriebsbegriff gilt nichts anderes. Nach dem Wortlaut des Art. 2 Buchst. i FRL kommt es auf die Einbringung einer Gesamtheit von aktiven und passiven Wirtschaftsgütern an, die eine aus eigenen Mitteln funktionsfähige Einheit darstellen. Maßgeblich ist daher die Einbringung der Wirtschaftsgüter, die für die Funktionsfähigkeit des einzubringenden Teilbetriebs von Bedeutung sind. Wirtschaftsgüter, die keine Bedeutung für die Funktionsfähigkeit des Teilbetriebs haben, müssen nach dem Wortlaut des Art. 2 Buchst. i FRL nicht eingebracht werden. Bringt beispielsweise eine deutsche GmbH einen Teilbetrieb, der im wesentlichen aus modernen Produktions- und Fertigungsmaschinen besteht, in eine französische Aktiengesellschaft (S.A.) ein, müssen veraltete Maschinen nicht übertragen werden, die zwar noch im Betriebsvermögen vorhanden sind, aber nicht mehr zur Produktion eingesetzt, sondern nur als Reserve bereitgehalten werden. Auch nach dem Sinn und Zweck der Fusionsrichtlinie ist nur die Einbringung der wesentlichen Betriebsgrundlagen erforderlich. Dieser besteht darin, steuerliche Hindernisse für wirtschaftlich sinnvolle Umstrukturierungen in einem europäischen Binnenmarkt abzubauen.[382] Das bisherige unternehmerische Engagement des einbringenden Rechtsträgers soll durch den übernehmenden Rechtsträger fortgeführt werden können. Aufgrund dessen kann es nur auf die Übertragung der Wirtschaftgüter ankommen, die eine Fortführung des unternehmerischen Engagements ermöglichen. Wirtschaftgüter, die keine Bedeutung für eine Fortführung des unternehmerischen Engagements besitzen, also unwesentlich sind, müssen hingegen nicht zwingend eingebracht werden.[383] Der in der Rechtslehre vertretenen

[381] *BMF* vom 25.03.1998, BStBl. I 1998, 268 Tz. 20.08 und 24.04; *BFH*, Urt. vom 16.2.1996, I R 183/94, BStBl. II 1996, 342, 344.; *Herrmann*, in: Frotscher/Maas, KStG, UmwStG, § 20 UmwStG Rz. 53 ff.; *Schmitt*, in: Schmitt/Hörtnagl/Stratz, UmwG/UmwStG, § 20 UmwStG Rz. 51 und § 24 UmwStG Rz. 85; *Haarmann*, FS Widmann, S. 375, 385; *Rogall*, DB 2005, 410; *Hörger/Schulz*, DStR 1998, 233; *Patt*, DStR 1996, 1585, 1586; *ders.*, DStR 1998, 190, 191; *Binz/Freudenberg/Sorg*, DStR 1993, 3, 5; *Röhrig*, EStB 2000, 390 f.; *Reiche*, DStR 2006, 1205.

[382] Vgl. Erwägungsgründe Nr. 1 und Nr. 2 der Präambel zur Fusionsrichtlinie.

[383] In diesem Sinne auch *Albrecht*, in: Haritz/Benkert, UmwStG, § 23 Rz. 119.

Auffassung,[384] im Rahmen des europäischen Teilbetriebsbegriffs komme es auf eine Unterscheidung zwischen wesentlichen und unwesentlichen Betriebsgrundlagen nicht an, kann daher nicht zugestimmt werden. Ausreichend, aber auch erforderlich, ist die Einbringung der wesentlichen Betriebsgrundlagen.

b) Anzulegende Betrachtungsweise

Die wesentlichen Betriebsgrundlagen sind, in Übereinstimmung mit der Rechtssprechung des BFH[385] und der herrschenden Auffassung[386] zum nationalen Umwandlungssteuerrecht, rein funktional zu bestimmen. Wesentlich sind danach solche Wirtschaftsgüter, denen auf Grund ihrer tatsächlichen Verwendung eine bestimmte Funktion für den jeweils verfolgten Unternehmenszweck zukommt. Dies ergibt sich zunächst aus dem Wortlaut des Art. 2 Buchst. i FRL, wonach es auf die Funktionsfähigkeit des Teilbetriebs ankommt. Die Wirtschaftsgüter müssen in diesem Sinne eine ausreichende Grundlage für die Fortführbarkeit des Teilbetriebs darstellen.[387] Diese Möglichkeit ist der zentrale Grundgedanke der Fusionsrichtlinie und das kennzeichnende Merkmal der Teilbetriebsdefinition des Art. 2 Buchst. i FRL. Dies setzt lediglich voraus, dass die funktional, also für die Fortführung des Teilbetriebs erforderlichen Wirtschaftsgüter, von der Umstrukturierung erfasst sind. Ob in den Wirtschaftsgütern des Teilbetriebs erhebliche stille Reserven enthalten sind, ist hingegen ohne Bedeutung.[388] Denn im Gegensatz zu § 16 EStG geht es nicht darum, die Voraussetzungen festzulegen, nach denen der Freibetrag des § 16 Abs. 4 EStG und die Tarifbegünstigung des § 34 EStG zur Anwendung kommen. Der Sinn und Zweck der Fusionsrichtlinie besteht vielmehr darin, wirtschaftlich sinnvolle Umstrukturierungen zu ermöglichen. Eine Auflösung der stillen Reserven soll

---

[384] *Neumann*, EStB 2002, 437, 441; *Schmitt*, in: Schmitt/Hörtnagl/Stratz, UmwG, UmwStG, § 23 UmwstG Rz. 30; *Blumers*, DB 2001, 722, 725, *ders.*; BB 2007, 1757, 1760.

[385] *BFH*, Urt. vom 2.10.1997, IV R 84/96, BStBl. II 1998, 104, 105.

[386] *Schmitt*, in: Schmitt/Hörtnagl/Stratz, UmwG, UmwStG, § 20 UmwStG 1995 Rz. 5, 6; *Reiche*, DStR 2006, 1205, 1206; *Rogall*, DB 2005, 410; *Blumers*, DB 2001, 722, 723 f; *Märkle*, DStR 2000, 797, 801.

[387] Vgl. auch *EuGH*, Urt. vom 15.1.2002, Rs. C-43/00, „*Andersen og Jensen*“, Slg. 2002, I-394 Tz. 35.

[388] Gleiche Ansicht *Thömmes*, FS Widmann, S. 583, 598; *ders.*, in: Flick/Wassermeyer/Baumhoff, AStG, § 23 UmwStG Rz. 68; *Schmitt*, in: Schmitt/Hörtnagl/Stratz, UmwG, UmwstG, § 23 UmwstG Rz. 26; *Heß/Schnitger*, in: PwC, Reform des UmwStR, Rz. 1530.

unterbleiben, damit der übernehmende Rechtsträger das bisherige unternehmerische Engagement fortführen kann.

VI. Betrieb als Einbringungsgegenstand

1. Betriebsbegriff

Im Gegensatz zum Begriff des Teilbetriebs wird der Begriff des Betriebs in der Fusionsrichtlinie nicht definiert. Der Begriff der Einbringung von Unternehmensteilen gemäß Art. 2 Buchst. c FRL sieht zwar ausdrücklich die Einbringung eines Betriebs vor, erläutert diesen Einbringungsgegenstand jedoch nicht.[389] Danach ist eine Einbringung von Unternehmensteilen ein Vorgang, „durch den eine Gesellschaft, ohne aufgelöst zu werden, ihren Betrieb insgesamt oder einen oder mehrere Teilbetriebe in eine andere Gesellschaft (...) einbringt." Nach dem Wortlaut des Art. 2 Buchst. c FRL geht die Fusionsrichtlinie davon aus, dass die einbringende Gesellschaft nur insgesamt einen Betrieb haben kann, der ihr gesamtes Aktiv und Passivvermögen umfasst und der sich gegebenenfalls in mehrere Teilbetriebe unterteilen lässt.[390] Diese Betrachtungsweise steht im Widerspruch zu § 16 EStG. Ausreichend ist danach die Veräußerung oder Aufgabe eines Gewerbebetriebs. Auch die §§ 20 ff. UmwStG 1995 sahen lediglich die Einbringung eines Betriebs vor. Dieser unterschiedliche Wortlaut zwischen den nationalen Regelungen und der Fusionsrichtlinie hat seine Grundlage in dem engen persönlichen Anwendungsbereich der Richtlinie.[391] Dieser umfasst nach Art. 3 FRL (i.V.m. mit dem Anhang zur Fusionsrichtlinie) als einbringende Rechtsträger nur (EU-)Kapitalgesellschaften. Deren unternehmerische Tätigkeit hat – auch nach der Auffassung des BFH[392] – begrifflich nur einen einzigen Betrieb zum Gegenstand.[393] Dies ergibt sich aus § 8 Abs. 2 KStG, wonach bei Steuerpflichtigen, die nach den Vorschriften des HGB zur Führung von Büchern verpflichtet sind, alle Einkünfte als Einkünfte aus Ge-

---

[389] *Schmitt,* in: Schmitt/Hörtnagl/Stratz, UmwG, UmwStG, § 23 UmwStG Rz. 23; *Thömmes.,* in: Flick/Wassermeyer/Baumhoff, AStG, § 23 UmwStG Rz. 30; *Schmid/Wiese,* IStR 1998, 321, 323.

[390] *Thömmes,* in: Flick/Wassermeyer/Baumhoff, AStG, § 23 UmwStG Rz. 30.

[391] *Patt,* in: Dötsch/Patt/Pung/Jost, UmwStR, 5. Aufl., § 23 UmwStG Rz. 15. Vgl. auch die französische und die englische Fassung des Art. 2 Buchst. c FRL, dazu *Thömmes,* in: Flick/Wassermeyer/Baumhoff, AStG, § 23 UmwStG Rz. 33.

[392] Vgl. *BFH,* Urt. vom 10.2.1989, III R 78/86, BStBl. II 1989, 467, 469; *BFH,* Urt. vom 13.3.1974, I R 7/71, BStBl. II 1974, 391.

[393] *Merkert,* in: Bordewin/Brandt, EStG, § 20 UmwStG Rz. 12; *Thömmes,* in: Flick/Wassermeyer/Baumhoff, AStG, § 23 UmwStG Rz. 30.

werbebetrieb zu behandeln sind.[394] Im Gegensatz dazu kann ein Steuerpflichtiger bei einer Betriebsveräußerung oder -aufgabe nach § 16 EStG auch eine natürliche Person sein. Dies galt ebenso für die Person des Einbringenden im Rahmen der §§ 20 ff. UmwStG 1995. Nach der Ansicht des BFH[395] können natürliche Personen mehrere Betriebe haben, die im Falle einer Veräußerung oder Einbringung getrennt zu behandeln sind. Dementsprechend war und ist es folgerichtig, wenn die vorgenannten nationalen Regelungen die Veräußerung, Aufgabe oder Einbringung eines Betriebs ausreichen ließen oder lassen.

2. *Umfang der einzubringenden Wirtschaftsgüter*

a) *Auffassung in der Rechtslehre*

Ein Teil der Rechtslehre[396] vertritt die Auffassung, die Einbringung eines Betriebs erfordere die Einbringung der Gesamtheit der Wirtschaftsgüter des Betriebs. Behalte die einbringende Gesellschaft einzelne Wirtschaftsgüter zurück oder werden einzelne Wirtschaftsgüter an einen Dritten veräußert, liege keine begünstigte Einbringung eines Betriebs im Sinne der Fusionsrichtlinie vor. Für diese Ansicht spricht der Wortlaut des Art. 2 Buchst. c FRL. Danach ist eine Betriebseinbringung ein Vorgang, bei dem eine Gesellschaft „ihren Betrieb insgesamt" einbringt. Auch die Definition des Begriffs der „einbringenden Gesellschaft" in Art. 2 Buchst. e FRL stellt auf die umfängliche Einbringung aller Wirtschaftsgüter ab. „Einbringende Gesellschaft" im Sinne der Fusionsrichtlinie ist danach die „Gesellschaft, die ihr Aktiv- oder Passivvermögen überträgt oder einen oder mehrere Teilbetriebe einbringt."[397]

Aufgrund der fehlenden Definition des Betriebsbegriffs in der Fusionsrichtlinie geht ein anderer Teil der Rechtslehre[398] hingegen davon aus, es

---

394 Vgl. *BFH*, Urt. vom 10.2.1989, III R 78/86, BStBl. II 1989, 467, 469.

395 *BFH*, Urt. vom 9.8.1989, X R 130/87, DB 1989, 2311, 2312; *BFH*, Urt. vom 10.2.1989, III R 78/86, BStBl. II 1989, 467; *Merkert*, in: Bordewin/Brandt, EStG, § 20 UmwStG Rz. 12.

396 *Thömmes*, in: Flick/Wassermeyer/Baumhoff, AStG, § 23 UmwStG Rz. 33; *ders.*, FS Widmann, S. 583, 586; *Schmitt*, in: Schmitt/Hörtnagl/Stratz, UmwG, UmwStG, § 23 UmwStG Rz. 23.

397 Vgl. auch die Definition des Begriffs der „übernehmenden Gesellschaft" in Art. 2 Buchst. f FRL: „die Gesellschaft, die das Aktiv- und Passivvermögen oder einen oder mehrere Teilbetriebe von der einbringenden Gesellschaft übernimmt."

398 *Patt*, in: Dötsch/Patt/Pung/Jost, UmwStR, 5. Aufl., § 23 UmwStG Rz. 15; *Widmann*, in: Widmann/Mayer, UmwR, § 23 UmwStG Rz. 16 unter Verweis auf den nationalen Betriebsbegriff des § 20 UmwStG 1995. So auch die Auffassung der Finanzver-

müssten – wie auch im nationalen Umwandlungssteuerrecht[399] – nur die wesentlichen Betriebsgrundlagen übertragen werden.

b) Stellungnahme

Zentraler Grundgedanke der Einbringung von Unternehmensteilen ist die Fortführung des unternehmerischen Engagements. Aus diesem Grund müssen bei der Einbringung eines Teilbetriebs nur die Wirtschaftsgüter übertragen werden, die eine ausreichende wirtschaftliche Grundlage für die Fortführbarkeit des unternehmerischen Engagements ermöglichen. Dies sind diejenigen Betriebsgrundlagen des Teilbetriebs, die aufgrund ihrer tatsächlichen Verwendung eine wesentliche Bedeutung für die Funktion des Teilbetriebs haben. Für die Einbringung eines Betriebs kann nichts anderes gelten; auch in diesem Falle geht es um die Fortführung des unternehmerischen Engagements durch den übernehmenden Rechtsträger. Zwar ist eine Möglichkeit der Fortführung regelmäßig gegeben, wenn sämtliche Wirtschaftsgüter des Betriebs übertragen werden. Sie besteht aber auch dann, wenn lediglich die Wirtschaftsgüter Gegenstand der Einbringung sind, die eine wesentliche Bedeutung für den Betrieb haben. Auch in diesem Fall kann das bisherige unternehmerische Engagement fortgeführt werden. Nach der hier vertretenen Auffassung besteht daher keine Veranlassung, bei der Einbringung eines Betriebs die Übertragung sämtlicher Wirtschaftsgüter des einbringenden Rechtsträgers zu verlangen. In Anlehnung an die Teilbetriebsdefinition des Art. 2 Buchst. i FRL ist der Begriff des Betriebs vielmehr tätigkeitsbezogen auszulegen. Dies bedeutet, dass lediglich die Wirtschaftsgüter des Betriebs zu übertragen sind, die in ihrer Gesamtheit eine funktionsfähige wirtschaftliche Einheit darstellen. Sofern diese wesentlichen Betriebsgrundlagen des Betriebs eingebracht werden, ist es unschädlich, wenn der Einbringende andere Wirtschaftsgüter zurückbehält oder veräußert.[400]

---

waltung zur Umsetzungsregelung des § 23 UmwStG 1995, vgl. *BMF* vom 25.3.1998, BStBl. I 1998, 268 Tz. 23.01.

399 Vgl. allein *Patt*, in: Dötsch/Patt/Pung/Jost, UmwStR, 5. Aufl., § 20 UmwStG Rz. 23 ff. m.w.N.

400 *Patt*, in: Dötsch/Patt/Pung/Jost, UmwStR, 5. Aufl., § 23 UmwStG Rz. 15; *Albrecht*, in: Haritz/Benkert, UmwStG, § 23 Rz. 119 für den vergleichbaren Fall einer Teilbetriebseinbringung.

VII. Mitunternehmeranteil als Einbringungsgegenstand

Nach dem Wortlaut des Art. 2 Buchst. c FRL umfasst die Einbringung von Unternehmensteilen nicht die Einbringung von Mitunternehmeranteilen.[401] Die Nichteinbeziehung von Mitunternehmeranteilen in die Fusionsrichtlinie ist darauf zurückzuführen, dass Personengesellschaften in den übrigen Mitgliedstaaten der Europäischen Union nicht die gleiche Bedeutung haben wie in der Bundesrepublik Deutschland.[402] Das steuerrechtliche Konzept eines Mitunternehmeranteils ist daher in vielen Mitgliedstaaten nicht vorgesehen. Eine Ausnahme stellt lediglich Österreich dar, welches aber erst nach der Verabschiedung der Fusionsrichtlinie im Jahre 1990 der Europäischen Union beitrat.[403] Eine grenzüberschreitende Einbringung von Mitunternehmeranteilen ist daher von der Fusionsrichtlinie nicht begünstigt.[404] Wird aber ein Teilbetrieb oder Betrieb eingebracht und gehört zu dem Betriebsvermögen auch ein Mitunternehmeranteil, so ist diese gleichzeitige Einbringung eines Mitunternehmeranteiles steuerneutral möglich.[405] Der Mitunternehmeranteil ist in diesem Fall nur unselbständiger Bestandteil des Einbringungsgegenstandes Betrieb oder Teilbetrieb.

VIII. Gegenleistung für die Einbringung

Art. 2 Buchst. c FRL bestimmt als Gegenleistung für die Einbringung eines Betriebs oder Teilbetriebs die Gewährung von Anteilen an dem Gesellschaftskapital der übernehmenden Gesellschaft. Werden keine Anteile als Gegenleistung gewährt, liegt keine Einbringung von Unternehmensteilen vor, sondern eine verdeckte Einlage, die nicht von der Fusionsrichtlinie begünstigt wird.[406] Nicht ausreichend ist es ebenso, wenn als Gegenleistung

---

401 Allgemeine Meinung, vgl. *Widmann*, in: Widmann/Mayer, UmwR, § 23 UmwStG Rz. 33; *Patt*, in: Dötsch/Patt/Pung/Jost, UmwstR, 5. Aufl., § 23 UmwStG Rz. 17, *Tumpel*, Harmonisierung, S. 240; *Thiel*, GmbHR 1994, 277, 283; *Merkert*, in: Bordewin/Brandt, EStG, § 23 UmwStG Rz. 21; kritisch *Schmid/Wiese*, IStR 1998, 321, 323 f.

402 *Widmann*, in: Widmann/Mayer, UmwR, § 23 UmwStG Rz. 33 ; *Thömmes*, in: Flick/Wassermeyer/Baumhoff, AStG, § 23 UmwStG Rz. 73; Vgl. die Übersicht bei *Hey/Bauersfeld*, IStR 2005, 649, 656 ff.

403 Zu der Rechtslage in Österreich, *Tumpel*, Harmonisierung, S. 240.

404 Zu den Ausweggestaltungen *Patt*, in: Dötsch/Patt/Pung/Jost, UmwStR, 5. Aufl., § 23 UmwStG Rz. 17; *Merkert*, in: Bordewin/Brandt, EStG, § 23 UmwStG Rz. 21.

405 *Widmann*, in: Widmann/Mayer, UmwR, § 23 UmwStG Rz. 31; *Schmitt*, in: Schmitt/Hörtnagl/Stratz, UmwG, UmwStG, § 23 UmwStG Rz. 34; *Thömmes*, FS Widmann, S. 583, 602, 603. A.A. *Patt*, in: Dötsch/Patt/Pung/Jost, UmwStR, 5. Aufl., § 23 UmwStG Rz. 19.

406 Im Allgemeinen liegt keine Einbringung vor, wenn eine verdeckt Einlage vorliegt. Die Gewährung von Gesellschaftsrechten als Gegenleistung ist auch in nationaler

nur eine schuldrechtliche Beteiligung (beispielsweise eine stille Beteiligung) an der übernehmenden Gesellschaft gewährt wird.[407] Die Höhe der als Gegenleistung gewährten Anteile ist dabei ohne Bedeutung; die Fusionsrichtlinie stellt insoweit keine Anforderungen auf.[408]

1. *Gewährung von neuen und eigenen Anteilen*

Nach dem Wortlaut des Art. 2 Bucht. c FRL kommt es nur auf die Gewährung von Anteilen an dem Gesellschaftskapital der übernehmenden Gesellschaft an. Zwischen der Gewährung von neuen Anteilen oder der Gewährung von eigenen Anteilen wird nicht unterschieden. Neu sind solche Anteile, die mit der Einbringung entstanden sind. Sie müssen daher entweder aus einer Kapitalerhöhung oder – im Fall der Einbringung zur Neugründung der übernehmenden Gesellschaft – aus einer Sachkapitalgründung hervorgegangen sein.[409] Eigene Anteile der übernehmenden Gesellschaft sind hingegen solche Anteile, die schon früher an den Einbringenden ausgegeben worden sind, von der übernehmenden Gesellschaft aber später eingezogen oder zurück erworben und in der Folgezeit als eigene Anteile gehalten wurden.[410] Diese Unterscheidung zwischen eigenen und neuen Anteilen ist insoweit von Bedeutung, als die Rechtsordnungen verschiedener Mitgliedstaaten die Gewährung von neuen Anteilen zur Voraussetzung einer Einbringung von Unternehmensteilen fordern.[411] Auch die bisherige Umsetzungsregelung des § 23 UmwStG 1995 setzte die Gewährung von neuen Anteilen voraus. Demgegenüber bestimmt Art. 2 Buchst. c FRL le-

---

Hinsicht die Voraussetzung für das Vorliegen einer Einbringung, vgl. *BMF* vom 25.3.1998, BStBl. I 1998, 268 Tz. 24.04; *Patt,* in: Dötsch/Patt/Pung/Jost, UmwStR, 5. Aufl., § 20 UmwStG Rz. 140; *Friederichs,* in Haritz/Benkert, UmwStG, § 20 Rz. 137; *Merkert,* in: Bordewin/Brandt, EStG, § 20 UmwStG Rz. 51.

407 *Wassermeyer,* DStR 1992, 57, 58; *Albrecht,* in: Haritz/Benkert, UmwStG, § 23 Rz. 113.

408 *Patt,* in: Dötsch/Patt/Pung/Jost, UmwStR, 5. Aufl., § 23 UmwStG Rz. 30.

409 *Widmann,* in: Widmann/Mayer, UmwR, § 20 UmwStG Rz. 456; *Merkert,* in: Bordewin/Brandt, EStG, § 20 UmwStG Rz. 49; *Schulze zur Wiesche,* GmbHR 1981, 60, 62.

410 *Herrmann,* in: Frotscher/Maas, KStG, UmwStG, § 20 UmwStG Rz. 76c; *Friederichs,* in: Haritz/Benkert, UmwStG, § 20 Rz. 143.

411 Insbesondere sahen die Umsetzungsregelungen der Fusionsrichtlinie in Deutschland, Dänemark, Finnland, Irland, Luxemburg, in den Niederlanden und dem Vereinigten Königreich die Gewährung von neuen Anteilen als Voraussetzung einer grenzüberschreitenden Einbringung von Unternehmensteilen vor. Demgegenüber setzten Frankreich, Belgien, Italien, Österreich, Schweden und Spanien nicht die Gewährung von neuen Anteilen voraus; vgl. *Widmann,* in: Widmann/Mayer, UmwR, § 23 Rz. 50; *Thömmes,* in: Flick/Wassermeyer/Baumhoff, AStG, § 23 UmwStG Rz. 145.

diglich die Gewährung von Anteilen am Gesellschaftskapital der Übernehmerin. Es wird nicht gefordert, dass es sich dabei um Gesellschaftsanteile handelt, die neu, also erst im Zuge der Einbringung entstanden sind.[412] Im Anwendungsbereich der Fusionsrichtlinie kann es sich daher auch um eigene Anteile handeln, die lediglich eine Beteiligung am schon bestehenden Gesellschaftskapital der übernehmenden Kapitalgesellschaft ermöglichen. Auch die Systematik der Fusionsrichtlinie erfordert nicht die Gewähr von neuen Anteilen.[413] Durch die Gewährung von Anteilen als Gegenleistung wird sichergestellt, dass eine Besteuerung der stillen Reserven in dem Betriebsvermögen des eingebrachten Unternehmensteils auch nach der Einbringung bei dem einbringenden Rechtsträger möglich ist. Die Anteile treten insoweit an die Stelle des bisher beim Einbringenden verstrickten Betriebsvermögens. Diese Funktion kann aus Sicht des Einbringenden auch eine solche Beteiligung einnehmen, die bei dem übernehmenden Rechtsträger als eigene Beteiligung schon vorhanden war. Die finanziellen Interessen der Mitgliedstaaten an einer Besteuerung der stillen Reserven bleiben auch in diesem Fall gewahrt.[414]

2. Verbot der Hingabe zusätzlicher Gegenleistungen

Werden von dem übernehmenden Rechtsträger oder von dritter Seite neben der Gewährung von Anteilen bare Zuzahlungen oder andere Wirtschaftsgüter für die Einbringung des Teilbetriebs oder Betriebs gewährt, liegt keine nach der Fusionsrichtlinie begünstigte Einbringung von Unternehmensteilen vor.[415] Nach der Definition der Einbringung von Unternehmensteilen gemäß Art. 2 Buchst. c FRL ist tatbestandlich nur dann ein Einbringungsvorgang gegeben, wenn die übernehmende Gesellschaft Anteile an ihrem Gesellschaftskapital gewährt. Sonstige Gegenleistungen des übernehmenden Rechtsträgers an den einbringenden Rechtsträger sind hingegen nicht zulässig. Dieses Verbot der Hingabe zusätzlicher Gegenleistun-

---

[412] Nach der herrschenden Meinung in der Rechtslehre war § 23 UmwStG 1995 daher nicht richtlinienkonform umgesetzt, vgl. *Carl*, Inf 1992, 316, 321; *Wassermeyer*, DStR 1992, 57, 59; *Knobbe-Keuk*, Bilanz- und Unternehmenssteuerrecht, § 22 VIII 4c, S. 843; *Albrecht*, in: Haritz/Benkert, UmwStG, § 23 Rz. 111, 149; *Klingberg/van Lishaut*, Der Konzern 2005, 698, 722; a.A. *Sarrazin*, ZGR 1994, 67, 70; *Thiel*, GmbHR 1994, 277, 283.

[413] In diesem Sinne *Thömmes*, in: Flick/Wassermeyer/Baumhoff, AStG, § 23 UmwStG Rz. 147; *Patt*, in: Dötsch/Patt/Pung/Jost, UmwStR, 5. Aufl., § 23 UmwStG Rz. 31.

[414] Vgl. den Erwägungsgrund Nr. 4 der Präambel zur Fusionsrichtlinie.

[415] *EuGH*, Urt. vom 15.1.2002, Rs. C-43/00, „*Andersen og Jensen*“, Slg. 2002, I-394 Tz. 26; *Carl*, Inf 1992, 316, 320; *Albrecht*, in: Haritz/Benkert, UmwStG, § 23 Rz. 110; *Thömmes*, in: Flick/Wassermeyer/Baumhoff, AStG, § 23 UmwStG Rz. 152 f.

gen beruht auf einer bewussten Entscheidung des Richtliniengebers.[416] Bei der Bestimmung der Begriffe der Fusion (Art. 2 Buchst. a FRL), der Spaltung (Art. 2 Buchst. b FRL) und dem Austausch von Anteilen (Art. 2 Buchst. d FRL) ist im Gegensatz zur Einbringung von Unternehmensteilen die Gewährung von zusätzlichen Gegenleistungen ausdrücklich vorgesehen.

Eine Einbringung von Unternehmensteilen liegt daher nicht vor, wenn die übernehmende Gesellschaft Verbindlichkeiten des einbringenden Rechtsträgers übernimmt; bei wirtschaftlicher Betrachtung steht eine solche Übernahme einer baren Zuzahlung der übernehmenden Gesellschaft gleich. Auch der EuGH[417] verneint in der Rechtssache *„Andersen og Jensen"* die Voraussetzungen einer Einbringung von Unternehmensteilen nach Art. 2 Buchst. c FRL, weil die isolierte Übertragung der Darlehensverbindlichkeit eine Gestaltung sei, die einer baren Zuzahlung der übernehmenden Gesellschaft entspreche. Gleichwohl steht die Fusionsrichtlinie nicht jeglicher Übertragung von Verbindlichkeiten entgegen. Besteht ein wirtschaftlicher Zusammenhang der Verbindlichkeit zu dem einzubringenden Unternehmensteil, so kann auch die Verbindlichkeit eingebracht werden.[418] Ein solcher Zusammenhang ist etwa anzunehmen, wenn die Verbindlichkeit im Zusammenhang mit der Finanzierung von funktional wesentlichem Anlagevermögen oder der Bildung einer Pensions- oder Investitionsrückstellung steht. In diesem Fall ist die Verbindlichkeit unselbständiger Bestandteil des einzubringenden Unternehmensteils, so dass ihre Einbringung keine zusätzliche Gegenleistung für die Einbringung darstellt. Erst wenn – wie in der *„Andersen og Jensen"*-Entscheidung – eine Verbindlichkeit in keiner Verbindung zu dem Unternehmensteil steht und auf den übernehmenden Rechtsträger übertragen wird, liegt ein Vorgang vor, der einer baren Zuzahlung gleichsteht und gegen das Verbot der Gewährung zusätzlicher Gegenleistungen verstößt.[419]

---

416 *Thömmes*, IWB, F. 11a, 561, 565; *Patt*, in: Dötsch/Patt/Pung/Jost, UmwStR, 5. Aufl., § 23 UmwStG Rz. 32.

417 *EuGH*, Urt. vom 15.1.2002, Rs. C-43/00, *„Andersen og Jensen"*, Slg. 2002, I-394 Tz. 26.

418 *Thömmes*, IWB, F. 11a, 561, 565; *Schmitt*, in: Schmitt/Hörtnagl/Stratz, UmwG, UmwStG, § 23 UmwStG Rz. 40.

419 *Thömmes*, FS Widmann, S. 583, 598 f.; *Patt*, in: Dötsch/Patt/Pung/Jost, UmwStR, 5. Aufl., § 23 UmwStG Rz. 33.

E. Steuerneutralität als Rechtsfolge der Einbringung von Unternehmensteilen

I. Steuerneutralität auf Gesellschaftsebene

Liegen die Voraussetzungen einer Einbringung von Unternehmensteilen nach Art. 2 Buchst. c FRL vor, ordnet Art. 9 i.V.m. Art. 4 Abs. 1 Satz 1 FRL einen Besteuerungsaufschub auf der Ebene der übernehmenden Gesellschaft an.[420] Danach darf die Einbringung keine Besteuerung des Unterschieds zwischen dem tatsächlichen Wert und dem steuerlichen Wert des übertragenen Aktiv- und Passivvermögens auslösen. Als „steuerlichen Wert" bestimmt Art. 4 Abs. 1 Satz 2 Buchst. a FRL den Wert, auf dessen Grundlage ein etwaiger Gewinn oder Verlust für die Zwecke der Besteuerung des Veräußerungsgewinns der einbringenden Gesellschaft ermittelt worden wäre, wenn das Aktiv- und Passivvermögen gleichzeitig mit der Einbringung, aber unabhängig davon, veräußert worden wäre.[421] Entsprechend dem Ziel der Fusionsrichtlinie, steuerliche Hindernisse für grenzüberschreitende Umstrukturierungen zu beseitigen,[422] verhindern diese Regelungen, dass es im Zeitpunkt der Einbringung zu einer Auflösung der stillen Reserven kommt.[423] Der Vorgang der Einbringung hat daher grundsätzlich steuerneutral zu erfolgen.[424] Die Besteuerung der stillen Reserven erfolgt erst dann, wenn sie nach der Einbringung realisiert werden. Darüber hinaus ist die übernehmende Gesellschaft nach Art. 9 i.V.m. Art. 4 Abs. 3 FRL verpflichtet, die neuen Abschreibungen und die späteren Wertsteigerungen oder Wertminderungen so zu berechnen, wie sie von der einbringenden Gesellschaft ohne den steuerneutralen Einbringungsvorgang berechnet worden wären. Technisch kann dies durch eine Fortführung der Buchwerte

---

420 *Herzig*, in: Lüdicke, Fortentwicklung, S. 130.

421 Die Terminologie des Art. 4 Abs. 1 FRL ist dem britischen und irischen Steuerrecht entlehnt, nach welchem dem tatsächlichen Wert der steuerliche Wert gegenübergestellt wird, vgl. *Tumpel*, Harmonisierung, S. 168; *Saß*, DB 1990, 2340, 2341. In anderen Mitgliedstaaten wie der Bundesrepublik Deutschland, in denen die handelsrechtliche Rechnungslegung auch für die steuerliche Gewinnermittlung maßgeblich ist, werden einerseits die die Verkehrswerte und andererseits die Buchwerte des Aktiv- oder Passivvermögens als maßgebliche Werte herangezogen.

422 Vgl. die Erwägungsgründe Nr. 1 und Nr. 2 der Präambel zur Fusionsrichtlinie.

423 *Schwenke*, DStZ 2007, 235, 239; *Hahn*, IStR 2006, 797, 798; *Herzig/Dautzenberg/Heyeres*, DB 1991, Beilage 12, S. 7.

424 Darüber hinaus ist die übernehmende Gesellschaft ist nach Art. 4 Abs. 3 FRL verpflichtet, die neuen Abschreibungen und die späteren Wertsteigerungen oder Wertminderungen so zu berechnen, wie sie von der einbringenden Gesellschaft ohne den steuerneutralen Einbringungsvorgang berechnet worden wären.

des eingebrachten Betriebsvermögens erreicht werden.[425] Es können auch andere Methoden angewandt werden, sofern dadurch dasselbe Ergebnis erzielt wird.[426]

1. Einschränkung der Steuerneutralität durch Betriebsstättenbedingung

Art. 9 i.V.m. Art. 4 Abs. 1 Satz 2 Buchst. b FRL schränkt diesen Grundsatz der Steuerneutralität ein. Danach gilt die Steuerneutralität der Einbringung nur für dasjenige Aktiv- und Passivvermögen, das nach der Einbringung zu einer Betriebsstätte gehört, für die der Mitgliedstaat der einbringenden Gesellschaft ein Besteuerungsrecht hat. Diese so genannte Betriebsstättenbedingung steht im Zusammenhang mit dem Ziel der Fusionsrichtlinie, die fiskalischen Interessen der Mitgliedstaaten zu wahren.[427] Sie garantiert, dass die grenzüberschreitende Einbringung für den Staat der einbringenden Gesellschaft nicht zu einem Verlust seines Besteuerungsrechts hinsichtlich der im Betriebsvermögen enthaltenen stillen Reserven führt. Die Betriebsstättenbedingung gehört zu den kennzeichnenden Merkmalen der Fusionsrichtlinie; ihre Einhaltung ist nicht nur Voraussetzung für die Steuerneutralität einer grenzüberschreitenden Einbringung, sondern auch für die Steuerneutralität einer Verschmelzung, Spaltung und Abspaltung sowie für die Steuerneutralität der Sitzverlegung einer SE oder SCE.[428] Darüber hinaus muss das der Betriebsstätte zurechenbare Aktiv- und Passivvermögen zur Erzielung des steuerpflichtigen Ergebnisses der Betriebsstätte beitragen (so genannte Steuerverhaftungsbedingung).[429]

a) Betriebsstätte im Staat der einbringenden Gesellschaft

Das Besteuerungsrecht bleibt bestehen, soweit das eingebrachte Betriebsvermögen zu einer Betriebsstätte im Mitgliedstaat der einbringenden Ge-

---

[425] *Herzig/Dautzenberg/Heyeres*, DB 1991, Beilage 12, S. 5; *Krebs*, BB 1990, 1945, 1947; *Saß*, DB 1990, 2340, 2341.

[426] Insbesondere dann, wenn das nationale Steuerrecht des Mitgliedstaats der übernehmenden Gesellschaft keine Buchwerte kennt, vgl. *Thömmes*, in: Flick/Wassermeyer/Baumhoff, AStG, § 23 UmwStG Rz. 171.

[427] *Hahn*, IStR 2006, 797, 798; *Schwenke*, DStZ 2007, 235, 239 f.; *Schmalz*, S. 50; *Frotscher*, IStR 2006, 66, 67.

[428] Vgl. zum letzteren *Kessler/Huck/Obser/Schmalz*, DStZ 2004, 855, 860; *Brink/Endres*, in: PwC, Reform des UmwStR Rz. 417 ff., 422; *Herzig/Griemla*, StuW 2002, 55 ff.

[429] Die Aufgabe der Steuerverhaftungsbedingung liegt allein darin, Einbringungen in eine steuerbefreite Betriebsstätte auszuschließen, vgl. *Herzig/Dautzenberg/Heyeres*, DB 1991, Beilage 12, S. 9.

sellschaft gehört. Als Beispiel ist in diesem Zusammenhang die Einbringung eines Betriebs oder Teilbetriebs einer unbeschränkt steuerpflichtigen GmbH in eine deutsche Betriebsstätte einer beschränkt steuerpflichtigen französischen Société Anonyme (S.A.) zu nennen. Eine tatsächliche Verbringung der Wirtschaftsgüter über die Grenze findet in diesem Fall nicht statt.[430] Sie bleiben in einer inländischen Betriebsstätte gebunden. Lediglich die Steuerverhaftung des eingebrachten Betriebsvermögens wechselt von der unbeschränkten Steuerpflicht der GmbH in die beschränkte Steuerpflicht der französischen Aktiengesellschaft. Eine Einschränkung oder ein Ausschluss des Besteuerungsrechts des Mitgliedstaates der einbringenden Gesellschaft ist damit nicht verbunden. Aufgrund des abkommensrechtlichen Betriebsstättenprinzips (Artt. 7 Abs. 1, 13 Abs. 2 OECD-MA), das von allen Mitgliedstaaten der Europäischen Union anerkannt und in den zwischen ihnen abgeschlossenen Doppelbesteuerungsabkommen enthalten ist, steht ein etwaiger Gewinn aus der Veräußerung des eingebrachten Betriebsvermögens entsprechend der Freistellungsmethode des Art. 23 A OECD-MA stets dem Betriebsstättenstaat zu.

Zwar enthält die Fusionsrichtlinie keine Definition des Betriebsstättenbegriffs.[431] Nach der herrschenden Meinung[432] ist aber das abkommensrechtliche Begriffsverständnis anzuwenden. Es ist daher stets im Einzelfall anhand des jeweils einschlägigen Doppelbesteuerungsabkommens zu prüfen, ob das Besteuerungsrecht hinsichtlich des Gewinns aus der Veräußerung des Betriebsstättenvermögens dem Mitgliedstaat der einbringenden Gesellschaft zusteht.

Für Wirtschaftgüter, die nicht mit einer Betriebsstätte im Staat der einbringenden Gesellschaft gebunden bleiben, etwa weil sie im Rahmen der Einbringung in den Staat der übernehmenden Gesellschaft verbracht werden, muss der Staat der einbringenden Gesellschaft keinen Besteuerungsaufschub gewähren.[433] Der betroffene Mitgliedstaat ist vielmehr berechtigt,

---

[430] *Terra/Wattel*, European Tax Law, S. 544.

[431] Der ursprüngliche Richtlinienvorschlag aus dem Jahre 1969 enthielt einen eigenständigen Betriebsstättenbegriff. Auf eine Übernahme in die endgültige Fassung der Fusionsrichtlinie 1990 wurde aber verzichtet, weil die Betriebsstättendefinition des OECD-MA zwischenzeitlich eine breite Verwendung in den Doppelbesteuerungsabkommen der Mitgliedstaaten gefunden hatte, vgl. *Saß*, DB 1990, 2340, 2344.

[432] *BMF* vom 25.3.1998, BStBl. I Tz. 23.01; *Schmitt*, in: Schmitt/Hörtnagl/Stratz, UmwG, UmwStG, § 23 UmwStG Rz. 35; *Albrecht*, in: Haritz/Benkert, UmwStG, § 23 Rz. 120; *Thömmes*, in: Flick/Wassermeyer/Baumhoff, AStG, § 23 UmwStG Rz. 84, 85; *Herzig/Dautzenberg/Heyeres*, DB 1991, Beilage 12, S. 7; *Hahn*, IStR 1998, 321, 326; *Kessler/Obser/Huck/Schmalz*, DStZ 2004, 855, 859; *Schmalz*, S. 49; *Frotscher*, IStR 2006, 65, 66.

[433] *Herzig/Dautzenberg/Heyeres*, DB 1991, Beilage 12, S. 7.

in dem Umfang der nicht in einer inländischen Betriebsstätte gebundenen Wirtschaftsgüter eine Schlussbesteuerung auf der Grundlage eines nationalen Entstrickungstatbestandes durchzuführen.[434] Er kann in diesem Fall die stillen Reserven auch ohne Vorliegen eines Realisationsakts besteuern.[435]

b) Betriebsstätte in einem anderen Mitgliedstaat

Die Sicherung der Besteuerungsrechte des Mitgliedstaates der einbringenden Gesellschaft wird von der Fusionsrichtlinie auch für den Fall vorgesehen, in dem sich die Betriebsstätte nicht im Mitgliedstaat der einbringenden Gesellschaft befindet. Art. 4 Abs. 1 FRL findet in diesem Fall keine Anwendung. Beispielsweise wird die Einbringung eines Betriebs oder Teilbetriebs einer deutschen GmbH aus einer belgischen Betriebsstätte in eine französische Société Anonyme (S.A) nicht von Art. 4 Abs. 1 FRL erfasst. Art. 10 Abs. 1 Satz 1 FRL ordnet jedoch für diesen Fall einen Besteuerungsverzicht für den Mitgliedstaat der einbringenden Gesellschaft an. Wird für die Betriebsstättengewinne nach dem jeweiligen Doppelbesteuerungsabkommen eine Freistellung angeordnet, wird durch diesen Verzicht das Besteuerungsrecht des Mitgliedstaats nicht beschränkt oder ausgeschlossen, da schon vor der Einbringung kein Besteuerungsrecht bestand.[436] Sofern der Mitgliedstaat der einbringenden Gesellschaft aber die Anrechnungsmethode nach Art. 23 B OECD-MA anwendet, ist er nach Art. 10 Abs. 2 Halbsatz 1 FRL berechtigt, eine Schlussbesteuerung der im EU-Ausland entstandenen Betriebsstättengewinne vorzunehmen, da sein Besteuerungsrecht durch die Einbringung endgültig verloren geht.[437] Dies setzt allerdings die Anrechnung einer fiktiven Steuer aus der Veräußerung der Betriebsstätte voraus, die der Betriebsstättenstaat erheben würde, wenn

---

[434] Vgl. *Kessler/Huck/Obser/Schmalz*, DStZ 2004, 855, 859; *Tumpel*, Harmonisierung, S. 169; *Thömmes*, in: Flick/Wassermeyer/Baumhoff, AStG, § 23 UmwStG Rz. 85; *Hahn*, IStR 2006, 797, 798; *Schwenke*, DStZ 2007, 235, 239 f.; *Wassermeyer*, GmbHR 2004, 613, 615; *Thiel*, DB 2005, 2316, 2318; *Herzig/Griemla*, StuW 2002, 55, 64.

[435] *Schmalz*, S. 49. Die Betriebsstättenbedingung gilt nach Art. 10b Abs. 1 FRL auch für die Sitzverlegung der SE und der SCE, vgl. *Schwenke*, DStZ 2007, 238, 240; *Kessler/Huck/Obser/Schmalz*, DStZ 2004, 855, 859.

[436] *Benz/Rosenberg*, in: Blumenberg/Schäfer, Das SEStEG, S. 160 f.; *Schmalz*, S. 50.

[437] *Thiel*, DB 2005, 2316, 2317. Die Formulierung des Art. 10 Abs. 2 FRL „sofern er ein System der Weltgewinnbesteuerung anwendet" ist missverständlich, da auch in jenen Mitgliedstaaten, die die Freistellungsmethode anwenden, das gesamte Welteinkommen im Rahmen der unbeschränkten Steuerpflicht unterliegen kann. Vgl. *Tumpel*, Harmonisierung, S. 171.

er nicht nach den Artt. 10 Abs. 1 Satz 3, 4 Abs. 1 FRL zu einem Besteuerungsaufschub verpflichtet wäre.[438]

c) Betriebsstätte im Staat der übernehmenden Gesellschaft

In der Rechtslehre[439] war umstritten, ob auch die Umwandlung einer Betriebsstätte in eine Tochtergesellschaft unter die Fusionsrichtlinie fiel. Bei diesem Vorgang wird ein Betrieb oder Teilbetrieb aus einer Betriebsstätte eingebracht, die sich im Staat der übernehmenden Gesellschaft befindet: Eine deutsche GmbH bringt einen Betrieb oder Teilbetrieb aus einer französischen Betriebsstätte in eine französische Aktiengesellschaft ein, welche durch die Einbringung gegründet wird. Aufgrund der als Gegenleistung gewährten Anteile wird die französische Aktiengesellschaft zur Tochter der deutschen GmbH. Da keine Betriebsstätte im Staat der einbringenden Gesellschaft besteht, ist Art. 4 Abs. 1 Satz 1 FRL nicht anwendbar.[440] Nach der herrschenden Meinung in der Rechtslehre[441] ergab sich aber aus dem Sinn und Zweck der Fusionsrichtlinie, dass auch dieser Vorgang umfasst sei. Zur Beseitigung der bestehenden Rechtsunsicherheit wurde im Rahmen der Änderung der Fusionsrichtlinie im Jahre 2005 Art. 10 Abs. 1 Satz 4 FRL eingefügt.[442] Danach finden die Regelungen des Art. 10 Abs. 1 und 2 FRL

---

438 Diese Anrechnung dient der Vermeidung einer drohenden Doppelbesteuerung. Denn der Betriebsstättenstaat besteuert die stillen Reserven dann, wenn sie nach der Einbringung tatsächlich realisiert werden. Durch die Anrechnung der fiktiven Veräußerungssteuer wird eine Einmalbesteuerung erreicht, wie wenn die Wirtschaftsgüter des Betriebsstättenvermögens an einen Dritten veräußert worden wären, *Benz/Rosenberg*, in: Blumenberg/Schäfer, Das SEStEG, S. 161 Beispiel 6; *Tumpel*, Harmonisierung, S. 171 m.w.N.

439 Für eine Geltung der Fusionsrichtlinie *Tumpel*, Harmonisierung, S. 173 ff. m.w.N.; *Knobbe-Keuk*, DB 1991, 298, 303. A.A. *Tissot*, SWI 2004, 119, 126 m.w.N. Nach der Auffassung der Europäischen Kommission widersprach es dem Sinn und Zweck der Fusionsrichtlinie, solche Vorgänge aus dem Anwendungsbereich der Fusionsrichtlinie auszuklammern, vgl. Mitteilung der Europäischen Kommission vom 23.10.2001 an den Rat, das Europäische Parlament und den Wirtschafts- und Sozialausschuss: Unternehmensbesteuerung im Binnenmarkt, KOM (2001), 582 endg., S. 265.

440 *Benecke/Schnitger*, IStR 2005, 641, 643.

441 Knobbe-Keuk, DB 1991, 298, 303; *Terra/Wattel*, European Tax Law, S. 561; *Herzig/Dautzenberg/Heyeres*, DB 1991, Beilage 12, S. 8; *Schindler*, IStR 2005, 551, 554 m.w.N.

442 Nach der Auffassung der Europäischen Kommission hatte diese Änderung nur klarstellende Bedeutung, vgl. Richtlinie 2005/19/EG des Rates vom 17.2.2005 zur Änderung der Richtlinie 90/434/EWG über das gemeinsame Steuersystem für Fusionen, Spaltungen, die Einbringung von Unternehmensteilen und den Austausch von Anteilen, die Gesellschaften verschiedener Mitgliedstaaten betreffen, ABl. EU 2005 Nr. 58/19 Tz. 14.

entsprechende Anwendung. Der Mitgliedstaat der einbringenden Gesellschaft ist daher grundsätzlich verpflichtet, im Rahmen einer solchen Einbringung auf sein Besteuerungsrecht zu verzichten.

2. *Verstoß der Betriebsstättenbedingung gegen die Grundfreiheiten*

Die Betriebsstättenbedingung sichert das fiskalische Interesse der Mitgliedstaaten an der Besteuerung der stillen Reserven in dem eingebrachten Betriebsvermögen. Soweit die Wirtschaftsgüter eines Betriebs oder Teilbetriebs nach der Einbringung nicht in einer inländischen Betriebsstätte gebunden bleiben, ist der Mitgliedstaat der einbringenden Gesellschaft berechtigt, eine Schlussbesteuerung unter Auflösung der stillen Reserven vorzunehmen. Auf eine tatsächliche Realisation der stillen Reserven kommt es nicht an; ausreichend ist der Verlust des Besteuerungsrechts des betroffenen Mitgliedstaats. Es handelt sich daher bei der Betriebsstättenbedingung um eine gemeinschaftsrechtliche Regelung, welche die Mitgliedstaaten berechtigt, eine entsprechende Entstrickungsregelung im nationalen Umwandlungssteuerrecht vorzusehen. Von einer damit verbundenen Schlussbesteuerung können solche Wirtschaftsgüter betroffen werden, die nicht in einer inländische Betriebsstätte verbleiben sondern im Rahmen der Einbringung über die Grenze verbracht werden.[443] Werden die gesamten Wirtschaftsgüter des Betriebs oder Teilbetriebs über die Grenze in eine ausländische Betriebsstätte verbracht, bleibt also überhaupt keine Betriebsstätte im Mitgliedstaat der einbringenden Gesellschaft zurück, so ist der gesamte Vorgang nicht steuerneutral. Die stillen Reserven des Unternehmensteils werden in vollem Umfang aufgelöst. Darüber hinaus unterfallen auch Wirtschaftsgüter einer Schlussbesteuerung, die aufgrund ihrer Funktion für den Gesamtbetrieb keiner bestimmten Betriebsstätte, sondern nur dem (ausländischen) Stammhaus zugeordnet werden können. Diese Fallgruppe betrifft vor allem immaterielle Wirtschaftsgüter und Kapitalgesellschaftsbeteiligungen,[444] aber auch Grundstücke, die der Verwaltung des Gesamtbetriebs dienen.[445] Inwieweit dies der Fall ist, richtet sich nach den Regelungen der nationalen Steuergesetze.[446]

---

[443] *Thiel*, DB 2005, 2316, 2317; *Tumpel*, Harmonisierung, S. 169.

[444] Die als Finanzanlage von einer Holding-Gesellschaft gehalten werden, *Frotscher*, IStR 2006, 65, 66.

[445] Vgl. *Hahn*, IStR 2006, 797, 798; *Schwenke*, DStZ 2007, 235, 240; *Thiel*, DB 2005, 2316, 2318. Kritisch im Hinblick auf Grundstücke, *Herzig/Griemla*, StuW 2002, 55, 63, da der Staat der einbringenden Gesellschaft nach Art. 13 Abs. 1 OECD-MA (Belegenheitsprinzip) sein Besteuerungsrecht nicht verliert.

[446] Zur deutschen Rechtslage vgl. *Förster/Wendland*, BB 2007, 631, 633.

In der Rechtslehre[447] wird aus dem Urteil des EuGH vom 11.3.2004[448] in der Rechtssache *„de Lasteyrie du Saillant"* geschlossen, der Mitgliedstaat der einbringenden Gesellschaft dürfe keine Schlussbesteuerung im Hinblick auf die nicht in einer inländischen Betriebsstätte gebundenen Wirtschaftsgüter vornehmen, sondern müsse ihre Besteuerung bis zu der tatsächlichen Realisierung aufschieben.[449] Eine Besteuerung aus Gründen der Entstrickung, also des Verlustes des Besteuerungsrechts hinsichtlich dieser Wirtschaftsgüter, sei nicht mit den Grundfreiheiten zu vereinbaren. Der nationale Gesetzgeber sei deshalb verpflichtet, bei der Umsetzung der Fusionsrichtlinie in das nationale Recht, die Betriebsstättenbedingung nicht beizubehalten.[450] Eine grenzüberschreitende Einbringung müsse auch dann steuerneutral möglich sein, wenn durch die Einbringung die Besteuerungsrechte des Mitgliedstaats der einbringenden Gesellschaft ausgeschlossen oder beschränkt werden.[451]

a) Grundzüge der Entscheidung „de Lasteyrie du Saillant"

Das Urteil in der Rechtssache *„de Lasteyrie du Saillant"* betraf den Fall des Wegzugs einer natürlichen Person von Frankreich nach Belgien.[452] Nach

---

447 *Wissenschaftlicher Beirat Ernst & Young*, BB 2005, 2166, 2268; *Rödder*, DStR 2004, 1629, 1633; *ders.*, DStR 2005, 893, 895; *Schön*, IStR 2004, 289, 296; *Schön/Schindler*, IStR 2004, 571, 575; *Schindler*, IStR 2005, 551, 556 f., wohl auch *Kleinert/Probst*, DB 2004, 673.

448 *EuGH*, Urt. vom 11.3.004, Rs. 9/02, *„de Lasteyrie du Saillant"*, Slg. 2004, I-2409 = IStR 2004, 236. Die gleiche Forderung wird auch der Entscheidung des EuGH in der Rechtssache *„X und Y"* entnommen, vgl. *EuGH*, Urt. vom 21.11.2002, Rs. C-436/00, *„X und Y"*, Slg. 2002, I-10847; dazu *Schön*. IStR 2004, 289, 296; *Hügel*, FS Wiesner, S. 179, 186 ff.

449 *Körner*, IStR 2004, 424, 429; *Schindler*, IStR 2005, 551, 556 f.; *Wassermeyer*, GmbHR 2004, 613, 615; *Schön*, IStR 2004, 289, 296; *Schnitger*, BB 2004, 804, 807; *Hügel*, FS Wiesner, S. 179, 196.

450 *Schön/Schindler*, IStR 2004, 571, 575; *Schindler*, IStR 2005, 551, 556, 557.

451 *Rödder*, DStR 2005, 893, 895; *Werra/Teiche*, DB 2006, 1455, 1457; zuhaltend hingegen *Klingberg/van Lishaut*, Der Konzern, 2005, 698, 700 („Grundsätze der Entscheidung seien auch bei der Ausgestaltung europarechtskonformer Umwandlungsvorschriften zu beachten"), vgl. auch *Hügel*, FS Wiesner, S. 179, 196; zusammenfassend *Hahn*, IStR 2006, 797, 798, 799.

452 Nach der herrschenden Meinung in der Rechtslehre ist die Entscheidung in der Rechtssache *„de Lasteyrie du Saillant"* für den betrieblichen Bereich von Bedeutung, *Rödder*, DStR 2005, 893, 895; *ders.*, DStR 2004, 1629, 1633; *Klingberg/van Lishaut*, Der Konzern 2005, 698, 700; *Lausterer*, DStZ 2004, 299, 302; *Wissenschaftlicher Beirat Ernst & Young*, BB 2005, 2166, 2168; *Wassermeyer*, GmbHR 2004, 613, 615 ff. Auch die Europäische Kommission geht von einer Übertragbarkeit der *„de Lasteyrie du Saillant"*-Entscheidung auf den betrieblichen Bereich aus, vgl. Mitteilung der Kommission vom 19.12.2006 an den Rat, das Europäische Parlament und den Europäischen

der französischen Regelung des Art. 167bis CGI (Code général de impôts)[453] wurden Steuerpflichtige, die ihren steuerlichen Wohnsitz während der letzten zehn Jahre mindestens sechs Jahre in Frankreich hatten und diesen in das Ausland verlegten, hinsichtlich der stillen Reserven[454] ihrer Kapitalgesellschaftsanteile besteuert.[455] Die Zahlung der festgesetzten Steuer konnte bis zum Zeitpunkt der tatsächlichen Realisation im Ausland aufgeschoben werden. Der Zahlungsaufschub setzte aber die Erklärung des fiktiven Veräußerungsgewinns, die Beantragung eines Zahlungsaufschubs, die Benennung eines in Frankreich ansässigen Steuerbevollmächtigten und die Leistung von Sicherheiten für die geschuldete Steuer voraus.[456] Falls der Steuerpflichtige fünf Jahre nach seinem Wegzug die Kapitalgesellschaftsanteile noch nicht veräußert hatte, sah die französische Regelung den Erlass der festgesetzten Steuer vor. Der Kläger hielt die französische Regelung für gemeinschaftswidrig, da sie geeignet sei, die Niederlassungsfreiheit aus Art. 43 EG zu behindern. Der EuGH teilte seine Auffassung. Die Niederlassungsfreiheit enthalte nicht nur ein Diskriminierungsverbot, sondern auch ein an den Herkunftsstaat gerichtetes Beschränkungsverbot, welches es diesem verbiete, den Wegzug seiner Steuerpflichtigen zu erschweren.[457] Aus einem Vergleich mit einer Person, die ihren Wohnsitz in Frankreich behalte, ergebe sich eine Schlechterstellung des wegziehenden Steuerpflichtigen;[458] dieser werde durch den Wegzug auch für solche stillen Reserven steuerpflichtig, die sich noch nicht realisiert hätten und über die er noch nicht verfügen könne. Bliebe er hingegen in Frankreich, bestehe eine Steuerpflicht nur für die stillen Reserven, die tatsächlich realisiert worden seien.

---

wirtschafts- und Sozialausschuss – Wegzugsbesteuerung und die Koordinierung der Steuerpolitiken der Mitgliedstaaten, KOM (2006) 825 endg., S. 6.

453 Zu den tatbestandlichen Voraussetzungen und den Rechtsfolgen des Art. 167bis CGI, vgl. *Schnitger*, BB 2004, 804, 805.

454 Von dem EuGH als latente Wertsteigerungen bezeichnet, vgl. *EuGH*, Urt. vom 11.3.004, Rs. 9/02, *„de Lasteyrie du Saillant“*, Slg. 2004, I-2409 Tz. 15.

455 Die Notwendigkeit einer solchen Wegzugsbesteuerung ergibt sich aus der Verteilung der Besteuerungsrechte nach Art. 13 Abs. 5 OECD-MA. Dieser weist das Besteuerungsrecht für Gewinne aus der Veräußerung von Kapitalgesellschaftsanteilen dem Ansässigkeitsstaat des Gesellschafters zu. Um den abkommensrechtlichen Verlust des Beteuerungsrechtes vorzubeugen, sieht eine Vielzahl von Mitgliedstaaten eine Wegzugsbesteuerung vor. In der Bundesrepublik Deutschland wird diese durch § 6 AStG geregelt, vgl. *Schnitger*, BB 2004, 804, 805.

456 *EuGH*, Urt. vom 11.3.004, Rs. 9/02, *„de Lasteyrie du Saillant“*, Slg. 2004, I-2409 Tz. 3 f.

457 *EuGH*, Urt. vom 11.3.004, Rs. 9/02, *„de Lasteyrie du Saillant“*, Slg. 2004, I-2409 Tz. 42, 45.

458 *EuGH*, Urt. vom 11.3.004, Rs. 9/02, *„de Lasteyrie du Saillant“*, Slg. 2004, I-2409 Tz. 46.

Die anschließende Prüfung der Verfahrensvorschriften des Art. 167bis CGI bestätige dieses Ergebnis. Deren beschränkende Wirkung bestehe darin, dass der mögliche Zahlungsaufschub nicht automatisch, sondern an strenge Voraussetzungen – wie die Stellung von Sicherheiten – geknüpft sei. Diese Verpflichtung zur Stellung einer Sicherheit hindere den Steuerpflichtigen an der Nutzung der als Sicherheit geleisteten Vermögenswerte.[459] Eine Rechtfertigung des Verstoßes gegen die Niederlassungsfreiheit komme nicht in Betracht. Ausgehend von seiner bisherigen Rechtsprechung zur eingeschränkten Möglichkeit der Bekämpfung von Missbräuchen im Wege typisierender Vorschriften verneint der EuGH eine Rechtfertigung der Wegzugsbesteuerung aus Gründen der Verhinderung eines Missbrauchs oder einer Steuerhinterziehung. Art. 167bis CGI vermute immer dann schon das Vorliegen eines Missbrauchs oder einer Steuerhinterziehung, wenn ein Steuerpflichtiger, der Kapitalgesellschaftsanteile besitze, seinen Wohnsitz in das Ausland verlege. Eine solche allgemeine Vermutung reiche aber nicht aus. Erforderlich sei vielmehr die Anknüpfung der jeweiligen Norm an einen konkreten Missbrauchsfall.[460] Eine Verhinderung eines Missbrauchs lasse sich zudem durch Maßnahmen erreichen, die weniger einschneidend seien, die Niederlassungsfreiheit weniger beschränkten und sich spezifisch auf die Gefahr einer vorübergehenden Wohnsitzverlegung bezögen.[461]

Auch sei die Wegzugsbesteuerung nicht geeignet, die Kohärenz des französischen Steuersystems zu wahren.[462] Zur Begründung stellt der EuGH auf die Intention der Regelung ab: Wie die französische Regierung dargelegt habe, solle die Wegzugsbesteuerung vorübergehenden Wohnsitzverlegungen ins Ausland vorbeugen, die allein deshalb erfolgen, um einer Besteuerung der stillen Reserven bei ihrer tatsächlichen Realisation in Frankreich zu entgehen.[463] Art. 167bis CGI verfolge damit nicht das allgemeine Ziel,

---

459 *EuGH*, Urt. vom 11.3.004, Rs. 9/02, *„de Lasteyrie du Saillant“*, Slg. 2004, I-2409 Tz. 47.

460 *EuGH*, Urt. vom 11.3.004, Rs. 9/02, *„de Lasteyrie du Saillant“*, Slg. 2004, I-2409 Tz. 50.

461 *EuGH*, Urt. vom 11.3.004, Rs. 9/02, *„de Lasteyrie du Saillant“*, Slg. 2004, I-2409 Tz. 54 ff.

462 Der Kohärenzgedanke war damit begründet worden, dass ein unmittelbarer Zusammenhang zwischen dem Aufschub der jährlichen Besteuerung des mit den Wertpapieren verbundenen Kapitalzuwachses und der tatsächlichen Erhebung der Steuer bei Verlegung des Wohnsitzes ins Ausland bestehe, vgl. *Elicker*, IStR 2005, 89, 91; kritisch *Schwenke*, DStZ 2007, 238, 242 Fn. 61.

463 *EuGH*, Urt. vom 11.3.004, Rs. 9/02, *„de Lasteyrie du Saillant“*, Slg. 2004, I-2409 Tz. 64.

die Besteuerung der stillen Reserven sicherzustellen, die während der unbeschränkten Steuerpflicht in Frankreich entstanden sind.[464]

b) Stellungnahme

In der Rechtssache *„de Lasteyrie du Saillant"* bestätigt der EuGH seine Maßstäbe bei der Prüfung von Beschränkungen durch den Herkunftsstaat. Entsprechend dem gleichheitsrechtlichen Charakter der Grundfreiheiten im Bereich der direkten Steuern[465] prüft der EuGH das Vorliegen einer Beschränkung anhand einer Vergleichspaarbildung. Die steuerliche Behandlung des wegziehenden Steuerpflichtigen wird mit der Behandlung desjenigen verglichen, der im Inland seinen Wohnsitz behält. Die auf diesem Wege ermittelte Mehrbelastung des Wegziehenden stellt nach der Ansicht des EuGH einen Verstoß gegen die Niederlassungsfreiheit dar. Im Gegensatz zu der Prüfung von Diskriminierungen verzichtet er dabei auf eine Untersuchung der steuerlichen Ausgangssituation des Steuerpflichtigen. Überlegungen, ob Entstrickungsregelungen eine zwischenstaatliche Einmalbesteuerung sichern und dadurch erst eine Vergleichbarkeit der Situation hergestellt wird, sind daher aus der Sicht des EuGH entbehrlich.

Eine Rechtfertigung der Beschränkung aus Gründen der Verhinderung von Missbräuchen und zur Wahrung der Kohärenz des Steuersystems komme nach der Ansicht des EuGH nicht in Betracht. Dabei verneint er eine Rechtfertigung aus Gründen der Kohärenz allein aufgrund der Intention der französischen Wegzugsbesteuerung. Diese bestehe nicht darin, die Besteuerung der stillen Reserven sicherzustellen. Der EuGH bringt damit inzident zum Ausdruck, dass die Sicherung der Besteuerung jener stillen Reserven, die unter der Steuerhoheit eines Mitgliedstaats angesammelt wurden, für sich gesehen ein legitimes Allgemeininteresse darstellt, das grundsätzlich geeignet ist, einen Verstoß gegen die Grundfreiheiten zu rechtfertigen.[466] Dabei sieht er dieses Interesse als Teilaspekt der Kohärenz an.[467] Er bestätigt damit seine Ausführungen in der Rechtssache *„X und Y"*[468]. In dieser Entscheidung hatte der EuGH auf das Problem der Kohä-

[464] *EuGH*, Urt. vom 11.3.004, Rs. 9/02, *„de Lasteyrie du Saillant"*, Slg. 2004, I-2409 Tz. 65.

[465] Vgl. oben unter Teil 1, C., VII., 2., b).

[466] Gleiche Ansicht, *Elicker*, IStR 1005, 89, 92; *Schindler*, IStR 2004, 300, 305; *Schwenke*, DStZ 2007, 238, 242; *Hahn*, IStR 1006, 797, 799; *Schnitger*, BB 2004, 804, 807, *Engert*, DStR 2004, 664, 668 und bereits *Knobbe-Keuk*, DB 1991, 298, 300.

[467] *Schwenke*, DStZ 2007, 238, 242; *Schindler*, IStR 2004, 300, 304.

[468] *EuGH*, Urt. vom 21.11.2002, C-436/00, *„X und Y"*, Slg. 2002, I-10829 Tz. 59. Auch die Schlussanträge des Generalanwalts *Darmon* in der Rechtssache *„Daily Mail"* ent-

renz der fraglichen Steuerregelungen in den Rechtssachen „*Bachmann*“[469] und „*Kommission/Belgien*“[470] hingewiesen, wo Versicherungsleistungen deshalb der Besteuerung zu entgehen drohten, weil sie von ausländischen Versicherungsträgern geleistet wurden. Eine andere Ursache, aber letztlich dasselbe Problem, wird vom EuGH auch für den Fall des drohenden Verlustes von Besteuerungsrechten im Hinblick auf die stillen Reserven angesehen. Damit aber eine Rechtfertigung aus Gründen der Kohärenz möglich sei, müsse die fragliche Regelung aber das Ziel verfolgen, die Besteuerung der unter der Hoheit eines Mitgliedstaats entstandenen stillen Reserven zu sichern. Diese Voraussetzung erfülle Art. 167bis CGI nicht. Nach der Ansicht des EuGH sei Art. 167bis CGI keine Entstrickungsregelung. Er habe also nicht die Funktion, die stillen Reserven bei der letzten sich bietenden Möglichkeit der Besteuerung im Inland zuzuführen. Dieser Auffassung des EuGH ist zuzustimmen. Die Aufgabe von Entstrickungsregelungen liegt darin, einem Verlust von Besteuerungsrechten vorzubeugen. Zu diesem Zweck ordnen sie eine Schlussbesteuerung an, ohne dass ein Realisationsakt vorliegt. Demgegenüber verzichtet Art. 167bis CGI aber grundsätzlich auf eine solche Schlussbesteuerung. Die festgesetzte Steuer wird erstattet und die geleisteten Sicherheiten werden nach Ablauf von fünf Jahren freigegeben, wenn der Steuerpflichtige innerhalb dieses Zeitraums nicht wieder nach Frankreich zurückkehrt. Wie die französische Regierung dargelegt hatte, dient Art. 167bis CGI allein dazu, Missbräuche zu verhindern: Der Steuerpflichtige soll den Verzicht auf eine Besteuerung der stillen Reserven nicht dazu nutzen, vorübergehend in das Ausland zu ziehen, dort seine Beteiligungen zu einem günstigen Steuersatz zu veräußern und danach nach Frankreich zurückkehren.[471] Aus dieser Qualifikation der französischen Regelung als Vorschrift zur Verhinderung von Missbräuchen folgt, dass der EuGH in der Rechtssache „*de Lasteyrie du Saillant*“ die Grundfreiheiten nicht im Hinblick auf einen Entstrickungstatbestand ausgelegt hat. Entgegen der verbreiteten Auffassung in der Rechtslehre lassen sich daher aus der Entscheidung in der Rechtssache „*de Lasteyrie du Saillant*“ keine Rückschlüs-

---

halten schon entsprechende Ausführungen, vgl. Schlussanträge des Generalanwalts *Darmon* vom 7.6.1988, 81/87, „*Daily Mail*“, Slg. 1988, I-5483 Tz. 13.

469 *EuGH*, Urt. vom 28.1.1992, Rs. C-204/90, „*Bachmann*“, Slg. 1992, I-279 Tz. 21-23.

470 *EuGH*, Urt. vom 28.1.1992, Rs. C-300/92, „*Kommission/Belgien*“, Slg. 1992, I-305 Tz. 14-16.

471 *EuGH*, Urt. vom 11.3.004, Rs. 9/02, „*de Lasteyrie du Saillant*“, Slg. 2004, I-2409 Tz. 24; vgl. auch *Hahn*, IStR 2006, 797, 799.

se entnehmen, ob die Betriebsstättenbedingung der Fusionsrichtlinie gegen die Grundfreiheiten verstößt.[472]

c) Eigene Prüfung

Die gemeinschaftsrechtlichen Vorgaben für grenzüberschreitende Einbringungen ergeben sich aus der Niederlassungs- und Kapitalverkehrsfreiheit. Grenzüberschreitende Einbringungen dürfen danach im Vergleich zu rein inländischen Einbringungen nicht schlechter behandelt werden.[473] Nach der herrschenden Auffassung[474] in der Rechtslehre stellt die Fusionsrichtlinie eine Konkretisierung der Niederlassungsfreiheit dar und verhindert daher einen Verstoß gegen diese Grundfreiheit. Dieser Auffassung ist zuzustimmen, soweit das übertragene Vermögen einer inländischen Betriebsstätte zugeordnet werden kann.[475] In diesem Falle findet eine Besteuerung der stillen Reserven nicht statt; die Einbringung ist steuerneutral möglich und wird nicht durch eine Schlussbesteuerung behindert. In dem Umfang einer bestehenden Betriebsstättenbindung der eingebrachten Wirtschaftgüter verhindert die Fusionsrichtlinie daher einen Verstoß gegen die Niederlassungsfreiheit. Da grenzüberschreitende Einbringungen nach der hier vertretenden Auffassung auch unter den sachlichen und persönlichen Anwendungsbereich der Kapitalverkehrsfreiheit fallen, besteht insoweit auch kein Verstoß gegen diese Grundfreiheit. Die Betriebsstättenbedingung schränkt aber die Möglichkeit einer steuerneutralen Einbringung ein, soweit die Wirtschaftsgüter des Unternehmensteils nicht in eine inländische Betriebsstätte eingebracht werden oder wenn die Wirtschaftsgüter einer solchen Betriebsstätte nicht zugeordnet werden können.[476] Insoweit stellt die Betriebsstättenbedingung der Fusionsrichtlinie einen Verstoß gegen die Niederlassungs- und Kapitalverkehrsfreiheit dar, da es für die Steuerneutralität einer vergleichbaren Einbringung im Inland nicht auf eine Zuordnung der Wirt-

---

[472] Gleiche Ansicht, *Hahn*, IStR 2006, 797, 799; *Schwenke*, DStZ 2007, 238, 242; *Elicker*, IStR 2005, 89, 92; zurückhaltend hingegen *Wassermeyer*, GmbHR 2004, 613, der den engen Prüfungsmaßstab des EuGH erkennt, die Entscheidung *„de Lasteyrie du Saillant“* aber dennoch für übertragbar hält.

[473] *Rödder*, DStR 2005, 893, 895; *Schnitger*, BB 2004, 804, 811.

[474] *Knobbe-Keuk*, Bilanz- und Unternehmenssteuerrecht, § 8 b II 1, S. 341; *Farmer/Lyal*, EC Tax Law, S. 316; *Herzig*, in: Lüdicke, Fortentwicklung, S. 124 f.; *Schön*, IStR 1996, Beihefter zu Heft 2, S. 7; *Staringer*, Besteuerung doppelt ansässiger Kapitalgesellschaften, S. 224; *Tumpel*, DStJG 23 (2000), 321, 368; *Hey*, GmbHR 2001, 993, 1001.

[475] *Kessler/Huck/Obser/Schmalz*, DStZ 2004, 855, 860; *Schmalz*, S. 52.

[476] *Frotscher*, IStR 2006, 66, 68 f.; *Rödder*, DStR 2004, 1629, 1633.

schaftsgüter in eine inländische Betriebsstätte ankommt.[477] Die einbringende, grenzüberschreitend tätige Gesellschaft wird durch die Schluss- oder Entstrickungsbesteuerung einem Liquiditätsnachteil[478] ausgesetzt, von dem eine einbringende Gesellschaft im Rahmen einer rein inländischen Einbringung nicht betroffen ist.

aa) Anwendungsvorrang der Grundfreiheiten vor einer Richtlinie

Gegen das Vorliegen eines Verstoßes gegen die Niederlassungs- und Kapitalverkehrsfreiheit könnte sprechen, dass die Fusionsrichtlinie sekundäres Gemeinschaftsrecht ist. Als Vorfrage ist daher zunächst zu klären, ob diese überhaupt gegen primäres Gemeinschaftsrecht verstoßen kann, der Anwendungsvorrang der Grundfreiheiten also nicht nur gegenüber nationalem Recht sondern auch gegenüber Richtlinien besteht. Diese Frage ist mit der herrschenden Auffassung in der Rechtslehre[479] zu bejahen. Die Rechtsmacht des Richtliniengebers zur Verabschiedung von Richtlinien beruht auf Art. 249 EG. Nach Abs. 1 dieser Reglung erfolgt der Erlass einer Richtlinie „nach Maßgabe dieses Vertrages"; die Regelungskompetenz des Europäischen Rates ist also vom EG-Vertrag abgeleitet (sekundäres Gemeinschaftsrecht).[480] Richtlinienbestimmungen müssen daher, wie der EuGH[481] in der Rechtssache *„Bosal Holding"* betont, im Lichte des EG-Vertrages ausgelegt werden. Gleiches ergibt sich aus Art. 7 EG (ex Art. 4 EGV), wonach die Organe der Europäischen Gemeinschaft im Rahmen der ihnen durch den Vertrag zugewiesenen Befugnisse handeln. Aufgrund dessen gilt der

---

477 Für einen Verstoß gegen die Niederlassungsfreiheit, *Frotscher*, IStR 2006, 66, 68 f.; *Hahn*, IStR 2006, 797, 798, *Schmalz*, S. 52 f.; *Kessler/Huck/Obser/Schmalz*, DStZ 2004, 855, 860 wohl auch *Rödder*, DStR 2004, 1629, 1633.

478 In diesem Sinne *Wissenschaftlicher Beirat Ernst & Young*, BB 2005, 2166, 2168 f.

479 Für den Fall der Fusionsrichtlinie *Frotscher*, IStR 2006, 66, 68; *Schindler*, IStR 2005, 551, 557. Allgemein und für den Fall der Mutter-Tochter-Richtlinie: *Friedrich/Nagler*, IStR 2006, 217, 219 f.; *Lüdicke/Hummel*, IStR 2006, 694, 697 f.; kritisch *Forsthoff*, IStR 2006, 222, 223 ff.

480 Zu dieser Normenhierarchie *Nettesheim*, in: Grabitz/Hilf, Recht der EU, Art. 249 EG Rz. 232.

481 Vgl. *EuGH*, Urt. vom 18.9.2003, C-168/01, *„Bosal Holding"*, Slg. 2003, I-9430 Tz. 25 f.; 43. In dieser Entscheidung ging es um die Frage ob eine nationale (niederländische) Steuervorschrift, die auf einer richtlinienkonformen Umsetzung des Art. 4 Abs. 2 der Mutter-Tochter-Richtlinie beruhte, gegen die Niederlassungsfreiheit verstoßen könne. Bestätigt durch *EuGH*, Urt. vom 23.2.2006, C-471/04, *„Keller Holding"*, IStR 2006, 235 Tz. 45, 46.

Anwendungsvorrang der Grundfreiheiten auch gegenüber einer Richtlinie.[482]

bb) Rechtfertigung des Verstoßes

Es stellt sich die Frage, ob der Verstoß gegen die Niederlassungs- und Kapitalverkehrsfreiheit gerechtfertigt ist. Nach dem Erwägungsgründen Nr. 4 bis Nr. 6 der Präambel zur Fusionsrichtlinie hat die Betriebsstättenbedingung den Zweck, die finanziellen Interessen der Mitgliedstaaten zu wahren. Dieser fiskalische Zweck der Betriebsstättenbedingung steht im Widerspruch zu der ständigen Rechtsprechung des EuGH,[483] nach der die drohende Gefahr von Steuermindereinnahmen nicht geeignet ist, einen Verstoß gegen die Grundfreiheiten zu rechtfertigen. Aus dem Urteil des EuGH in der Rechtssache *„de Lasteyrie du Saillant"* ergibt sich jedoch, dass die Betriebsstättenbedingung möglicherweise aus Gründen der Kohärenz gerechtfertigt sein könnte. Dabei ist zwischen dem grundsätzlichen Recht zur Besteuerung der stillen Reserven und der Art und Weise ihrer Besteuerung, also zwischen dem „ob" und „wie" zu unterscheiden.

---

482 Nach der Auffassung von *Frotscher* (IStR 2006, 66, 69 f.) habe der EuGH in der Rechtssache *„de Lasteyrie du Saillant"* die Grundsätze der *„Daily Mail"*-Entscheidung nicht aufgegeben. Wenn Körperschaften im Zuge einer grenzüberschreitenden Verschmelzung, Spaltung, Abspaltung oder einer Sitzverlegung aus dem Gesellschaftsrecht eines Mitgliedstaates ausschieden, seien die Mitgliedstaaten weiterhin befugt, eine Schluss- oder Liquidationsbesteuerung durchzuführen. Erst recht dürften sie dann die Steuerneutralität solcher Vorgänge von einer Betriebsstättenbedingung abhängig machen. Dieser Auffassung ist nicht zuzustimmen. Zum einen fällt eine grenzüberschreitende Einbringung auch unter den Anwendungsbereich der sekundären Niederlassungsfreiheit; ein Ausscheiden aus dem Gesellschaftsstatut eines Mitgliedstaates ist in diesem Fall nicht gegeben. Zum anderen nimmt der EuGH in der Rechtssache *„Sevic Systems AG"*, in der es um eine grenzüberschreitende (gesellschaftsrechtliche) Verschmelzung zweier Aktiengesellschaften ging, auf sein Urteil in der Rechtssache *„de Lasteyrie du Saillant"* Bezug, vgl. *EuGH*, Urt. vom 13.12.2005, Rs. C-411/03, *„Sevic Systems AG"*, IStR 2006, 32 Tz. 23. Gleiche Ansicht *Teichmann*, ZIP 2006, 355, 357 und *Engert*, DStR 2004, 664, 667 f.

483 Vgl. *EuGH*, Urt. vom 14.11.1995, Rs. C-484/93, *„Svensson und Gustavsson"*, Slg. 1995, I-3971 Tz. 15; *EuGH*, Urt. vom 16.7.1998, Rs. C-264/96, *„ICI"*, Slg. 1998, I-4711 Tz. 28; *EuGH*, Urt. vom 21.9.1999, Rs. C-307/97, *„Saint-Gobain"*, Slg. 1999, I-6161 Tz. 50 und 53, *EuGH*, Urt. vom 6.6.2000; Rs. 35/98, *„Verkooijen"*, Slg. 2000, I-4131 Tz. 48; *EuGH*, Urt. vom 27.6.1996, Rs. C-107/94, *„Asscher"*, Slg. 1996, I-3113 Tz. 51-53; *EuGH*, Urt. vom 8.3.2001, Rs. C-397/98 und C-410/98, *„Metallgesellschaft und Hoechst"*, Slg. 2001, I-1760 Tz. 59.

(1) Recht der Mitgliedstaaten zur Besteuerung der stillen Reserven

Der EuGH[484] hat in der Entscheidung *„de Lasteyrie du Saillant"* die Sicherung der Besteuerung jener stillen Reserven, die unter der Hoheit eines Mitgliedstaats entstanden sind, als legitimes Allgemeininteresse anerkannt und dieses Interesse als Teilaspekt der Kohärenz angesehen.[485] Der Rechtfertigungsgrund der Kohärenz bezieht sich in diesem Fall darauf, dass die in einem Mitgliedstaat entstandenen stillen Reserven auch in diesem Staat besteuert werden dürfen. Im Umkehrschluss ergibt sich daraus ein Verbot der Besteuerung von solchen stillen Reserven, die unter der Steuerhoheit eines anderen Mitgliedstaats entstanden sind.[486] Die Betriebsstättenbedingung der Fusionsrichtlinie setzt diese Vorgabe des EuGH in konsequenter Weise um. Ihre Aufgabe besteht darin, die Besteuerung der stillen Reserven zu sichern. Ist eine Besteuerung gesichert, weil die Wirtschaftsgüter des Unternehmensteils nach der Einbringung in einer inländischen Betriebsstätte gebunden sind, unterbleibt eine Besteuerung der stillen Reserven, um wirtschaftlich sinnvolle Umstrukturierungen zu ermöglichen. Insoweit besteht ein unmittelbarer Zusammenhang zwischen dem Vorteil der (vorläufigen) Gewährung des Besteuerungsaufschubs und dem Nachteil der späteren Besteuerung der stillen Reserven bei ihrer tatsächlichen Realisation durch den übernehmenden Rechtsträger. Wird dieser Zusammenhang unterbrochen, weil die Wirtschaftsgüter des Unternehmensteils nach der Einbringung nicht in einer inländischen Betriebsstätte gebunden bleiben und damit das Besteuerungsrecht des Mitgliedstaats der einbringenden Gesellschaft verloren gegangen ist, ist der betroffene Mitgliedstaat berechtigt, eine Schlussbesteuerung hinsichtlich dieser nicht gebundenen, „freien" Wirtschaftsgüter vorzunehmen. Die Betriebsstättenbedingung verwirklicht damit eine hoheitsbezogene Besteuerung der stillen Reserven: Derjenige Mitgliedstaat, unter dessen Steuerhoheit die stillen Reserven angewachsen sind, darf diese auch besteuern. Entweder geschieht dies im Rahmen einer Schluss- oder Entstrickungsbesteuerung bei dem einbringenden Rechtsträger oder im Rea-

---

[484] *EuGH,* Urt. vom 11.3.004, Rs. 9/02, *„de Lasteyrie du Saillant"*, Slg. 2004, I-2409 Tz. 65.

[485] Gleiche Ansicht *Schindler*, IStR 2004, 300, 305; *Schwenke,* DStZ 2007, 238, 242; *Hahn,* IStR 1006, 797, 799; *Schnitger,* BB 2004, 804, 807, *Engert,* DStR 2004, 664, 668; *van Lishaut,* FR 2004, 1301, 1303 und bereits *Knobbe-Keuk,* DB 1991, 298, 300; *Dautzenberg,* BB 1997, 180, 182.

[486] Damit es im Fall einer erstmaligen Verstrickung solcher stiller Reserven nicht zu einer Besteuerung kommt, ist der betroffene Mitgliedstaat verpflichtet, nicht die historischen Anschaffungskosten, sondern den gemeinen wert oder den Teilwert anzusetzen. Vgl. *Schindler,* IStR 2004, 300, 305 f.

lisationszeitpunkt bei dem Rechtsnachfolger, also dem übernehmenden Rechtsträger.[487]

Demgegenüber würde ein absolutes Verbot der Besteuerung der stillen Reserven einen nicht hinnehmbaren Eingriff in die bestehenden Befugnisse der Mitgliedstaaten zur Ausgestaltung ihres nationalen Steuerrechts bedeuten. Vor diesem Hintergrund hat der EuGH seine Grundsätze aus der „*de Lasteyrie du Saillant*"-Entscheidung in dem Urteil in der Rechtssache „*N*" vom 7.9.2006[488] bestätigt. Dort ging es um die Frage, ob die niederländische Wegzugsbesteuerung gegen die Niederlassungsfreiheit verstoße. Im Gegensatz zur französischen Regelung verfolgte die niederländische Regelung das Ziel, die während der Zeit der unbeschränkten Steuerpflicht entstandenen stillen Reserven im Zeitpunkt des Wegzugs zu besteuern.[489] Zu diesem Zweck wurde die Steuer im Zeitpunkt des Wohnsitzwechsels des Steuerpflichtigen festgesetzt und bis zur tatsächlichen Realisation der stillen Reserven im Ausland gestundet. Nach der Auffassung des EuGH[490] sei der damit verbundene Verstoß[491] gegen die Niederlassungsfreiheit gerechtfertigt, weil die niederländische Regelung ein legitimes Allgemeininteresse der Mitgliedstaaten verfolge und geeignet sei, die Erreichung dieses Ziels zu gewährleisten. Im Rahmen der Verhältnismäßigkeitsprüfung führte der EuGH[492] aus, dass die Abgabe einer Steuererklärung im Zeitpunkt des Wegzugs nicht unverhältnismäßig sei, da eine nachträgliche Steuerfestsetzung im Zeitpunkt der Realisation im Ausland nicht zu geringeren Verpflichtungen geführt hätte. Lediglich die Verpflichtung zur Stellung von Sicherheiten im Zeitpunkt des Wegzugs und die Nichtberücksichtigung von Wertminderungen, die nach dem Wegzug entstanden sind, gingen über das hinaus, was zur Erreichung des Zieles erforderlich sei.[493] Die betroffenen Mitgliedstaaten könnten als weniger einschränkendes Mittel aufgrund der Amtshilferichtlinie andere Mitgliedstaaten um alle Auskünfte ersuchen, die sie für die ordnungsgemäße Festsetzung und Erhebung der Steuern benötigten.

---

487 *Schmalz*, S. 49 f.; wohl auch *Schindler*, IStR 2004, 300, 305; *Schwenke*, DStZ 2007, 238, 242.

488 *EuGH*, Urt. vom 7.9.2006, Rs. C-470/04, „*N*", DStR 2006, 1691 ff. Dazu *Köhler/Eicker*, DStR 2006, 1871, 1874 ff.

489 So die Einlassung der niederländischen Regierung, vgl. *EuGH*, Urt. vom 7.9.2006, Rs. C-470/04, „*N*", DStR 2006, 1691 Tz. 41.

490 *EuGH*, Urt. vom 7.9.2006, Rs. C-470/04, „*N*", DStR 2006, 1691 Tz. 47.

491 *EuGH*, Urt. vom 7.9.2006, Rs. C-470/04, „*N*", DStR 2006, 1691 Tz. 37 ff.

492 *EuGH*, Urt. vom 7.9.2006, Rs. C-470/04, „*N*", DStR 2006, 1691 Tz. 50.

493 *EuGH*, Urt. vom 7.9.2006, Rs. C-470/04, „*N*", DStR 2006, 1691 Tz. 54, 55.

Nach alledem stellt der von der Betriebsstättenbedingung verfolgte Zweck ein legitimes, von dem EuGH anerkanntes Allgemeininteresse dar, welches im Rahmen des Rechtfertigungsgrundes der Kohärenz geeignet ist, einen Verstoß gegen die Niederlassungs- und Kapitalverkehrsfreiheit zu rechtfertigen.

(2) Verhältnismäßigkeit der Betriebsstättenbedingung

(a) Aufgeschobene Besteuerung der stillen Reserven

Soweit die Wirtschaftsgüter des Unternehmensteils nicht in einer inländischen Betriebsstätteverbleiben, sind die Mitgliedstaaten nach der Fusionsrichtlinie berechtigt, eine Schlussbesteuerung im Hinblick auf diese Wirtschaftsgüter vorzunehmen. Es stellt sich die Frage, ob diese Schlussbesteuerung verhältnismäßig ist. Dabei ist die Möglichkeit einer Schlussbesteuerung grundsätzlich geeignet, das verfolgte Ziel zu erreichen. Zu ihrer Erforderlichkeit dürfen aber nach der Rechtsprechung des EuGH keine weniger einschränkenden Mittel bestehen. Nach der Auffassung der Rechtslehre[494] stelle eine aufgeschobene Besteuerung der stillen Reserven eine weniger einschneidende Maßnahme dar. Danach sei die Steuer im Zeitpunkt der Entstrickung der Wirtschaftsgüter zunächst nur festzusetzen und zinslos zu stunden. Eine Erhebung der Steuer erfolge erst dann, wenn das jeweilige Wirtschaftsgut tatsächlich im Ausland veräußert werde. In die gleiche Richtung deuten die Ausführungen des EuGH[495] in der Rechtssache „*N*". Auch die Europäische Kommission[496] geht in ihrer Mitteilung vom 23.10.2001 zur Änderung der Fusionsrichtlinie von einer aufgeschobenen Besteuerung als verhältnismäßigere Maßnahme aus. Wörtlich heißt es dazu:

> „Dieses Problem müsste aber durch einen Aufschub der Besteuerung der Veräußerungsgewinne gemäß den Bedingungen der Richtlinie bei gleichzeitiger Aufrechterhaltung der finanziellen Ansprüche des betroffenen Mitgliedstaats zu lösen sein.

---

494 *Staringer*, Besteuerung doppelt ansässiger Kapitalgesellschaften, S. 221; *Engert*, DStR 2004, 664, 668; *Rödder*, IStR 2005, 297, 298; *ders.*, DStR 2005, 893, 895; *ders.*, DStR 2004, 1629, 1633; *Wassermeyer*, GmbHR 2004, 613, 615; *Schnitger*, BB 2004, 805, 807; *Kessler/Huck/Obser/Schmalz*, DStZ 2004, 855; 860 f.; *Schön*, IStR 2004, 289, 297; *Schön/Schindler*, IStR 2004, 571, 574 f.; *Wissenschaftlicher Beirat Ernst & Young*, BB 2005, 2166, 2168 f.; im Ergebnis auch *Hahn*, IStR 2006, 797, 798, 803 m.w.N.

495 Insbesondere da die niederländische Regelung keine Schlussbesteuerung sondern eine aufgeschobene Besteuerung der stillen Reserven vorsah, vgl. *EuGH*, Urt. vom 7.9.2006, Rs. C-470/04, „*N*", DStR 2006, 1691 Tz. 40 ff.

496 Mitteilung der Europäischen Kommission vom 23.10.2001 an den Rat, das Europäische Parlament und den Wirtschafts- und Sozialausschuss: Unternehmensbesteuerung im Binnenmarkt, KOM (2001), 582 endg., S. 361 f.

> Die Richtlinie wäre demnach so zu ändern, dass sie auch den Fall abdeckt, dass in dem Steueraufschub gewährenden Mitgliedstaat keinerlei steuerpflichtige Tätigkeiten bzw. Vermögenswerte verbleiben. Eine solche Neuregelung könnte mit spezifischen Erklärungspflichten verbunden werden. Der Mitgliedstaat, in den die Vermögenswerte übertragen wurden, müsste dann bescheinigen, dass eine Erklärung abgegeben wurde, der zufolge die fraglichen Vermögenswerte mit einer fraglichen Steuerschuld verbunden sind und nicht veräußert wurden. Die Möglichkeit der Übertragung würde geeignete Mechanismen der Zusammenarbeit bei Verwaltung und Erhebung dieser Steuerschuld voraussetzen, damit sicher ist, dass der Mitgliedstaat der ursprünglich übertragenden Gesellschaft nach der Veräußerung oder Übertragung der Vermögenswerte die ihm zustehende Steuern erhält."

Die Europäische Kommission erachtet es somit für möglich, die finanziellen Interessen des betroffenen Mitgliedstaates durch spezifische Bescheinigungs- und Erklärungspflichten sowie durch Zusammenarbeit zwischen den Mitgliedstaaten bei Verwaltung und Erhebung der Steuerschulden zu wahren. Das Interesse des betroffenen Mitgliedstaates, unter dessen Hoheit die stillen Reserven gebildet wurden, soll allein dadurch gesichert werden, dass er im Zeitpunkt der Veräußerung im Ausland die zunächst festgesetzte und gestundete Steuer erheben darf. Mit diesem Vorschlag konnte sich die Europäische Kommission jedoch nicht bei der Änderung der Fusionsrichtlinie im Jahre 2005 durchsetzen. Nach den Urteilen des EuGH in den Rechtssachen „*de Lasteyrie du Saillant*" und „*N*" hat sie jedoch in der Mitteilung vom 19.12.2006[497] ihre Forderung zur Einführung eines Systems der aufgeschobenen Besteuerung erneuert.

(b) Stellungnahme

Ohne Zweifel stellt ein System der aufgeschobenen Besteuerung der stillen Reserven im Hinblick auf die durch eine Schlussbesteuerung entstehenden Liquiditätsnachteile eine weniger belastende Maßnahme dar. Es ist jedoch zu fragen, ob eine solche Regelung geeignet ist, die Besteuerung der stillen Reserven in einem ausreichenden Maße zu sichern. Nach der Auffassung der Europäischen Kommission sei dies der Fall; gegebenenfalls könnten Dokumentations- und Nachweispflichten eingeführt werden, um eine spätere Erhebung der Steuer zu garantieren. Dieser Auffassung ist nicht zuzustimmen. Die Europäische Kommission und die Rechtslehre gehen von einer Übertragbarkeit der Entscheidungen des EuGH in den Rechtssachen

---

[497] Mitteilung der Europäischen Kommission vom 19.12.2006 an den Rat, das Europäische Parlament und den Wirtschafts- und Sozialausschuss: Wegzugsbesteuerung und die Notwendigkeit einer Koordinierung der Steuerpolitiken der Mitgliedstaaten, KOM (2006), 825 endg., S. 6 f

„de Lasteyrie du Saillant" und *„N"* auf grenzüberschreitende Umstrukturierungen aus. Beide Rechtssachen betrafen den vergleichsweise überschaubaren Fall der Besteuerung von Gesellschaftsanteilen, also einzelnen Wirtschaftsgütern, die von natürlichen Personen im Privatvermögen gehalten wurden.[498] Im Rahmen von grenzüberschreitenden Einbringungen von ganzen Unternehmensteilen sind die Schwierigkeiten, die in Zusammenhang mit einem System der aufgeschobenen Besteuerung stehen, um ein Vielfaches größer.[499]

(aa) Vorliegen eines Realisationsakts im Ausland

Zunächst stellt sich die Frage, wann von einer Realisation der stillen Reserven im Ausland auszugehen ist. Um eine Gleichbehandlung von innerstaatlichen und grenzüberschreitenden Sachverhalten zu erreichen, kann es grundsätzlich nur um solche Vorgänge gehen, die auch nach nationalem Recht einen Realisationsakt darstellen. Damit fangen die Probleme aber erst an. Das einzelne, nicht in einer Betriebsstätte der einbringenden Gesellschaft gebundene Wirtschaftsgut oder der gesamte Unternehmensteil könnte im Rahmen eines ausländischen Einbringungsvorganges steuerneutral auf einen weiteren ausländischen Rechtsträger übertragen werden. Eine Fälligstellung und Erhebung der festgesetzten Steuer wäre dann nur möglich, wenn die ausländische Einbringung ihrem Charakter nach nicht einer inländischen Einbringung entspräche, also eine Veräußerung vorläge. Entspräche die ausländische Einbringung hingegen einer inländischen Einbringung, stellt sich das Folgeproblem, dass zum Zwecke der Aufrechterhaltung der Steuerstundung der Verbleib der betreffenden Wirtschaftsgüter bei dem

---

498 Die Betriebsstätten-Verwaltungsgrundsätze der Finanzverwaltung (vgl. *BMF* vom 24.12.1999, BStBl. I 1999, 1076 Tz. 2.6.1.) sehen zwar schon heute eine aufgeschobene Besteuerung vor, wenn einzelne Wirtschaftsgüter des Betriebsvermögens in eine ausländische Betriebsstätte des inländischen Stammhauses überwechseln. Die aufgeschobene Besteuerung wirkt dabei auf der Ebene der Bemessungsgrundlage und nicht als Steuerstundung. Dagegen kommt bei der Rückführung aus einer inländischen Betriebsstätte in das ausländische Stammhaus zu einer sofortigen Besteuerung (*BMF* vom 24.12.1999, BStBl. I 1999, 1076 Tz. 2.6.3). Aufgund dieser Inkongruenz und der Tatsache, dass diese Grundsätze nur für einzelne Wirtschaftsgüter gelten, lassen sich aus ihnen keine Rückschlüsse im Hinblick auf die die Verhältnismäßigkeit der Betriebsstättenbedingung ableiten; a.A. Hahn, IStR 2006, 797, 803, wohl auch *Benecke/Schnitger*, IStR 2006, 765, 778 (Anmerkung *Schnitger*), *Brink/Endres*, in: PwC, Reform des UmwStR Rz. 331 ff.

499 Gleiche Ansicht *Klingberg/van Lishaut*, Der Konzern 2005, 698, 705, zusammenfassend *Rödder*, IStR 2005, 297 ff. mit Beispielen, vgl. auch *van Lishaut*, FR 2004, 1301, 1305.

Rechtsnachfolger weiter verfolgt werden müsste.[500] Denkbar wäre auch, dass sich die stillen Reserven ohne eine Realisation durch Nutzung verbrauchen, das Wirtschaftgut im anderen Mitgliedstaat untergeht oder aus dem Betriebsvermögen entnommen wird.[501] Auch in diesen Fällen müsste das Schicksal des eingebrachten Betriebsvermögens weiter verfolgt werden, wobei unklar ist, welches nationale Recht bei der Frage des Verbrauchs oder der Entnahme des Wirtschaftsgutes zugrunde zu legen ist.

(bb) Berücksichtigung von nachträglichen Wertminderungen

Aus dem Urteil des EuGH in der Rechtssache „*N*"[502] ergibt sich darüber hinaus die Pflicht zur Berücksichtigung von Wertminderungen bei der Erhebung der Steuer, die nach der Entstrickung in dem Aufnahmestaat entstanden sind und dort noch nicht vollständig berücksichtigt wurden. Insoweit stellt sich die Frage, ob sämtliche Wertminderungen davon erfasst sind oder wenigstens solche ausscheiden, die aus einer Erzielung von Einkünften in dem anderen Mitgliedstaat resultieren, also mit dem von der Fusionsrichtlinie begünstigten Umstrukturierungsvorgang nichts zu tun haben.

(cc) Stundung der festgesetzten Steuer als zinsloser Steuerkredit

Wenn der Mitgliedstaat die Entstrickungssteuer zudem stundet, der übernehmende Mitgliedstaat aber eine Abschreibung von dem Zugangswert des nicht gebundenen Wirtschaftsguts zulässt, entstünde dem übernehmenden Rechtsträger ein Vorteil in der Form eines zinslosen Steuerkredits. Damit wäre der grenzüberschreitend tätige Steuerpflichtige besser als ein allein im Inland agierender Steuerpflichtiger gestellt; die Gleichmäßigkeit der Besteuerung gemäß Art. 3 GG wäre nicht mehr gewährleistet. Diese Problematik verschärft sich dadurch, dass es dem Mitgliedstaat des übernehmenden Rechtsträger im Rahmen eines kohärenten Systems verwehrt ist, die unter der Hoheit eines anderen Mitgliedstaates entstandenen stillen Reserven zu besteuern. Er ist daher verpflichtet, steuerfrei den Verkehrswert des jeweiligen Wirtschaftsguts anzusetzen, was zu der Bildung von zusätzlichem Abschreibungspotential führen würde.[503] Der Mitgliedstaat der einbringenden Gesellschaft könnte zwar die Steuer entsprechend der Abschreibung im anderen Mitgliedstaat ratenweise erheben. Es stellt sich aber zum einen die

---

500 *Klingberg/van Lishaut*, Der Konzern 2005, 698, 706; *Hahn*, IStR 2006, 797, 802.
501 Zu den daraus resultieren Problemen, *Rödder*, IStR 2005, 297, 298 Beispiel 3.
502 *EuGH*, Urt. vom 7.9.2006, Rs. C-470/04, „*N*", DStR 2006, 1691 Tz. 54.
503 *Klingberg/van Lishaut*, Der Konzern 2005, 698, 706.

Frage, ob eine solche Lösung mit Gemeinschaftsrecht vereinbar ist, da sie nicht allein auf die Realisation der stillen Reserven im Ausland abstellt.[504] Zum anderen ist es ungeklärt, ob auf die Abschreibungsdauer in dem anderen Mitgliedstaat abzustellen ist oder insoweit die Abschreibungsregeln des Mitgliedstaats der einbringenden Gesellschaft unterstellt werden dürfen. Im ersten Fall müssten für die Zwecke der Stundungsregelung die Bilanzierungs- und Abschreibungsregeln der 27 Mitgliedstaaten[505] beachtet werden.

(dd) Übereinstimmung mit Doppelbesteuerungsabkommen

Des Weiteren dürfte das System der aufgeschobenen Besteuerung nicht dem jeweiligen Doppelbesteuerungsabkommen widersprechen.[506] Würde das jeweilige Doppelbesteuerungsabkommen dem Mitgliedstaat des übernehmenden Rechtsträgers das Recht zur Erfassung der bereits entstandenen stillen Reserven zuweisen und deshalb die Berechtigung entfallen, die festgesetzte Steuer im Zeitpunkt der Veräußerung des eingebrachten Betriebsvermögens zu erheben, so würde dies nach der Auffassung des EuGH[507] in der Entscheidung „*X und Y*"[508] einen Verzicht des betroffenen Mitgliedstaats bedeuten. Die Einführung eines Systems der aufgeschobenen Besteuerung müsste also mit einer Anpassung und Neugestaltung der bestehenden Doppelbesteuerungsabkommen zwischen den Mitgliedstaaten der Europäischen Union verbunden werden.

(ee) Beweislast des Mitgliedstaats

Die Beweislast für das Vorliegen der tatsächlichen Veräußerung der nicht in einer Betriebsstätte gebundenen Wirtschaftsgüter im Ausland trägt grundsätzlich der Mitgliedstaat, der die Steuer festgesetzt hat. Will er die gestundete Steuer fällig stellen und erheben, muss er ermitteln, wann und mit

---

504 *Rödder*, IStR 2005, 297, 299 Beispiel 6.

505 Belgien, Deutschland, Frankreich, Italien, Luxemburg, Niederlande (seit 1951), das Vereinigte Königreich, Irland, Dänemark (seit 1973), Griechenland (seit 1981), Portugal, Spanien (seit 1986), Schweden, Finnland, Österreich (seit 1995), Estland, Litauen, Lettland, Polen, Tschechien, Slowenien, Slowakei, Ungarn, Malta, Zypern (seit 2004), Rumänien und Bulgarien (seit 2007).

506 Vgl. *Rödder*, DStR DStR 2005, 893, 896; *ders.*, DStR 2004, 1629, 1633; *van Lishaut*, FR 2004, 1301, 1303; *Wassermeyer*, GmbHR 2004, 613, 614.

507 *EuGH*, Urt. vom 11.8.1995, Rs. C-80/94, „*Wielockx*", Slg. 1995, I-2495 Tz. 24.; *EuGH*, Urt. vom 15.7.2004, Rs. C-242/03, „*Weidert und Paulus*", IStR 2004, 686 Tz. 25 f.; *EuGH*, Urt. vom 3.10.2002, Rs. C-136/00, „*Danner*", Slg. 2002, I-8171 Tz. 41.

508 *EuGH*, Urt. vom 21.11.2002, Rs. C-436/00, „*X und Y*", Slg. 2002, I-10847 Tz. 55.

welchem Wert die jeweiligen Wirtschaftsgüter veräußert wurden. Für die Zwecke der Aufrechterhaltung der Stundung müsste auch überwacht werden, ob sich das Wirtschaftsgut noch in der Europäischen Union befindet oder in einen Nicht-EU-Staat verbracht worden ist. Zwar sind nach der Auffassung des EuGH[509] die Mittel, die den Mitgliedstaaten aufgrund der Amtshilferichtlinie zur Verfügung stehen, grundsätzlich ausreichend, um die erforderlichen Auskünfte zu erlangen. Angesicht der aufgezeigten Schwierigkeiten im Zusammenhang mit einem System der aufgeschobenen Besteuerung, ist jedoch davon auszugehen, dass die Mittel der Amtshilferichtlinie nicht ausreichend sind und die Einholung der Auskünfte durch die Finanzverwaltung mit einem unverhältnismäßigen Aufwand verbunden ist.[510] Nach der hier vertretenden Auffassung[511] könnten die Mitgliedstaaten daher erhöhte Mitwirkungspflichten einführen.[512] Beispielweise könnten sie dem übernehmenden Rechtsträger die Auflage machen, regelmäßig darüber zu berichten, ob sich die jeweiligen Wirtschaftsgüter noch in seinem Besitz befinden oder schon veräußert wurden.[513] Jedoch könnte eine Nichtbefolgung dieser Mitwirkungspflichten nicht zum Anlass genommen werden, eine Veräußerung im Ausland zu fingieren.[514] Nach der Auffassung des EuGH[515] rechtfertigt das Interesse der Mitgliedstaaten an einer Sicherung

---

509 *EuGH*, Urt. vom 12.4.1994, Rs. C-1/93, „*Halliburton Services* “, Slg. 1994, I-1157 Tz. 22; *EuGH*, Urt. vom 28.1.1992, Rs. C-204//90, „*Bachmann*“, Slg. 1992, I-276 Tz. 18; *EuGH*, Urt. vom 7.9.2006, Rs. C-470/04, „*N*“, DStR 2006, 1691 Tz. 55.

510 *Klingberg/van Lishaut*, Der Konzern 2005, 698, 705 weisen zu Recht darauf hin, dass die entsprechende Einholung von Auskünften die beteiligten Unternehmen und Finanzverwaltungen in einem hohen Maße überfordern werden und Vollzugsdefizite zu befürchten seien.; a..A. wohl *Wissenschaftlicher Beirat Ernst & Young*, BB 2005, 2166, 2168.

511 Vgl. oben unter Teil 1, D., III. 1., b).

512 Nach der Auffassung des EuGH in der Rechtssache „*N*“ könnten die Mitgliedstaaten die Abgabe einer gesonderten Steuererklärung im Zeitpunkt der Entstrickung verlangen; vgl. *EuGH*, Urt. vom 7.9.2006, Rs. C-470/04, „*N*“, DStR 2006, 1691 Tz.50.

513 In diesem Sinne auch die Europäische Kommission, vgl. Mitteilung der Europäischen Kommission vom 19.12.2006 an den Rat, das Europäische Parlament und den Wirtschafts- und Sozialausschuss: Wegzugsbesteuerung und die Notwendigkeit einer Koordinierung der Steuerpolitiken der Mitgliedstaaten, KOM (2006), 825 endg., S. 7. Nach der Auffassung der Europäischen Kommission müssen diese Mitwirkungspflichten aber verhältnismäßig ausgestaltet sein.

514 *Wasssermeyer*, GmbHR 2004, 613, 615.

515 Allerdings ist darauf hinzuweisen, dass es der EuGH in den Urteilen „*Cadbury Schweppes*“ und „*Marks & Spencer*“ als zulässig erachtet hat, wenn die nationale Regelung eine Beweislastumkehr zu Lasten der Steuerpflichtigen vorsieht, vgl. *EuGH*, Urt. vom 12.9.2006, Rs. C-196/04, „*Cadbury Schweppes*“, Slg. 2006, I-7995 Tz. 143-145; *EuGH*, Urt. vom 13.12.2005, Rs. C-446/03, „*Marks & Spencer*“, IStR 2006, 19 Tz. 56. Beide Urteile betrafen aber nicht die Problematik der Gemeinschaftsrechtskonformität einer Schluss- oder Entstrickungsbesteuerung. Es stellt sich die Frage, ob

der steuerlichen Kontrolle allein verfahrensrechtliche Ungleichbehandlungen; materiell-rechtliche Schlechterstellungen, um Beweisschwierigkeiten aus dem Weg zu gehen, werden hingegen nicht erfasst. Auch eine Pflicht zur Stellung einer Sicherheitsleistung ist nach der Auffassung des EuGH[516] nicht möglich. Selbst bei einer Einführung von erhöhten Mitwirkungspflichten verbliebe daher die Beweislast für das Vorliegen einer Realisation der stillen Reserven im Ausland bei dem Mitgliedstaat, unter dessen Hoheit die stillen Reserven gebildet wurden. Das Risiko einer endgültigen Nichtbesteuerung der stillen Reserven hätte letztlich allein er zu tragen.

(c) Fazit

Die Schwierigkeiten, die mit einem System der aufgeschobenen Besteuerung verbunden sind, sind so groß, dass eine Besteuerung der stillen Reserven in den „freien" Wirtschaftsgütern nicht in einem ausreichend Maße gesichert ist.[517] Im Vergleich zu einer Schluss- oder Entstrickungsbesteuerung stellt es keine gleich effektive Methode dar, um die finanziellen Interessen der betroffenen Mitgliedstaaten zu sichern.[518] Vielmehr besteht die Gefahr, dass diese endgültig auf die Besteuerung der unter ihrer Hoheit entstandenen stillen Reserven verzichten müssen. Dies widerspräche nicht nur dem Ziel der Fusionsrichtlinie[519] sondern auch letztlich der Kompetenzverteilung des EG-Vertrags. Danach haben nach wie vor die Mitgliedstaaten die Kompetenz zur Ausgestaltung der direkten Steuern. Ihnen bleibt es vorbehalten, sich diejenigen Finanzmittel zu verschaffen, die sie zur Finanzie-

---

der EuGH eine solche Beweislastumkehr auch in einem solchen Fall als zulässig erachten wird. Seine Ausführen in der Rechtssache *„N"* (*EuGH*, Urt. vom 7.9.2006, Rs. C-470/04, *„N"*, DStR 2006, 1691 Tz. 52 ff.) legen den Schluss nahe, dass er die Mitgliedstaaten allein auf die Mittel der Amtshilferichtlinie verweisen und eine Beweislastumkehr Rahmen einer aufgeschobenen Besteuerung nicht akzeptieren wird.

516 *EuGH*, Urt. vom 11.3.004, Rs. 9/02, *„de Lasteyrie du Saillant"*, Slg. 2004, I-2409 Tz. 47; *EuGH*, Urt. vom 7.9.2006, Rs. C-470/04, *„N"*, DStR 2006, 1691 Tz. 55; anders noch *EuGH*, Urt. vom 21.11.2002, Rs. C-436/00, *„X und Y"*, Slg. 2002, I-10847 Tz. 59.

517 Demgegenüber sehen *Schönherr/Lemaitre* (GmbHR 2006, 561, 563), *Voß* (BB 2006, 411, 420) und *Schön* (IStR 2004, 289, 297) die administrativen Schwierigkeiten im Zusammenhang mit einem System der aufgeschobenen Besteuerung als nicht ausreichend an, um eine Rechtfertigung zu begründen; vgl. dazu und zur Frage der Gemeinschaftswidrigkeit des § 12 KStG in der Fassung des SEStEG, *Eickmann/Stein*, DStZ 2007, 723, 724 m.w.N.

518 Zu Recht wirft *Rödder* die Frage auf, ob eine Wegzugsbesteuerung so ausgestaltet werden könne, dass ein steuerfreier „Exit" stiller Reserven in jedem Fall ausgeschlossen sei, vgl. *Rödder*, IStR 2005, 297, 299.

519 Vgl. Erwägungsgründe Nr. 4 und 5 der Präambel zur Fusionsrichtlinie.

rung ihres Haushalts benötigen. Bestandteil dieser Steuer- und Finanzhoheit der Mitgliedstaaten ist es, die Steuerpflichtigen ihrer Leistungsfähigkeit entsprechend zu besteuern. Zu einer solchen Besteuerung nach der Leistungsfähigkeit gehört auch das Recht der Mitgliedstaaten, die unter ihrer Hoheit gebildeten stillen Reserven zu besteuern. Der EuGH erkennt dieses Recht als legitimes Allgemeininteresse, also als grundsätzlich geeigneten Rechtfertigungsgrund an. Für seine Auffassung sprechen vor dem Hintergrund der Regelungskompetenz der Mitgliedstaaten gute Gründe. Das Recht der Mitgliedstaaten, ihre finanziellen Interessen an der Besteuerung der stillen Reserven zu wahren, ist letztendlich für einen fairen Steuerwettbewerb unverzichtbar. Ohne ein solches Recht würde der Zusammenhang zwischen der Qualität eines Standorts und den zu seiner Herstellung erforderlichen Steuereinnahmen empfindlich gestört.[520] Steht danach den Mitgliedstaaten ein Recht zur Besteuerung zu, so müssen sie auch in der Lage bleiben, dieses Recht wirksam durchzusetzen. Sie sind nicht verpflichtet, sich auf Besteuerungsmethoden verweisen zu lassen, die zwar die betroffenen Steuerpflichtigen weniger belasten, aber nur unzureichend die finanziellen Interessen der Mitgliedstaaten sichern.[521]

Zudem sind die Mitgliedstaaten nicht in jedem Fall verpflichtet, das mildeste Mittel anzuwenden. Nach der Auffassung des EuGH[522] in der Rechtssache *„Marks & Spencer“* müssen laufende Verluste einer ausländischen Tochtergesellschaft im Rahmen eines grenzüberschreitend tätigen Konzerns nicht sofort und nur unter bestimmten Umständen durch den Mitgliedstaat der Muttergesellschaft berücksichtigt werden. Er wies damit den Einwand der Europäischen Kommission zurück, nach dem eine liquiditätsverbessernde sofortige Verrechnung dieser Verluste mit einer späteren Nachversteuerung als milderes Mittel vorzuziehen sei.[523] Solche womöglich weniger belastenden Maßnahmen stellt der EuGH – entgegen seiner bisherigen Rechtsprechung[524] – unter den Vorbehalt einer Harmonisierung.[525] Sie bedürften einer vom Gemeinschaftsgesetzgeber zu erlassenen Regelung und

---

520 *Engert*, DStR 2004, 664, 668; *Lehner*, DStJG 23 (2000), 263, 276; *Selling*, IStR 200, 225, 226; *Dautzenberg*, BB 1997, 180, 182; vgl. auch *Kloster*, S. 263 f. der insoweit eine Kollission zwischen nationalem Verfassungsrecht und Gemeinschaftsrecht sieht.

521 Gleiche Ansicht *Thiel*, DB 2005, 2316, 2318.

522 *EuGH*, Urt. vom 13.12.2005, Rs. C-446/03, *„Marks & Spencer“*, IStR 2006, 19 Tz. 53 ff.

523 *EuGH*, Urt. vom 13.12.2005, Rs. C-446/03, *„Marks & Spencer“*, IStR 2006, 19 Tz. 54.

524 *EuGH*, Rs. C-204/90, *„Bachmann“*, Slg. 1992, I-249, Tz. 10 f., vgl. *Tiedtke*, FS 600 Jahre Juristenfakultät Würzburg, S. 463, 480 m.w.N.

525 *Englisch*, IStR 2006, 22, 23; *Hahn*, IStR 2002, 681, 686 ff.; *Thömmes*, JbFSt 2001/2002, 27, 87.

müssten nicht einseitig von den Mitgliedstaaten beachtet werden.[526] Sofern eine grenzüberschreitende Verlustberücksichtigung dem Grunde nach möglich ist, sieht der EuGH das Bestehen von weiteren Liquiditätsnachteilen mit relativ geringen Folgen für die Verwirklichung des Binnenmarktes nicht als ausreichend an, um einen Eingriff in die Steuer- und Finanzhoheit der Mitgliedstaaten zu rechtfertigen. Nur der Gemeinschaftsgesetzgeber soll in diesem Fall das Recht haben, eine andere Vorrangentscheidung zu treffen.

Diese Erwägungen des EuGH lassen sich auf die Betriebsstättenbedingung der Fusionsrichtlinie übertragen. Sie beschränkt die Möglichkeit einer liquiditätsbelastenden Schluss- oder Entstrickungsbesteuerung auf den Randbereich der „freien", nicht gebundenen Wirtschaftsgüter. Im Regelfall bleibt es danach im Rahmen einer Umstrukturierung bei dem Gebot der Steuerneutralität. Nach der Auffassung des EuGH sei allein der Gemeinschaftsgesetzgeber berechtigt, eine andere, weniger belastende Lösung zu wählen. Dieser hat sich jedoch bewusst für eine Beibehaltung der Betriebsstättenbedingung entschieden. Aufgrund der Studie der Europäischen Kommission aus dem Jahre 2001 und dem Urteil des EuGH in der Rechtssache *„de Lasteyrie du Saillant"* vom 11.3.2004 ist davon auszugehen, dass den Mitgliedstaaten die gemeinschaftsrechtliche Problematik einer Schluss- oder Entstrickungsbesteuerung im Rahmen der Änderung der Fusionsrichtlinie im Jahre 2005 bekannt war. Dennoch wurde die Fusionsrichtlinie nicht geändert; die Überlegungen der Kommission wurden weder im Richtlinienvorschlag vom 17.10.2003[527] noch in der endgültigen Fassung vom 17.2.2005[528] berücksichtigt.

II. Steuerneutralität auf Gesellschafterebene

1. Gestaltungsfreiheit der Mitgliedstaaten nach der Fusionsrichtlinie

Während die Bewertung der anlässlich einer Fusion, einer Spaltung, einer Abspaltung oder eines Anteilstauschs gewährten Gesellschaftsanteile beim

526 *EuGH,* Urt. vom 13.12.2005, Rs. C-446/03, *„Marks & Spencer"*, IStR 2006, 19 Tz. 58.

527 Vorschlag für eine Richtlinie des Rates zur Änderung der Richtlinie 90/434/EWG des Rates vom 23.7.1990 über das gemeinsame Steuersystem für Fusionen, Spaltungen, die Einbringung von Unternehmensteilen und den Austausch von Anteilen, die Gesellschaften verschiedenen Mitgliedstaaten betreffen, KOM (2003) 613 endg.

528 Richtlinie 2005/19/EG des Rates vom 17.2.2005 zur Änderung der Richtlinie 90/434/EWG über das gemeinsame Steuersystem für Fusionen, Spaltungen, die Einbringung von Unternehmensteilen und den Austausch von Anteilen, die Gesellschaften verschiedener Mitgliedstaaten betreffen, ABl. EU 2005 Nr. 58/19.

Gesellschafter in Art. 8 Abs. 2 FRL geregelt ist, enthält die Fusionsrichtlinie keine Bestimmung über den Ansatz der als Gegenleistung für die Einbringung erhaltenen Anteile.[529] Die Fusionsrichtlinie überlässt es der Gestaltungsfreiheit der Mitgliedstaaten, ob sie - wie die Bundesrepublik Deutschland[530] - im Wege einer Wertverknüpfung die Bewertung der Anteile von der Bewertung des eingebrachten Betriebsvermögens abhängig machen oder ein freies Wertansatzrecht vorsehen.[531] Die Fusionsrichtlinie steht daher auch nicht der Verdoppelung der stillen Reserven entgegen, die durch die Übernahme der Buchwerte des einbrachten Betriebsvermögens für die Bewertung der erhaltenen Anteile entstehen kann.[532]

2. *Kritik der Europäischen Kommission*

Die Europäische Kommission hat die durch eine Buchwertverknüpfung entstehende Verdoppelung der stillen Reserven in ihrem Vorschlag zur Änderung der Fusionsrichtlinie vom 17.10.2003 kritisiert.[533] Nach ihrer Auffassung würde eine Verdoppelung der stillen Reserven zwangsläufig zu einer wirtschaftlichen Doppelbesteuerung derselben führen. Denn würden die erhaltenen Anteile mit dem Buchwert angesetzt, so sei bei deren Veräußerung dieselbe Wertsteigerung zu versteuern, die im Falle der Veräußerung des eingebrachten Betriebsvermögens zu versteuern wäre.[534] Eine solche wirtschaftliche Doppelbesteuerung der stillen Reserven sei, so die Europäi-

529 Vgl. *Herzig/Dautzenberg/Heyeres*, DB 1991, Beilage 12, S. 12; *Saß*, DB 1990, 2340, 2344; *Benz/Rosenberg*, in: Blumenberg/Schäfer, Das SEStEG S. 148 Fn. 10. Aus diesem Grund kommt dem Vorlagebeschluss des *BFH* vom 7.3.2007 (vgl. *BFH*, Beschl. vom 7.3.2007, I R 25/05, IStR 2007, 476) zur Frage der Vereinbarkeit der doppelten Buchwertverknüpfung bei einem grenzüberschreitenden Anteilstausch für den Bereich der Einbringung von Unternehmensteilen keine Bedeutung zu, a.A. *Benecke/Schnitger*, IStR 2005, 641, 643.

530 Nach *Benecke/Schnitger*, intertax 2005, 170, 171; *dies.*, IStR 2005, 606, 607 Fn. 14 sind dies neben der Bundesrepublik Deutschland auch Italien, Österreich, Frankreich und Spanien.

531 *Thömmes*, in: Flick/Wassermeyer/Baumhoff, AStG, § 23 UmwStG Rz. 185; *Schindler*, IStR 2005, 551, 556; *Tumpel*, Harmonisierung, S. 197; *Thiel*, GmbHR 1994, 277, 281.

532 *Saß*, DB 1990, 2340, 2344; *Förster/Dautzenberg*, DB 1993, 645, 647 m.w.N. Zur Verdoppelung der stillen Reserven *Patt*, in: Dötsch/Patt/Pung/Möhlenbrock, UmwStR, 6. Aufl., vor §§ 20-23 UmwStG (SEStEG) Rz. 24; *Saß*, DB 2005, 1238, *Haritz*, DStR 2004, 889, 890.

533 Der Kritik haben sich *Haritz/Wisniewski*, GmbHR 2004, 28, 32, *Haritz*, DStR 2004, 889, 891, 892 und *Blumers/Kinzl*, BB 2005, 971, 974 angeschlossen.

534 Es handelt sich dabei um einen Fall der wirtschaftlichen Doppelbesteuerung, da ein ein und dasselbe Wirtschaftsgut bei unterschiedlichen Steuerpflichtigen doppelt besteuert wird.

sche Kommission,[535] durch nichts zu rechtfertigen. Zu ihrer Verhinderung sah der Richtlinienvorschlag vom 17.10.2003 eine Erweiterung des Art. 9 FRL vor. Nach Abs. 2 dieses Artikels sollten die Mitgliedstaaten verpflichtet werden, steuerneutral den „tatsächlichen Wert" der erhaltenen Anteile anzusetzen. Eine solche Verpflichtung sah bereits Art. 10 Abs. 3 des ursprünglichen Richtlinienvorschlags aus dem Jahre 1969 vor.[536] Nach der Auffassung der Kommission sollte zu einer späteren Besteuerung der stillen Reserven genügen, wenn diese allein in der Betriebsstätte der übernehmenden Gesellschaft gebunden sind. Ebenso wie im Rahmen des ursprünglichen Richtlinienvorschlags[537] sind die Mitgliedstaaten[538] jedoch dem Vorschlag der Kommission nicht gefolgt, da die vorgesehene steuerneutrale Aufstockung der erhaltenen Anteile die Gefahr einer endgültigen Nichtbesteuerung der stillen Reserven geboten hätte.[539] Bei einem Ansatz des tatsächlichen Werts hätten die Anteile nach der Einbringung steuerfrei veräußert werden können, da der tatsächliche Wert ihrem Marktwert im Zeitpunkt der Veräußerung entsprochen hätte. Dies hätte dazu verleiten können, den Betrieb oder Teilbetrieb, trotz entsprechender Veräußerungsabsicht, nicht zu veräußern, sondern im Wege einer Umgehungsgestaltung zunächst zum Buchwert einzubringen um sodann die erhaltenen Anteile steuerfrei zu veräußern. Eine Einbringung mit anschließender Anteilsveräußerung wäre damit besser gestellt als die unmittelbare Veräußerung des Betriebs oder Teilbetriebs.[540] Die stillen Reserven in den Wirtschaftsgütern des eingebrachten Vermögens blieben zwar in der Betriebsstätte der übernehmenden Gesellschaft gebunden, würden aber aufgrund der Veräußerung der Anteile auf unabsehbare Zeit nicht aufgelöst. Eine spätere (Einmal-)Besteuerung der

---

535 Vgl. Vorschlag für eine Richtlinie des Rates zur Änderung der Richtlinie 90/434/EWG des Rates vom 23.7.1990 über das gemeinsame Steuersystem für Fusionen, Spaltungen, die Einbringung von Unternehmensteilen und den Austausch von Anteilen, die Gesellschaften verschiedenen Mitgliedstaaten betreffen, KOM (2003) 613 endg. Rz. 26 der Erwägungsgründe.

536 Vorschlag einer Richtlinie des Rates über das gemeinsame Steuersystem für Fusionen, Spaltungen und die Einbringung von Unternehmensteilen, die Gesellschaften verschiedener Mitgliedstaaten betreffen, KOM (69) 5 endg., Abl. EWG 1969 Nr. C 39/1.

537 Zur damaligen Kritik der Rechtslehre an dem Richtlinienentwurf, *Kreile*, BB, 1971, 793, 795.

538 Aus der Sicht der Bundesrepublik Deutschland hat der Bundesrat die Bundesregierung gebeten, im Rahmen der weiteren Erörterungen auf die Beibehaltung der Möglichkeit zur Wertverknüpfung hinzuwirken, vgl. BR-Drucks. 680/04, S. 2 vom 24.9.2004.

539 *Heß/Schnitger*, in: PwC: Reform des UmwStR, Rz. 1580; *Saß*, DB 2004, 2231; *ders.*, DB 2005, 1238; *Benecke/Schnitger*, intertax 2005, 170, 177.

540 *van Lishaut*, FR 2004, 1301, 1302; *Thiel*, GmbHR 1994, 277, 281.

stillen Reserven durch den Mitgliedstaat der einbringenden Gesellschaft wäre in einem solchen Fall nicht mehr gesichert.[541] Zur Erhaltung der Besteuerungsrechte der Mitgliedstaaten wurde deshalb keine verbindliche Vorgabe zur Bewertung der erhaltenen Anteile in die Fusionsrichtlinie aufgenommen. Es bleibt daher weiterhin den einzelnen Mitgliedstaaten überlassen, ob sie eine Buchwertverknüpfung vorsehen und eine daraus resultierende wirtschaftliche Doppelbesteuerung der stillen Reserven beseitigen.[542]

3. *Vereinbarkeit einer Buchwertverknüpfung mit den Grundfreiheiten*

a) *Gemeinschaftswidrigkeit der Doppelbesteuerung*

In der Rechtslehre[543] wird teilweise die Auffassung vertreten, dem nationalen Gesetzgeber sei es aufgrund der Grundfreiheiten verwehrt, eine Buchwertverknüpfung im Rahmen von grenzüberschreitenden Einbringungen vorzusehen. Die bisherige Umsetzungsregelung des § 23 UmwStG 1995 habe jedenfalls gegen die Grundfreiheiten verstoßen, soweit es durch Veräußerung der erhaltenen Anteile (einbringungsgeborene Anteile i. S. des § 21 UmwStG 1995) zu einer Doppelbesteuerung der stillen Reserven gekommen wäre. Zwar sei dies nicht der Fall gewesen, wenn die Anteile nach einer Sperrfrist von sieben Jahren nach der Einbringung veräußert wurden. Denn in diesem Fall war der Gewinn aus der Veräußerung der Anteile nach § 8b Abs. 2 Buchst. a i.V.m. § 8b Abs. 4 KStG a.F. in Höhe von 95 v.H. steuerfrei oder nach dem Halbeinkünfteverfahren gemäß § 3 Nr. 40 Satz 3 i.V.m. § 3 Nr. 40 Satz 4 EStG a.F. zumindest nur zur Hälfte steuerpflichtig. Wurden die einbringungsgeborenen Anteile aber innerhalb der Sperrfrist veräußert, sei es zu einer gemeinschaftswidrigen Doppelbesteuerung der stillen Reserven gekommen.[544] Die Buchwertverknüpfung und die Sperrfrist

---

541 *Saß*, DB 2005, 1238; *ders.* DB 2004, 2231, 2232; *Heinz*, FR 2005, 485, 486, der allerdings darauf hinweist, dass durch eine solche Umgehungsgestaltung nicht mehr eine „personenbezogene" Besteuerung der stillen Reserven bei dem Einbringenden gesichert sei.

542 Vgl. Richtlinie 2005/19/EG des Rates vom 17.2.2005 zur Änderung der Richtlinie 90/434/EWG über das gemeinsame Steuersystem für Fusionen, Spaltungen, die Einbringung von Unternehmensteilen und den Austausch von Anteilen, die Gesellschaften verschiedener Mitgliedstaaten betreffen, ABl. EG 2005 Nr. 58/19 Rz. 3 der Erwägungsgründe; *Benecke/Schnitger*, IStR 2005, 641, 643.

543 *Blumers/Kinzl*, BB 2005, 971, 974; *Heinz*, FR 2005, 485, 486; *Saß*, DB 2004, 2231, 2232; wohl auch *Haritz*, DStR 2004, 889, 891, a.A. *van Lishaut*, FR 2005, 1301, 1303.

544 *Heinz*, GmbHR 2003, 1474; *Saß*, DB 2004, 2231, 2232; *Blumers/Kinzl*, BB 2005, 971, 974.

hätten zwar die Aufgabe verfolgt, Missbräuche zu verhindern und eine Einmalbesteuerung der stillen Reserven zu sichern. Gleichwohl sei eine Rechtfertigung nicht in Betracht gekommen, weil beide Maßnahmen in typisierender Weise die Grenze zwischen Missbrauch und sinnvoller Umstrukturierung gezogen hätten.

b) Stellungnahme

Die Buchwertverknüpfung mit der Folge der Verdoppelung der stillen Reserven wurde vom deutschen Gesetzgeber schon im Rahmen des UmwStG 1969 für erforderlich gehalten, um Steuerumgehungen zu verhindern und eine Einmalbesteuerung der stillen Reserven zu sichern.[545] Dementsprechend wurde seit dem UmwStG 1969 für Einbringungen in eine Kapitalgesellschaft eine Buchwertverknüpfung vorgesehen. Auch die bisherige Regelung des § 20 UmwStG 1995 bestimmte in Abs. 4 Satz 1 den Ansatz des eingebrachten Betriebsvermögens als Wert für die erhaltenen, einbringungsgeborenen Anteile. Dies galt ebenso im Rahmen des § 23 Abs. 1, Abs. 3 i.V.m. § 20 Abs. 4 Satz 1 UmwStG 1995 für grenzüberschreitende Einbringungen. Die stillen Reserven waren daher sowohl auf der Ebene der übernehmenden Kapitalgesellschaft als auch auf der Ebene des Einbringenden verstrickt. Ob mit dieser Verdoppelung der stillen Reserven eine wirtschaftliche Doppelbesteuerung verbunden war, hing davon ab, welche Entlastungsregelungen zu ihrer Verhinderung vorgesehen waren. Nach bisheriger Rechtslage[546] blieben die Gewinne aus der Veräußerung der einbringungsgeborenen Anteile nach § 8b Abs. 2 Buchst. a i.V.m. § 8b Abs. 4 KStG a.F steuerfrei, wenn der Einbringende eine Kapitalgesellschaft war und die Anteile nach einem Ablauf der Sperrfrist von sieben Jahren veräußerte.[547] Nur eine Veräußerung innerhalb der Sperrfrist führte zu einer

---

545 *Loos*, Umwandlungssteuergesetz 1969 Rz. 858; *Thiel*, GmbHR 1994, 277, 281; *Knobbe-Keuk*, Bilanz- und Unternehmenssteuerrecht, § 22 VII 3 e, S. 833; *Förster/Dautzenberg*, DB 1993, 645; Zur Rechtslage vor dem UmwStG 1969: *RFH*, Urt. vom 9.5.1933, VI A 434/30, RStBl. 1933, 999, 1002. Für die Rechtslage nach dem Inkrafttreten des SEStEG: *Patt*, in: Dötsch/Patt/Pung/Jost/Möhlenbruck, UmwStR, 6. Aufl., vor §§ 20-23 UmwStG (SEStEG) Rz. 24 ff.; *Förster/Wendland*, BB 2007, 631, 634.

546 Unter der Geltung des Anrechnungsverfahrens führte die Anrechung der Körperschaftsteuer bei dem Einbringenden, sofern dieser zur Anrechung der Körperschaftsteuer berechtigt war, vgl. *Wassermeyer*, DStR 1992, 57, 60; *Förster/Dautzenberg*, DB 1993, 645; *Thiel*, GmbHR 1994, 277, 280; *Pietsch*, S. 188.

547 Für den Fall der grenzüberschreitenden Einbringung nach § 23 Abs. 2 UmwStG 1995 sah § 26 Abs. 2 Satz 2 UmwStG 1995 eine Sonderregelung vor. Danach kam es zu einem rückwirkenden Ansatz des Teilwerts für das eingebrachte Betriebsvermö-

Doppelbesteuerung der stillen Reserven. Diese Regelung galt sowohl für rein inländische als auch für grenzüberschreitende Einbringungen durch EU-Kapitalgesellschaften.[548] Grenzüberschreitende und rein inländische Einbringungen wurden damit gleich behandelt. Dies übersehen die Vertreter der Rechtslehre, nach denen die bisherige Regelung gegen die Grundfreiheiten verstieß. *Blumers* und *Kinzl*[549] gehen dennoch von einem Grundrechtsverstoß aus. Zwar sei aufgrund der fehlenden Schlechterstellung des grenzüberschreitenden Sachverhalts eine Diskriminierung ausgeschlossen. Die Besteuerung der stillen Reserven bei Veräußerung innerhalb der Sperrfrist habe jedoch eine Beschränkung der Grundfreiheiten dargestellt.[550] Diese Auffassung verkennt die Rechtsprechung des EuGH in Beschränkungsfällen. Eine Beschränkung der Grundfreiheiten nimmt der EuGH nur dann an, wenn die nationale Regelung mit einer Mehrbelastung oder vorenthaltenen Minderbelastung des grenzüberschreitenden Sachverhaltes verbunden ist.[551] Aufgrund des durchgehend gleichheitsrechtlichen Charakters der Grundfreiheiten scheidet daher sowohl eine Diskriminierung als auch eine Beschränkung aus, wenn eine nationale Regelung rein inländische und grenzüberschreitende Sachverhalte gleich behandelt. Danach verstießen weder die Buchwertverknüpfung noch die bisherigen Entlastungsregelungen gegen die Grundfreiheiten.[552]

---

gen, wenn die Anteile innerhalb von sieben Jahren nach der Einbringung veräußert wurden.

548 *Patt*, in: Dötsch/Patt/Pung/Jost, UmwStR, 5. Aufl., vor § 20 UmwStG Rz. 20, 21; *Thömmes*, in: Flick/Wassermeyer/Baumhoff, AStG, § 23 UmwStG Rz. 139.

549 *Blumers/Kinzl*, BB 2005, 971, 974; vgl. auch *Saß*, DB 2004, 2231 f.

550 In diesem Sinn auch *Pietsch*, S. 188 f. der jedoch eine Rechtfertigung der Beschränkung annimmt.

551 Vgl. oben unter Teil 1, C., VII., 2., b).

552 Zwar ist eine Buchwertverknüpfung dann nicht sinnvoll, wenn es sich im Falle einer Inlandseinbringung (Marktzutrittskonstellation) um eine beschränkt steuerpflichtige Gesellschaft handelt, die dem Steuerrecht eines Mitgliedstaats unterliegt (beispielsweise dem des Vereinigten Königreichs), welches keine Buchwerte kennt. Dies ist jedoch kein Problem der Grundfreiheiten sondern der bislang nicht harmoniserten körperschaftsteuerlichen Bemessungsgrundlage, vgl. *van Lishaut*, FR 2004, 1301, 1303.

F. *Missbrauchsverhinderungsregelung des Art. 11 Abs. 1 Buchst. a FRL*

I. *Ausnahmecharakter der Regelung*

Das Ziel der Fusionsrichtlinie ist es, wirtschaftlich sinnvolle Umstrukturierungen in einem europäischen Binnenmarkt zu ermöglichen und bestehende Diskriminierungen und Beschränkungen im Rahmen der Niederlassungs- und Kapitalverkehrsfreiheit abzubauen.[553] Soweit die von der Fusionsrichtlinie aufgestellten Voraussetzungen vorliegen, sind die Mitgliedstaaten verpflichtet, die von der Richtlinie erfassten Umstrukturierungsvorgänge steuerneutral zu behandeln.[554] Eine Ausnahme[555] von diesem Grundsatz stellt Art. 11 Abs. 1 Buchst. a FRL dar.[556] Danach sind die Mitgliedstaaten berechtigt, die Steuerneutralität des Vorgangs zu versagen oder rückgängig zu machen, wenn der maßgebliche Beweggrund für die Umstrukturierung eine missbräuchliche Steuerumgehung oder Steuerhinterziehung ist.[557]

II. *Steuerumgehung und Steuerhinterziehung als missbräuchliche Beweggründe*

Art. 11 Abs. 1 Buchst. a FRL bestimmt als missbräuchliche Beweggründe das Vorliegen einer Steuerumgehung oder Steuerhinterziehung. Die Umgehung oder Hinterziehung muss dabei zumindest der hauptsächliche Be-

---

553 Vgl. Erwägungsgrund Nr. 1 der Präambel zur Fusionsrichtlinie.

554 *Gille*, IStR 2006, 194, 195; *EuGH*, Urt. vom 17.7.1997, Rs. C-28/95, „*Leur-Bloem*", Slg. 1997, I-4190 Tz. 40.

555 *Knobbe-Keuk*, EuZW 1992, 336, 343, *Schön*, IStR 1996, Beihefter zu Heft 2, S. 8; *Gille*, IStR 2006, 194, 195.

556 Eine weitere Ausnahme stellt Art. 11 Abs. 1 Buchst. b FRL dar. Danach können die Richtlinienbegünstigungen auch dann versagt werden, wenn eine Umstrukturierung dazu führt, „dass eine an dem Vorgang beteiligte Gesellschaft oder eine an dem Vorgang nicht beteiligte Gesellschaft die Voraussetzung für die bis zu diesem Vorgang bestehende Vertretung der Arbeitnehmer in den Organen der Gesellschaft nicht mehr erfüllt." Diese Mitbestimmungsklausel dient der Sicherstellung der arbeitsrechtlichen Vorschriften über die Mitbestimmung, welche gerade in der Bundesrepublik Deutschland stark ausgeprägt sind. Da dem deutschen Gesetzgeber eine Verknüpfung steuerlicher Regelungen mit der arbeitsrechtlichen Mitbestimmungsproblematik als sachfremd erschien, wurde Art. 11 Abs. 1 Buchst. b FRL nicht in das UmwStG umgesetzt, vgl. *Knobbe-Keuk*, Bilanz- und Unternehmenssteuerrecht, § 22 VIII 4 f bb, S. 847. Angesichts des arbeitsrechtlichen Charakters der Mitbestimmungsklausel kann eine nähere Darstellung entfallen.

557 *Drüen*, DStZ 2006, 539, 540; *Thömmes*, FS Wassermeyer, S. 207, 223; vgl. auch *FG Baden-Württemberg*, Urt. vom 17.2.2005, 6 K 209/02, EFG 2005, 994, 996.

weggrund für die Gestaltung gewesen sein. Fehlt es an vernünftigen wirtschaftlichen Gründen für eine Umstrukturierungsmaßnahme, werden missbräuchliche Beweggründe vermutet. Als wirtschaftlich vernünftige Gründe nennt Art. 11 Abs. 1 Buchst. a FRL ausdrücklich die „Umstrukturierung" oder die „Rationalisierung" der beteiligten Unternehmen, ohne andere wirtschaftliche Rechtfertigungsmöglichkeiten auszuschließen.[558] Die Begriffe Steuerumgehung und Steuerhinterziehung sind gemeinschaftsrechtliche Rechtsbegriffe, die nicht mit dem Verständnis des nationalen Missbrauchsbegriffs übereinstimmen.[559] In ihrem Anwendungsbereich gibt die Fusionsrichtlinie vielmehr einen eigenen Missbrauchsbegriff als Rahmen vor,[560] in dem sich die nationalen Vorschriften bewegen müssen und zu dessen Auslegung der EuGH berufen ist.[561]. In seinem Urteil in der Rechtssache *„Leur-Bloem"* vom 17.7.1997 hat der EuGH[562] zu den Begriffen der Steuerumgehung und Steuerhinterziehung nach der Fusionsrichtlinie und dem Gestaltungsspielraum der Mitgliedstaaten Stellung genommen.

1. Die „Leur-Bloem"-Entscheidung des EuGH

a) Sachverhalt

In dem vom EuGH zu entscheidenden Fall beabsichtigte eine natürliche Person in den Niederlanden ihre beiden niederländischen Gesellschaften, deren alleiniger Gesellschafter und Geschäftsführer sie war, im Wege eines Anteilstausch auf eine vermögenslose niederländische Holdinggesellschaft

---

558 Die vorausgesetzten wirtchaftlichen Gründe durfen nicht oder zumindest nicht überwiegend steuerlicher Art sein. Nach der Ansicht des EuGH in der Rechtssache *„Leur-Bloem"* (*EuGH*, Urt. vom 17.7.1997, Rs. C-28/95, *„Leur-Bloem"*, Slg. 1997, I-4190 Tz. 46 f.) stellt das Ziel der Herbeiführung eines horizontalen steuerlichen Verlustausgleichs keinen wirtschaftlichen Grund dar. Ebenso ist zu vermuten, dass kein wirtschaflich vernünftiger Grund vorliegt, wenn die im Gegenzug erhaltenen Anteile im Rahmen einer Einbringung in rascher Zeitfolge nach der Einbringung veräußert werden, vgl. dazu *Saß*, DB 1997, 2250, 2251, *Tumpel*, Harmonisierung, S. 200 Fn. 374 m.w.N.

559 *Thömmes*, FS Wassermeyer, S. 207, 208 ff., 240; *Drüen*, DStZ 2006, 539, 540; *Schön*, IStR 1996, Beihefter zu Heft 2, S. 3, 7 f.

560 *Schmitt-Ott/Allbrecht*, in: Haritz/Benkert, UmwStG, § 26 Rz. 50 m.w.N. Der Rahmencharakter von Art. 11 FRL folgt nicht aus dem Charakter der Fusiosnsrichtlinie als Richtlinie, sondern aus dem eingeräumten Recht der Mitgliedstaaten zur Missbrauchsbekämpfung und aus der offenen Formulierung. Mangels hinreichender Bestimmtheit in Tatbestand und Rechtsfolge ist Art. 11 FRL nicht direkt anwendbar, vgl. *Dötsch*, in: Dötsch/Patt/Pung/Jost, UmwStR, 5. Aufl., § 26 UmwStG Rz. 32; *Schmitt-Ott/Allbrecht*, in: Haritz/Benkert, UmwStG, § 26 Rz. 35.

561 *Knobbe-Keuk*, EuZW 1992, 339, 339; *Thömmes*, FS Wassermeyer, S. 207, 208.

562 *EuGH*, Urt. vom 17.7.1997, Rs. C-28/95, *„Leur-Bloem"*, Slg. 1997, I-4161 ff.

zu übertragen. Der niederländische Gesetzgeber hatte die Regelungen des grenzüberschreitenden Anteilstauschs nach der Fusionsrichtlinie in das nationale Steuerrecht übernommen, so dass sie auch im Falle eines rein innerstaatlichen Sachverhalts anwendbar waren. Nach der Gesetzesbegründung sollten damit nationale und grenzüberschreitende Vorgänge gleich behandelt werden. Über die Vorgaben der Fusionsrichtlinie in Art. 2 Buchst. d und h FRL sah die niederländische Regelung jedoch zur Abwehr von Missbräuchen vor,[563] dass die erwerbende Gesellschaft selbst ein Unternehmen betreibt und nicht von derselben natürlichen Person, die Gesellschafterin der erworbenen Gesellschaften war, beherrscht wird.[564]

b) Zuständigkeit des EuGH

Obwohl die Vorlage des niederländischen Gerichtes einen rein innerstaatlichen Sachverhalt betraf, war diese nach der Auffassung des EuGH[565] zulässig. Damit folgte er den Schlussanträgen des Generalanwaltes *Jacobs*[566] nicht und bejahte seine Zuständigkeit auch für die Auslegung von nationalem Recht, welches zwar der Umsetzung von Gemeinschaftsrecht dient, dabei jedoch den Regelungsgehalt des Gemeinschaftsrechts überschreitet („überschießend" umgesetztes Richtlinienrecht). Habe ein Mitgliedstaat bei der Umsetzung einer Richtlinienbestimmung beschlossen, rein innerstaatliche und grenzüberschreitende Vorgänge gleich zu behandeln, und habe er deshalb seine nationalen Rechtsvorschriften an das Gemeinschaftsrecht angepasst, so sei der EuGH auch in diesem Fall zuständig,[567] sofern ein mitgliedstaatliches Gericht eine entsprechende Vorlage stelle.[568] Das gelte, so der EuGH[569], jedenfalls dann, wenn das nationale Recht des Mitgliedstaates bei der „überschießenden" Umsetzung von Richtlinienrecht keine Ein-

---

563 *EuGH*, Urt. vom 17.7.1997, Rs. C-28/95, *„Leur-Bloem"*, Slg. 1997, I-4190 Tz. 35.

564 *Thömmes*, FS Wassermeyer, S. 207, 229, *Saß*, DB 1997, 2250.

565 *EuGH*, Urt. vom 17.7.1997, Rs. C-28/95, *„Leur-Bloem"*, Slg. 1997, I-4190 Tz. 27 unter Bezug auf *EuGH*, Urt. vom 18.10.1990, Rs. C-297/88 und C-197/89, *„Dzodzi"* Slg. 1990, I-3763 Tz. 29.

566 Vgl. Schlussanträge des Generalanwaltes *Jacobs*, *EuGH*, Rs. C-28/95, *„Leur-Bloem"*, Slg. 1997, I-4165 Tz. 75 ff.

567 *EuGH*, Urt. vom 17.7.1997, Rs. C-28/95, *„Leur-Bloem"*, Slg. 1997, I-4190, 1. Leitsatz und Tz. 27, 37.

568 Ob die Auslegung der Richtlinie durch den EuGH für die Interpretation rein innerstaatlicher Sachverhalte eines Mitgliedstaates entscheidungserheblich sei, bleibe nach der Auffassung des EuGH dem vorlegenden nationalen Gericht überlassen, *EuGH*, Urt. vom 17.7.1997, Rs. C-28/95, *„Leur-Bloem"*, Slg. 1997, I-4190 Tz. 24, 27; *Saß*, DB 1997, 2250; *Gille*, IStR 2006, 194, 198.

569 *EuGH*, Urt. vom 17.7.1997, Rs. C-28/95, *„Leur-Bloem"*, Slg. 1997, I-4190 Tz. 27.

schränkung des Anwendungsbereichs auf inländische Sachverhalte enthalte. Dann bestehe ein klares Interesse der Gemeinschaft an einer einheitlichen Auslegung der Bestimmungen der Fusionsrichtlinie, um eine Benachteiligung reiner Inlandssachverhalte zu verhindern.[570]

c) Unzulässigkeit typisierender Missbrauchstatbestände

In der Sache entschied der EuGH, dass die niederländische Regelung nicht den Anforderungen des Art. 11 Abs. 1 Buchst. a FRL entspreche. Um zu klären, ob eine Umstrukturierung als hauptsächlichen Beweggrund eine Steuerumgehung oder -hinterziehung habe, müssten die mitgliedstaatlichen Behörden „in jedem Einzelfall eine globale Untersuchung dieses Vorganges vornehmen."[571] Im Hinblick auf den Ausnahmecharakter[572] des Art. 11 Abs. 1 Buchst. a FRL seien generelle Vorschriften, mit denen bestimmte Fallgruppen aufgrund einheitlicher Kriterien als Gestaltungsmissbrauch eingestuft werden, unverhältnismäßig.[573] Der Mitgliedstaat müsse vielmehr den Steuermissbrauch – oder die Gefahr eines solchen – im Einzelfall und im Rahmen einer gerichtlich überprüfbaren Entscheidung nachweisen.[574] Beruhe eine gesetzliche Missbrauchvermutung auf einem einzelnen Tatbestandsmerkmal und stehe dem Steuerpflichtigen nicht die Möglichkeit eines Gegenbeweises zu, so ginge dies über das zur Missbrauchvermeidung Geeignete und Erforderliche hinaus.[575]

2. Zwischenergebnis

Nach der Ansicht des EuGH sind typisierende Missbrauchsvorschriften im Anwendungsbereich der Fusionsrichtlinie unverhältnismäßig und daher gemeinschaftswidrig. Den Mitgliedstaaten ist es daher verwehrt, bestimmte Vorgänge aufgrund allgemeiner, gesetzlicher Kriterien als steuermissbräuchlich einzustufen. Darüber hinaus dürfen sie dem Steuerpflichtigen nicht die Möglichkeit eines Gegenbeweises abschneiden. Aus diesem Grund ent-

---

570 *EuGH*, Urt. vom 17.7.1997, Rs. C-28/95, „*Leur-Bloem*", Slg. 1997, I-4190 Tz. 32.

571 *EuGH*, Urt. vom 17.7.1997, Rs. C-28/95, „*Leur-Bloem*", Slg. 1997, I-4190 Tz. 41, vgl. auch *Drüen*, DStZ 2006, 539, 541; *Thömmes*, FS Wassermeyer, S. 207, 229; allgemein *Schön*, IStR 1996, Beihefter zu Heft 2, S. 15 f.

572 *EuGH*, Urt. vom 17.7.1997, Rs. C-28/95, „*Leur-Bloem*", Slg. 1997, I-4190 Tz. 45.

573 *EuGH*, Urt. vom 17.7.1997, Rs. C-28/95, „*Leur-Bloem*", Slg. 1997, I-4190 Tz. 43. 44.

574 *EuGH*, Urt. vom 17.7.1997, Rs. C-28/95, „*Leur-Bloem*", Slg. 1997, I-4190 Tz. 41; *Drüen*, DStZ 2006, 539, 541 Fn. 36 m.w.N.

575 *EuGH*, Urt. vom 17.7.1997, Rs. C-28/95, „*Leur-Bloem*", Slg. 1997, I-4190 Tz. 44; *Thömmes*, FS Wassermeyer, S. 207, 216 f.;

sprach die bisherige Umsetzungsregelung des § 26 Abs. 2 Satz 2 UmwStG 1995, nach der die Steuerneutralität einer grenzüberschreitenden Einbringung (im Fall des § 23 Abs. 2 UmwStG 1995) rückgängig zu machen war, wenn die im Gegenzug erhaltenen Anteile innerhalb von sieben Jahren veräußert wurden, nicht den Vorgaben des Art. 11 Abs. 1 Buchst. a FRL.[576] Diese Regelung verfolgte zwar das auch vom EuGH anerkannte und von Art. 11 Abs. 1 Buchst. a FRL geschützte Interesse der Mitgliedstaaten, Steuerumgehungen zu verhindern, die durch eine rasche (steuerfreie) Veräußerung der einbringungsgeborenen Anteile nach der Einbringung entstehen konnten. Entgegen der vom EuGH in der *„Leur-Bloem"*-Entscheidung geforderten Einzelfallbetrachtung führte jedoch der bloße und abstrakte Umstand der Veräußerung der erhaltenen Anteile innerhalb des Zeitraums von sieben Jahre zwangsläufig zu einer endgültigen Versagung der von der Fusionsrichtlinie vorgesehenen Steuervergünstigungen.[577] Zudem war es dem Steuerpflichtigen nicht gestattet, im Wege eines Gegenbeweises die Vermutung zu widerlegen, dass im konkreten Fall keine Steuerumgehung oder -hinterziehung vorgelegen habe.[578]

---

576 *Thömmes*, in; Flick/Wassermeyer/Baumhoff, AStG, § 26 UmwStG Rz. 8; *Wassermeyer*, DStR 1992, 57, 61; *Knobbe-Keuk*, EuZW 1992, 336, 342; *Saß*, DB 1993, 1892, 1893; a.A *Sarrazin*, ZGR 1994, 66, 71.

577 *Thömmes*, in; Flick/Wassermeyer/Baumhoff, AStG , § 26 UmwStG Rz. 8.

578 Aus dem gleichen Grund war auch § 26 Abs. 2 Satz 1 UmwStG 1995 (grenzüberschreitender Anteilstausch) gemeinschaftswidrig, vgl. zum Ganzen *Thömmes*, FS Wassermeyer, S. 207, 230; *Bogenschütz*, IStR 2000, 609, 613, 617; *Schmitt*, in: Schmitt/Hörtnagl/Stratz, UmwG, UmwStG, § 26 UmwStG Rz. 35; *Schmitt-Ott/Allbrecht*, in: Haritz/Benkert, UmwStG, § 26 Rz. 42 ff.; *Drüen*, DStZ 2006, 539; 541 f.; *Saß*, DB 1997, 2250, 2251 f.; *Knobbe-Keuk*, Bilanz- und Unternehmenssteuerrecht, § 22 VIII 4 f aa, S. 846 und § 24 III 2 e, S. 934.

3. Teil: Die Umsetzungsregelungen der §§ 20 ff. UmwStG n.F.

Steht fest, welche Vorgaben das primäre und das sekundäre Gemeinschaftsrecht für grenzüberschreitende Einbringungen von Unternehmensteilen aufstellen, stellt sich die Frage, inwieweit die Umsetzungsregelung im deutschen Umwandlungssteuergesetz diesen Vorgaben entspricht. Die Regelungen, durch welche die Vorgaben der geänderten Fusionsrichtlinie zu grenzüberschreitenden Einbringungen mit Wirkung zum 13.12.2006 in das deutsche Umwandlungssteuergesetz gesetzt wurden, sind die §§ 20 ff. UmwStG in der Fassung des SEStEG (UmwStG n.F.). Diese Regelungen wurden im Rahmen der umfassenden Reform des UmwStG durch das SEStEG vom 7.12.2006[1] systematisch neu konzipiert. Aus diesem Grund soll der eigentlichen Untersuchung ein Überblick vorangestellt werden, welcher den gesetzgeberischen Anlass für die Änderung des UmwStG, das allgemeine Ziel des SEStEG und die wesentlichen Änderungen im Rahmen der § 20 ff. UmwStG n.F. skizziert.

A. Gesetzgeberischer Anlass und allgemeines Ziel des SEStEG

Die Umsetzung der geänderten Fusionsrichtlinie vom 17.2.2005[2] erfolgte in der Bundesrepublik Deutschland durch das Gesetz über steuerliche Begleitmaßnahmen zur Einführung der Europäischen Gesellschaft und zur Änderung weiterer steuerlicher Vorschriften (SEStEG) vom 7.12.2006. Dabei beschränkte sich der Gesetzgeber nicht auf die einfache Umsetzung der Richtlinienbestimmungen in das nationale Recht. Angesichts der gewachsenen Anzahl der Entscheidungen des EuGH[3] auf dem Gebiet der direkten

---

1 Gesetz über steuerliche Begleitmaßnahmen zur Einführung der Europäischen Gesellschaft und zur Änderung weiterer steuerlicher Vorschriften (SEStEG) vom 7.12.2006 (verkündet am 12.12.2007) BGBl. I 2006, S. 2782, BStBl. I 2007, 4.

2 Richtlinie 2005/19/EG des Rates vom 17.2.2005 zur Änderung der Richtlinie 90/434/EWG über das gemeinsame Steuersystem für Fusionen, Spaltungen, die Einbringung von Unternehmensteilen und den Austausch von Anteilen, die Gesellschaften verschiedener Mitgliedstaaten betreffen, ABl. EU Nr. 58/19.

3 Zu nennen sind in diesem Zusammenhang insbesondere die Entscheidungen in den Rechtssachen *„de Lasteyrie du Saillant"* (*EuGH*, Urt. vom 11.3.004, Rs. 9/02, *„de Lasteyrie du Saillant"*, Slg. 2004, I-2409) und *„X und Y"* (*EuGH*, Urt. vom 21.11.2002, Rs. C-436/00, *„X und Y"*, Slg. 2002, I-10847), vgl. *Dötsch/Pung*, DB 2006, 2704.

Steuern und den vom EuGH in den Rechtssachen „*Centros*",[4] „*Überseering*"[5] und „*Inspire Art*"[6] aufgestellten gesellschaftsrechtlichen Vorgaben sah er sich zu einer umfassenden Änderung des UmwStG gezwungen. Darüber hinaus war das neue UmwStG an die bevorstehende Reform des UmwG anzupassen, welche aufgrund der Entscheidung des EuGH in der Rechtssache „*Sevic Systems AG*"[7] und der Pflicht zur Umsetzung der gesellschaftsrechtlichen Verschmelzungsrichtlinie vom 26.10.2005[8] notwendig wurde. Dieser Hintergrund führte im Rahmen eines langwierigen Gesetzgebungsverfahrens[9] zu einer Neukonzeption des ganzen UmwStG. Es soll, so die Begründung des Regierungsentwurfs vom 25.9.2006,[10] zukünftig die Basis für ein systematisch in sich geschlossenes steuerliches Umstrukturierungsrecht schaffen, das sich für die künftige Weiterentwicklung des Gesellschaftsrecht öffnet, und gewährleisten, dass europaweit die gleichen steuerlichen Grundsätze für inländische und für alle grenzüberschreitenden Umstrukturierungen von Unternehmen gelten. Zu diesem Zweck und im Hinblick auf die zunehmenden internationalen Verflechtungen von Unternehmen sollen bestehende steuerliche Hemmnisse für grenzüberschreitende Umstrukturierungen beseitigt werden.[11] Nach der Ansicht des Gesetzgebers dürfe dies aber nicht zu einer Gefährdung des deutschen Steueraufkommens führen. Aufgrund des derzeitigen Standes der Harmonisierung

---

4 *EuGH*, Urt. vom 9.3.1999, Rs. C-212/97, „*Centros*", Slg. 1999, I-1459 ff.

5 *EuGH*, Urt. vom 5.11.2002, Rs. C-208/00 „*Überseering*", Slg. 2002, I-9919 ff.

6 *EuGH*, Urt. vom 30.9.2003, Rs. C-167/01 „*Inspire Art*", Slg. 2003, I-10155 ff.

7 *EuGH*, Urt. vom 13.12.2005, Rs. C-411/03, „*Sevic Systems AG*", IStR 2006, 32. Zu den steuerrechtlichen Folgefragen dieser Entscheidung *Dötsch/Pung*, Der Konzern 2006, 258 ff.

8 Richtlinie 2005/56/EG vom 26.10.2005 über die Verschmelzung von Kapitalgesellschaften aus verschiedenen Mitgliedstaaten, ABl.EG Nr. L 310/1 vom 25.11.2005. Umgesetzt durch das Zweite Gesetz zur Änderung des UmwG welches am 25.4.2007 (BGBl. I 2007, S. 542) in Kraft getreten ist, vgl. dazu *Neye*, BB 2007, 389; *Limmer*, ZNotP 2007, 242 ff.

9 Die Vorarbeiten zum SEStEG gehen bis in das Jahr 2004 zurück. Einen Überblick über den Ablauf des Gesetzgebungsverfahrens geben *Stahl* (KÖSDI 2007, 15442 f.) und *Rödder/Schumacher* (DStR 2006, 1481, 1482). Vgl. dazu insbesondere den Regierungsentwurf vom 25.9.2006, BT-Drucks. 16/2710 mit Stellungnahme des Bundesrates und Bericht des Finanzausschusses vom 9.11.2006, BT-Drucks. 16/3369 sowie Beschlussempfehlung des Finanzausschusses vom 8.11.2006, BT-Drucks. 16/3315 vom 8.11.2006. Der Zustimmungsbeschluss des Bundesrats erfolgte am 24.11.2006, BR-Drucks. 836/06.

10 Regierungsentwurf vom 25.9.2006, BT-Drucks. 16/2710, S. 25 unter I. Allgemeiner Teil, 1. Ziel des Gesetzes.

11 Nach der Intention des Gesetzgebers soll damit gleichzeitig die Attraktivität des Investitionsstandorts Deutschland verbessert werden, vgl. Regierungsentwurf vom 25.9.2006, BT-Drucks. 16/2710, S. 25; dazu *Hörtnagl*, Stbg 2006, 471, 479.

der direkten Steuern[12] seien steuermindernde Gestaltungen aber nicht auszuschließen. Daher sei die Bundesrepublik Deutschland berechtigt, Maßnahmen einzuführen, welche der gezielten Verlagerung von Steuersubstraten ins Ausland und einer Entstrickung von stillen Reserven aus der nationalen Steuerhoheit entgegenwirken.[13] Aufgrund dessen wurden durch das SEStEG eine Vielzahl von Entstrickungsnormen im EStG, KStG, AStG und UmwStG geschaffen oder geändert (insbesondere die §§ 4 Abs. 1 Satz 3 EStG, § 12 Abs. 1 KStG, § 6 AStG n.F. und die §§ 3 Abs. 2 Satz 1 Nr. 2, 11 Abs. 2 Satz 1 Nr. 2, 20 Abs. 2 Satz 2 Nr. 3, 24 Abs. 2 Satz 2 UmwStG n.F.)[14], welche darauf abzielen, die Besteuerung der stillen Reserven zu sichern, die unter der Hoheit der Bundesrepublik Deutschland gebildet wurden.[15]

B. Überblick

I. Ziel der Neukonzeption

Die Umsetzung der Vorschriften der Fusionsrichtlinie zur Einbringung von Unternehmensteilen erfolgte im Rahmen der §§ 20, 22 und 23 UmwStG n.F. (Sechster Teil des UmwStG n.F.). Zu diesem Zweck wurden die §§ 20 ff. UmwStG 1995 grundlegend überarbeitet und an grenzüberschreitende Einbringungen angepasst; die bisherige Unterscheidung zwischen inländischen (§ 20 UmwStG 1995) und grenzüberschreitenden Einbringungen

---

12 Der Regierungsentwurf vom 25.9.2006 weist in diesem Zusammenhang auf die Bestrebungen der Europäischen Kommission hin, eine gemeinsame Körperschaftssteuerbemessungsgrundlage für Unternehmen einzuführen, vgl. BT-Drucks. 16/2710, S. 25.

13 Regierungsentwurf vom 25.9.2006, BT-Drucks. 16/2710, S. 26.

14 Der Regelungsgehalt dieser Vorschriften unterscheidet sich teilweise erheblich. § 6 AStG n.F. (Besteuerung stiller Reserven in Kapitalgesellschaftsanteilen bei Wegzug einer natürlichen Person) geht in Abs. 4 und Abs. 5 von einer Stundungsregelung aus, vgl. *Lausterer*, in: Blumenberg/Schäfer, Das SEStEG, S. 221 ff. Der einkommensteuerliche Enstrickungstatbestand des § 4 Abs. 1 Satz 3 EStG (bewegliche Wirtschaftsgüter) geht demgegenüber im Grundsatz von einer Sofortversteuerung aus. Nur in Ausnahmefällen (unbeschränkte Steuerpflicht und Wirtschaftsgut des Anlagevermögens) sieht § 4g EStG eine Stundung der festgesetzten Steuer vor. Kritisch daher *Körner*, IStR 2006, 469; *Thömmes u.a.*, IWB F. 11 Gr. 2, 747, 749; *Werra/Teiche*, DB 2006, 1455, 1457; *Stadler/Elser*, in: Blumenberg/Schäfer, Das SEStEG, S. 56; *Schönherr/Lemaitre*, GmbHR 2006, 561, 563. Im Rahmen des UmwStG kommt es im Fall einer Entstrickung ausnahmslos zu einer Sofortversteuerung, vgl. *Rödder/Schumacher*, DStR 2006, 1525; 1528; *Dötsch/Pung*, DB 2006, 2704, 2705; *Förster/Wendland*, BB 2007, 631, 633.

15 Eine kritische Bestandsaufnahme der neuen Entstrickungstatbestände findet sich bei *Benecke/Schnitger*, IStR 2007, 765, 778; *Rödder/Schumacher*, DStR 2006, 1481, 1482 ff.

(§§ 23, 26 UmwStG 1995) entfiel.[16] An deren Stelle traten die sowohl für inländische als auch für grenzüberschreitende Einbringungen geltenden Regelungen der §§ 20 ff. UmwStG n.F.

§ 20 UmwStG n.F. regelt dabei einheitlich die Voraussetzungen für inländische und grenzüberschreitende Einbringungen, § 22 UmwStG n.F. die rückwirkende Besteuerung der Einbringung bei Veräußerung der erhaltenen Anteile innerhalb einer Frist von sieben Jahren und § 23 UmwStG die Auswirkungen der Einbringung bei der übernehmenden Gesellschaft. Nach dem Willen des Gesetzgebers[17] soll durch diese Neukonzeption im Interesse der Erleichterung von grenzüberschreitenden Unternehmensumstrukturierungen ein einheitliches und EU-konformes System für die steuerliche Behandlung von Einbringungsfällen geschaffen werden. Nach § 27 Abs. 1 UmwStG n.F. gilt dieses neue System für Einbringungen, die nach dem 12.12.2006 stattfinden. Maßgeblicher Zeitpunkt ist gemäß § 27 Abs. 1 Satz 1 UmwStG n.F. die Anmeldung des jeweiligen Vorgangs in das öffentliche Register, wenn der Einbringung zivilrechtlich eine Umwandlung nach dem UmwG zugrunde liegt (Gesamtrechts- oder Sonderrechtsnachfolge nach dem UmwG).[18] Für Einbringungen, bei denen die Wirtschaftsgüter des Unternehmensteils zivilrechtlich im Wege der Einzelrechtsnachfolge übertragen werden, kommt es nach § 27 Abs. 1 Satz 2 UmwStG n.F. auf den Übergang des wirtschaftlichen Eigentums im Sinne des § 39 Abs. 2 Nr. 1 AO 1977 an.[19] Erfolgt dieser Übergang nach dem 12.12.2006, ist das UmwStG in der Fassung des SEStEG anzuwenden.

II. Wesentliche Änderungen

1. Gemeiner Wert als Regelansatz

Eine wesentliche Änderung besteht in dem Ansatz des eingebrachten Betriebsvermögens in der Steuerbilanz der übernehmenden Gesellschaft.

---

16 Die Sonderregelung über die Einbringung mehrheitsvermittelnder Anteile nach § 20 Abs. 1 Satz 2 UmwStG 1995 wurde aus § 20 UmwStG herausgelöst und in § 21 UmwStG n.F. überführt, welcher nunmehr einheitlich die Voraussetzungen und Rechtsfolgen von inländischen und grenzüberschreitenden Anteilstäuschen regelt.

17 Vgl. Regierungsentwurf vom 25.9.2006, BT-Drucks. 16/2710, S. 42.

18 Für die zeitliche Anwendung des UmwStG n.F. ist die Anmeldung zu dem Handelsregister des übertragenden Rechtsträgers entscheidend, vgl. *Benz/Rosenberg*, in: Blumenberg/Schäfer, Das SEStEG, S. 206 f.

19 Entscheidend ist damit der im Einbringungsvertrag bestimmte Übergang von Besitz, Nutzen und Lasten, *BMF* vom 25.3.1998, BStBl. I 1998, 268 Tz. 20.18 zu § 20 UmwstG 1995; *Pung*, in: Dötsch/Pung/Jost/Möhlenbrock, UmwStR, 6. Aufl., § 20 UmwStG (SESTEG) Rz. 8.

Nach § 20 Abs. 2 Satz 1 UmwStG n.F. ist dies – wie auch im gesamten UmwStG – grundsätzlich der gemeine Wert im Sinne des § 9 Abs. 2 BewG.[20] Durch diesen Ansatz kommt es zu einer Auflösung der in dem eingebrachten Betriebsvermögen enthaltenen stillen Reserven.[21] Nach der Gesetzesbegründung[22] soll damit das deutsche Besteuerungsrecht der Bundesrepublik Deutschland in Einbringungsfällen gesichert werden. Im Vergleich zur bisherigen Regelung ergeben sich daraus zwei Unterschiede: Zum einen besteht kein uneingeschränktes Wahlrecht mehr, nach dem die übernehmende Gesellschaft zwischen Buch-, Teil- oder Zwischenwert wählen kann.[23] Zum anderen sind die Wirtschaftsgüter mit dem gemeinen Wert und nicht mit dem Teilwert im Sinne des § 6 Abs. 1 Nr. 1 Satz 3 EStG anzusetzen. Durch den Ansatz des gemeinen Werts als Einzelveräußerungspreis wird bezweckt, für einzelne Wirtschaftsgüter einen fiktiven Gewinnaufschlag anzusetzen,[24] wodurch es – verglichen mit dem Teilwert – zu einem höheren Wertansatz kommen kann.[25] Bei mehreren Wirtschaftsgütern, die zusammen einen Betrieb oder Teilbetrieb bilden, ist der gemeine Wert nach den Grundsätzen der Betriebsaufgabe gemäß § 16 Abs. 3 EStG[26] auf den ganzen Unternehmensteil zu beziehen.[27] Nach der Gesetzesbegründung[28] soll dieser Ansatz auch selbst geschaffene immaterielle Wirtschaftsgüter einschließlich eines originären Geschäfts- oder Firmenwerts umfas-

---

20 Nach § 11 Abs. 2 Satz 3 BewG kann der gemeine Wert von Anteilen an Kapitalgesellschaften, die im eingebrachten Betriebsvermögen enthalten sind, nicht auf der Grundlage des Stuttgarter Verfahrens ermittelt werden. Die Ermittlung des gemeinen Wert erfolgt in diesen Fällen nach den Grundsätzen einer Unternehmensbewertung im Rahmen des Ertragswertverfahrens, vgl. *Ley*, FR 2007, 109, 113. Zur Unternehmensbewertung nach dem Ertragswertverfahren, *OFD Düsseldorf* vom 12.8.2004, BB 2004, 2184.

21 Eine Ausnahme gilt für die Bewertung von Pensionsrückstellungen, § 20 Abs. 1 Satz 1 Halbsatz 2 Umw-StG n.F. Nach § 6a EStG darf die stille Last, die in den Rückstellungen enthalten ist, nicht geltend gemacht werden.

22 Regierungsentwurf vom 25.9.2006, BT-Drucks. 16/2710, S. 42.

23 *Benz/Rosenberg*, in: Blumenberg/Schäfer, Das SEStEG, S. 153, *Dötsch/Pung*, DB 2006, 2763 f.

24 Regierungsentwurf vom 25.9.2006, BT-Drucks. 16/2710, S. 28; *Heß/Schnitger*, in: PwC, Reform des UmwStR Rz. 1538.

25 *Heß/Schnitger*, in: PwC, Reform des UmwStR Rz. 1538. Zu den unterschiedlichen Auswirkungen *Benz/Rosenberg*, in: Blumenberg/Schäfer, Das SEStEG, S. 153 f.

26 Vgl. dazu *Tiedtke*, Einkommensteuer- und Bilanzsteuerrecht, S. 123 m.w.N.

27 Regierungsentwurf vom 25.9.2006, BT-Drucks. 16/2710, S. 28; *Patt*, in: Dötsch/Patt/Pung/Möhlenbrock, UmwStR, 6. Aufl., § 20 UmwStG (SEStEG) Rz. 201; *Heß/Schnitger*, in: PwC, Reform des UmwStR Rz. 1538; *Rödder/Schumacher*, DStR 2006, 1525, 1527; *Dötsch/Pung*, DB 2006, 2704, 2705;

28 Regierungsentwurf vom 25.9.2006, BT-Drucks. 16/2710, S. 43; *Rödder/Schumacher*, DStR 2006, 1525, 1537; *Ley*, FR 2007, 109, 113.

sen,[29] obwohl ein solcher Geschäfts- oder Firmenwert nach der Auffassung des BFH[30] keine selbständige Veräußerbarkeit im Sinne des § 9 Abs. 2 BewG besitzt. In der Rechtslehre[31] wird zusätzlich darauf hingewiesen, dass die Verwendung des gemeinen Werts als Bewertungsmaßstab auch im Hinblick auf die entsprechenden Bilanzierungsvorschriften anderer Mitgliedstaaten erfolgt sei. Der Teilwert stelle aus gemeinschaftsrechtlicher Sicht eine Besonderheit des deutschen Steuerrechts dar, während in anderen Mitgliedstaaten der Ansatz des Einzelveräußerungspreises eines Wirtschaftsguts üblich sei.

Auf Antrag der übernehmenden Gesellschaft kann der Buchwert oder ein Zwischenwert angesetzt werden, wenn das eingebrachte Betriebsvermögen bei der übernehmenden Gesellschaft der Körperschaftsteuer unterliegt (§ 20 Abs. 2 Satz 2 Nr. 1 UmwStG n.F.),[32] die Passivposten des eingebrachten Betriebsvermögens die Aktivposten nicht übersteigen (§ 20 Abs. 2 Satz 2 Nr. 2 UmwStG n.F.)[33] und das Recht der Bundesrepublik Deutschland hinsichtlich der Besteuerung des Gewinns aus der Veräußerung des eingebrachten Betriebsvermögens bei der übernehmenden Gesellschaft weder ausgeschlossen noch beschränkt wird (§ 20 Abs. 2 Satz 2 Nr. 3 UmwStG n.F.). Der Buchwert wird dabei in § 1 Abs. 5 Nr. 4 UmwStG n.F. als Wert definiert, der sich nach den steuerrechtlichen Vorschriften über die Gewinnermitt-

---

29 Das Aktivierungsverbot des § 5 Abs. 2 EStG steht dem nicht entgegen, weil es sich bei einer Einbringung um einen täuschähnlichen und damit entgeltlichen Vorgang handelt. Vgl. dazu *Patt*, in: Dötsch/Patt/Pung/Möhlenbrock, UmwStR, 6. Aufl., vor §§ 20-23 UmwStG (SEStEG) Rz. 45 ff.; *Tiedtke/Langheim*, FR 2007, 368, 373 m.w.N.

30 *BFH*, Urt. vom 24.11.1982, I R 123/78, BStBl. II 1983, 113; *BFH*, Urt. vom 14.12.1993, VIII R 13/93, BStBl. II 1994, 922; *BFH*, Urt. vom 14.1.1998, X R 57/93, BFH/NV 1998, 1160.

31 *Patt*, in: Dötsch/Patt/Pung/Möhlenbrock, UmwStR, 6. Aufl., vor §§ 20-23 UmwStG (SEStEG) Rz. 8; *Ley*, FR 2007, 109, 112; *Hahn*, IStR 2006, 797, 800. *Ley* (FR 2007 109, 112 f.) sieht in der Einführung des gemeinen Werts auch Parallelen zur handelsrechtlichen Bewertung nach § 252 Abs. 1 Nr. 2 HGB.

32 Diese durch den Finanzausschuss (vgl. BT-Drucks. 16/3369, S. 25) eingefügte Vorschrift soll klarstellende Funktion haben. Sie soll Gestaltungen ausschließen, bei denen Wirtschaftsgüter steuerneutral in eine steuerbefreite Körperschaft übertragen und von dieser sodann steuerfrei veräußert werden. Zu der Bedeutung für die künftigen REIT-AGs, welche körperschaftsteuer- und gewerbesteuerbefreit sind, *Benecke/Schnitger*, IStR 2007, 22, 27.

33 Diese Voraussetzung entspricht der bisherigen Rechtslage nach § 20 Abs. 2 Satz 4 UmwStG 1995. Kommt es dennoch zu der Übertragung von negativen Vermögen, so können die Buchwerte nicht fortgeführt werden. In Höhe der Differenz zwischen Aktiva und Passiva ist eine Aufstockung einheitlich bezüglich aller Wirtschaftsgüter vorzunehmen, so dass es im Ergebnis zu einem Zwischenwertansatz kommt, vgl. *Strahl*, KÖSDI 2007, 15442, 15445; *Benz/Rosenberg*, in: Blumenberg/Schäfer, Das SEStEG, S. 154; *Patt*, in: Dötsch/Patt/Pung/Möhlenbrock, UmwStR, 6. Aufl., § 20 UmwStG (SEStEG) Rz. 216 m.w.N.

lung in einer für den steuerlichen Übertragungsstichtag aufzustellenden Steuerbilanz ergibt oder ergäbe. Dieser Antrag kann nur einheitlich für den gesamten Unternehmensteil erfolgen. Nach der Gesetzesbegründung[34] ist der Ansatz eines niedrigeren Werts nicht von der Bewertung des eingebrachten Vermögens in der Handelsbilanz der übernehmenden Gesellschaft abhängig; eine Maßgeblichkeit der Handelsbilanz für die Steuerbilanz besteht nicht.[35] Es ist daher möglich, in der Handelsbilanz der übernehmenden Gesellschaft den Verkehrswert anzusetzen und gleichzeitig in der Steuerbilanz die Buchwerte fortzuführen.

Der Antrag zur Minderbewertung des eingebrachten Betriebsvermögens ist nach § 20 Abs. 2 Satz 2 UmwStG n.F. spätestens bis zur erstmaligen Abgabe der steuerlichen Schlussbilanz zu stellen. Zuständig ist das Finanzamt der übernehmenden Gesellschaft.[36]

2. Rückwirkende Besteuerung der Einbringung

Durch das SEStEG wird das bisherige System der einbringungsgeborenen Anteile aufgehoben. Nach § 20 Abs. 3 Satz 1 UmwStG n.F. bestimmen sich die Anschaffungskosten der erhaltenen Anteile wie bisher nach dem Wert, mit dem die übernehmende Gesellschaft das eingebrachte Betriebsvermögen ansetzt. Es kommt also weiterhin zu einer Verdoppelung der stillen Reserven, wenn die übernehmende Gesellschaft einen Antrag auf Ansatz der Buchwerte oder eines Zwischenwerts stellt.[37] Entgegen der bisherigen Rechtslage erhalten die Anteile nach § 21 Abs. 1 Satz 1 UmwStG 1995 nicht mehr den Sonderstatus von einbringungsgeborenen Anteilen, wenn die Wirtschaftsgüter des eingebrachten Betriebsvermögens unter dem ge-

---

34 Regierungsentwurf vom 25.9.2006, BT-Drucks. 16/2710, S. 43, *Patt*, Der Konzern, 2006, 730, 736; *Ley*, FR 2007, 109, 112; *Dötsch/Pung*, DB 2006, 2704, 2706; *Strahl*, KÖSDI 2007, 155442, 15446 f.

35 Dies im Rahmen der Einbringungsvorschriften war bislang umstritten. Für eine übereinstimmende Bewertung in der Handels- und Steuerbilanz *BMF* vom 25.3.1998, BStBl. I 1998, 268 Tz. 20.26; *Friederichs*, in: Haritz/Benkert, UmwStG, § 20 Rz. 176; *Widmann*, in: Widmann/Mayer, UmwR, § 20 UmwStG Rz. 679. Gegen eine übereinstimmende Ausübung des bisherigen Bewertungswahlrechts *Schmitt*, in: Schmitt/Hörtnagl/Stratz, UmwG/UmwStG, § 20 UmwStG Rz. 240 ff; *Patt*, in: Dötsch/Patt/Pung/Jost, UmwStR, 5. Aufl., § 20 UmwStG Rz. 163; sowie *BFH*, Urt. vom 19.10.2005, I R 38/04, BStBl. II 2006, 568 zu § 25 i.V.m. § 20 Abs. 2 Satz 1 UmwstG 1995.

36 Gemeint ist die Bilanz zum Schluss des Wirtschaftsjahres, in das die Einbringung fällt. In den Fällen der Einbringung zur Neugründung ist dies die Eröffnungsbilanz der übernehmenden Gesellschaft, *Förster/Wendland*, BB 2007, 631, 632.

37 *Ley*, FR 2007, 109, 114; *Heß/Schnitger*, in: PwC, Reform des UmwStR Rz. 1580; *Rödder/Schumacher*, DStR 2006, 1525, 1537.

meinen Wert angesetzt werden. Die Regelungen der §§ 8b Abs. 4 KStG a.F. und § 3 Nr. 40 Satz 3 und 4 EStG a.F.,[38] nach denen es zu einer Besteuerung der einbringungsgeborenen Anteile und Auflösung der enthaltenen stillen Reserven kam, wenn die Anteile innerhalb eines Zeitraumes von sieben Jahren veräußert wurden, können deshalb entfallen.[39] An ihre Stelle tritt eine rückwirkende Besteuerung des zugrunde liegenden Einbringungsvorgangs, wenn die erhaltenen Anteile innerhalb eines Zeitraumes von sieben Jahren nach der Einbringung veräußert werden, § 22 Abs. 1 UmwStG n.F.[40] Insoweit orientiert sich das neue System der rückwirkenden Besteuerung des Einbringungsvorganges an die Systematik der bisherigen Missbrauchsverhinderungsregelung des § 26 Abs. 2 UmwStG 1995.[41]

a) Ermittlung des Einbringungsgewinns I und Rechtsfolgen

Die Veräußerung[42] der erhaltenen Anteile oder ein gleichgestellter Vorgang im Sinne des § 22 Abs. 1 Satz 6 Nr. 1 bis 6 UmwStG n.F.[43] in der siebenjährigen Sperrfrist bewirkt, dass die Einbringung rückwirkend[44] als zum ge-

---

38 Das Gleiche gilt für § 26 Abs. 2 Satz 2 UmwStG 1995, der im Falle des § 23 Abs. 2 UmwStG 1995 bei einer Veräußerung der erhaltenen Anteile innerhalb der Sperrfrist von sieben Jahren zu einer rückwirkenden Einbringung zum Teilwert führte, vgl. *Rödder/Schumacher*, DStR 2007, 369, 374 Fn. 23.

39 Für schon entstandene einbringungsgeborene Anteile gilt die alte Rechtslage fort, vgl. § 27 Abs. 3 Nr. 3 UmwStG n.F., § 52 Abs. 4b Satz 2 EStG, § 34 Abs. 7a KStG. Die §§ 20 Abs. 3 Satz 4, 21 Abs. 2 Satz 6 UmwStG n.F. erstrecken die alte Rechtslage auch auf Anteile, die durch Einbringung alter einbringungsgeborener Anteile entstehen, vgl. *Rödder/Schumacher* DStR 2007, 369, 374 Fn. 22.

40 Vgl. Regierungsentwurf vom 25.9.2006, BT-Drucks. 16/2710, S. 42, 46; *Patt*, in: Dötsch/Patt/Pung/Möhlenbrock, UmwStR, 6. Aufl., § 22 UmwStG (SEStEG) Rz. 1, 25; *Heß/Schnitger*, in: PwC: Reform des UmwstR Rz. 1655; *Benecke/Schnitger*, IStR 2007, 22, 27.

41 *Benecke/Schnitger*, IStR 2006, 765, 775.

42 Maßgeblich ist insoweit die entgeltliche Übertragung des wirtschaftlichen Eigentums i. S. des § 39 Abs. 2 Nr. 1 AO 1977, vgl. *BFH*, Urt. vom 27.7.1988, I R 147/83, BStBl. II 1989, 271; *BFH*, Urt. vom 8.4.1992, I R 128/88, BStBl. II 1992, 761; *Patt*, in: Dötsch/Patt/Pung/Möhlenbrock, UmwStR, 6. Aufl., § 22 UmwStG (SEStEG), Rz 35, 37; *Weber-Grellet*, in: Schmidt, EStG, § 17 Rz. 96. Darunter fällt auch der Tausch von Anteilen, vgl. *Bauernschmitt/Blöchle*, BB 2007, 743, 745.

43 Dazu *Förster/Wendland*, BB 2007, 631, 637; *Rödder/Schumacher*, DStR 2006, 1525, 1539.

44 Nach § 22 Abs. 1 Satz 2 UmwStG n.F. gilt die Veräußerung als rückwirkendes Ereignis im Sinne des § 175 Abs. 1 Satz 1 Nr. 2 AO 1977, was zu einer Erfassung des Einbringungsgewinns I führt und darüber hinaus für die Verzinsung von Steuernachforderungen gemäß § 233a AO 1977 von Bedeutung ist. Der Zinslauf für diese Steuernachforderung setzt gemäß § 233a Abs. 2a AO 1977 erst fünfzehn Monate nach Ablauf des Kalenderjahres ein, in dem das rückwirkende Ereignis eingetreten

meinen Wert vollzogen gilt. Allerdings mindert sich der Einbringungsgewinn für jedes seit dem Einbringungszeitpunkt abgelaufene Zeitjahr um ein Siebtel; nur der Restbetrag unterliegt als so genannter Einbringungsgewinn I der Besteuerung nach § 16 EStG. Der Freibetrag nach § 16 Abs. 4 EStG und die Tarifermäßigungen nach § 34 Abs. 1 und 3 EStG finden auf den Einbringungsgewinn I keine Anwendung.[45] Die Einbringung wird damit rückwirkend wie eine Einbringung zum gemeinen Wert behandelt, wenn die Veräußerung der erhaltenen Anteile innerhalb eines Jahres nach der Einbringung erfolgt. Bei einer zeitlich späteren Veräußerung der erhaltenen Anteile (ab dem zweiten Jahr nach der Einbringung) kommt es zu einem Zwischenwertansatz und damit zu einer anteiligen Auflösung der stillen Reserven.

Nach § 22 Abs. 1 Satz 3 UmwStG n.F. ist der Einbringungsgewinn I wie folgt zu ermitteln:[46]

Gemeiner Wert des eingebrachten Betriebsvermögens im Einbringungszeitpunkt	
./.	Einbringungskosten
./.	Wert mit dem die übernehmende Gesellschaft das eingebrachte Vermögen angesetzt hat
=	Einbringungsgewinn
./.	Verringerung des Einbringungsgewinns um ein Siebtel für jedes bis zur Veräußerung der Anteile abgelaufene Zeitjahr
=	Einbringungsgewinn I

Gemäß § 22 Abs. 1 Satz 4 UmwStG n.F. gilt der Einbringungsgewinn I als nachträgliche Anschaffungskosten der erhaltenen Anteile,[47] und zwar unabhängig davon, ob der Einbringende die Steuer auf den Einbringungsge-

ist, und nicht bereits fünfzehn Monate nach Ablauf des Einbringungsjahres, *Ley*, FR 2007, 109, 115.

45 Vgl. Regierungsentwurf vom 25.9.2006, BT-Drucks. 16/2710, S. 47; kritisch *Strahl*, KÖSDI 2007, 15442, 15450.

46 Vgl. Regierungsentwurf vom 25.9.2006, BT-Drucks. 16/2710, S. 46, 47. Zu den Einzelheiten der Berechnung, *Ley*, FR 2007, 109, 115; *Förster/Wendland*, BB 2007, BB 2007, 631, 635; *Hörtnagl*, Stbg, 2006, 471, 478. Das Konzept des Einbringungsgewinns I gilt nach § 22 Abs. 1 Satz 5 UmwStG n.F. nicht, soweit das eingebrachte Betriebsvermögen Anteile an Kapitalgesellschaften enthält; insoweit kommt die Regelung über den Anteilstausch nach § 22 Abs. 2 UmwStG n.F. zur Anwendung, *Rödder/Schumacher*, DStR 2007, 369, 375.

47 Zur teilweisen Veräußerung der erhaltenen Anteile *Patt*, in: Dötsch/Patt/Pung/Möhlenbrock, UmwStR, 6. Aufl., § 22 UmwStG (SEStEG) Rz. 30; *Rödder/Schumacher*, DStR 2006, 1525, 1538; *dies.*, DStR 2007, 369, 375.

winn I tatsächlich entrichtet oder nicht.[48] Diese nachträglichen Anschaffungskosten mindern das steuerliche Ergebnis des Anteilseigners aus der Veräußerung der erhaltenen Anteile. Der dennoch verbleibende Gewinn oder Verlust aus der Veräußerung unterliegt nach den allgemeinen Regelungen der §§ 3 Nr. 40, 3c Abs. 2 EStG und § 8b Abs. 2 KStG der Besteuerung.[49] Des Weiteren kann die übernehmende Gesellschaft gemäß § 23 Abs. 2 Sätze 2 und 3 UmwStG n.F. auf Antrag den Einbringungsgewinn I als Erhöhungsbetrag ansetzen, soweit der Einbringende die auf den Einbringungsgewinn I entfallende Steuer entrichtet hat und dies durch Vorlage einer Bescheinigung des zuständigen Finanzamtes im Sinne des § 22 Abs. 5 UmwStG n.F. nachgewiesen wurde.[50] Der Erhöhungsbetrag führt zu Wertaufstockungen der Buchwerte des eingebrachten Betriebsvermögens; die sich hieraus ergebende Vermögensmehrung bei der übernehmenden Gesellschaft ist steuerneutral, § 23 Abs. 2 Satz 1 UmwStG n.F. Nach der Gesetzesbegründung[51] hat die steuerneutrale Wertaufstockung wirtschaftsbezogen zu erfolgen. Danach erfolgt die Verteilung des Erhöhungsbetrags nach dem Verhältnis der stillen Reserven der einzelnen Wirtschaftsgüter im Einbringungszeitpunkt zum Gesamtbetrag der stillen Reserven des eingebrachten Betriebsvermögens.[52] Dies ist jedoch nur dann möglich, soweit das eingebrachte Betriebsvermögen noch zum Betriebsvermögen der übernehmenden Gesellschaft gehört,[53] oder soweit das eingebrachte Betriebsvermögen zwischenzeitlich zum gemeinen Wert veräußert wurde. Im ersten Fall wirkt sich der Erhöhungsbetrag auf die Abschreibungen des eingebrachten Vermögens bei der übernehmenden Gesellschaft aus. Im zweiten Fall ist der Erhöhungsbetrag als Betriebsausgabe abzuziehen.[54]

---

48 *Dötsch/Pung*, DB 2006, 2763, 2766; *Ley*, FR 2007, 109, 115.

49 Zur Sicherung einer späteren Besteuerung der stillen Reserven gelten Anteile im Privatvermögen, deren Beteiligungsquote beim Anteilseigner weniger als 1 v.H. beträgt nach § 17 Abs. 6 Nr. 1 und Abs. 2 EStG n.F. ohne zeitliche Begrenzung als Anteile im Sinne des § 17 Abs. 1 Satz 1 EStG, *Heß/Schnitger*, in: PwC, Reform des UmwStR Rz. 1583.

50 *Förster/Wendland*, BB 2007, 631, 636; *Rödder/Schumacher*, DStR 2007, 369, 374.

51 Regierungsentwurf vom 25.9.2006, BT-Drucks. 16/2710, S. 50.

52 *Dötsch/Pung*, DB 2006, 2763, 2767; *Benz/Rosenberg*, in: Blumenberg/Schäfer, Das SEStEG, S. 203.

53 Regierungsentwurf vom 25.9.2006, BT-Drucks. 16/2710, S. 50; *Förster/Wendland*, BB 2007, 631, 636.

54 Regierungsentwurf vom 25.9.2006, BT-Drucks. 16/2710, S. 50; *Rödder/Schumacher*, DStR 2006, 1525, 1538; *Ley*, FR 2007, 109, 116; *Strahl*, KÖSDI 2007, 15442, 15452; *Dötsch/Pung*, DB 2006, 2763, 2766. Da der Erhöhungsbetrag steuermindernde Wirkung hat, ist im Zweifel die übernehmende Gesellschaft beweispflichtig, *Förster/Wendland*, BB 2007, 631, 636.

b) Nachweiserfordernisse

Das neue System der rückwirkenden Besteuerung des Einbringungsgewinns wird verfahrensrechtlich durch die Einführung neuer Nachweispflichten abgesichert.[55] Nach § 22 Abs. 3 Satz 1 Nr. 1 UmwStG n.F. hat der Einbringende in den auf den Einbringungszeitpunkt (im Sinne des § 20 Abs. 5 Satz 1 UmwStG n.F.) folgenden sieben Jahren jährlich bis zum 31.5. den Nachweis zu erbringen, wem die erhaltenen Anteile[56] als wirtschaftlicher Eigentümer zuzurechnen sind.[57] Wirtschaftlicher Eigentümer ist bei Anteilen an Kapitalgesellschaften derjenige, dem die Stimmrechte und das Gewinnbezugsrecht zustehen, der eine geschützte Rechtsposition besitzt und der das Risiko einer Wertminderung und die Chance einer Wertsteigerung hat.[58] Wenn der Nachweis nicht rechtzeitig erbracht wird, gelten die Anteile gemäß § 22 Abs. 1 Satz 2 UmwStG n.F. als veräußert. Der Einbringende trägt damit innerhalb der Siebenjahresfrist des § 22 Abs. 1 Satz 1 UmwStG n.F. die Beweislast für die Nichtveräußerung der erhaltenen Anteile oder das Nichtvorliegen eines gleichgestellten Vorgangs.[59] Als weitere Rechtsfolge der Veräußerungsfiktion kommt es zum einen zu einer Versteuerung des Einbringungsgewinns I. Zum anderen werden die Anschaffungskosten für die erhaltenen Anteile und die Wertansätze des eingebrachten Betriebsvermögens bei der übernehmenden Gesellschaft erhöht.[60] Schließlich ist – je-

---

55 Dazu umfassend *Söffing/Lange*, DStR 2007, 1607 ff.

56 Im Falle der Ketteneinbringung (§ 22 Abs. 1 Satz 6 Nr. 4 und 5 UmwStG n.F.) ist der Nachweis nicht nur für die zunächst erhaltenen, sondern auch für die im Rahmen einer nachfolgenden Einbringung erhaltenen Anteile zu führen, *Benz/Rosenberg*, in: Blumenberg/Schäfer, Das SEStEG, S. 199; *Rödder/Schumacher*, DStR 2007, 369, 375.

57 *Söffing/Lange*, DStR 2007, 1607, 1609. Der Nachweis ist gegenüber dem Finanzamt zu erbringen, welches für die Besteuerung des Einbringenden nach den §§ 19, 20 AO 1977 zuständig ist, vgl. *BMF* vom 4.9.2007, DStR 2007, 1628, 1629; *Benz/Rosenberg*, in: Blumenberg/Schäfer, Das SEStEG, S. 199; *Ley*, FR 2007, 109, 116; *Dötsch/Pung*, DB 2006, 2763, 2767. Der Nachweis kann dabei beispielsweise durch einen Registerauszug geführt werden, vgl. Regierungsentwurf vom 25.9.2006, BT-Drucks. 16/2710, S. 49. Nach der Auffassung der Finanzverwaltung hat der Einbringende darüber hinaus eine Bestätigung der übernehmenden Gesellschaft über seine Gesellschafterstellung vorzulegen, vgl. *BMF* vom 4.9.2007, DStR 2007, 1628, 1629.

58 Vgl. *BFH*, Urt. vom 11.7.2006, VIII R 32/04, DStR 2006, 2163.

59 *Ott*, Inf 2007, 97, 103; *Förster/Wendland*, BB 2007, 631, 638.

60 *Förster/Wendland*, BB 2007, 631, 638; *Rödder/Schumacher*, DStR 2007, 369, 375.

denfalls nach der Auffassung der Finanzverwaltung[61] – auch ein Gewinn aus der fiktiven Anteilsveräußerung zu versteuern.[62]

c) *Intention des Gesetzgebers*

aa) *Verhinderung einer Doppelbesteuerung und Sicherung der Einmalbesteuerung*

Nach der Gesetzesbegründung[63] verfolgt das System der rückwirkenden Besteuerung des Einbringungsvorgangs den Zweck, eine wirtschaftliche Doppelbesteuerung der stillen Reserven zu vermeiden.[64] Diese kann – wie auch nach bisheriger Rechtslage – durch den Ansatz des Buchwerts oder eines Zwischenwerts durch die übernehmende Gesellschaft entstehen. Aufgrund der Fiktion des § 20 Abs. 3 Satz 1 UmwStG n.F. gilt der gewählte Ansatz der übernehmenden Gesellschaft zugleich als Veräußerungspreis für das eingebrachte Betriebsvermögen und als Anschaffungskosten der erhaltenen Anteile. Die stillen Reserven werden damit sowohl auf der Ebene der Gesellschaft als auch auf der Ebene des Einbringenden verstrickt. Eine drohende Doppelbesteuerung wird dadurch vermieden, dass der rückwirkend ermittelte Einbringungsgewinn I nach § 22 Abs. 1 Satz 4 UmwStG n.F. als nachträgliche Anschaffungskosten der Anteile gilt und die übernehmende Gesellschaft gemäß § 23 Abs. 2 UmwStG n.F. steuerneutral die Buchwerte

---

61 *BMF* vom 4.9.2007, DStR 2007, 1628, 1629, wohl auch *Dötsch/Pung*, DB 2006, 2763, 2767; kritisch *Söffing/Lange* DStR 2007, 1607, 1611; a.A. *Förster/Wendland*, BB 2007, 631, 638; *Rödder/Schumacher*, DStR 2007, 369, 375.

62 Nach der Gesetzesbegründung (Regierungsentwurf vom 25.9.2006, BT-Drucks. 16/2710, S. 49; ebenso *Werra/Teiche*, DB 2006, 1455, 1461; *Strahl*, KÖSDI 2007, 15442, 15455) handelt es sich bei der Nachweisfrist um keine Ausschlussfrist. Gleichwohl kann sie nicht rückwirkend verlängert werden. Die Fiktion der Anteilsveräußerung ist daher bei einer nicht fristgerechten Erbringung zwingend (*BMF* vom 4.9.2007, DStR 2007, 1628, 1629; kritisch *Förster/Wendland*, BB 2007, 631, 638). Bei einer Fristversäumnis kann daher lediglich ein Antrag auf Wiedereinsetzung in den vorherigen Stand gestellt werden, wenn die Voraussetzungen des § 110 AO 1977 erfüllt sind, *Söffing/Lange*, DStR 2007, 1607, 1610.

63 Regierungsentwurf vom 25.9.2006, BT-Drucks. 16/2710, S. 27, 42, 46.

64 Der Regierungsentwurf bewertet das neue Konzept als einen „wesentlichen Betrag zur Vereinfachung des Steuerrechts", mit dem „systematische Unstimmigkeiten des bisherigen Systems der einbringungsgeborenen Anteile" vermieden werden, vgl. Regierungsentwurf vom 25.9.2006, BT-Drucks. 16/2710, S. 27. Allerdings war die Ausgestaltung des Einbringungsteils im Gesetzgebungsverfahren bis zuletzt umstritten. Der Bundesrat (vgl. BR-Drucks. 542/06 Rz. 5) bezeichnete ihn als „noch nicht hinreichend ausgereift" Auf Empfehlung des Finanzauschusses des Bundestags kam es jedoch letztendlich zu einer Grundkonzeption des Einbringungsteils und zu einer rückwirkenden Besteuerung des Einbringungswinns im Zeitpunkt der Anteilsveräußerung, vgl. BT-Drucks. 16/3369, Einzelbegründung zu Art. 6 (UmwStG).

aufstocken kann.[65] Damit werden im Vergleich zur bisherigen Rechtslage lediglich die stillen Reserven besteuert, die schon im Zeitpunkt der Einbringung in der Person des Einbringenden vorhanden waren.[66] Insoweit dient das System der rückwirkenden Besteuerung des Einbringungsgewinns dazu, eine Einmalbesteuerung der stillen Reserven in der Person des Einbringenden zu sichern.[67] Im Sinne des Subjektsteuerprinzips[68] werden die stillen Reserven damit bei dem Steuersubjekt besteuert, bei dem sie entstanden sind.[69] Die Nachteile des neuen Systems liegen in den erheblichen praktischen Schwierigkeiten bei der rückwirkenden Ermittlung des Einbringungsgewinns I.[70] Diese resultieren zum einen daraus, dass die Ermittlung des Einbringungsgewinns auf den in der Vergangenheit liegenden Einbringungszeitpunkt zu beziehen ist und zum anderen daraus, dass sich die Bewertung auf den ganzen Unternehmensteil bezieht. Insoweit ist nach neuer Rechtslage eine bis zu sieben Jahre rückwirkende Bewertung des ganzen Unternehmensteils[71] von der Finanzverwaltung durchzuführen, wenn der Einbringende seine Anteile innerhalb der Sperrfrist veräußert. Dies wird aber kaum noch möglich sein, wenn einzelne Wirtschaftgüter nach der Einbringung in dem Betrieb der übernehmenden Gesellschaft aufgegangen sind.[72] Daher ist m.E. eine Ableitung des Werts des Unternehmensteils aus dem Kaufpreis für die veräußerten Anteile nicht zulässig, wenn eine erhebliche Zeitspanne zwischen der Einbringung und der Veräußerung der erhal-

---

65 *Patt*, in: Dötsch/Patt/Pung/Möhlenbrock, UmwStR, 6. Aufl., vor §§ 20-23 UmwStG (SEStEG) Rz. 26; *Rödder/Schumacher*, DStR 2007, 369, 375

66 *Ley*, FR 2007, 109, 114; *Heß/Schnitger*, in: PwC, Reform des UmwStR Rz. 1655.

67 So auch die Intention des Gesetzgebers, vgl. Regierungsentwurf vom 25.9.2006, BT-Drucks. 16/2710, S. 46.

68 Grundlegend zum Steuersubjektprinzip, *RFH*, Urt. vom 21.7.1937, VI A 377/37, RStBl. 1937, 963, 964; *BFH*, Urt. vom 25.5.1962, I 155/59, BStBl. III 1962, 351, 353; *Luckey*, S. 119 f.; *ders.*, StuW 1979, 129, 136; *Schmitt*, S. 8, 43 ff.; *Tiedtke/Langheim*, FR 2007, 368, 373 m.w.N. und *Kloster*, S. 192 m.w.N.

69 *Kirchhof*, in: Kirchhof/Söhn/Mellinghof, EStG, § 2 Rz. A 39, 84; *Schmitt*, S. 1 ff., 8, 45, 50.

70 *Förster/Wendland*, BB 2007, 631, 635; *Dötsch/Pung*, DB 2006, 2763, 2766.

71 *Dötsch/Pung*, DB 2006, 2763, 2764, kritisch daher die Stellungnahme des Bundesrates zum Regierungsentwurf vom Regierungsentwurf vom 25.9.2006, BT-Drucks. 16/2710, S. 61. Sind bei der Sacheinlage Anteile an Kapitalgesellschaften vorhanden, müssen Unternehmensbewertungen durchgeführt werden, weil das Stuttgarter Verfahren gemäß § 11 Abs. 2 Satz 6 BewG nicht anwendbar ist, *Patt*, Der Konzern, 2006, 730, 737.

72 Da es sich bei einem rückwirkenden Ansatz der gemeinen Werte um eine steuererhöhende Tatsache handelt, ist hierfür im Zweifel die Finanzverwaltung beweispflichtig, vgl. *BFH*, Urt. vom 15.10.1997, I R 42/97, BStBl. II 1999, 316; *BFH*, Urt. vom 27.10.1992, VIII R 41/89, BStBl. II 1993, 569; *Strahl*, KÖSDI 2007, 15442, 15449; *Dötsch/Pung*, DB 2006, 2763, 2770.

tenen Anteile liegt. Darüber hinaus stellt sich die Frage, auf welche betriebswirtschaftlichen Bewertungsverfahren bei der Ermittlung des gemeinen Werts im Zeitpunkt der Einbringung zurückgegriffen werden kann. Aus der Gesetzesbegründung ergeben sich keine Hinweise dazu. Aufgrund dieser Schwierigkeiten wird in der Rechtslehre[73] vorgeschlagen, die vorhandenen Werte des eingebrachten Betriebsvermögens im Einbringungszeitpunkt vorsorglich zu dokumentieren.

bb) Verhinderung eines Missbrauchs

Nach § 22 Abs. 1 Satz 1 UmwStG n.F. kommt es zu einer rückwirkenden Besteuerung des Einbringungsgewinns immer dann, wenn eine Veräußerung der erhaltenen Anteile durch den Einbringenden innerhalb einer Frist von sieben Jahren erfolgt. Nach dem Willen des Gesetzgebers[74] hat diese Frist die Aufgabe, missbräuchliche Gestaltungen zu verhindern. Insbesondere soll die Einbringung nicht lediglich dazu genutzt werden, die erhaltenen Anteile sogleich nach der Einbringung zu veräußern, um auf diese Weise in den Genuss des Halbeinkünfteverfahrens nach den §§ 3 Nr. 40, 3c Abs. 2 EStG oder der Freistellungsregelung des § 8b Abs. 2 KStG zu gelangen.[75] In diesem Falle dient die Einbringung nicht der Umstrukturierung und Reorganisation, sondern allein der Vorbereitung einer späteren Veräußerung der Anteile, also einem Vorgang, der nicht von dem UmwStG begünstigt wird.[76] Dabei wird vom Gesetz vermutet, dass eine verkappte Veräußerung der Anteile vorliegt, wenn diese innerhalb eines Jahres nach der Einbringung veräußert werden. Die stillen Reserven des jeweiligen Unternehmensteils sind in diesem Fall nachträglich und in vollem Umfang zu versteuern. Die Vermutung eines Missbrauchs nimmt dabei mit zunehmendem Abstand zum Einbringungszeitpunkt ab; die stillen Reserven und ein entsprechender Einbringungsgewinn I werden aufgrund der Regelung des § 22 Abs. 3 Satz 1 UmwStG n.F. jährlich um ein Siebtel abgebaut.[77] Nach der Gesetzesbegründung[78] stelle dieser ratierliche Abbau des Einbringungsgewinns nicht nur ein geeignetes Mittel dar, um missbräuchliche Ges-

---

73 *Strahl*, KÖSDI 2007, 15442, 15449; *Ley*, FR 2007, 109, 115.

74 Regierungsentwurf vom 25.9.2006, BT-Drucks. 16/2710, S. 46.

75 *Heß/Schnitger*, in: PwC, Reform des UmwStR Rz. 1650.

76 Regierungsentwurf vom 25.9.2006, BT-Drucks. 16/2710, S. 46, vgl. auch *Patt*, in: Dötsch/Patt/Pung/Jost, UmwStR, 5. Aufl., § 26 UmwStG Rz. 34; *Hahn*, IStR 2006, 797, 804 f.

77 Regierungsentwurf vom 25.9.2006, BT-Drucks. 16/2710, S. 46, *Gille*, IStR 2007, 194, 197; *Heß/Schnitger*, in: PwC, Reform des UmwStR Rz. 1651.

78 Regierungsentwurf vom 25.9.2006, BT-Drucks. 16/2710, S. 46.

taltungen im Rahmen von inländischen Einbringungen auszuschließen; zugleich werde auch die Konformität mit Art. 11 Abs. 1 Buchst. a FRL hergestellt.[79]

C. Voraussetzungen einer grenzüberschreitenden Einbringung

I. Persönlicher Anwendungsbereich

Mit den Neuregelungen durch das SEStEG wurden die Einbringungsvorschriften für grenzüberschreitende Einbringungen unter der Beteiligung von ausländischen Rechtsträgern geöffnet. Diese „Europäisierung"[80] der §§ 20 ff. UmwStG machte nach der Ansicht des Gesetzgebers[81] eine Eingrenzung der beteiligten Rechtsträger erforderlich. Zu diesem Zweck bestimmt § 1 Abs. 4 Satz 1 Nr. 1 und Nr. 2 UmwStG n.F. den persönlichen Anwendungsbereich der Einbringungsvorschriften. Nur wenn der übernehmende und der einbringende Rechtsträger die Voraussetzungen dieser Regelungen erfüllen, ist eine grenzüberschreitende Einbringung steuerneutral möglich. Danach lassen sich für die Frage, welche Rechtsträger an einer grenzüberschreitenden Einbringung von Unternehmensteilen beteiligt sein können, folgende Feststellungen treffen:

1. Übernehmender Rechtsträger

Als übernehmender Rechtsträger kommt gemäß § 20 Abs. 1 UmwStG n.F. nur eine Kapitalgesellschaft oder Genossenschaft[82] in Frage. Diese Kapitalgesellschaft oder Genossenschaft muss nach § 1 Abs. 4 Satz 1 Nr. 1

---

79 A.A. *Heß/Schnitger*, in: PwC, Reform des UmwStR, Rz. 1652; *Gille*, IStR 2007, 194, 197; *Hahn*, IStR 2006, 797, 805; *Klingberg/van Lishaut*, Der Konzern 2005, 698, 722 (Anmerkung *Klingberg*); *Körner*, IStR 2006, 109, 112; *Thömmes u.a.*, IWB, F. 11 G. 2, 747, 758; *Werra/Teiche*, DB 2006, 1455, 1461; zweifelnd *Patt*, in: Dötsch/Patt/Pung/Möhlenbrock, UmwStR, 6. Aufl., vor §§ 20-23 UmwStG (SEStEG) Rz. 6.

80 Vgl. Regierungsentwurf vom 25.9.2006, BT-Drucks. 16/2710, S. 42.

81 *Patt*, in: Dötsch/Patt/Pung/Möhlenbrock, UmwStR, 6. Aufl., § 20 UmwStG (SEStEG) Rz. 8.

82 Der Kreis der aufnehmenden Rechtsträger wurde im Vergleich zur bisherigen Regelung des § 20 Abs. UmwStG 1995 um die Genossenschaft erweitert. Dabei kann es sich sowohl um eine Europäische Genossenschaft (SCE) als auch um eine Genossenschaft im Sinne des GenG handeln. Durch das Gesetz zur Einführung der europäischen Genossenschaft und zur Änderung des Genossenschaftsrechts vom 14.8.2006 (BGBl. I 2006, S. 1911) werden nach § 7a Abs. 3 GenG auch Sacheinlagen als Einzahlungen auf den Geschäftsanteil zugelassen, so dass nunmehr auch eine Genossenschaft übernehmender Rechtsträger sein kann.

UmwStG n.F. eine Gesellschaft im Sinne des § 1 Abs. 2 Nr. 1 UmwStG n.F. sein. Die übernehmende Gesellschaft kann daher nur eine Kapitalgesellschaft oder Genossenschaft[83] im Sinne von Art. 48 EG oder Art. 34 EWR-Abkommen sein, die nach den Rechtsvorschriften eines EU- oder EWR-Staats[84] gegründet wurde und deren Sitz und Ort der Geschäftsleitung sich innerhalb des Hoheitsgebiets eines dieser Staaten befindet. Nicht erforderlich ist es, dass Gründungsstaat und Sitzstaat sowie der Staat des Orts der Geschäftsleitung identisch sind.[85] Es macht daher keinen Unterschied, ob die übernehmende Gesellschaft vor der Einbringung unbeschränkt oder beschränkt körperschaftsteuerpflichtig ist; die bisherige Einschränkung auf unbeschränkt steuerpflichtige Kapitalgesellschaften nach den §§ 20 Abs. 1, 23 Abs. 1 UmwStG 1995 wurde im Zuge der „Europäisierung“ fallen gelassen.[86] Wenn es sich bei der übernehmenden Gesellschaft um eine ausländische Kapitalgesellschaft handelt, ist nach der Gesetzesbegründung[87] anhand eines Typenvergleichs zu ermitteln, ob ihre Rechtsform der einer inländischen Kapitalgesellschaft entspricht. Ist dies nicht der Fall, kann die ausländische Kapitalgesellschaft nicht übernehmender Rechtsträger im Rahmen einer grenzüberschreitenden Einbringung sein.

2. Einbringender Rechtsträger

Einbringender ist, wer einen Unternehmensteil auf die übernehmende Kapitalgesellschaft oder Genossenschaft überträgt und dafür Anteile erhält. Einbringende können grundsätzlich alle natürlichen Personen, Körperschaften, Vermögensmassen und Personenvereinigungen sein.[88] Dabei ist es ohne Bedeutung, ob der Einbringende unbeschränkt oder beschränkt steu-

---

83 Ist die übernehmende Kapitalgesellschaft in einem anderen EU-Staat ansässig und ist sie nach deutschem Recht als transparent zu behandeln (wie eine Mitunternehmerschaft), kann sie nicht übernehmender Rechtsträger sein. Insoweit ist § 24 UmwStG n.F. anzuwenden, vgl. Regierungsentwurf vom 25.9.2006, BT-Drucks. 16/2710, S. 50. Hingegen kann aufgrund des eindeutigen Wortlauts eine EU/EWR-Personengesellschaft, die nach deutschem Steuerrecht wie eine Körperschaft zu besteuern wäre, nicht übernehmende Gesellschaft im Sinne des § 20 UmwStG n.F. sein, *Benz/Rosenberg*, in: Blumenberg/Schäfer, Das SEStEG, S. 151 f. Fn. 24.

84 Mitgliedstaaten des EWR sind Norwegen, Liechtenstein und Island.

85 *Förster/Wendland*, BB 2007, 631.

86 Regierungsentwurf vom 25.9.2006, BT-Drucks. 16/2710, S. 42; *Heß/Schnitger*, in: PwC, Reform des UmwStR Rz. 1521; *Patt*, in: Dötsch/Patt/Pung/Möhlenbrock, UmwStR, 6. Aufl., § 20 UmwStG (SEStEG) Rz. 9.

87 Regierungsentwurf vom 25.9.2006, BT-Drucks. 16/2710, S. 42.

88 *Dörfler/Rautenstrauch/Adrian*, BB 2006, 1711. Insoweit besteht keine Abweichung zur bisherigen Rechtslage, vgl. dazu *BMF* vom 25.3.1998, BStBl. I 1998, 268 Tz. 20.05; *Patt*, in: Dötsch/Patt/Pung/Jost, UmwStR, 5. Aufl., § 20 UmwStG Rz. 138 m.w.N.

erpflichtig ist. Für grenzüberschreitende Einbringungen im Rahmen der EU und des EWR wird dieser Grundsatz allerdings durch § 1 Abs. 4 Satz 1 Nr. 2 Buchst. a UmwStG n.F. i.V.m. § 1 Abs. 2 UmwStG n.F eingeschränkt. Das einschränkende Kriterium ist die Ansässigkeit des einbringenden Rechtsträgers. Gesellschaften im Sinne des Art. 48 EG und des Art. 34 des EWR-Abkommens (Kapitalgesellschaften, Genossenschaften und Personengesellschaften) müssen danach über eine doppelte Ansässigkeit verfügen; sowohl der Sitz als auch der Ort der Geschäftsleitung müssen in der EU oder dem EWR liegen. Handelt es sich bei der Gesellschaft um eine Personengesellschaft[89] oder um eine solche Gesellschaft, die nach inländischem Recht als steuerlich transparent anzusehen ist,[90] müssen daneben die beteiligten Gesellschafter (Mitunternehmer) in der EU oder im EWR ansässig sein.[91] In diesem Sinne bestimmt § 1 Abs. 4 Satz 1 Nr. 2 Buchst. a, Doppelbuchst. aa UmwStG n.F, dass die §§ 20 ff. UmwStG n.F. nur insoweit anzuwenden sind, als die unmittelbar oder mittelbar über weitere Personengesellschaften beteiligten Gesellschafter die Voraussetzungen der doppelten Ansässigkeit erfüllen.[92] Ist der einbringende Rechtsträger eine natürliche Person, ist es nach § 1 Abs. 4 Satz 1 Nr. 2 Buchst. a, Doppelbuchst. bb i.V.m. Abs. 2 Satz 1 Nr. 2 UmwStG n.F ausreichend, wenn sich der Wohnsitz oder der gewöhnliche Aufenthalt innerhalb der EU oder des EWR befindet.

3. Stellungnahme

Im Vergleich zur bisherigen Rechtslage wurde der Kreis der in Betracht kommenden einbringenden und übernehmenden Rechtsträger erheblich

---

[89] Obwohl nach dem Gesetzeswortlaut im Falle der Einbringung eines Betriebs oder Teilbetriebs einer Personengesellschaft Einbringender die Personengesellschaft ist, sind nach der Gesetzesbegründung (Regierungsentwurf vom 25.9.2006, BT-Drucks. 16/2710, S. 42 f.) die Rechtsfolgen bei den jeweiligen Mitunternehmer zu ziehen. Damit ist bei der Einbringung eines Betriebs von der Einbringung der Mitunternehmeranteile der Mitunternehmer und demzufolge von mehreren Sacheinlagen, die hinsichtlich des Beewertungsansatzes jeweils für sich zu betrachten sind, auszugehen, *Heß/Schnitger*, in: PwC: Reform des UmwStR Rz. 1517.

[90] Vgl. dazu Art. 10a FRL. Ein Beispiel ist die société civile nach französischem Recht, welche in Frankreich als Körperschaft gilt, nach deutschem Recht aber als Personengesellschaft zu behandeln ist, vgl. *Benecke/Schnitger*, IStR 2005, 606 ff.

[91] Regierungsentwurf vom 25.9.2006, BT-Drucks. 16/2710, S. 42; *Patt*, in: Dötsch/Patt/Pung/Jost, UmStR, § 20 UmwStG (SEStEG) Rz. 12.

[92] Im Falle der Beteiligung eines Drittstaatengesellschafters muss hinzu kommen, dass das Recht der Bundesrepublik Deutschland hinsichtlich der Besteuerung des Gewinns aus der Veräußerung der erhaltenen Anteile nicht ausgeschlossen oder beschränkt ist, § 1 Abs. 4 Satz 1 Nr. 2 Buchtst. b UmwstG n.F.

erweitert. Übernehmender Rechtsträger kann jede beschränkt oder unbeschränkt steuerpflichtige Kapitalgesellschaft oder Genossenschaft sein; im Gegensatz zu den §§ 20 Abs. 1, 23 Abs. 1 UmwStG 1995 ist es nicht mehr erforderlich, dass die übernehmende Gesellschaft unbeschränkt körperschaftsteuerpflichtig nach § 1 Abs. 1 Nr. 1 KStG ist. Die übernehmende Gesellschaft muss lediglich eine Kapitalgesellschaft oder Genossenschaft im Sinne des Art. 48 EG oder des Art. 34 EWR-Abkommens sein, die nach den Rechtsvorschriften eines EU- oder EWR-Staates gegründet wurde und deren Sitz und Ort der Geschäftsleitung sich innerhalb des Hoheitsgebiets eines dieser Staaten befindet. Dies entspricht im Grundsatz dem persönlichen Anwendungsbereich der Fusionsrichtlinie.[93] Im Vergleich zur Fusionsrichtlinie können jedoch auch Kapitalgesellschaften aus dem EWR (Norwegen, Liechtenstein und Island) übernehmende Gesellschaften sein.[94]

Nach der Gesetzesbegründung ist die Einordnung ausländischer Gesellschaften als Kapitalgesellschaften anhand eines Typenvergleichs vorzunehmen. Über den Inhalt dieses Typenvergleichs ergeben sich aus der Gesetzesbegründung keine Hinweise. Es liegt nahe, in diesem Fall die Grundsätze anzulegen, die der RFH in seiner so genannten Venezuela-Entscheidung[95] entwickelt hat und die vom BFH[96] für die Beurteilung der Steuersubjektfähigkeit ausländischer Kapitalgesellschaften übernommen wurden.[97] Eine nach ausländischem Recht gegründete Gesellschaft ist danach als un-

---

93 *Heß/Schnitger*, in: PwC, Reform des UmwStR Rz. 1521; *Hahn*, in: PwC, Reform des UmwStR Rz. 765. Eine Abweichung ergibt sich daraus, dass Art. 3 Buchst. b FRL verlangt, dass der übernehmende Rechtsträger nicht aufgrund eines Doppelbesteuerungsabkommens mit einem Drittstaat als außerhalb der Gemeinschaft ansässig gilt. Dies kann aufgrund einer Vorschrift eines Doppelbesteuerungsabkommens der Fall sein, die Art. 4 OECD-MA entspricht (so genannte tie-breaker-rule). Diese Beschränkung des persönlichen Anwendungsbereichs besteht im Rahmen der geänderten Einbringungsvorschriften nicht.

94 Kritisch dazu *Hahn*, in: PwC, Reform des UmwStR Rz. 765.

95 In dieser Entscheidung ging es um die Frage, ob eine venezolanische Kapitalgesellschaft in Deutschland körperschaftsteuerpflichtig ist. Der RFH verneinte dies und behandelte die Gesellschafter der Kapitalgesellschaft als Mitunternehmer i. S. des § 29 Abs. 3 EStG 1925, vgl. *RFH*, Urt. vom 12.2.1930, VI A 899/27, RFHE 27, 73, 77 ff. (RStBl. 1930, 444 – Leitsatz); *RFH*, Urt. vom 18.12.1930, IV A 899/30, RFHE 27, 303.

96 *BFH*, Urt. vom 17.7.1968, I 121/64, BStBl. II 1968, 695; *BFH*, Urt. vom 6.11.1980, IV R 182/77, BStBl. II 1981, 220; *BFH*, Urt. vom 3.2.1988, I R 134/84, BStBl. II 1988, 588; *BFH*, Urt. vom 23.7.1992, IX R 182/87, BStBl. II; *BFH*, Urt. vom 16.12.1992, I R 32/92, BStBl. II 1992, 122; *BFH*, Urt. vom 9.8.2006, I R 31/01, GmbHR 2006, 1335 (Société Anonyme luxemburgischen Rechts entspricht Kapitalgesellschaft); *FG Münster*, Urt. vom 5.7.2005, 15 K 1114/99 F, EW, EFG 2005, 1512 (Commanditaire Vennotschap belgischen Rechts entspricht der KG)

97 Gleiche Ansicht *Patt*, in: Dötsch/Patt/Pung/Möhlenbrock, UmwStR, 6. Aufl., § 20 UmwStG (SEStEG) Rz. 9.

beschränkt oder beschränkt steuerpflichtige Kapitalgesellschaft zu qualifizieren, wenn sie wie eine juristische Person strukturiert ist und die Beteiligung an ihr mit der Beteiligung an einer deutschen Kapitalgesellschaft vergleichbar ist.[98] Es ist daher insbesondere zu prüfen, ob die Gesellschaft nach den Regelungen des ausländischen Gesellschaftsrechts mit einer eigenen Rechtspersönlichkeit ausge-stattet ist, die Anteile an ihr frei übertragbar sind und die Geschäftsführung einem Organ obliegt, welches nicht mit den Gesellschaftern identisch ist (Grundsatz der Fremdorganschaft).[99] Es stellt sich jedoch die Frage, ob ein solcher Typenvergleich auch dann erforderlich ist, wenn die übernehmende Gesellschaft eine Kapitalgesellschaft im Sinne des Anhangs zur Fusionsrichtlinie ist. In diesem Anhang haben die Mitgliedstaaten alle Rechtsträger, die sie in den persönlichen Anwendungsbereich der Richtlinie einbeziehen wollten, im Einzelnen aufgeführt. Nach dem Willen der Mitgliedstaaten können diese Kapitalgesellschaften ausländischen Rechts damit grundsätzlich übernehmende Rechtsträger im Rahmen einer grenzüberschreitenden Einbringung sein. Ein dennoch vorgenommener Typenvergleich mit dem möglichen Ergebnis, dass eine der dort aufgeführten Gesellschaften nicht als übernehmender Rechtsträger beteiligt sein kann, widerspräche der Fusionsrichtlinie. Zudem ist ein Typenvergleich im Hinblick auf die gesellschaftsrechtlichen Entscheidungen des EuGH in den Rechtssachen *„Centros“*,[100] *„Überseering“*[101] und *„Inspire Art“*[102] bedenklich. Denn der EuGH hat die Mitgliedstaaten in diesen Entscheidungen verpflichtet, nicht nur die Rechtsfähigkeit, sondern auch die Rechtsform der nach ausländischem Recht gegründeten Gesellschaft anzuerkennen.[103] Folgerichtig ist die Voraussetzung des Vorliegens einer Kapitalgesellschaft im Sinne des Art. 48 EG nach den §§ 20 Abs. 1 Satz 1, 1 Abs. 4 Satz 1 Nr. 1 i.V.m. 1 Abs. 2 Nr. 1 UmwStG n.F. richtlinienkonform auszulegen. Demnach ist ein Typenvergleich entbehrlich, wenn der übernehmende Rechtsträger eine Rechtsform besitzt, die im Anhang zur Fusionsrichtlinie aufgeführt wird.

---

98 *BFH*, Urt. vom 19.3.1996, VIII R 15/94, BStBl. II 1996, 312, 313; *BFH*, Urt. vom 21.10. 1999, I R 43, 44/98, BStBl. II 2000, 424, 426.

99 In diesem Sinne *BFH*, Urt. vom 21.10. 1999, I R 43, 44/98, I R 43/98, I R 44/98, BStBl. II 2000, 424 zu der Frage ob, eine US-amerikanische Gesellschaft ihrem Typus nach einer Kapitalgesellschaft entspricht. Dazu auch *Weber-Grellet*, in Schmidt: EStG, § 17 Rz. 24 und *BMF* vom 24.12.1999, BStBl. I 1999, 1076 Tabellen 1 und 2.

100 *EuGH*, Urt. vom 9.3.1999, Rs. C-212/97, *„Centros“*, Slg. 1999, I-1459 ff.

101 *EuGH*, Urt. vom 5.11.2002, Rs. C-208/00 *„Überseering“*, Slg. 2002, I-9919 ff.

102 *EuGH*, Urt. vom 30.9.2003, Rs. C-167/01 *„Inspire Art“*, Slg. 2003, I-10155 ff.

103 *Seer*, in: Gassner u.a., Die beschränkte Steuerpflicht, S. 56; *Deininger*, IStR 2003, 214, 215; *Wagner*, GmbHR 2003, 684, 690.

Im Hinblick auf die einbringenden Rechtsträger geht die Neuregelung des persönlichen Anwendungsbereichs durch das SEStEG über die Vorgaben der Fusionsrichtlinie hinaus.[104] Dies betrifft zum einen die Einbeziehung solcher Personen, die im EWR ansässig sind und zum anderen die Erweiterung auf natürliche Personen und Personengesellschaften als einbringende Rechtsträger. Die Fusionsrichtlinie umfasst nur die Einbringung durch EU-Kapitalgesellschaften, nicht aber die Einbringung durch natürliche Personen (Einzelunternehmer) und Personengesellschaften. Ein Verstoß gegen die Fusionsrichtlinie ist damit nicht verbunden. Art. 249 Abs. 3 EG erlaubt den Mitgliedstaaten bei der Umsetzung einer Richtlinie ausdrücklich die Wahl der Form und Mittel. Sie können daher im Rahmen der nationalen Umsetzungsvorschriften den persönlichen Anwendungsbereich der Richtlinie zugunsten weiterer Rechtsträger ausweiten, sofern dabei nicht von der Zielsetzung der Richtlinie, also der Erleichterung grenzüberschreitender Umstrukturierungen im Binnenmarkt, abgewichen wird. Mit der Erweiterung des persönlichen Anwendungsbereichs kommt der Gesetzgeber seiner Verpflichtung aus der Niederlassungs- und Kapitalverkehrsfreiheit nach, auch Personengesellschaften und natürlichen Personen aus der EU und dem EWR die Möglichkeit einer grenzüberschreitenden Einbringung zu eröffnen.

II. Sachlicher Anwendungsbereich

§ 20 Abs. 1 UmwStG n.F. kommt zur Anwendung, wenn ein Betrieb, Teilbetrieb oder Mitunternehmeranteil in eine Kapitalgesellschaft oder eine Genossenschaft eingebracht wird und der Einbringende dafür neue Anteile an der übernehmenden Gesellschaft erhält (Sacheinlage).[105] In Anlehnung an die Definition der Fusionsrichtlinie (Art. 2 Buchst. c FRL) wird hierfür vom Gesetz der Begriff der „Einbringung von Unternehmensteilen“ verwendet. Nur wenn neben dem persönlichen Anwendungbereich des § 1 Abs. 4 UmwStG n.F. die Voraussetzungen einer solchen Sacheinlage gegeben sind, finden die entsprechenden Regelungen der nachfolgenden Absätze auf grenzüberschreitende Einbringungen Anwendung.

---

[104] Gleiche Ansicht *Heß/Schnitger*, in: PwC, Reform des UmwStR Rz. 1516; *Benz/Rosenberg*, in: Blumenberg/Schäfer, Das SEStEG, S. 151; *Plewka/Marquardt*, Handbuch Umstrukturierung, S. 287 Fall 8; *Dötsch/Pung*, DB 2006, 2704 Fn. 15; kritisch *Hörtnagl*, Stbg 2006, 471, 474.

[105] Zum besseren Verständnis der nachfolgenden Ausführungen wird auf die separate Erwähnung der Genossenschaft verzichtet und lediglich die Kapitalgesellschaft als übernehmende Gesellschaft bezeichnet. Dementsprechend ist unter der Kapitalgesellschaft im Folgenden auch die Genossenschaft zu verstehen.

1. Vorliegen eines Einbringungsgegenstandes

Gegenstand einer grenzüberschreitenden Einbringung kann gemäß § 20 Abs. 1 UmwStG n.F. ein Betrieb, Teilbetrieb oder Mitunternehmeranteil sein. Die Einbringung von einzelnen Wirtschaftsgütern oder einer Vielzahl von Wirtschaftsgütern, die nicht die Eigenschaft eines der genannten Unternehmensteile haben, wird nicht begünstigt.[106] Diese Beschränkung der Einbringungsgegenstände auf Sachgesamtheiten entspricht der bisherigen Rechtslage nach § 20 Abs. 1 Satz 1 UmwStG 1995. Unterschiede im Vergleich zu den Bestimmungen der Fusionsrichtlinie bestehen allerdings im Hinblick auf die Einbringungsgegenstände Betrieb und Mitunternehmeranteil.

a) Betrieb und Mitunternehmeranteil als Einbringungsgegenstände

aa) Betrieb als Einbringungsgegenstand

Nach § 20 Abs. 1 UmwStG n.F. ist es ausreichend, wenn Gegenstand der Einbringung ein Betrieb des Einbringenden ist. Die Fusionsrichtlinie stellt demgegenüber in Art. 2 Buchst. c FRL auf die Einbringung des gesamten Betriebs ab.[107] Dieser Unterschied im Wortlaut ergibt sich aus dem – verglichen mit der Fusionsrichtlinie – weiteren persönlichen Anwendungsbereich der neu gefassten Einbringungsvorschriften. Gemäß § 1 Abs. 4 Satz 1 Nr. 2 Buchst. a, Doppelbuchst. bb i.V.m. Abs. 2 Satz 1 Nr. 2 UmwStG n.F. kann einbringender Rechtsträger auch eine natürliche Person sein, während die Fusionsrichtlinie nur Kapitalgesellschaften als Einbringende umfasst. Begrifflich verfügen diese über nur einen Gesamtbetrieb, während natürliche Personen mehrere Betriebe haben können, die im Falle einer Einbringung getrennt zu behandeln sind.[108]

---

106 *Heß/Schnitger*, in: PwC, Reform des UmwStR Rz. 1523. Ebenso ist eine analoge Anwendung der Einbringungsvorschriften aufgrund des abschließenden Charakters der Regelungen der §§ 20 ff UmwStG n.F. nicht möglich. Bei der Einbringung von Einzelwirtschaftsgütern können die Buchwerte nicht fortgeführt werden, so dass es zu einer Gewinnrealisation nach allgemeinen Vorschriften kommt, vgl. *Patt*, in: Dötsch/Patt/Pung/Möhlenbrock, UmwStR, 6. Aufl., § 20 UmwStG (SEStEG) Rz. 19.

107 Vgl. unter Teil 2, D., VI., 1.

108 *BFH*, Urt. vom 9.8.1989, X R 130/87, DB 1989, 2311, 2312; *BFH*, Urt. vom 10.2.1989, III R 78/86, BStBl. II 1989, 467; *Merkert*, in: Bordewin/Brandt, EStG, § 20 UmwStG Rz. 12. Für den Betrieb einer natürlichen Person; Vgl. *BFH*, Urt. vom 10.2.1989, III R 78/86, BStBl. II 1989, 467, 469; *Patt*, in: Dötsch/Patt/Pung/Möhlenbrock, UmwStR, 6. Aufl., § 20 UmwStG (SEStEG) Rz. 35.

bb) Mitunternehmeranteil als Einbringungsgegenstand

Nach neuem Recht ist ferner die grenzüberschreitende Einbringung eines Mitunternehmeranteils möglich. Dies geht über die Bestimmungen der Fusionsrichtlinie hinaus, welche nur die Einbringung von Teilbetrieben und Betrieben umfasst. Sie ist vor dem Hintergrund des neu gefassten persönlichen Anwendungsbereichs der Einbringungsvorschriften zu sehen, wonach auch eine Personengesellschaft als einbringender Rechtsträger an einer grenzüberschreitenden Einbringung beteiligt sein kann. Insoweit ist es nur folgerichtig, wenn neben einer grenzüberschreitenden Einbringung eines Betriebs oder Teilbetriebs auch die Einbringung eines Mitunternehmeranteils durch die Gesellschafter (Mitunternehmer) möglich ist. Mit der Einbeziehung eines Mitunternehmeranteils als in Frage kommender Einbringungsgegenstand wird zugleich die nach bisheriger Rechtslage bestehende Ungleichbehandlung zwischen rein inländischen und grenzüberschreitenden Einbringungen beseitigt.[109] Die bisherige Umsetzungsregelung des § 23 Abs. 1 bis Abs. 3 UmwStG 1995 erfasste – entsprechend dem sachlichen Anwendungsbereich der Fusionsrichtlinie – nur die Einbringung von Betrieben und Teilbetrieben, während bei rein inländischen Einbringungen nach § 20 Abs. 1 Satz 1 UmwStG 1995 ein Mitunternehmeranteil eingebracht werden konnte. Da nunmehr auch im Rahmen von grenzüberschreitenden Einbringungen ein Mitunternehmeranteil übertragen werden kann, wurde der Verstoß gegen die Niederlassungs- und Kapitalverkehrsfreiheit beseitigt.

(1) Besonderheit der Einbringung durch eine Personengesellschaft

Nach der Gesetzesbegründung[110] sind die Rechtsfolgen einer Einbringung durch eine Personengesellschaft jedoch nicht nur bei Einbringung eines Mitunternehmeranteils sondern auch bei der Einbringung eines Betriebs oder Teilbetriebs bei den jeweiligen Gesellschaftern (Mitunternehmern) zu ziehen. Nach dem Willen des Gesetzgebers ist danach die Einbringung des Betriebs einer Personengesellschaft als eine Einbringung der Mitunternehmeranteile durch die Gesellschafter (Mitunternehmer) zu behandeln. Insoweit schlägt der Grundsatz der steuerlichen Transparenz der Personengesellschaft (Mitunternehmerschaft) auf den Gegenstand der Einbringung durch.

---

109 Vgl. zur bisherigen Rechtslage *Pietsch*, S. 165 f.; *Widmann*, in: Widmann/Mayer, UmwR, § 23 UmwStG Rz. 26.

110 Regierungsentwurf vom 25.9.2006, BT-Drucks. 16/2710, S. 42 f.; vgl. auch *Heß/ Schnitger*, in: PwC, Reform des UmwStR Rz. 1517.

Im Rahmen der bisherigen Rechtslage war dies umstritten. Nach der Auffassung der Finanzverwaltung[111] war stets von der Einbringung von Mitunternehmeranteilen auszugehen, wenn der einbringende Rechtsträger eine Personengesellschaft war. Dementsprechend handelte es sich bei einer Einbringung des Betriebs einer Personengesellschaft um eine Einbringung der Mitunternehmeranteile der Gesellschafter (Mitunternehmer).[112] Dies wurde damit begründet, dass eine Personengesellschaft nach der Einbringung ihres gesamten Betriebs als Mitunternehmerschaft nicht mehr besteht und die als Gegenleistung erhaltenen Anteile daher den Gesellschaftern (Mitunternehmer) der Personengesellschaft zukommen.[113] Entsprechendes galt nach der Ansicht der Finanzverwaltung,[114] wenn lediglich ein Teilbetrieb durch die Personengesellschaft eingebracht wurde. In diesem Fall war nicht von der Einbringung des Teilbetriebs durch die Personengesellschaft sondern von der Einbringung von Mitunternehmerteilanteilen durch die Gesellschafter (Mitunternehmer) auszugehen. Da aber ebenso denkbar war, dass zwar der Betrieb der Personengesellschaft eingebracht wurde, die einbringende Personengesellschaft aber fortbestand und die erhaltenen Anteile in ihrem Betriebsvermögen hielt[115] oder auch nur Teilbetriebe der Personengesellschaft unter Fortbestehen derselben eingebracht wurden, forderte die Rechtslehre hingegen überwiegend,[116] dass in derartigen Fällen keine Einbringung von Mitunternehmeranteilen oder Teilen davon vorliegen sollte.

---

[111] *BMF* vom 25.3.1998, BStBl. I 1998, 268 Tz. 20.05.

[112] *Rogall,* DB 2005, 411, 412; *Kellner, S.* 72 f.; zusammenfassend *Schmitt,* in: Schmitt/Hörtnagl/Stratz, UmwG, UmwStG, § 20 UmwStG Rz. 190 f., 193.

[113] So auch *BFH*, Urt. vom 16.2.1996, I R 183/94, BStBl. II 1996, 342, 344.

[114] *BMF* vom 25.3.1998, BStBl. I 1998, 268 Tz. 20.05. Durch Verweis auf das Urteil des *BFH* vom 16.2.1996 (I R 183/94, BStBl. II 1996, 342, 344) wird der entsprechende Urteilsfall generalisiert. Dem angegebenen Urteil lag der Sachverhalt zugrunde, dass eine Personengesellschaft unter Auflösung in eine Kapitalgesellschaft umgewandelt wurde.

[115] Etwa dann, wenn eine GmbH & Co. KG oder eine vergleichbare ausländische Personengesellschaft ihren Betrieb gemäß § 20 Abs. 1 UmwStG n.F. einbringt und fortan die (gegebenenfalls) zurückbehaltenen unwesentlichen Betriebsgrundlagen und die erhaltenen Anteile aus der Einbringung als gewerblich geprägte Personengesellschaft im Sinne des § 15 Abs. 3 Nr. 2 EStG verwaltet, vgl. *Patt,* in: Dötsch/Patt/Pung/Möhlenbrock, UmwStR, 6. Aufl., § 20 UmwStG (SEStEG) Rz. 39

[116] Vgl. insbesondere *Patt,* in: Dötsch/Patt/Pung/Jost, UmwStR, 5. Aufl., § 20 UmwStG Rz. 21, 22; *ders.,* DStR 1995, 1081, 1086 f., 1087; *ders.*, in: Dötsch/Patt/Pung/Möhlenbrock, UmwStR, 6. Aufl., § 20 UmwStG (SEStEG) Rz. 39; *Keuk*, StuW 1974, 1, 16 f.; *Friederichs*, in: Haritz/Benkert, UmwStG, § 20 Rz. 14, 16, 20 f.; *Wolff,* in: Blümich, EStG, KStG, GewStG, § 20 UmwStG Rz. 28 und mit Einschränkungen *Widmann,* in: Widmann/Mayer, UmwR, § 20 UmwStG Rz. 427; *Schulze zur Wiesche,* DStZ 1998, 824, 825; *Schaumburg,* FR 1995, 211, 221; a.A. *Loos*, Umwandlungssteuergesetz 1969 Rz. 898 d und e; *Wacker*, BB 1996, 2224, 2227; *Merkert*, in: Bordewin/Brandt, EStG, § 20 UmwStG Rz. 31.

Vielmehr sei den zivilrechtlichen Gegebenheiten zu folgen, so dass auch eine Personengesellschaft (Mitunternehmerschaft) sowohl ihren steuerlich zurechenbaren Betrieb als auch einen ihrer Teilbetriebe einbringen konnte.

Nach dem Willen des Gesetzgebers soll im Rahmen der neuen Rechtslage die Auffassung der Finanzverwaltung maßgeblich sein; die Gesetzesbegründung hat insoweit lediglich eine klarstellende Bedeutung. Damit ist stets von der Einbringung der Mitunternehmer(teil)anteile der Mitunternehmer, also von mehreren Sacheinlagen auszugehen, wenn eine Personengesellschaft ihren Betrieb oder Teilbetrieb einbringt. Auswirkungen hat dies auf das Bewertungswahlrecht der übernehmenden Kapitalgesellschaft.[117] Da mehrere Sacheinlagen vorliegen, die jeweils die Voraussetzungen des § 20 Abs. 1 UmwStG n.F. erfüllen, ist jeder Mitunternehmeranteil hinsichtlich des Bewertungsansatzes für sich zu betrachten. Sofern die Voraussetzungen für den Ansatz des Buchwerts oder eines Zwischenwerts nach § 22 Abs. 2 Satz 2 Nr. 1 bis 3 UmwStG n.F. vorliegen, ist es also möglich, für die eingebrachten Mitunternehmeranteile unterschiedliche Ansätze zu wählen und damit jeden Mitunternehmer festzulegen, ob und in welcher Höhe für ihn ein Einbringungsgewinn entsteht.

(2) Stellungnahme

Der Gesetzesbegründung, nach der die bisherige Auffassung der Finanzverwaltung maßgebend sei, ist nicht zu folgen; ihr stehen die gleichen Bedenken entgegen, welche vor der Reform des UmwStG von der Rechtslehre[118] erhoben wurden.[119] Die Ansicht der Finanzverwaltung, die von den Gesellschaftern (Mitunternehmern) als Einbringende ausgeht, ist widersprüchlich im Hinblick auf die Rechtsfolgen der Sacheinlage in Gestalt der Einbringung von Mitunternehmeranteilen. Hinsichtlich des Einbringungsgegenstandes und der Ausübung des Rechts zur Minderbewertung des eingebrachten Vermögens wird der einzelne Mitunternehmer mit der Einbringung seines Mitunternehmeranteils gesondert beurteilt. Wenn es aber um den Zeitpunkt der Sacheinlage und die weitere Besteuerung des eingebrach-

117 Vgl. *Heß/Schnitger*, in: PwC, Reform des UmwstR Rz. 1517; *Patt*, in: Dötsch/Patt/Pung/Jost, UmwStR, 5. Aufl., § 20 UmwstG Rz. 21; *Kellner*, S. 75; *Schulze zur Wiesche*, DStZ 1998, 824, 825.

118 *Friederichs*, in: Haritz/Benkert, UmwStG, § 20 Rz. 14, 16, 20; *Schmitt*, in: Schmitt/Hörtnagl/Stratz, UmwG, UmwStG, § 20 UmwStG Rz. 193; *von Wallis*, StuW 1970, 466, 470; *Keuk*, StuW 1974, 1, 16 ff. ; *Patt*, DStR 1995, 1081, 1086 ff.; *ders.*, in: Dötsch/Patt/Pung/Jost, UmwStR, 5. Aufl., § 20 UmwStG Rz. 21, 22.

119 Gleiche Ansicht *Patt*, in: Dötsch/Patt/Pung/Möhlenbrock, UmwStR, 6. Aufl., § 20 UmwStG (SEStEG) Rz. 39.

ten Betriebsvermögens bei der übernehmenden Kapitalgesellschaft geht, wird der Betrieb oder Teilbetrieb der Personengesellschaft wieder einheitlich behandelt. Das Einkommen und das Vermögen des Einbringenden und der übernehmenden Gesellschaft sind nach § 20 Abs. 5 Satz 1 UmwStG n.F. auf Antrag so zu ermitteln, wie wenn das eingebrachte Betriebsvermögen mit Ablauf des steuerlichen Übertragungsstichtags auf die Übernehmerin übergegangen wäre. Der steuerliche Übertragungsstichtag kann dabei nach § 20 Abs. 6 UmwStG n.F. bis zu acht Monate zurückbezogen werden. Damit wird ein rückwirkender Übergang der Unternehmensteile fingiert, der mit allen steuerlichen Konsequenzen für den Einbringenden und die übernehmende Kapitalgesellschaft verbunden ist.[120] Dazu gehört es insbesondere, dass die steuerliche Existenz der übernehmenden Kapitalgesellschaft für die Zwecke der Rückwirkung unterstellt wird.[121] Da eine Teilexistenz einer Kapitalgesellschaft bezogen auf einen Mitunternehmeranteil aber nicht denkbar ist, kann nur ein einheitlicher Übertragungsstichtag für die Einbringung des gesamten Betriebs oder Teilbetriebs gelten.

---

[120] Hierdurch sind die Steuerarten angesprochen, die das Einkommen und das Vermögen besteuern (§ 20 Abs. 5 UmwstG n.F.). Betroffenen sind die Einkommensteuer, die Körperschaftsteuer, die Gewerbeertragsteuer, die Grundsteuer, die Erbschaftsteuer (letzteres ist umstritten; gegen eine Einbeziehung der ErbSt: *Friederichs*, in: Haritz/Benkert, UmwStG, § 20 Rz. 272; *Wolff*, in: Blümich, EStG, KStG, GewStG, § 2 UmwStG Rz. 10; *Slabon*, in: Haritz/Benkert, UmwStG, § 2 Rz. 27; für eine Einbeziehung der ErbSt: *Widmann*, in: Widmann/Mayer, UmwR, § 20 UmwStG Rz. 634; *Hörtnagl*, in: Schmitt/Hörtnagl/Stratz, UmwG, UmwStG, § 2 UmwStG Rz. 27; *Hübl*, in: Hermann/Heuer/Raupach, EStG, KStG, § 2 UmwStG 1977 Anm. 34; *von Rechenberg*, GmbHR 1998, 976, 979) und – wenn solche Steuern erhoben werden – die Vermögenssteuer (Die Vermögensteuer wird wegen ihrer teilweisen Verfassungswidrigkeit ab dem Jahre 1997 nicht mehr erhoben, vgl. *BVerfG*, Beschl. vom 22.6.1995, 2 BvL 37/91, BStBl. II 1995, 655) und die Gewerbekapitalsteuer (in Deutschland aufgehoben mit Wirkung vom Veranlagungszeitraum 1998 durch Gesetz zur Fortsetzung der Unternehmenssteuerreform vom 29.10.1997, BGBl. I 1997, S. 2590). Ohne Bedeutung ist die Rückbeziehung hingegen bei der Umsatzsteuer und der Grunderwerbsteuer, da diese erst nach Maßgabe der tatsächlichen Vermögenszuordnung oder Leistungserbringung entstehen, *Friederichs*, in: Haritz/Benkert, UmwStG, § 20 Rz. 272; *Patt*, in: Dötsch/Patt/Pung/Jost, UmwStR, 5. Aufl., § 20 UmwStG Rz. 255.

[121] Allgemeine Meinung, vgl. allein *Patt*, in: Dötsch/Patt/Pung/Möhlenbrock, UmwStR, 6. Aufl., § 20 UmwStG (SEStEG) Rz. 302 m.w.N. Keine Bedeutung hat die Rückbeziehung für die tatbestandlichen Voraussetzungen einer Einbringung. Insbesondere können durch die Verhältnisse am rückbezogenen Übertragungsstichtag nicht nachträglich die Voraussetzungen einer Einbringung geschaffen werden. Lag etwa zum Zeitpunkt der Einbringung kein Teilbetrieb vor, kann durch eine Rückbeziehung auf einen früheren Zeitpunkt, in dem steuerlich ein Teilbetrieb vorlag, keine Teilbetriebseinbringung begründet werden. Umgekehrt ist es unschädlich, wenn im Fall einer begünstigten Einbringung im Zeitpunkt des rückbezogenen Übertragungsstichtags die Voraussetzungen eines Teilbetriebs nicht vorliegen.

Gleiches gilt für die weitere Besteuerung des Vermögens bei der übernehmenden Kapitalgesellschaft. § 23 Abs. 1 und Abs. 3 UmwStG n.F. unterscheiden danach, ob eine Einbringung zum Buchwert, zu einem Zwischenwert oder zum gemeinen Wert erfolgt. Der einzelne Mitunternehmer kann zwar nach der Auffassung der Finanzverwaltung[122] in Bezug auf das Vermögen seines Mitunternehmeranteils wählen, welcher Bewertungsansatz erfolgt. In der Bilanz der übernehmenden Kapitalgesellschaft gibt es aber für jedes Wirtschaftsgut eines Betriebs oder Teilbetriebs nur einen Ansatz, auch wenn es anteilig durch mehrere Mitunternehmer eingebracht worden ist. Selbst die Ansicht der Finanzverwaltung ist hinsichtlich der Einbringung von Betrieben und Teilbetrieben durch Personengesellschaften nicht eindeutig. Zumindest ist zu fragen, warum eine Betriebs- oder Teilbetriebseinbringung nur vorliegen soll, wenn alle wesentlichen Betriebsgrundlagen des Sonderbetriebsvermögens mit eingebracht werden.[123] Da Sonderbetriebsvermögen begrifflich nur bei Personengesellschaften vorhanden sein kann, und Einbringungen von Personengesellschaften nach der Auffassung der Finanzverwaltung stets als Einbringungen der Mitunternehmer(teil)-anteile zu werten sind, besteht für Sonderbetriebsvermögen im Zusammenhang mit der Einbringung von Betrieben und Teilbetrieben eigentlich kein Raum.[124] Entgegen der Ansicht der Finanzverwaltung kann daher auch eine Personengesellschaft ihren Betrieb oder Teilbetrieb einbringen. Der Gegenstand der Einbringung ist auf die Personengesellschaft (Mitunternehmerschaft) als eigenständiges Gewinnermittlungssubjekt und nicht auf die einzelnen Gesellschafter (Mitunternehmer) zu beziehen.

cc) Mitunternehmerteilanteil als Einbringungsgegenstand

§ 20 Abs. 1 UmwStG n.F. enthält keine Aussagen darüber, ob der Bruchteil eines Mitunternehmeranteils Gegenstand einer Einbringung sein kann oder nicht. Nach der Gesetzesbegründung[125] erfülle jedoch auch ein solcher Mitunternehmerteilanteil die Voraussetzungen des § 20 Abs. 1 UmwStG n.F. Dies entspricht der bisherigen Auffassung der Finanzverwaltung,[126] war

---

122 *BMF* vom 25.3.1998, BStBl. I 1998, 268 Tz. 20.05.

123 *BMF* vom 25.3.1998, BStBl. I 1998, 268 Tz. 20.08. Dies soll nach dem Willen des Gesetzgebers auch im Rahmen der §§ 20 ff. UmwStG n.F. gelten, vgl. Regierungsentwurf vom 25.9.2006, BT-Drucks. 16/2710, S. 42.

124 Vgl. *Rogall*, DB 2005, 411, 413.

125 Regierungsentwurf vom 25.9.2006, BT-Drucks. 16/2710, S. 42, 44.

126 *BMF* vom 25.3.1998, BStBl. I 1998, 268 Tz. 20.13.

aber in der Rechtslehre[127] bislang nicht unumstritten. Für eine Einbeziehung eines Mitunternehmerteilanteils unter die neu gefassten Einbringungsvorschriften des UmwStG spricht die Regelung des § 20 Abs. 4 Satz 1 UmwStG n.F.[128] Danach ist bei der Einbringung eines Mitunternehmerteilanteils zum gemeinen Wert weder der Freibetrag des § 16 Abs. 4 EStG noch der ermäßigte Steuersatz des § 34 EStG anzuwenden. Eine derartige Einschränkung der Begünstigung eines Gewinns aus der Einbringung hätte keinen Sinn, wenn ein Mitunternehmerteilanteil nicht Gegenstand einer Einbringung sein könnte. Aus der Regelung des § 20 Abs. 4 Satz 1 UmwStG n.F. kann daher der Schluss gezogen werden, dass der Bruchteil eines Mitunternehmeranteils von § 20 Abs. 1 UmwStG n.F. erfasst wird. Gegen eine Einbeziehung des Mitunternehmerteilanteils als Einbringungsgegenstand bestehen jedoch systematische Bedenken. Es ist davon auszugehen, dass der Gesetzgeber grundsätzlich das Ziel verfolgt, Einzelunternehmer und Mitunternehmer gleich zu behandeln (so genannte Gleichstellungsthese).[129] Diese gesetzgeberische Intention zeigt sich vor allem in § 15 Abs. 1 Satz 1 Nr. 2 EStG, wonach Sondervergütungen den Gewinn einer Mitunternehmerschaft nicht mindern dürfen, da auch ein Einzelunternehmer seinen Gewinn nicht durch Verträge mit sich selbst mindern kann. Im Fall der Anerkennung einer steuerneutralen Einbringung eines Mitunternehmerteilanteils kommt es allerdings zu einem offenen Widerspruch bei der Behandlung von Einzel- und Mitunternehmern. Den Vorteil einer steuerneutralen Einbringung, also den Verzicht auf die Besteuerung der enthaltenen stillen Reserven, kann der Einzelunternehmer nur dann in Anspruch nehmen, wenn er alle wesentlichen Betriebsgrundlagen seines Betriebs oder Teilbetriebs einbringt. Will er einzelne Wirtschaftsgüter übertragen, ist das

---

[127] Für eine Einbeziehung *Widmann*, in: Widmann/Mayer, UmwR, § 20 UmwStG Rz. 94; *Friederichs*, in: Haritz/Benkert, UmwStG, § 20 Rz. 107; *Merkert*, in: Bordewin/Brandt, EStG, § 20 UmwStG Rz. 25; *Herrmann*, in: Frotscher/Maas, KStG, UmwStG, § 20 UmwStG Rz. 59. Gegen eine Einbeziehung *Patt/Rasche*, FR 1996, 645, 647; *Märkle*, DStR 2001, 685, 686; *Tiedtke/Wälzholz*, DB 1999, 2026, 2028, 2029 (zu § 16 EStG); *Mittmann*, DStZ 1989, 473, 475; *Patt*, in: Dötsch/Patt/Pung/Jost, UmwStR, 5. Aufl., § 20 UmwStG Rz. 98.

[128] *Patt*, in: Dötsch/Patt/Pung/Möhlenbrock, UmwStR, 6. Aufl., § 20 UmwStG (SEStEG) Rz. 142; *Heß/Schnitger*, in: PwC: Reform des UmwStG Rz. 1531; *Strahl*, KÖSDI 2007, 15442, 15444; *Ley*, FR 2007, 109, 110.

[129] *BFH*, Beschl. vom 25.2.1991, GrS 7/89, BStBl. II 1991, 691, 698. Die Gleichstellungsthese gilt nach der Ansicht des BFH allerdings nicht uneingeschränkt. Es können sich Unterschiede in der Besteuerung zwischen Mitunternehmern und Einzelunternehmern ergeben, soweit sich dies aus den Steuergesetzen ergibt. Die Gleichstellungsthese gilt mithin nur, soweit das Gesetz dies zulässt und die handelrechtliche Selbständigkeit der Personengesellschaft einer Gleichstellung nicht entgegensteht, *Tiedtke/Wälzholz*, DB 1999, 2026, 2028 Fn. 24.

nur unter den Voraussetzungen des § 6 Abs. 5 EStG möglich, nicht aber nach § 20 UmwStG n.F.

Auch ein Vergleich des Mitunternehmerteilanteils mit einem Teilbetrieb scheitert.[130] Die Anforderungen an einen Teilbetrieb sind – wie gezeigt – hoch.[131] Dies gilt unabhängig davon, ob man im Rahmen der neu gefassten Einbringungsvorschriften den nationalen oder den europäischen Teilbetriebsbegriff zugrunde legt; auch unter der Geltung des europäischen Teilbetriebsbegriffs ist zumindest eine wirtschaftliche Einheit notwendig, die aus eigenen Mitteln funktionsfähig ist. Der Vergleich dieser strengen Anforderungen an einen Teilbetrieb mit der Annahme, auch jeder noch so kleine, willkürlich gebildete Bruchteil eines Mitunternehmeranteils, lässt die Ungleichbehandlung von Einzelunternehmern und Mitunternehmern deutlich zu Tage treten.[132] Die Möglichkeit der steuerneutralen Einbringung des Bruchteils eines Mitunternehmeranteils ist daher abzulehnen. Bei § 20 Abs. 4 Satz 1 UmwStG n.F. handelt es sich demnach lediglich um eine Folgeänderung des § 16 EStG. Durch das UnStFG vom 20.12.2001[133] wurde § 16 Abs. 1 Satz 1 Nr. 2 und Satz 2 EStG dahingehend geändert, dass die Veräußerung eines Mitunternehmerteilanteils nicht mehr nach den §§ 16 Abs. 4, 34 EStG begünstigt ist, sondern zu einem laufenden Gewinn führt.[134] Nach der Gesetzesbegründung zum UnStFG[135] sollte dadurch die steuerliche Ungleichbehandlung zwischen der Veräußerung eines Mitunternehmerteilanteils und des entgeltlichen Eintritts einer natürlichen Person in ein bestehendes Unternehmen beseitigt werden. Mit § 20 Abs. 4 Satz 1 UmwStG n.F. wurde die Rechtslage bei der Einbringung eines Mitunternehmerteilanteils an die Rechtslage bei der Veräußerung eines Mitunternehmeranteils angeglichen. Der Hinweis in § 20 Abs. 4 Satz 1 UmwStG n.F. ist daher so zu verstehen, dass bei einem Tausch des Mitunternehmer-

---

[130] So schon *Tiedtke/Wälzholz*, DB 1999, 2026, 2029; *Märkle*, DStR 2000, 797, 802 für die Rechtslage zu § 16 Abs. 1 Satz 1 Nr. 2 EStG in der Fassung vor dem UnStFG.

[131] *Tiedtke/Wälzholz*, DB 1999, 2026, 2028.

[132] So *Tiedtke/Wälzholz*, DB 1999, 2026, 2029 (zu § 16 EStG); vgl. auch *Märkle*, DStR 2001, 685, 686.

[133] BGBl. I S. 3858.

[134] Der Große Senat des BFH hatte schon vor dem Inkrafttreten UnStFG Zweifel daran geäußert, dass die Teilanteilsveräußerung nach dem Wortlaut und dem Zweck des Gesetzes von § 16 Abs. 1 Nr. 2 EStG erfasst werde. Die Gewährung der Tarifvergünstigung nach den §§ 16 i.V.m. 34 EStG für Teilanteilsübertragungen sei rechtssystematisch kaum zu begründen und kann sich mit Rücksicht auf die bisherige Rechtsprechung und die Besteuerungspraxis allein auf Gründe der Rechtssicherheit stützen, vgl. *BFH*, Beschl. vom 18.10.1999, GrS 2/98, BStBl. II 2000, 123, 128, 129; dazu *Patt*, in: Dötsch/Patt/Pung/Jost, UmwStR, 5. Aufl., § 20 UmwStG Rz. 99.

[135] BT-Drucks. 14/6882, S. 34; vgl. auch *Benz*, in: Linklaters Oppenhoff & Rädler, DB 2002, Beilage 1, S. 21; *Wendt*, FR 2002, 127, 131; *Melchior*, DStR 2002, 1, 4.

teilanteils gegen Gesellschaftsrechte, also bei einer (entgeltlichen) Veräußerung zum gemeinen Wert, der entsprechende Gewinn nicht begünstigt werden soll und als laufender Gewinn zu besteuern ist.

b) Teilbetrieb als Einbringungsgegenstand

Die Unterschiede zwischen dem nationalen und europäischen Teilbetriebsbegriff wurden im 2. Teil der Untersuchung aufgezeigt. Kennzeichnendes Merkmal des nationalen Teilbetriebsbegriffs ist die „gewisse" Selbständigkeit des Teilbetriebs. Demgegenüber verzichtet der Teilbetriebsbegriff der Fusionsrichtlinie auf eine solche Selbständigkeit. Maßgeblich ist allein die selbständige Funktionsfähigkeit des Teilbetriebs, also die Fähigkeit des Teilbetriebs aus eigenen Mitteln zu funktionieren. Es stellt sich die Frage, welcher Teilbetriebsbegriff dem § 20 Abs. 1 UmwStG n.F. zugrunde liegt. Das Gesetz enthält keine Aussagen darüber; der Begriff des Teilbetriebs wird weder definiert noch wird auf die Teilbetriebsdefinition des Art. 2 Buchst. i FRL verwiesen. Auch aus der Gesetzesbegründung ergeben sich keine Hinweise. In der Rechtslehre wird dieses Problem bislang nur vereinzelt erörtert. Mehrheitlich[136] wird die vom BFH verwandte Definition des nationalen Teilbetriebsbegriff dem Wortlaut des Art. 2 Buchst. i FRL gegenübergestellt. Eine Stellungnahme zu der Frage, welcher Teilbetriebsbegriff im Rahmen der §§ 20 ff. UmwStG anzuwenden ist, findet sich nur selten. So ist *Patt*[137] der Auffassung, eine Beurteilung des Teilbetriebsbegriff nach den Grundsätzen des § 16 EStG sei im Rahmen des § 20 UmwStG n.F. nicht mehr zulässig. Vielmehr sei sowohl bei grenzüberschreitenden als auch bei rein inländischen Einbringungen der europäische Teilbetriebsbegriff zugrunde zu legen.[138] Dies ergäbe sich vor allem aus der „Europäisierung" der Erbringungsvorschriften.[139] Zudem sei eine einheitliche Anwendung der Teilbetriebsdefinition des Art. 2 Buchst. i FRL geboten, um Inländer- und Ausländerdiskriminierungen zu vermeiden, die durch eine un-

---

[136] Vgl. insbesondere *Plewka/Marquardt*, Handbuch Umstrukturierung, S. 379, Fall 3; *Heß/Schnitger*, in PwC, Reform des UmwStG Rz. 1530; *Ley*, FR 2007, 109, 110 Fn. 4; *Thömmes u.a.*, IWB, F. 11 Gr. 2, 747, 756 („Die Diskussion über die Unterschiede des Teilbetriebsbegriff der Fusionsrichtlinie gegenüber den zu § 16 EStG entwickelten Grundsätzen wird damit wieder an Bedeutung gewinnen.").

[137] *Patt*, Der Konzern 2006, 730, 735; *ders.*, in: Dötsch/Patt/Pung/Möhlenbrock, UmwStR, 6. Aufl., § 20 UmwStG (SEStEG) Rz. 76.

[138] *Patt*, Der Konzern 2006, 730, 735; *ders.*, in: Dötsch/Patt/Pung/Möhlenbrock, UmwStR, 6. Aufl., § 20 UmwStG (SEStEG) Rz. 76.

[139] *Patt*, in: Dötsch/Patt/Pung/Möhlenbrock, UmwStR, 6. Aufl., § 20 UmwStG (SEStEG) Rz. 76.

terschiedliche Auslegung des Teilbetriebsbegriffs bei grenzüberschreitenden Einbringungen einerseits und bei rein inländischen Einbringungen andererseits entstehen könnten. Demgegenüber bezweifeln *Dötsch* und *Pung*[140] – wenn auch ohne Begründung –, dass im Rahmen des § 20 UmwStG n.F. der europäische Teilbetriebsbegriff anzuwenden sei.

M.E. ist bei Beantwortung der Frage, welcher Teilbetriebsbegriff den §§ 20 ff. UmwStG n.F. zugrunde liegt, zunächst zwischen grenzüberschreitenden und inländischen Einbringungen zu differenzieren.

aa) Teilbetriebsbegriff bei grenzüberschreitenden Einbringungen

Erfüllen der einbringende und der übernehmende Rechtsträger die Voraussetzungen des persönlichen Anwendungsbereichs der Fusionsrichtlinie, handelt es sich bei ihnen also um Kapitalgesellschaften, die in der Europäischen Union ansässig sind und einer der im Anhang zur Fusionsrichtlinie aufgeführten Rechtsformen entsprechen, ergibt sich aus dem Gebot der richtlinienkonformen Auslegung, dass der Begriff des Teilbetriebs in § 20 UmwStG n. F. entsprechend der Teilbetriebsdefinition des Art. 2 Buchst. i FRL auszulegen ist.[141] Da § 20 UmwStG n.F. keine Legaldefinition des Teilbetriebsbegriff enthält, ist eine richtlinienkonforme Auslegung auch möglich.[142] Insoweit gelten die gleichen Auslegungsmaßstäbe, welche nach der herrschenden Auffassung in der Rechtslehre[143] im Rahmen des § 23 UmwStG 1995 anzuwenden waren.[144] Bei anderen grenzüberschreitenden Einbringungen im Rahmen des § 20 UmwStG n.F., in denen als einbringender Rechtsträger nicht eine Kapitalgesellschaft im Sinne der Fusions-

---

140 Vgl. *Dötsch/Pung*, DB 2006, 2763, 2764 Fn. 64.

141 Ähnlich *Förster/Wendland*, BB 2007, 631, 632; wohl auch *Thömmes* u.a., IWB, F. 11 Gr. 2, 747, 756; *Herlinghaus*, in: Rödder/Herlinghaus/van Lishaut, UmwStG, § 20 Rz. 61.

142 Vgl. zu den Voraussetzungen einer richtlinienkonformen Auslegung, *EuGH*, Urt. vom 4.7.2006, Rs. C-212/04, „*Adeneler*", NJW 2006, 2465.

143 Für eine Geltung des europäischen Teilbetriebsbegriff im Rahmen des § 23 UmwStG 1995, *Schmitt*, in: Schmitt/Hörtnagl/Stratz, UmwG/UmwStG, § 23 UmwStG Rz. 24; *Patt*, in: Dötsch/Patt/Pung/Jost, UmwStR, 5. Aufl., § 23 UmwStG Rz. 11; *Merkert*, in: Bordewin/Brandt, EStG, § 23 UmwStG 1995 Rz. 19; *Widmann*, in: Widmann/Mayer, UmwR, § 23 UmwStG Rz. 18; *Menner/Broer*, BB 2003, 229; *dies*, DB 2002, 815, 818; *Albrecht*, in: Haritz/Benkert, UmwStG, § 23 UmwStG Rz. 116 ff.; *Thömmes*, in Flick/Wassermeyer/Baumhoff, AStG, § 23 UmwStG Rz. 45; *ders.*, FS Widmann, S. 583, 600; *Herzig/Förster*, DB 1992, 911, 913; *Strobl-Haarmann*, FS Widmann, S. 553, 558, 559; *Wassermeyer*, EuZW 1992, 738; *Blumers*, DB 2001, 722, 724 f.; *Haarmann*, JbFSt 2001/2002, 181, 185; a.A. *Thiel*, GmbHR 1994, 277, 283; *BMF* vom 25.3.1998, BStBl. I 1998, 268 Tz. 23.01.

144 Vgl. oben unter Teil 1, D., III., 1., c), dd).

richtlinie sondern beispielsweise eine natürliche Person beteiligt ist, greift das Gebot der richtlinienkonformen Auslegung nicht, da eine solche Einbringung über den persönlichen Anwendungsbereich der Fusionsrichtlinie hinausgeht. Es stellt sich die Frage, ob auch in diesen Fällen der europäische Teilbetriebsbegriff anzuwenden ist. Dafür spricht das vom Gesetzgeber verfolgte Ziel, ein einheitliches und EU-konformes System für die steuerliche Behandlung von Einbringungsfällen zu schaffen.[145] Nach dem Willen des Gesetzgebers sollen danach die gleichen Grundsätze für alle Arten von Einbringungen gelten. Erkennbar dienten ihm dabei die Regelungen der Fusionsrichtlinie als Muster für die Ausgestaltung der neu gefassten Einbringungsvorschriften. Deutlich wird dies in der amtlichen Überschrift des § 20 UmwStG n.F. („Einbringung von Unternehmensteilen"), die der Terminologie des Art. 2 Buchst. c FRL entspricht. Darüber hinaus wird in § 1 Abs. 5 Nr. 1 UmwStG n.F. die Fusionsrichtlinie definiert[146] und in § 20 Abs. 8 UmwStG n.F. (Einbringung durch eine steuerlich transparente Gesellschaft im Sinne der Artt. 3, 10a FRL) im Wege einer Rechtsgrundverweisung für unmittelbar anwendbar erklärt. Hinzu tritt, dass sich der Gesetzgeber zu einer „überschießenden" Umsetzung der Fusionsrichtlinie entschieden hat, um ein systematisch in sich geschlossenes Umstrukturierungsrecht zu schaffen.[147] Dieser Absicht widerspräche es, wenn man unterschiedliche Teilbetriebsbegriffe im Rahmen von grenzüberschreitenden Einbringungen anlegen würde. Der europäische Teilbetriebsbegriff ist daher auch bei solchen grenzüberschreitenden Einbringungen anzuwenden, die nicht in den Anwendungsbereich der Fusionsrichtlinie fallen.

bb) Teilbetriebsbegriff bei rein inländischen Einbringungen

Eine andere Frage ist, ob auch bei rein inländischen Einbringungen der europäische Teilbetriebsbegriff gilt. Zwar betrifft diese Frage nicht unmittelbar den hier behandelten Zusammenhang der grenzüberschreitenden Einbringung von Unternehmensteilen. Sie ist aber insoweit von Bedeutung, als eine grenzüberschreitende Einbringung von Unternehmensteilen in den Schutzbereich der Niederlassungs- und Kapitalverkehrsfreiheit fällt und daher nicht schlechter als eine reine Inlandseinbringung behandelt werden

---

[145] Vgl. Regierungsentwurf vom 25.9.2006, BT-Drucks. 16/2710, S. 26, 42.

[146] Maßgeblich ist danach die zum Zeitpunkt des steuerlichen Übertragungsstichtags geltende Fassung der Fusionsrichtlinie. Die Verweisung ist insoweit dynamisch, vgl. *Möhlenbrock*, in: Dötsch/Patt/Pung/Möhlenbrock, UmwStR, 6. Aufl., § 1 UmwStG (SEStEG) Rz. 201.

[147] Regierungsentwurf vom 25.9.2006, BT-Drucks. 16/2710, S. 25.

darf. Nach der hier vertretenen Auffassung erfüllt eine 100%ige Beteiligung an einer Kapitalgesellschaft nicht die Voraussetzungen der Teilbetriebsdefinition des Art. 2 Buchst. i FRL.[148] Auch der Teilbetrieb im Aufbau und der zerstörte Teilbetrieb können nicht Gegenstand einer steuerneutralen Einbringung sein. Daneben vertritt ein Teil der Rechtslehre[149] die Ansicht, im Rahmen des europäischen Teilbetriebsbegriffs müssten nicht nur die wesentlichen Betriebsgrundlagen sondern sämtliche Wirtschaftsgüter des Teilbetriebs eingebracht werden. Insoweit ist der europäische Teilbetriebsbegriff restriktiver als derjenige des § 16 EStG. In diesen Fällen kann es daher zu einer Schlechterstellung einer grenzüberschreitenden Einbringung gegenüber einer rein inländischen Einbringung kommen, wenn man bei gleichgelagerten Inlandseinbringungen den Teilbetriebsbegriff des § 16 EStG zugrunde legt.[150] Umgekehrt ist der europäische Teilbetriebsbegriff stellenweise weiter als der nationale Teilbetriebsbegriff.[151] So verzichtet er auf das Merkmal der „gewissen" Selbständigkeit, welches den nationalen Teilbetriebsbegriff kennzeichnet. Eine unterschiedliche Handhabung des Teilbetriebsbegriffs kann deshalb zu einer Inländerdiskriminierung führen, die zwar keinen Verstoß gegen die Niederlassungs- und Kapitalverkehrsfreiheit bedeutet, jedoch an dem Gleichheitsgebot des Art. 3 GG zu messen ist. Sowohl die Diskriminierung einer grenzüberschreitenden, als auch einer rein inländischen Einbringung widerspräche der Intention des Gesetzgebers. Nach der Gesetzesbegründung[152] besteht der Sinn und Zweck der Neukonzeption der §§ 20 ff. UmwStG n.F. darin, im Interesse der Erleichterung von Umstrukturierungen ein einheitliches und EU-konformes System für die steuerliche Behandlung von Einbringungsfällen zu schaffen. Po-

---

148 In der Gesetzesbegründung wird insoweit klargestellt, dass eine 100%ige Beteiligung an einer Kapitalgesellschaft nicht als Teilbetrieb im Sinne des § 20 Abs. 1 UmwStG n.F. gilt, vgl. Regierungsentwurf vom 25.9.2006, BT-Drucks. 16/2710, S. 42. Zur Frage, ob die eine solche Beteiligung unter die Regelungen des Anteilstausches nach § 21 UmwStG n.F. fällt, *Ley*, FR 2007, 109, 110.

149 *Neumann*, EStB 2002, 437, 441; *Schmitt*, in: Schmitt/Hörtnagl/Stratz, UmwG, UmwStG, § 23 UmwStR Rz. 30; *Blumers*, DB 2001, 722, 725, *ders.*, BB 2007, 1757, 1760; zusammenfassend *Patt*, in: Patt/Dötsch/Pung/Möhlenbrock, UmwStR, 6. Aufl., § 20 UmwStG (SEStEG) Rz. 93.

150 In diesem Sinn auch *Patt*, in: Dötsch/Patt/Pung/Möhlenbrock, UmwStR, 6. Aufl., § 20 UmwStG (SEStEG) Rz. 76.

151 Wegen diesen Unterschieden zwischen dem europäischen und dem nationalen Teilbetriebsbegriff vertritt *Herlinghaus* (vgl. *Herlinghaus*, in: Rödder/Herlinghaus/van Lishaut, UmwStG, § 20 Rz. 59) eine gespaltene Auslegung: Soweit die FRL strengere Anforderungen an das Vorliegen eines Teilbetriebs stelle, gelte der nationale Teilbetriebsbegriff. Ansonsten sei, insbesondere im Hinblick auf die weiteren Anforderungen des Art. 2 Buchst. i FRL, der europäische Teilbetriebsbegriff anzuwenden.

152 Vgl. Regierungsentwurf vom 25.9.2006, BT-Drucks. 16/2710, S. 26, 42.

tentielle Schlechterstellungen und damit verbundene Verstöße gegen die Grundfreiheiten im Rahmen von grenzüberschreitenden Einbringungen sollen durch die „Europäisierung“ der Einbringungsvorschriften vermieden werden.[153] Dieser vom Gesetzgeber angestrebten Gleichstellung inländischer und grenzüberschreitender Einbringungen steht es entgegen, wenn man bei grenzüberschreitenden und rein inländischen Sachverhalten einen unterschiedlichen Teilbetriebsbegriff verwenden würde. Die aufgezeigten Diskriminierungen könnten zwar durch eine einheitliche Anwendung des nationalen Teilbetriebsverständnisses vermieden werden. Allerdings dienen die §§ 20 ff. UmwStG n.F. auch der Umsetzung der Fusionsrichtlinie, so dass der Teilbetriebsbegriff bei grenzüberschreitenden Einbringungen, die zugleich dem persönlichen Anwendungsbereich der Richtlinie unterfallen, aufgrund einer richtlinienkonformen Auslegung zwingend im Sinne des Art. 2 Buchst. i FRL auszulegen ist. Im Rahmen der vom Gesetzgeber angestrebten Gleichbehandlung von inländischen und grenzüberschreitenden Einbringungen bedeutet dies, dass von einer einheitlichen Anwendung des europäischen Teilbetriebsbegriffs auszugehen ist. Ob im konkreten Fall die Voraussetzungen eines Teilbetriebs vorliegen, richtet sich auch bei rein inländischen Einbringungen nach der Definition des Art. 2 Buchst. i FRL. Dies ist insoweit bedenklich, als der europäische Teilbetriebsbegriff im deutschen UmwStG bislang nur von geringer Bedeutung war und keine umfangreiche Rechtsprechung des EuGH besteht, die sich mit dem Inhalt des europäischen Teilbetriebsbegriff befasst hat. Insbesondere lassen sich aus dem Urteil des EuGH in der Rechtssache „*Andersen og Jensen*“ nur wenige Kriterien für die Auslegung des europäischen Teilbetriebsbegriffs ableiten. Auch der Ansicht des EuGH, die Einbringung eines Teilbetriebs erfordere die „Gesamtheit seiner Wirtschaftsgüter“, überzeugt nicht.[154] Der europäische Teilbetriebsbegriff hat daher den Nachteil, dass er in seiner praktischen Anwendung nur wenig Planungssicherheit für die beteiligten Rechtsträger bietet. Demgegenüber kann bei der Anwendung des nationalen Teilbetriebsbegriffs auf eine über Jahrzehnte gewachsene Rechtsprechung des RFH und des BFH zurückgegriffen werden, die zwar in ihren Einzelheiten nicht ohne Widerspruch ist, aber eine gefestigte Grundlage für die Rechtsanwendung darstellt. Der Gesetzgeber hätte daher gut daran getan, den anzuwendenden Teilbetriebsbegriff legal zu definieren oder zu-

[153] Wie sich aus dem Allgemeinen Teil der Gesetzesbegründung (Regierungsentwurf vom 25.9.2006, BT-Drucks. 16/2710, S. 25) ergibt, reagierte der Gesetzgeber mit der umfassenden Neukonzeption des UmwStG auch auf die wachsende Bedeutung der Rechtsprechung des EuGH zu den direkten Steuern der Mitgliedstaaten.

[154] Vgl. oben unter Teil 2, D., V., 3.

mindest im Rahmen der Gesetzesbegründung einen Hinweis zu geben, nach welchen Kriterien ein Teilbetrieb zu bestimmen ist. So hätte sich etwa angeboten, einen eigenständigen Teilbetriebsbegriff des UmwStG einzuführen, der zwar ebenso wie der europäische Teilbetriebsbegriff aufgrund des Sinn und Zwecks des UmwStG auf eine „gewisse" Selbständigkeit des Teilbetriebs verzichtet, aber keinerlei Bezug zur Teilbetriebsdefinition des Art. 2 Buchst. i FRL gehabt hätte. Damit wäre der europäische Teilbetriebsbegriff nicht nur richtlinienkonform umgesetzt, sondern auch der Auslegungskompetenz des EuGH entzogen worden; wie die Urteile des EuGH in den Rechtssachen *„Andersen og Jensen"*[155] und insbesondere *„Leur-Bloem"*[156] gezeigt haben, nimmt er seine Zuständigkeit für die Auslegung der Fusionsrichtlinie auch für solche Fälle an, die zwar nicht unmittelbar auf einer Umsetzung der Richtlinie beruhen, aber denen der erkennbare Wille des Gesetzgebers zugrunde liegt, grenzüberschreitende und rein inländische Sachverhalte gleichzubehandeln („überschießende" Umsetzung von Richtlinienrecht).[157] In diesem Sinn betont der EuGH, dass schon dann ein gemeinschaftliches Interesse an einer einheitlichen Auslegung bestehe, wenn eine nationale Regelung von dem erkennbaren Willen des Gesetzgebers getragen wird, ein einheitliches System für rein inländische und grenzüberschreitende Sachverhalte zu schaffen.[158] Diese Bedenken im Hinblick auf die Schwierigkeiten, die mit der Anwendung des europäischen Teilbetriebsbegriff verbunden sein werden, ändern aber nichts an dem Befund, dass der Teilbetriebsbegriff im Rahmen der §§ 20 ff. UmwStG n.F. zukünftig einheitlich im Sinne der Definition des Art. 2 Buchst. i FRL auszulegen ist.

c) Einbringung der funktional wesentlichen Betriebsgrundlagen

Nach der Gesetzesbegründung[159] sind nicht alle Wirtschaftsgüter des jeweiligen Unternehmensteils sondern nur die wesentlichen Betriebsgrundlagen einzubringen. Dies entspricht der herrschenden Auffassung in der Rechts-

---

155 *EuGH*, Urt. vom 15.1.2002, Rs. C-43/00, *„Andersen og Jensen"*, Slg. 2002, I-394 Tz. 14.

156 *EuGH*, Urt. vom 17.7.1997, Rs. C-28/95, *„Leur-Bloem"*, Slg. 1997, I-4190 Tz. 27 ff.

157 Für eine umfassende Auslegungskompetenz des EuGH im Rahmen des UmwStG n.F., *Hahn*, in: PwC, Reform des UmwStG Rz. 760, 761; a.A. *Möhlenbrock*, in: Dötsch/Patt/Pung/Möhlenbrock, UmwStR, 6. Aufl., Einf. UmwStG (SEStEG) Rz. 99, der eine Auslegungskompetenz des EuGH verneint, weil der Gesetzgeber bei der Bestimmung des Anwendungsbereichs in § 1 UmwStG n.F. nicht auf die Begriffsbestimmungen des Art. 2 FRL zurückgegriffen habe.

158 *EuGH*, Urt. vom 17.7.1997, Rs. C-28/95, *„Leur-Bloem"*, Slg. 1997, I-4190 Tz. 27, 30, 32;

159 Regierungsentwurf vom 25.9.2006, BT-Drucks. 16/2710, S. 42.

lehre, Finanzverwaltung und Rechtsprechung[160] zu § 20 UmwStG 1995 sowie der hier vertretenen Auslegung der Begriffe Betrieb und Teilbetrieb im Rahmen der Fusionsrichtlinie.[161] Bei der Beurteilung, ob ein Wirtschaftsgut eine wesentliche oder unwesentliche Betriebsgrundlage darstellt, ist ausschließlich auf eine rein funktionale Betrachtungsweise abzustellen.[162] Der Gesetzgeber schließt sich damit zum einen den Vertretern der Rechtslehre[163] an, welche aufgrund einer normspezifischen Auslegung des Begriffs der wesentlichen Betriebsgrundlage eine rein funktionale Betrachtungsweise befürwortet haben. Zum anderen stellt dieser Wille des Gesetzgebers eine teilweise Abkehr[164] von der bisherigen Auffassung der Finanzverwaltung dar. Diese vertrat im Schreiben vom 16.8.2000[165] eine differenzierende Betrachtungsweise in Abhängigkeit von dem Bewertungsansatz der übernehmenden Gesellschaft. Dieser Ansicht war jedoch nicht zu folgen, da sie den Tatbestand und die Rechtsfolge einer Sacheinlage nach § 20 UmwStG 1995 vermischte und daher systematisch nicht überzeugte.[166] Insoweit ist die Regelung durch den Gesetzgeber zu begrüßen. Zugleich entspricht sie der Auslegung des Teilbetriebsbegriffs der Fusionsrichtlinie. Denn auch im Rahmen des europäischen Teilbetriebsbegriffs ist eine rein funktionale Betrachtungsweise bei der Bestimmung der wesentlichen Betriebsgrundlagen maßgeblich.[167]

---

160 *BMF* vom 25.03.1998, BStBl. I 1998, 268 Tz. 20.08 und 24.04; *BFH*, Urt. vom 16.2.1996, I R 183/94, BStBl. II 1996, 342, 344.; *Herrmann*, in: Frotscher/Maas, KStG, UmwStG, § 20 UmwStG Rz. 53 ff.; *Schmitt*, in: Schmitt/Hörtnagl/Stratz, UmwG/UmwStG, § 20 UmwStG Rz. 51 und § 24 UmwStG Rz. 85; *Haarmann*, FS Widmann, S. 375, 385; *Rogall*, DB 2005, 410; *Hörger/Schulz*, DStR 1998, 233; *Patt*, DStR 1996, 1585, 1586; *ders.*, DStR 1998, 190, 191; *Binz/Freudenberg/Sorg*, DStR 1993, 3, 5; *Röhrig*, EStB 2000, 390 f.; *Reiche*, DStR 2006, 1205.

161 Vgl. oben unter Teil 2, D., V., 5. (Teilbetrieb), VI., 2. (Betrieb).

162 Regierungsentwurf vom 25.9.2006, BT-Drucks. 16/2710, S. 42.

163 *Schmitt*, in: Schmitt/Hörtnagl/Stratz, UmwG, UmwStG, § 20 UmwStG Rz. 5, 6; *Reiche*, DStR 2006, 1205, 1206; *Rogall*, DB 2005, 410; *ders.*, DB 2006, 66, 67; *Blumers*, DB 2001, 722, 723 f; *Märkle*, DStR 2000, 797, 801; *Hörger*, DB 1987, 349, 352; *Hörger/Schulz*, DStR 1998, 233; *Blumers*, DB 1995, 496, 497; *Binz/Freudenberg/Sorg*, DStR 1993, 3, 5.

164 So *Heß/Schnitger*, in: PwC, Reform des UmwStR Rz. 1529.

165 *BMF* vom 16.8.2000, BStBl. I 2000, 1253.

166 *Patt/Rasche*, FR 2000, 1328, 1329; *Kellner*, S. 20; *Menner/Broer*, BB 2003, 229, 232; *Patt*, in: Dötsch/Patt/Jost/Möhlenbrock, UmwStR, 6. Aufl., § 20 UmwStG (SEStEG) Rz. 45.

167 Gleiche Ansicht *Thömmes*, FS Widmann, S. 583, 598; *ders.*, in: Flick/Wassermeyer/Baumhoff, AStG, § 23 UmwStG Rz. 68; *Schmitt*, in: Schmitt/Hörtnagl/Stratz, UmwG, UmwstG, § 23 UmwStG Rz. 26; *Heß/Schnitger*, in: PwC, Reform des UmwStR Rz. 1530.

aa) Übertragung des wirtschaftlichen Eigentums

Die wesentlichen Betriebsgrundlagen des jeweiligen Unternehmensteils können zivilrechtlich sowohl im Wege der Gesamtrechts- oder Sonderrechtsnachfolge nach dem UmwG als auch im Wege der Einzelrechtsnachfolge, also einzeln und unter Wahrung des sachenrechtlichen Bestimmtheitsgrundsatzes,[168] auf die übernehmende Kapitalgesellschaft übertragen werden.[169]

Im Gegensatz zur bisherigen Rechtslage wird dies ausdrücklich durch § 1 Abs. 3 Nr. 1 bis Nr. 4 UmwStG n.F. klargestellt. Nr. 1 nennt dabei die Verschmelzung, Aufspaltung und Abspaltung im Sinne der §§ 2, 123 Abs. 1 und 2 UmwG, Nr. 2 die Ausgliederung von Vermögensteilen nach § 123 Abs. 3 UmwG, Nr. 3 den Formwechsel einer Personengesellschaft in eine Kapitalgesellschaft gemäß § 190 Abs. 1 UmwG und Nr. 4 die Einbringung von Betriebsvermögen durch Einzelrechtsnachfolge als mögliche Übertragungsvarianten.

Nach dem Wortlaut des Gesetzes ist es – entgegen der bisherigen Rechtslage – ausreichend, wenn die jeweiligen Wirtschaftgüter aufgrund eines ausländischen Umwandlungsvorgangs übertragen werden, der mit einer der genannten Varianten des UmwG vergleichbar ist.[170]

Es entsprach jedoch der bisherigen Auffassung der Finanzverwaltung[171] und der herrschenden Ansicht in der Rechtslehre,[172] dass steuerrechtlich die Voraussetzungen einer Einbringung schon dann vorlagen, wenn der übernehmenden Gesellschaft das wirtschaftliche Eigentums nach § 39 Abs. 2 Nr. 1 AO 1977 übertragen wurde, weil dies sowohl handelsrechtlich als auch steuerrechtlich zur Zuordnung der jeweiligen Wirtschaftgüter bei der übernehmenden Gesellschaft führte.[173] Entscheidend war danach der im Einbringungsvertrag vereinbarte Übergang von Gefahr, Nutzungen und

---

168 Zu diesem Grundsatz *Reinicke/Tiedtke*, Kreditsicherung Rz. 636.

169 *Benz/Rosenberg*, in: Blumenberg/Schäfer, Das SEStEG, S. 149; eine Übersicht über die möglichen Übertragungsvarianten nach dem UmwG gibt *Patt*, in: Dötsch/Patt/Jost/Möhlenbrock, UmwStR, 6. Aufl., § 20 UmwStG (SEStEG) Rz. 161.

170 Zur Vergleichbarkeit des ausländischen Vorganges *Benecke/Schnitger*, IStR 2007, 22, 25; *dies.*, IStR 2009. 765, 769.

171 *Bayrisches Landesamt für Steuern* vom 6.3.2006, Der Konzern 2006, 477 = FR 2006, 391; *BMF* vom 25.03.1998, BStBl. I 1998, 268 Tz. 20.08 unter Verweis auf die Rechtslage zu § 16 EStG.

172 *Schmitt*, in: Schmitt/Hörtnagl/Stratz, UmwG/UmwStG, § 20 UmwStG Rz. 12 und Rz. 205; *Patt*, in: Dötsch/Patt/Pung/Jost, UmwStR, 5. Aufl., § 20 UmwStG Rz. 127; *Merkert*, in: Bordewin/Brandt, EStG, § 20 UmwStG Rz. 48; *Widmann*, in: Widmann/Mayer, UmwR, § 20 UmwStG Rz. 9.

173 *Patt*, in: Dötsch/Patt/Pung/Jost, UmwStR, 5. Aufl., § 20 UmwStG Rz. 127.

Lasten auf die Übernehmerin. Erfolgte die Einbringung der Wirtschaftgüter im Wege der Gesamtrechts- oder Sonderrechtsnachfolge nach dem UmwG, so erwarb die übernehmende Gesellschaft das wirtschaftliche Eigentum spätestens mit der Eintragung der Umwandlung in das Handelsregister des einbringenden Rechtsträgers.[174] Lediglich vereinzelt[175] wurde im Hinblick auf das Urteil des BFH vom 16.2.1996[176] vertreten, im Rahmen des § 20 UmwStG 1995 komme es auf die Übertragung des zivilrechtlichen Eigentums an. Dieser Auffassung war jedoch nicht zuzustimmen, da sie auf einer Fehlinterpretation des genannten Urteils beruhte.[177] In diesem ging es um die Frage, ob eine Übertragung der wesentlichen Betriebsgrundlagen auch dann angenommen werden könne, wenn Wirtschaftsgüter des Sonderbetriebsvermögens eines Gesellschafters (Mitunternehmers) im Wege einer Nutzungsüberlassung auf die übernehmende Gesellschaft übergehen.[178] Dies verneinte der BFH. Anders als der Leitsatz des Urteils suggeriert, nahm er jedoch keine Stellung zu der Frage, ob es für die Annahme einer Sacheinlage grundsätzlich ausreichend sei, wenn der übernehmenden Gesellschaft das wirtschaftliche Eigentum an den wesentlichen Betriebsgrundlagen eingeräumt werde.

bb) Die Auffassung von Patt

Nach der Auffassung von *Patt*[179] reiche unter der Geltung der neuen Rechtslage die Verschaffung des wirtschaftlichen Eigentums nicht mehr

---

174 *Patt,* in: Dötsch/Patt/Pung/Jost, UmwStR, 5. Aufl. § 20 UmwStG Rz. 249; *Friederichs,* in: Haritz/Benkert, UmwStG, § 20 Rz. 266, 267, (allerdings zweifelnd, ob das wirtschaftliche Eigentum nicht schon vorher mit der Wirksamkeit des Umwandlungsbeschlusses übergeht).

175 *Haarmann,* FS Widmann, S. 375, 384 (*Haarmann* spricht insoweit von einem „Dogma der Übertragung von zivilrechtlichem Eigentum an den wesentlichen Betriebsgrundlagen"); *Hölzle,* S. 159.

176 *BFH,* Urt. vom 16.2.1996, I R 183/94, BStBl. II 1996, 342, 343.

177 Gleiche Ansicht *Herlinghaus,* FR 2007, 286, 287; *Schmitt,* in: Schmitt/Hörtnagl/Stratz, UmwG/UmwStG, § 20 UmwStG Rz. 12 und Rz. 205.

178 Diese Frage blieb für Wirtschaftsgüter, die nicht Sonderbetriebsvermögen waren, umstritten. Eine Nutzungsüberlassung der jeweiligen Wirtschaftsgüter sehen *Blumers,* DB 2001, 722, 724; *Rödder/Beckmann,* DStR 1999, 751, 752; *Herzig,* DB 2000, 2236, 2239; *Haarmann,* FS Widmann, S. 375, 391 und *Hölzle,* S. 161 als ausreichend an; a.A. *BMF* vom 25.03.1998, BStBl. I 1998, 268 Tz. 20.08; *Schmitt,* in: Schmitt/Hörtnagl/Stratz, UmwG/UmwStG, § 20 UmwStG Rz. 12 und Rz. 205; *Hörtnagl* in: Schmitt/Hörtnagl/Stratz, UmwG/UmwStG, § 15 UmwStG Rz. 60 (für den Fall der Abspaltung eines Teilbetriebs); *Merkert,* in: Bordewin/Brandt, EStG, § 20 Rz. 13; *Rogall,* DB 2005, 410, 411.

179 *Patt,* Der Konzern 2006, 730, 735; *ders.,* in: Dötsch/Patt/Pung/Möhlenbrock, UmwStR, 6. Aufl., § 20 UmwStG (SEStEG) Rz. 7.

aus, um eine nach § 20 UmwStG n.F. begünstigte Sacheinlage zu begründen. Wie sich aus dem Wortlaut des § 1 Abs. 3 UmwStG („Der Sechste bis Achte Teil gilt *nur* für“) und der Gesetzesbegründung[180] ergebe, seien die in den Nr. 1 bis Nr. 4 aufgeführten zivilrechtlichen Übertragungsvarianten auch für steuerliche Zwecke abschließend. Die Einräumung des wirtschaftlichen Eigentums unterfalle nicht dem Vorgang einer Einzelrechtsnachfolge nach § 1 Abs. 3 Nr. 4 UmwStG n.F., da der Begriff der Einzelrechtsnachfolge einen rein zivilrechtlichen Übertragungsvorgang bezeichne, der die Änderung der Eigentumsrechte erfordere und eine bloße wirtschaftliche Zuordnung des Eigentums im Sinne des § 39 Abs. 2 Satz 1 AO 1977 ausschließe. Die Ursache für diese Einschränkung im Vergleich zur bisherigen Rechtslage führt *Patt*[181] auf die „Europäisierung“ der Einbringungsvorschriften zurück. Es könne nicht ausgeschlossen werden – meint er –, dass die Rechtsordnungen anderer Mitgliedstaaten der EU oder des EWR die Einräumung des wirtschaftlichen Eigentums nicht anerkennen.

cc) Stellungnahme

Der Auffassung von *Patt*, welche sich vornehmlich auf den Wortlaut des § 1 Abs. 3 UmwStG n.F. stützt, ist nicht zuzustimmen. Es ist nicht davon auszugehen, dass der Gesetzgeber mit der Aufzählung der zivilrechtlichen Übertragungsvarianten in § 1 Abs. 3 Nr. 1 bis Nr. 4 UmwStG n.F. eine Einschränkung des Regelungsgehalts des § 20 UmwStG n.F. beabsichtigte. Zwar enthielt das UmwStG 1995 keine Bestimmung des Anwendungsbereichs der Einbringungsvorschriften. Auch wurde der Begriff des „Einbringens“ an keiner Stelle des Gesetzes definiert. Materiell unterschied das Gesetz aber sehr wohl zwischen Einbringungen, die auf einem Vorgang des UmwG beruhten, und solchen, die außerhalb des UmwG erfolgten. Dementsprechend wurde auch zwischen den Fällen der Gesamtrechtsnachfolge und der Einzelrechtsnachfolge differenziert.[182] Dennoch war es steuerrechtlich für die Annahme einer Sacheinlage ausreichend, wenn das wirtschaftliche Eigentum an den Wirtschaftsgütern des Unternehmensteils übertragen wurde. Der Gesetzesbegründung lassen sich keine Hinweise entnehmen, dass der Gesetzgeber diese Rechtslage ändern wollte. In der Allgemeinen

[180] Regierungsentwurf vom 25.9.2006, BT-Drucks. 16/2710, S. 35.

[181] *Patt*, in: Dötsch/Patt/Pung/Möhlenbrock, UmwStR, 6.Aufl., § 20 UmwStG (SEStEG) Rz. 7.

[182] Vgl. allein *Hörtnagl*, in: Schmitt/Hörtnagl/Stratz, UmwG, UmwStG, § 20 UmwStG Rz. 34 m.w.N.; *Patt*, in: Patt/Dötsch/Patt/Pung/Jost, UmwStR, 5. Aufl., § 20 UmwStG Rz. 128.

Gesetzesbegründung zu § 1 UmwStG n.F. wird vielmehr betont, dass mit der „Europäisierung" eine Erweiterung des Anwendungsbereichs des UmwStG erreicht werden solle. An dem Erfordernis der Ansässigkeit des übertragenden und der übernehmenden Rechtsträgers nach § 1 Abs. 5 UmwStG 1995 werde nicht mehr festgehalten, um grenzüberschreitende Umstrukturierungen zu ermöglichen.[183] Von einer Einschränkung des in Betracht kommenden steuerrechtlichen Einbringungswegs wird hingegen nicht gesprochen.[184] Auch die Einzelbegründung zu § 1 Abs. 3 UmwStG enthält keinen Hinweis auf eine Einschränkung der bisherigen Rechtslage. Es werden allein die zivilrechtlichen Übertragungsvarianten aufgezählt, die materiell bereits im Rahmen des UmwStG 1995 anerkannt waren.[185]

Vielmehr ergibt sich aus § 27 Abs. 1 Satz 2 UmwStG n.F., dass der Gesetzgeber die Übertragung des wirtschaftlichen Eigentums auch im Rahmen des UmwStG n.F. als ausreichend ansieht.[186] Danach ist das UmwStG n.F. für Einbringungen, deren Wirksamkeit keine Eintragung in ein öffentliches Register voraussetzt, erstmals dann anzuwenden, wenn das wirtschaftliche Eigentum an den eingebrachten Wirtschaftsgütern nach dem 12.12.2006 übergegangen ist. Der maßgebliche Zeitpunkt für die Anwendung der §§ 20 ff. UmwStG n.F. bestimmt sich daher zumindest bei Einbringungen, denen zivilrechtlich keine Übertragung nach dem UmwG zugrunde liegt, nach der Übertragung des wirtschaftlichen Eigentums. Der Gesetzgeber knüpft damit an die bisherige Rechtslage an und macht damit deutlich, dass er die Einräumung des wirtschaftlichen Eigentums für das Vorliegen einer Sacheinlage im Sinne des § 20 Abs. 1 UmwStG n.F für ausreichend hält. Dieses Ergebnis wird auch durch den Sinn und Zweck des UmwStG n.F. gestützt. Der Sinn und Zweck des UmwStG n.F. hat sich im Vergleich zum UmwStG 1995 im Grundsatz nicht geändert. Er besteht weiterhin darin, wirtschaftlich sinnvolle Umstrukturierungen nicht durch steuerliche Folgen zu behindern.[187] Im Unterschied zur bisherigen Rechtslage wird dieser Zweck allein in räumlicher Hinsicht auf bestimmte grenzüberschreitende Umstrukturierungen unter der Beteiligung von Rechtsträgern aus den Mitgliedstaaten der EU und des EWR ausgeweitet. Die Einführung zusätzlicher Hemmnisse im Rahmen der in Betracht kommenden Einbringungswege ist

---

[183] Regierungsentwurf vom 25.9.2006, BT-Drucks. 16/2710, S. 35 f.

[184] *Herlinghaus*, FR 2007, 286, 289; *ders.*, in: Rödder/Herlinghaus/van Lishaut, UmwStG, § 20 Rz. 38 f., 67.

[185] Regierungsentwurf vom 25.9.2006, BT-Drucks. 16/2710, S. 26.

[186] In diesem Sinn auch *Förster/Wendland*, BB 2007, 631, 632 Fn. 15 (ohne Begründung); a.A. *Patt*, in: Dötsch/Patt/Pung/Möhlenbrock, UmwStR, 6. Aufl., § 20 UmwStG (SEStEG) Rz. 7.

[187] Regierungsentwurf vom 25.9.2006, BT-Drucks. 16/2710, S. 25 f.

hingegen nicht beabsichtigt. Gerade bei Teilbetriebseinbringungen würde das Erfordernis der Übertragung des zivilrechtlichen Eigentums an den wesentlichen Betriebsgrundlagen auf ein solches Umstrukturierungshemmnis hinauslaufen. Insbesondere ist bei gemeinsam genutzten Wirtschaftsgütern nicht nur eine Zuordnung des jeweiligen Wirtschaftsguts zu einem Teilbetrieb, sondern auch die Übertragung des Eigentums auf die übernehmende Gesellschaft nicht oder nur durch komplizierte und daher nicht gewollte zivilrechtliche Teilungsmaßnahmen zu erreichen. Zu denken ist in diesem Zusammenhang an den häufig anzutreffenden Fall, dass ein Verwaltungsgebäude von zwei Teilbetrieben gemeinsam genutzt wird. Als Ausweg bot sich nach der bisherigen Rechtslage an, der übernehmenden Gesellschaft die Gefahren, Nutzungen und Lasten, also das wirtschaftliche Eigentum, an den Teilen des Grundstücks zu überlassen, welche der Verwaltung des einzubringenden Teilbetriebs dienen. Aufgrund der Intention des Gesetzgebers, grenzüberschreitende und rein inländische Einbringungen nicht durch zusätzliche Hemmnisse zu behindern, ist davon ausgehen, dass er an der Möglichkeit der Übertragung des wirtschaftlichen Eigentums festhalten und keine Verschlechterung im Vergleich zur bisherigen Rechtslage wollte. Die Übertragung des wirtschaftlichen Eigentums an den wesentlichen Betriebsgrundlagen ist daher auch im Rahmen des § 20 UmwStG n.F. ausreichend, um eine Sacheinlage zu begründen.

2. *Gegenleistung für die Einbringung*

a) *Beschränkung auf die Gewähr von neuen Anteilen*

Wie nach bisheriger Rechtslage (§ 20 Abs. 1 Satz 1 UmwStG 1995) muss der Einbringende gemäß § 20 Abs. 1 UmwStG n.F. neue Anteile an der übernehmenden Kapitalgesellschaft erhalten.[188] Die als Gegenleistung gewährten Anteile müssen daher durch die Einbringung erstmals entstehen. Dies ist der Fall, wenn die Einbringung zu einer Gründung der übernehmenden Kapitalgesellschaft führt oder es durch die Einbringung in eine bereits bestehende Kapitalgesellschaft zu einer Kapitalerhöhung kommt, die mit der Schaffung weiterer Anteile an der übernehmenden Gesellschaft

---

188 *Förster/Wendland*, BB 2007, 631, 632; *Heß/Schnitger*, in: PwC, Reform des UmwStR Rz. 1523; *Rödder/Schumacher*, DStR 2006, 1525, 1536.

verbunden ist.[189] Die Höhe der gewährten Beteiligung oder die gesellschaftsrechtliche Ausgestaltung der Anteile ist dabei ohne Bedeutung.

Die Ausgabe eigener Anteile, also solcher Anteile, die schon früher an den Einbringenden ausgegeben worden sind, von der übernehmenden Gesellschaft aber später eingezogen oder zurück erworben und in der Folgezeit als eigene Anteile gehalten wurden,[190] ist nach dem Wortlaut des § 20 Abs. 1 UmwStG n.F. nicht ausreichend.[191] Ein solcher Vorgang ist vielmehr als Tauschgeschäft zu behandeln, das zu einer Auflösung der stillen Reserven führt.[192] Dies gilt trotz des Umstandes, dass nach den §§ 54 Abs. 1 Satz 1, 68 Abs. 1 Satz 1 UmwG (in der Fassung des Zweiten Gesetzes zur Änderung des UmwG vom 19.4.2007[193]) bei der Zustimmung aller Anteilseigner des übertragenden Rechtsträgers von der Gewährung neuer Anteile durch die übernehmende Gesellschaft abgesehen werden darf.[194] Dieses Erfordernis der Gewährung neuer Anteile wird nicht von der Fusionsrichtlinie gedeckt.[195] Diese lässt nach dem Wortlaut des Art. 2 Buchst. c FRL und nach ihrem Sinn und Zweck auch die Ausgabe eigener Anteile zu.[196] Das Erfordernis der Gewährung neuer Anteile schafft demgegenüber eine zusätzliche Voraussetzung für die Steuerneutralität grenzüberschreitender Einbringungen und setzt daher die Fusionsrichtlinie nicht vollständig um. Eine richtlinienkonforme Auslegung ist in Anbetracht des eindeutigen Wortlauts des § 20 Abs. 1 UmwStG n.F. nicht möglich. Vielmehr liegt, soweit der Anwendungsbereich der Fusionsrichtlinie betroffen ist, ein Verstoß gegen sekundäres Gemeinschaftsrecht vor.

---

[189] So zur bisherigen Rechtslage *Widmann*, in: Widmann/Mayer, UmwR, § 20 UmwStG Rz. 456; *Friederichs*, in: Haritz/Benkert, UmwStG, § 20 Rz. 143; *Schmitt*, in: Schmitt/Hörtnagl/Stratz, UmwG, UmwStG, 20 UmwStG Rz. 211.

[190] *Herrmann*, in: Frotscher/Maas, KStG, UmwStG, § 20 UmwStG Rz. 76c; *Friederichs*, in: Haritz/Benkert, UmwStG, § 20 Rz. 143.

[191] *Patt*, in: Dötsch/Patt/Pung/Möhlenbrock, UmwStR, § 20 UmwStG (SEStEG) Rz. 173 f.; *Rödder/Schumacher*, DStR 2006, 1525, 1536; *Benz/Rosenberg*, in: Blumenberg/Schäfer, Das SEStEG, S. 150 Fn. 14.

[192] *BFH*, Urt. vom 19.10.1998, VIII R 69/95, BStBl. II 2000, 230, 233.

[193] In Kraft getreten am 25.4.2007, BGBl. I 2007, S. 542; dazu *Limmer*, ZNotP, 2007, 242 ff.

[194] Kritisch insoweit *Rödder/Schumacher*, DStR 2006, 1525, 1536.

[195] Ebenso kritisch *Thömmes u.a.*, IWB, F. 11 Gr. 2, 747, 756; *Klingberg/van Lishaut*, Der Konzern 2005, 698, 722 (mit a.A. von *van Lishaut*); *Hahn*, in: PwC, Reform des UmwStR Rz. 842.

[196] Vgl. oben unter Teil 2, D., VIII., 1. und *Carl*, Inf 1992, 316, 321; *Wassermeyer*, DStR 1992, 57, 59; *Knobbe-Keuk*, Bilanz- und Unternehmenssteuerrecht, § 22 VIII 4c, S. 843; *Albrecht*, in: Haritz/Benkert, UmwStG, § 23 Rz. 111, 149.

b) Hingabe zusätzlicher Gegenleistungen

Die Anwendung des § 20 Abs. 1 UmwStG n.F. setzt nicht voraus, dass die Gegenleistung für die Sacheinlage ausschließlich in der Gewährung neuer Anteile besteht; es ist auch möglich, zusätzlich zu den neuen Anteilen andere Vorteile zu gewähren. Dies ergibt sich im Umkehrschluss aus § 20 Abs. 2 Satz 4 UmwStG n.F.[197] Zu solchen zusätzlichen Gegenleistungen der übernehmenden Kapitalgesellschaft gehören Barleistungen, die Einräumung von Gesellschafterdarlehen oder die Gewährung von Sachwerten. Auch die Übernahme von Verbindlichkeiten kann als zusätzliche Gegenleistung angesehen werden, wenn die Verbindlichkeiten in keiner Verbindung zu dem eingebrachten Unternehmensteil stehen, also privater Natur sind.[198] Handelt es sich allerdings um betriebliche Verbindlichkeiten, die in einem wirtschaftlichen Zusammenhang mit dem Unternehmensteil stehen, liegt keine zusätzliche Gegenleistung zu den neuen Anteilen vor. Insoweit handelt es sich bei den betrieblichen Verbindlichkeiten um unselbständige Bestandteile des Einbringungsgegenstandes.[199]

Die Einräumung einer zusätzlichen Gegenleistung schließt eine Buchwertfortführung nicht aus. Vielmehr kann die übernehmende Kapitalgesellschaft den Buchwert ansetzen, wenn der gemeine Wert der zusätzlichen Gegenleistung den Buchwert des eingebrachten Betriebsvermögens nicht übersteigt. Eine Auflösung der stillen Reserven erfolgt nach § 20 Abs. 2 Satz 4 UmwStG n.F. erst dann, wenn der gemeine Wert der Zusatzleistungen den Buchwert des eingebrachten Betriebsvermögens übersteigt.[200] In diesem Fall hat die übernehmende Kapitalgesellschaft das eingebrachte Be-

---

[197] Die ursprünglich vorgesehene Regelung, nach der eine quotale Veräußerung des Unternehmensteils vorliegen sollte, soweit neben den neuen Anteilen weitere Wirtschaftsgüter gewährt werden, ist im Rahmen der Beratungen des Finanzausschusses fallen gelassen worden, vgl. *Heß/Schnitger,* in: PwC, Reform des UmwStR Rz. 1557; *Benz/Rosenberg,* in: Blumenberg/Schäfer, Das SEStEG, S. 157; kritisch zum ursprünglichen Vorschlag *Thömmes u.a.*, IWB, F. 11 Gr. 2, 747, 756 f.

[198] *Plewka/Marquardt,* Handbuch Umstrukturierung, S. 391, 392 Fall 11; *Patt,* in: Dötsch/Patt/Pung/Möhlenbrock, UmwStR, 6. Aufl., § 20 UmwStG (SEStEG) Rz. 187. Zur bisherigen Rechtslage *Thömmes,* FS Widmann, S. 583, 598 f.; *Patt,* in: Dötsch/Patt/Pung/Jost, UmwStR, 5. Aufl., § 23 UmwStG Rz. 33. Zu der Übernahme privater Verbindlichkeiten im Rahmen des § 24 UmwStG, *Tiedtke/Langheim,* FR 2007, 368, 371.

[199] *Plewka/Marquardt,* Handbuch Umstrukturierung, S. 392 Fall 11; *Patt,* in: Dötsch/Patt/Pung/Möhlenbrock, UmwStR, 6. Aufl., § 20 UmwStG (SEStEG) Rz. 187. Dies entspricht den Vorgaben der Fusionsrichtlinie, vgl. dazu auch *EuGH,* Urt. vom 15.1.2002, Rs. C-43/00, *„Andersen og Jensen“*, Slg. 2002, I-394 Tz. 26.

[200] BR-Drucks. 16/3369, S. 7 f., 26; *Förster/Wendland,* BB 2007, 631, 634; *Benz/Rosenberg,* in: Blumenberg/Schäfer, Das SEStEG, S. 157 mit Beispiel 4.

triebsvermögen mindestens mit dem gemeinen Wert der zusätzlichen Gegenleistung anzusetzen. Infolge dieses Ansatzes realisiert der Einbringende einen Einbringungsgewinn in dem Umfang, in dem der gemeine Wert der zusätzlichen Gegenleistung den Buchwert des eingebrachten Betriebsvermögens übersteigt. Denn nach § 20 Abs. 3 Satz 1 UmwStG n.F. gilt für ihn der Wert, mit dem die übernehmende Gesellschaft das eingebrachte Betriebsvermögen ansetzt, als Veräußerungspreis und Anschaffungskosten der neuen Anteile.

Im Vergleich zu den Regelungen der Fusionsrichtlinie wird damit die Möglichkeit einer steuerneutralen Einbringung erweitert. Nach Art. 2 Buchst. c FRL sind allein Anteile an der übernehmenden Gesellschaft als Gegenleistungen vorgesehen; die Hingabe zusätzlicher Gegenleistungen ist hingegen nicht zulässig.[201] Ein Verstoß gegen die Fusionsrichtlinie ist damit nicht verbunden. Der Verzicht auf die ausschließliche Gewährung von Anteilen führt vielmehr zu einer Erleichterung grenzüberschreitender Einbringungen.

D. Rechtsfolgen einer Sacheinlage

Liegen die Voraussetzungen eine Sacheinlage nach § 20 Abs. 1 UmwStG n.F. vor, bestimmen sich die Rechtsfolgen nach § 20 Abs. 2 und Abs. 3 UmwStG n.F. § 20 Abs. 2 UmwStG n.F. schreibt dabei die Bewertung des eingebrachten Betriebsvermögens bei der übernehmenden Kapitalgesellschaft vor, während § 20 Abs. 3 UmwStG n.F. den Veräußerungspreis für das eingebrachte Betriebsvermögen und den Wertansatz für die als Gegenleistung erhaltenen Anteile bestimmt. Insoweit lässt sich im Hinblick auf die Steuerneutralität einer grenzüberschreitenden Einbringung zwischen der Ebene der übernehmenden Gesellschaft und der Ebene des Einbringenden, also des späteren Gesellschafters der übernehmenden Kapitalgesellschaft, unterscheiden.

---

201 Vgl. dazu *EuGH*, Urt. vom 15.1.2002, Rs. C-43/00, „*Andersen og Jensen*", Slg. 2002, I-394 Tz. 26; *Carl*, Inf 1992, 316, 320; *Albrecht*, in: Haritz/Benkert, UmwStG, § 23 Rz. 110; *Thömmes*, in: Flick/Wassermeyer/Baumhoff, AStG, § 23 UmwStG Rz. 152 f.

I. Steuerneutralität auf Gesellschaftsebene

1. Einschränkende Regelung des § 20 Abs. 2 Satz 2 Nr. 3 UmwStG n.F.

§ 20 Abs. 2 Satz 1 UmwStG n.F. bestimmt als Regelansatz für die Bewertung des eingebrachten Betriebsvermögens den Ansatz des gemeinen Werts vor; allein Pensionsrückstellungen sind nach § 6a EStG zu bewerten. Es kommt daher grundsätzlich zu einer Auflösung der stillen Reserven im Zeitpunkt der Einbringung. Auf Antrag kann die übernehmende Kapitalgesellschaft für das Betriebsvermögen den Buchwert oder einen Zwischenwert unterhalb des gemeinen Werts ansetzen, wenn kumulativ die Voraussetzungen des § 20 Abs. 2 Satz 2 UmwStG n.F. erfüllt sind. Da der Antrag nur einheitlich für das eingebrachte Betriebsvermögen zu stellen ist, scheidet eine selektive Aufstockung einzelner Wirtschaftsgüter durch eine gesonderte Bewertung aus.

Von besonderer Bedeutung im Zusammenhang mit grenzüberschreitenden Einbringungen ist dabei die Voraussetzung der Nr. 3 des § 20 Abs. 2 Satz 2 UmwStG n.F.[202] Der Ansatz des eingebrachten Betriebsvermögens mit dem Buchwert oder Zwischenwert ist danach in grenzüberschreitenden Fällen nur möglich, wenn das deutsche Besteuerungsrecht hinsichtlich des Gewinns aus der Veräußerung des eingebrachten Betriebsvermögens bei der übernehmenden Gesellschaft weder ausgeschlossen noch beschränkt wird. Eine Beschränkung des Besteuerungsrechts liegt nach der Gesetzesbegründung[203] vor, wenn vor der Einbringung ein Besteuerungsrecht ohne Anrechnungsverpflichtung bestand und nachher kein oder ein Besteuerungsrecht mit Anrechnungsverpflichtung besteht oder wenn vor der Einbringung ein Besteuerungsrecht mit Anrechnungsverpflichtung bestand und nachher kein Besteuerungsrecht besteht.[204] Mit anderen Worten darf eine grenzüberschreitende Einbringung nicht mit einem Verlust bestehender Besteuerungsrechte im Hinblick auf die stillen Reserven verbunden sein. § 20 Abs. 2 Satz 2 UmwStG n.F. trifft daher keine Regelung für den Fall, dass schon vor der Einbringung kein Besteuerungsrecht der Bundesrepublik

---

202 Vgl. zum folgenden *Ley*, FR 2007, 107, 111 f.; *Benz/Rosenberg*, in: Blumenberg/Schäfer, Das SEStEG, S. 154 ff.; *Heß/Schnitger*, in: PwC, Reform des UmwStR Rz. 1550 ff.

203 Regierungsentwurf vom 25.9.2006, BT-Drucks. 16/2710, S. 43.

204 Die Gesetzesbegründung enthält keine Aussage darüber, ob eine Beschränkung des Besteuerungsrechts auch dann besteht, wenn die Anrechnung der ausländischen Steuer nicht aufgrund eines Doppelbesteuerungsabkommens sondern nach § 34c EStG oder § 26 KStG erfolgt. Der Wortlaut des § 20 Abs. 2 Satz 2 Nr. 3 UmwStG n.F. spricht dafür, dass auch dieser Fall erfasst wird, vgl. *Heß/Schnitger*, in: PwC, Reform des UmwStR Rz. 1550.

Deutschland bestanden hat. Dies betrifft beispielsweise[205] die Einbringung eines Teilbetriebs einer französischen Société Anonyme (S.A.) aus einer belgischen Betriebsstätte in eine deutsche GmbH. Die Gewinne aus der Veräußerung des Betriebsstättenvermögens waren vor der Einbringung aufgrund des DBA Belgien-Frankreich dem Betriebsstättenstaat Belgien zugewiesen. Durch die Einbringung ändert sich an dieser Situation nichts. Denn auch die Artt. 13 Abs. 2, 23 Abs. 1 DBA Deutschland-Belgien weisen das Besteuerungsrecht für die Gewinne aus der Veräußerung des Betriebsstättenvermögens dem Betriebsstättenstaat Belgien zu. Da ein Besteuerungsrecht der Bundesrepublik Deutschland durch die Einbringung weder ausgeschlossen noch beschränkt wurde, findet § 20 Abs. 2 Satz 2 Nr. 3 keine Anwendung.[206] Die deutsche GmbH kann daher die Buchwerte des eingebrachten Betriebsvermögens fortführen.[207]

2. *Umsetzung der Fusionsrichtlinie*

Mit der Regelung des § 20 Abs. 2 Satz 2 Nr. 3 UmwStG n.F. fasst der Gesetzgeber die Betriebsstättenbedingung der Artt. 9 i.V.m. 4 Abs. 1 Satz 2 Buchst. b FRL und die Regelungen des Art. 10 Abs. 1 FRL (Betriebsstätte im Staat der übernehmenden Gesellschaft und Betriebsstätte in einem anderen Mitgliedstaat) zusammen[208] und setzt sie in das deutsche UmwStG

---

205 Beispiel bei *Benz/Rosenberg*, in: Blumenberg/Schäfer, Das SEStEG, S. 154; weiteres Beispiel bei *Heß/Schnitger*, in: PwC, Reform des UmwStR Rz. 1551.

206 Eine Freistellung der Gewinne aus der Veräußerung des Betriebsstättenvermögens gilt uneingeschränkt für Betriebsstätten in Belgien, Dänemark, Finnland, Frankreich, Griechenland, dem Vereinigten Königreich, Irland, Italien, Luxemburg, Schweden, Slowakei, Spanien, Tschechien, Island und Norwegen. Eine eingeschränkte Freistellung sehen die Doppelbesteuerungsabkommen für Betriebsstätten in Estland, Lettland, Litauen, Malta, Polen, Portugal, Slowenien, Ungarn und Zypern vor; danach werden Gewinne einer Betriebsstätte nur dann freigestellt, wenn diese Betriebsstätte vollständig oder fast vollständig (zu 90 v.H.) aktive Tätigleiten betreibt. Ist dies nicht der Fall, ist die Anrechnungsmethode anzuwenden. Für Liechtenstein gilt mangels Vorliegens eines Doppelbesteuerungsabkommens unmittelbar die Anrechnungsmethode, vgl. *Benz/Rosenberg*, in: Blumenberg/Schäfer, Das SEStEG, S. 155 Fn. 34.

207 Die übernehmende Kapitalgesellschaft wird jedoch das Betriebsstättenvermögen in der Bilanz regelmäßig mit dem gemeinen Wert ansetzen, um einer Besteuerung im Fall des Wechsels des Besteuerungsrechts durch Änderung des anwendbaren Doppelbesteuerungsabkommens vorzubeugen, vgl. *Benz/Rosenberg*, in: Blumenberg/Schäfer, Das SEStEG, S. 155.

208 Eine Ausnahme besteht für Art. 10 Abs. 2 FRL, der den Mitgliedstaaten eine Schlussbesteuerung ausländischen Betriebsstättenvermögens unter Anrechnung der fiktiven Steuer im Betriebsstättenstaat ermöglicht. Die entsprechende Umsetzung in das UmwStG n.F. findet sich in § 20 Abs. 7 UmwStG n.F. i.V.m. § 3 Abs. 3 UmwStG n.F.

um.[209] Zwar wird in der Gesetzesbegründung nicht auf diese Regelungen der Fusionsrichtlinie hingewiesen. Wie die folgenden Beispiele jedoch verdeutlichen, spiegelt sich in § 20 Abs. 2 Satz 2 Nr. 3 UmwStG das Regelungskonzept der Fusionsrichtlinie wider. Dementsprechend handelt es sich bei § 20 Abs. 2 Satz 2 Nr. 3 UmwStG n.F. um eine Entstrickungsregelung, welche dazu dient, das Recht der Bundesrepublik Deutschland an der Besteuerung der stillen Reserven bei grenzüberschreitenden Einbringungen zu sichern.

Im Gegensatz zur Systematik der Fusionsrichtlinie, wird jedoch das Regel-Ausnahme-Verhältnis zwischen der Steuerneutralität der Einbringung und der Auflösung der stillen Reserven umgekehrt. Während die Fusionsrichtlinie in Art. 4 Abs. 1 Satz 1 FRL vom Grundsatz der Steuerneutralität ausgeht und eine Besteuerung der stillen Reserven nur insoweit zulässt, als die Betriebsstättenbedingung nicht erfüllt ist, geht das UmwStG mit dem Regelansatz des gemeinen Werts bei grenzüberschreitenden Einbringungen von der Auflösung der stillen Reserven aus. Eine Steuerneutralität der Einbringung ist nur gegeben, wenn bestehende Besteuerungsrechte weder ausgeschlossen noch beschränkt werden. Auswirkungen hat dies auf die Beweislast. Da es sich bei § 20 Abs. 2 Satz 2 Nr. 3 UmwStG n.F. um eine Ausnahme vom Regelansatz des gemeinen Werts nach § 20 Abs. 1 UmwStG n.F. handelt, ist die übernehmende Kapitalgesellschaft dafür beweispflichtig, das durch die Einbringung ein Besteuerungsrecht der Bundesrepublik Deutschland weder ausgeschlossen noch beschränkt wird.

a) Betriebsstätte des einbringenden Rechtsträgers in Deutschland

aa) Grundsatz der Steuerneutralität

Bei der grenzüberschreitenden Einbringung eines Unternehmensteils aus einer Betriebsstätte, die sich in der Bundesrepublik Deutschland befindet, bleibt das deutsche Besteuerungsrecht immer gewahrt. Ein bestehendes Besteuerungsrecht wird in diesem Fall weder ausgeschlossen noch beschränkt. Bringt etwa eine deutsche GmbH ihren Betrieb aus einer inländischen Betriebsstätte in eine österreichische GmbH[210] ein, ist diese mit dem einge-

[209] Gleiche Ansicht im Hinblick auf die Betriebsstättenbedingung der Fusionsrichtlinie *Frotscher*, IStR 2006, 66, 69; *Benz/Rosenberg*, in: Blumenberg/Schäfer, Das SEStEG, S. 156; *Heß/Schnitger*, in: PwC, Reform des UmwStR Rz. 1554.

[210] Bei der GmbH österreichischen Rechts handelt es sich um eine ausländische Kapitalgesellschaft, welche im Anhang zur Fusionsrichtlinie aufgeführt wird. Sie kann daher grundsätzlich als übernehmender Rechtsträger an einer grenzüberschreitenden

brachten Betrieb nach den §§ 2 Nr. 1, 8 Abs. 1 KStG, 49 Abs. 1 Nr. 2 Buchst. a EStG in Deutschland beschränkt steuerpflichtig. Insofern unterhält die österreichische GmbH eine deutsche Betriebsstätte. Das DBA Deutschland-Österreich weist gemäß den Artt. 5, 7, 23 Abs. 1 der Bundesrepublik Deutschland für die daraus erzielten Einkünfte das Besteuerungsrecht zu. Das gilt nach den Artt. 13, 23 Abs. 1 DBA Deutschland-Österreich auch für die Gewinne aus der Veräußerung des Betriebsstättenvermögens. Damit wird durch die Einbringung ein bestehendes Besteuerungsrecht weder ausgeschlossen oder beschränkt; die Voraussetzungen des § 20 Abs. 2 Satz 2 Nr. 3 UmwStG n.F. sind erfüllt. Die Buchwerte des eingebrachten Betriebs können fortgeführt werden, so dass es zu keiner Auflösung der stillen Reserven kommt. Entsprechendes gilt in dem genannten Beispielsfall, wenn für die Gewinne aus der Veräußerung des Betriebsstättenvermögens nach dem jeweils einschlägigen Doppelbesteuerungsabkommen die Anrechnungsmethode anzuwenden ist. Auch in diesem Fall wird durch eine Einbringung aus einer inländischen Betriebsstätte das Besteuerungsrecht der Bundesrepublik Deutschlands weder ausgeschlossen noch beschränkt.

bb) Auflösung der stillen Reserven als Ausnahme

Eine selektive Aufstockung einzelner Wirtschaftsgüter auf ihren gemeinen Wert kann sich nach dem Wortlaut des § 20 Abs. 2 Satz 2 UmwStG n.F. („*soweit*") jedoch dann ergeben, wenn das inländische Besteuerungsrecht für die stillen Reserven durch die Einbringung verloren geht. Im Übrigen bleibt eine Minderbewertung, also der Ansatz des Buchwerts oder eines Zwischenwerts, zulässig.[211] Dies betrifft zum einen Wirtschaftsgüter, die im Rahmen der Einbringung über die Grenze verbracht werden. Werden etwa in dem obigen Beispiel einzelne (bewegliche) Wirtschaftsgüter nach Österreich gebracht, können die Buchwerte der Wirtschaftsgüter nicht fortgeführt werden. Insoweit kommt es in Folge der Entstrickung dieser Wirtschaftsgüter zu einer Auflösung der stillen Reserven.[212] Zum anderen kann sich eine selektive Aufstockung einzelner Wirtschaftsgüter daraus ergeben, dass diese rechtlich nicht der Betriebsstätte sondern nur dem Stammhaus

---

Einbringung beteiligt sein. Entgegen der Auffassung des Gesetzgebers ist ein Typenvergleich entbehrlich.

211 *Förster/Wendland*, BB 2007, 631, 63; a.A. *Patt*, in: Dötsch/Patt/Pung/Möhlenbrock, UmwStR, 6.Aufl., § 20 UmwStG (SEStEG) Rz. 7.

212 Die stille Reserven des gesamten Unternehmensteils sind aufzulösen, wenn keine inländischen Betriebsstätte zurückbleibt, vgl. *Plewka/Marquardt*, Handbuch Umstrukturierung, S. 385 Fall 6.

der übernehmenden Kapitalgesellschaft zugeordnet werden können. Denkbar ist dies im Fall von Kapitalgesellschaftsbeteiligungen, Patenten, Rechten und Know how sowie bei einem selbst geschaffenen Firmen- oder Geschäftswert, der in eine ausländische Kapitalgesellschaft eingebracht wird.[213] Zwar hängt nach Tz. 2.4. der Betriebsstätten-Verwaltungsgrundsätze der Finanzverwaltung[214] die Zuordnung von Wirtschaftsgütern, die zugleich Funktionen der Betriebsstätte und des Stammhauses erfüllen, von dem erkennbaren Willen der Geschäftleitung ab.[215] Von dieser Zuordnungsfreiheit bestehen jedoch Ausnahmen. So sind Kapitalgesellschaftsbeteiligungen regelmäßig dem Stammhaus zuzurechnen, wenn sie nicht allein der Tätigkeit der Betriebsstätte dienen.[216] Weiterhin werden nach Tz. 2.6.1. Buchst. c i.V.m. Tz. 2.6.3. der Betriebsstätten-Verwaltungsgrundsätze selbst geschaffene immaterielle Wirtschaftsgüter des Anlagevermögens (beispielsweise Patente, Rechte, Lizenzen, Know how) dem ausländischen Stammhaus zugeordnet, wenn sie dort Verwendung finden. Dies ist etwa der Fall, wenn sich die Tätigkeit des eingebrachten Betriebs oder Teilbetriebs nicht auf das Inland beschränkt.[217] Schließlich kann sich im Hinblick auf einen Firmen- oder Geschäftswert ein Ansatz des gemeinen Werts ergeben, wenn sich durch die Einbringung der bisherige Schwerpunkt des unternehmerischen Engagement ins Ausland verlagert, also wesentliche Betriebsgrundlagen in

---

[213] Vgl. dazu insbesondere *Förster/Wendland*, BB 2007, 631 633 ff.

[214] *BMF* vom 24.12.1999 BStBl. I 1999 1076 Tz. 2.4. Es ist darauf hinzuweisen, dass diese Grundsätze zur Rechtslage vor dem Inkrafttreten des SEStEG erlassen wurden. Es bleibt daher abzuwarten, ob die Finanzverwaltung diese Grundsätze aufrechterhalten wird.

[215] Kritisch dazu *Blumers*, DB 2006, 856, 857.

[216] *BMF* vom 24.12.1999 BStBl. I 1999 1076 Tz. 2.4. Die Finanzverwaltung beruft sich insoweit auf die Rechtsprechung des BFH zur abkommensrechtlichen Qualifikation von Dividendenerträgen als Betriebsstättengewinne (vgl. *BFH*, Urt. vom 30.8.1995, I R 112/94, BStBl. II 1996, 563, 565; *BFH*, Urt. vom 23.1996, I R 10/96, BStBl. II 1997, 313, 314; *BFH*, Urt. vom 17.12.2003, BFH/NV 2004, 771; *FG Münster*, Urt. vom 2.6.2006, 9 K 4990/02 K F, IStR 2006, 711, 712, 720). Danach kommt es darauf an, ob die Beteiligungen in funktionalem Zusammenhang mit der Tätigkeit der Betriebsstätte stehen.

[217] Auch diese Auffassung der Finanzverwaltung stützt sich auf die Rechtsprechung des BFH zur abkommensrechtlichen Zuordnung von Lizenzgebühren, die die Entgelte nur dann als Betriebsstättengewinne qualifiziert, wenn die zugrunde liegenden Rechte in funktionalem Zusammenhang mit der in der Betriebsstätte ausgeübten unternehmerischen Tätigkeit stehen. Indiz gegen die tatsächliche Zugehörigkeit zur Betriebsstätte ist, wenn die aus der Nutzung dieser Wirtschaftsgüter erzielten Einkünfte in gleicher Weise vom Stammhaus erzielt werden können oder die aus der Nutzung erzielten Einkünfte ohne Einfluss auf die Höhe der Einkünfte sind, die aus der unternehmerischen Tätigkeit der Betriebsstätte erzielt werden, vgl. *BFH*, Urt. vom 30.8.1995, I R 112/94, BStBl. II 1996, 563, 565; *BFH*, Urt. vom 29.11.2000, I R 84/99, HFR 2001, 1053.

das Ausland verbracht werden. Denn nach der Ansicht des BFH[218] ist ein Firmen- oder Geschäftswert an die Tätigkeit des jeweiligen Unternehmensteils gebunden.

Die selektive Aufstockung der betroffenen Wirtschaftsgüter führt in der Person des Einbringenden zu einem Einbringungsgewinn; insoweit ist eine steuerneutrale Einbringung nicht möglich. Im Vergleich zu Inlandseinbringungen kann es in solchen Fällen zu einer Mehrbelastung des Einbringenden kommen. Der damit verbundene Verstoß gegen die Niederlassungs- und Kapitalverkehrsfreiheit ist jedoch gerechtfertigt.[219] Der Gesetzgeber setzt in § 20 Abs. 2 Satz 2 Nr. 3 UmwStG n.F. die Betriebsstättenbedingung der Fusionsrichtlinie (Artt. 9 i.V.m. 4 Abs. 1 Satz 2 Buchst. b FRL) in das UmwStG n.F. um. Die Besteuerung der stillen Reserven in den Wirtschaftgütern, die nach der Einbringung nicht in einer inländischen Betriebsstätte gebunden sind, stellt ein legitimes Interesse der Bundesrepublik Deutschland dar. Die Möglichkeit einer aufgeschobenen Besteuerung der stillen Reserven bis zu ihrer tatsächlichen Realisation im Ausland ist abzulehnen, da sie keine gleich effektive Methode darstellt, um die Besteuerungsrechte Deutschlands zu sichern.[220]

b) Betriebsstätte des übernehmenden Rechtsträgers in Deutschland

Weiterhin werden die Besteuerungsrechte der Bundesrepublik Deutschland nach § 20 Abs. 2 Satz 2 Nr. 3 UmwStG n.F. weder ausgeschlossen noch beschränkt, wenn ein Unternehmensteil aus einer Betriebsstätte eingebracht wird, die sich in der Bundesrepublik Deutschland, also im Staat der übernehmenden Gesellschaft, befindet. Erfasst wird damit beispielsweise der Fall, dass eine französische Société Anonyme (S.A.) einen Teilbetrieb aus ihrer inländischen Betriebsstätte in eine deutsche GmbH einbringt. Das Besteuerungsrecht für die Gewinne aus der Veräußerung des Betriebsstättevermögens stand schon vor der Einbringung nach den Artt. 7 Abs. 2, 4 Abs. 4, Abs. 1 DBA Deutschland-Frankreich dem Betriebsstättenstaat Deutschland zu. Durch die Einbringung hat sich an dieser Situation nichts geändert. Die Besteuerungsrechte an den Betriebsstättengewinnen stehen weiterhin der Bundesrepublik Deutschland zu, sofern die Wirtschaftgüter des

[218] *BFH*, Urt. vom 24.11.1982, I R 123/78, BStBl. II 1983, 113; *BFH*, Urt. vom 14.12.1993, VIII R 13/93, BStBl. II 1994, 922; *BFH*, Urt. vom 14.1.1998, X R 57/93, BFH/NV 1998, 1160.

[219] Vgl. oben unter Teil 2, E., I., 2., c), aa), (1).

[220] Vgl. oben unter Teil 2, E., I., 2., c), aa), (2).

eingebrachten Unternehmensteils in der inländischen Betriebsstätte verbleiben und dieser rechtlich zugerechnet werden können.[221]

Da die französische S.A. aufgrund der Einbringung Anteile an der deutschen GmbH erhält, wird die GmbH zur Tochtergesellschaft der französischen Aktiengesellschaft. Das Besteuerungsrecht für die als Gegenleistung gewährten Anteile steht nach Art. 7 Abs. 1 DBA Deutschland-Frankreich dem Ansässigkeitsstaat der S.A., also Frankreich zu.[222] Für die Frage des Buchwertansatzes durch die übernehmende GmbH ist dies ohne Bedeutung. Nach § 20 Abs. 2 Satz 2 Nr. 3 UmwStG n.F. ist es ausreichend, wenn das Besteuerungsrecht Deutschlands auf der Ebene der übernehmenden Kapitalgesellschaft weder ausgeschlossen noch beschränkt wird. Das nach § 20 Abs. 3 UmwStG 1995 geltende Erfordernis, wonach auch die als Gegenleistung gewährten Anteile einer Besteuerung in Deutschland unterliegen mussten, besteht nicht mehr.[223] Mit dieser Änderung durch das SEStEG setzt der Gesetzgeber die Vorgaben der Fusionsrichtlinie um, nach denen die Umwandlung einer Betriebsstätte in eine Tochtergesellschaft steuerneutral möglich sein muss (Art. 10 Abs. 1 Satz 4 FRL).[224] Nach der Gesetzesbegründung[225] konnte im Rahmen des SEStEG auf die Regelung des § 20 Abs. 3 UmwStG 1995 verzichtet werden, da gemäß § 22 Abs. 1 UmwStG n.F. eine rückwirkende Besteuerung des Einbringungsvorgangs erfolge, sofern die durch die Einbringung gewährten Anteile während der Sperrfrist von sieben Jahren veräußert werden. Das Interesse der Bundesrepublik Deutschland an der Sicherung ihrer Besteuerungsrechte wird demnach im Fall der Umwandlung einer Betriebsstätte in eine Tochtergesellschaft dadurch gesichert, dass es bei einer Veräußerung der erhaltenen Anteile innerhalb von sieben Jahren zu einer nachträglichen Besteuerung der stillen Reserven bei dem Einbringenden kommt.

---

221 Insoweit gelten die gleichen Grundsätze wie bei der Einbringung einer inländischen Betriebsstätte in eine ausländische Kapitalgesellschaft.

222 Vgl. dazu das Beispiel 5 von *Benz/Rosenberg*, in: Blumenberg/Schäfer, Das SEStEG, S. 159.

223 *Benz/Rosenberg*, in: Blumenberg/Schäfer, Das SEStEG, S. 159; *Heß/Schnitger*, in: PwC, Reform des UmwStR Rz. 1555; *Patt*, in: Dötsch/Patt/Pung/Möhlenbrock, vor §§ 20-23 UmwStG (SEStEG) Rz. 28. Eine Ausnahme besteht, wenn es sich bei dem einbringenden Rechtsträger um eine natürliche oder juristische Person aus einem Drittstaat handelt. In diesem Fall ist nach § 1 Abs. 4 Satz 1 Nr. 2 Buchst. b UmwStG n.F. erforderlich, dass das Recht der Bundesrepublik Deutschland hinsichtlich der Besteuerung des Gewinns aus der Veräußerung der erhaltenen Anteile nicht ausgeschlossen oder beschränkt wird.

224 Vgl. dazu oben unter Teil 2., E., I., 1., c). Es ist darauf hinzuweisen, dass Frankreich nach Art. 10 Abs. 1 Satz 4 i.V.m. Satz 1 FRL verpflichtet ist, endgültig auf die Besteuerung der Betriebsstätte zu verzichten.

225 Regierungsentwurf vom 25.9.2006, BT-Drucks. 16/2710, S. 44.

c) Betriebsstätte in einem anderen Mitgliedstaat

Befindet sich bei der Einbringung durch einen in der Bundesrepublik Deutschland unbeschränkt oder beschränkt steuerpflichtigen Einbringenden unter dem eingebrachtem Betriebsvermögen auch oder nur ausländisches Betriebsstättenvermögen,[226] und wird dieses in eine ausländische Kapitalgesellschaft eingebracht, die nicht in Deutschland ansässig ist, so hängt die Frage der Steuerneutralität davon ab, ob das jeweils anwendbare Doppelbesteuerungsabkommen die Einkünfte der ausländischen Betriebsstätte von einer Besteuerung in Deutschland freigestellt hatte oder im Wege der Anrechnungsmethode eine Besteuerung der Betriebsstätteneinkünfte durch Deutschland vorsah. In beiden Fällen führt die Einbringung zu einem endgültigen Verlust bestehender Besteuerungsrechte, weil diese durch die Einbringung auf den EU/EWR-Mitgliedstaat übertragen werden, in dem die übernehmende Kapitalgesellschaft ansässig ist.[227] Dieser Verlust ist aber für die deutsche Besteuerung ohne Bedeutung, wenn die Betriebsstätteneinkünfte im Wege der Freistellungsmethode dem Betriebsstättenstaat zugewiesen waren. Denn in diesem Fall standen der Bundesrepublik Deutschland schon vor der Einbringung keine Besteuerungsrechte zu. Die Einbringung führt daher im Sinne des § 20 Abs. 2 Satz 2 Nr. 3 UmwStG n.F. weder zu einem Ausschluss noch zu einer Beschränkung bestehender Besteuerungsrechte.

Etwas anderes gilt, wenn das anwendbare Doppelbesteuerungsabkommen die Betriebsstätteneinkünfte nicht freistellt, sondern der deutschen Besteuerung unter Anrechnung der im Ausland gezahlten Steuer unterstellte.[228] In diesem Fall geht mit der Einbringung ein bestehendes Besteuerungsrecht verloren. Denn anstelle der ausländischen Betriebsstätte erhält der Einbringende lediglich Anteile an der übernehmenden Gesellschaft. Die Besteuerungsrechte für die Einkünfte und die Gewinne aus der Veräußerung des Betriebsstättenvermögens gehen auf den Staat der ausländischen Kapitalgesellschaft über.

---

226 Welches sich in einer in einem anderen Mitgliedstaat der EU oder des EWR belegenden Betriebsstätte befindet, *Heß/Schnitger*, in: PwC: Reform des UmwStR Rz. 1587.

227 *Benz/Rosenberg*, in: Blumenberg/Schäfer, Das SEStEG, S. 156 mit Beispiel 3.

228 Oder wenn kein Doppelbesteuerungsabkommen mit dem Betriebsstättenstaat existiert. Auch in diesem Fall kommt die Anrechnungsmethode nach den §§ 34c EStG, 26 KStG zur Anwendung, *Benz/Rosenberg*, in: Blumenberg/Schäfer, Das SEStEG, S. 161.

Beispiel:[229]
Eine deutsche GmbH bringt ihren gesamten Betrieb in eine französische Société Anonyme (S.A.) ein. Zu dem Betrieb gehört eine portugiesische Betriebsstätte, die lediglich passive Einkünfte erzielt. Die Einkünfte der Betriebsstätte sind daher nicht von der deutschen Besteuerung freigestellt, sondern die Doppelbesteuerung wird durch die Anrechnung der in Portugal gezahlten Steuer vermieden, Art. 24 Abs. 2 DBA Deutschland-Portugal i.V.m. Ziffer 8a des Protokolls zum DBA Deutschland-Portugal. Durch die Einbringung ist die Möglichkeit der Besteuerung der portugiesischen Betriebsstätteneinkünfte unter Anrechnung der in Portugal gezahlten Steuer verloren gegangen. Sie steht nunmehr dem Ansässigkeitsstaat der französischen Aktiengesellschaft, also Frankreich zu. Damit wurde das Besteuerungsrecht der Bundesrepublik Deutschland durch die Einbringung beschränkt.

Da in einem solchen Fall die Besteuerungsrechte der Bundesrepublik Deutschland beschränkt werden, kommt es aufgrund der Entstrickungsregelung des § 20 Abs. 2 Satz 2 Nr. 3 UmwStG n.F. zu einer Schlussbesteuerung des ausländischen Betriebsstättenvermögens in Deutschland, während der Betriebsstättenstaat nach Art. 10 Abs. 1 Satz 1 FRL (im Beispiel Portugal) verpflichtet ist, auf eine Besteuerung der stillen Reserven zu verzichten. § 20 Abs. 7 UmwStG n.F. erklärt jedoch § 3 Abs. 3 UmwStG n.F. für entsprechend anwendbar.[230] Danach ist die fiktive ausländische Steuer, die im Betriebsstättenstaat entstanden wäre, würde dort nicht nach den Vorgaben der Fusionsrichtlinie auf eine Besteuerung der Einbringung verzichtet werden, auf die Schlussbesteuerung in Deutschland anzurechnen. Diese Anrechnung der fiktiven ausländischen Steuer entspricht den Vorgaben des Art. 10 Abs. 2 Halbsatz 1 FRL.[231] Im Ergebnis ist damit eine steuerneutrale Einbringung von ausländischen Betriebsstättenvermögen in eine nicht in Deutschland ansässige Kapitalgesellschaft[232] nicht möglich, wenn das ein-

---

[229] Vgl. Regierungsentwurf vom 25.9.2006, BT-Drucks. 16/2710, S. 44 und *Heß/Schnitger*, in: PwC: Reform des UmwStR Rz. 1587 Beispiel 10.

[230] Liegt das Betriebsstättenvermögen außerhalb der EU oder des EWR, findet § 20 Abs. 7 UmwStG n.F. keine Anwendung. Zur Behandlung einer solchen Einbringung, *Benz/Rosenberg*, in: Blumenberg/Schäfer, Das SEStEG, S. 162; *Heß/Schnitger*, in: PwC, Reform des UmwStR Rz. 1590.

[231] Diese Anrechnung dient wie auch im Anwendungsbereich der Fusionsrichtlinie dazu, eine drohende Doppelbesteuerung zu vermeiden. Denn der Betriebsstättenstaat besteuert die stillen Reserven dann, wenn sie nach der Einbringung tatsächlich realisiert werden. Durch die Anrechnung der fiktiven Veräußerungssteuer wird eine Einmalbesteuerung erreicht, wie wenn die Wirtschaftsgüter des Betriebsstättenvermögens an einen Dritten veräußert worden wären, *Benz/Rosenberg*, in: Blumenberg/Schäfer, Das SEStEG, S. 161 Beispiel 6.

[232] Wird das ausländische Betriebsstättenvermögen aus einem anderen EU/EWR-Mitgliedstaat in eine unbeschränkt steuerpflichtige Kapitalgesellschaft eingebracht, ist § 20 Abs. 7 UmwStG n.F. nicht anwendbar, da das Betriebsvermögen auch nach der Einbringung der deutschen Besteuerung unterliegt.

schlägige Doppelbesteuerungsabkommen die Anrechnungsmethode vorsieht. Dies entspricht den Vorgaben der Fusionsrichtlinie[233] und stellt nach der hier vertretenden Auffassung keinen Verstoß gegen die Niederlassungs- und Kapitalverkehrsfreiheit dar.[234] Denn ebenso wie im Fall der Betriebsstättenbedingung der Artt. 9 i.V.m. 4 Abs. 1 Satz 2 Buchst. b FRL dient die Schlussbesteuerung dazu, das Interesse der Bundesrepublik Deutschland an der Besteuerung der stillen Reserven zu sichern, so dass die Mehrbelastung des einbringenden Rechtsträgers gerechtfertigt ist.

3. Zwischenergebnis

Wie die Beispiele zeigen, fasst § 20 Abs. 2 Satz 2 Nr. 3 UmwStG n.F. (i.V.m. den §§ 20 Abs. 7, 3 Abs. 3 UmwStG n.F.) die einzelnen Regelungen der Fusionsrichtlinie zusammen und setzt diese richtlinienkonform in das UmwStG n.F. um. Entsprechend dem gemeinsamen Ziel der Fusionsrichtlinie und des neukonzipierten UmwStG sind daher grenzüberschreitende Einbringungen grundsätzlich steuerneutral möglich. Die Ausnahmen, in denen es zu einer Besteuerung der stillen Reserven in dem eingebrachten Unternehmensteil kommt, entsprechen den Vorgaben der Fusionsrichtlinie. Das UmwStG n.F. sieht im Vergleich zur Fusionsrichtlinie insoweit keine restriktiveren Anforderungen an die Steuerneutralität grenzüberschreitender Einbringungen vor. Die Besteuerung der stillen Reserven in den aufgezeigten Ausnahmefällen stellt daher keinen Verstoß gegen die Niederlassungs- und Kapitalverkehrsfreiheit dar. Die Besteuerung der stillen Reserven ist vielmehr im Hinblick auf das berechtigte und vom EuGH anerkannte Interesse der Bundesrepublik Deutschland an der Besteuerung der unter ihrer Hoheit entstandenen stillen Reserven gerechtfertigt.

II. Steuerneutralität auf Gesellschafterebene

Die Frage der Steuerneutralität der Einbringung auf Gesellschafterebene richtet sich nach § 20 Abs. 3 Satz 1 UmwStG n.F. Für die Besteuerung des Einbringenden ist entsprechend der bisherigen Rechtslage (§ 20 Abs. 4 Satz 1 UmwStG 1995) der Wertansatz des eingebrachten Betriebsvermögens bei der übernehmenden Kapitalgesellschaft maßgebend. Soweit diese nach § 20 Abs. 2 UmwStG n.F. berechtigt ist, die Buchwerte der Wirtschaftsgüter des

---

[233] Vgl. oben unter Teil 2. E., I.,1., b).

[234] Gleiche Ansicht *Dötsch/Pung*, Der Konzern, 2006, 258, 261; *Benz/Rosenberg*, in: Blumenberg/Schäfer, Das SEStEG, S. 156 Fn. 36; a.A. *Werra/Teiche*, DB 2006, 1455, 1457, wenn auch ohne Begründung.

Unternehmensteils fortzuführen, gilt dieser Buchwert für den Einbringenden gemäß § 20 Abs. 3 Satz 1 UmwStG n.F. zugleich als Veräußerungspreis im Sinne des § 16 EStG und als Anschaffungskosten der als Gegenleistung erhaltenen Anteile. Wie bisher ergibt sich daraus sowohl für grenzüberschreitende als auch rein inländische Einbringungen von Unternehmensteilen eine doppelte Buchwertverknüpfung.[235] Die Einbringung ist daher auch für den Einbringenden grundsätzlich steuerneutral, wenn die übernehmende Kapitalgesellschaft die Buchwerte fortführen kann.

1. Bestimmung des Veräußerungspreises

Die Ermittlung des Veräußerungsgewinns erfolgt nach § 16 Abs. 2 EStG. § 20 Abs. 3 Satz 1 UmwStG n.F. trifft lediglich eine Aussage zur Ermittlung des Veräußerungspreises. Danach sind vom Veräußerungspreis, der dem Wertansatz der übernehmenden Kapitalgesellschaft entspricht, die Veräußerungskosten und die Buchwerte des eingebrachten Betriebsvermögens abzuziehen.

Setzt die übernehmende Gesellschaft in ihrer Steuerbilanz das eingebrachte Betriebsvermögen mit dem gemeinen Wert oder mit einem Zwischenwert an, so kommt es bei dem Einbringenden zu einem Einbringungsgewinn. Bei diesem Gewinn handelt es sich um einen originären Einbringungsgewinn, der unmittelbar im Rahmen der Einbringung durch die Veräußerung des Betriebsvermögens entsteht und als laufender Gewinn zu besteuern ist. Dies gilt auch dann, wenn der Einbringende nicht in Deutschland ansässig ist und das eingebrachte Betriebsvermögen der Besteuerung in Deutschland unterliegt. Allein im Fall des Ansatzes des gemeinen Werts durch die übernehmende Kapitalgesellschaft, also dann, wenn alle stillen Reserven des Unternehmensteils im Rahmen der Einbringung aufgelöst werden, ist der originäre Einbringungsgewinn steuerlich begünstigt. In diesem Fall kommen nach § 20 Abs. 4 Satz 1 UmwStG n.F. der Freibetrag des § 16 Abs. 4 EStG und die Tarifermäßigung des § 34 Abs. 1 und 3 EStG zur Anwendung, wenn es sich bei dem Einbringenden um eine natürliche Person handelt.[236]

---

[235] *Heß/Schnitger*, in: PwC, Reform des UmwStR Rz. 1580; *Benz/Rosenberg*, in: Blumenberg/Schäfer, Das SEStEG, S. 164.

[236] Dies gilt nach § 20 Abs. 4 Satz 2 UmwStG n.F. allerdings nicht, wenn es sich bei dem Gegenstand der Einbringung um einen Bruchteil eines Mitunternehmeranteils handelt.

2. Bewertung der erhaltenen Anteile

Der Wertansatz bei der Kapitalgesellschaft bestimmt gemäß § 20 Abs. 3 Satz 1 UmwStG n.F. gleichzeitig die Höhe der Anschaffungskosten der erhaltenen Anteile. Der deutsche Gesetzgeber hat daher die Kritik der Europäischen Kommission im Rahmen des Änderungsvorschlags zur Fusionsrichtlinie vom 17.10.2003[237] nicht aufgegriffen und auch für das UmwStG n.F. eine Verknüpfung des Wertansatzes der übernehmenden Kapitalgesellschaft mit der Bewertung der als Gegenleistung gewährten Anteile vorgesehen. Es kommt daher auch im Anwendungsbereich des UmwStG n.F. infolge der Buchwertverknüpfung zu einer Verdoppelung der stillen Reserven, wenn die übernehmende Kapitalgesellschaft einen Antrag auf Ansatz der Buchwerte oder eines Zwischenwerts stellt.[238] Die stillen Reserven werden durch die Buchwertverknüpfung sowohl in dem eingebrachten Betriebsvermögen bei der übernehmenden Kapitalgesellschaft als auch in der Gestalt der erhaltenen Anteile bei dem Einbringenden verstrickt.[239]

Ein Verstoß gegen die Fusionsrichtlinie ist damit nicht verbunden. Infolge des nicht von den Mitgliedstaaten angenommenen Vorschlags der Europäischen Kommission zur steuerneutralen Aufstockung der erhaltenen Anteile (Art. 9 Abs. 2 des Richtlinienentwurfs der Europäischen Kommission vom 17.10.2003) bleibt es den Mitgliedstaaten überlassen, ob sie die Steuerneutralität der Einbringung auf Gesellschafterebene von einer Buchwertverknüpfung abhängig machen oder die Steuerneutralität im Wege eines unabhängigen Wertansatzrechts für die erhaltenen Anteile gewährleisten.[240] Darüber hinaus stellt die doppelte Buchwertverknüpfung keinen Verstoß gegen die Niederlassungs- und Kapitalverkehrsfreiheit dar. Denn § 20 Abs. 3 Satz 1 UmwStG n.F. gilt aufgrund der „Europäisierung" der Einbrin-

---

[237] Vgl. Vorschlag für eine Richtlinie des Rates zur Änderung der Richtlinie 90/434/EWG des Rates vom 23.7.1990 über das gemeinsame Steuersystem für Fusionen, Spaltungen, die Einbringung von Unternehmensteilen und den Austausch von Anteilen, die Gesellschaften verschiedenen Mitgliedstaaten betreffen, KOM (2003) 613 endg. Rz. 26 der Erwägungsgründe.

[238] *Ley*, FR 2007, 109, 114; *Heß/Schnitger*, in: PwC, Reform des UmwStR Rz. 1580; *Rödder/Schumacher*, DStR 2006, 1525, 1537.

[239] Anschaulich dazu *Patt*, in: Dötsch/Patt/Pung/Möhlenbrock, UmwStR, 6. Aufl., vor §§ 20-23 UmwStG (SEStEG) Rz. 24; *Saß*, DB 2005, 1238, *Haritz*, DStR 2004, 889, 890.

[240] Vgl. Richtlinie 2005/19/EG des Rates vom 17.2.2005 zur Änderung der Richtlinie 90/434/EWG über das gemeinsame Steuersystem für Fusionen, Spaltungen, die Einbringung von Unternehmensteilen und den Austausch von Anteilen, die Gesellschaften verschiedener Mitgliedstaaten betreffen, ABl. EG 2005 Nr. 58/19 Rz. 3 der Erwägungsgründe; *Benecke/Schnitger*, IStR 2005, 641, 643.

gungsvorschriften sowohl für grenzüberschreitende als auch für rein inländische Einbringungen.[241]

a) Besonderer Status der erhaltenen Anteile

Die erhaltenen Anteile erlangen im Rahmen der Neukonzeption der Einbringungsvorschriften den besondern Status, dass ihre Veräußerung innerhalb einer siebenjährigen Sperrfrist zu einer rückwirkenden Besteuerung der Einbringung nach § 22 Abs. 1 Satz 1 UmwStG n.F. führt. Werden die erhaltenen Anteile innerhalb dieser Sperrfrist veräußert, wird die Steuerneutralität der Einbringung auf der Ebene des Gesellschafters rückgängig gemacht. Eine wirtschaftliche Doppelbesteuerung der stillen Reserven wird dadurch vermieden, dass der rückwirkend gemäß § 22 Abs. 1 Satz 3 UmwStG n.F. ermittelte Einbringungsgewinn I nach § 22 Abs. 1 Satz 4 UmwStG n.F. als nachträgliche Anschaffungskosten der Anteile gilt und die übernehmende Gesellschaft gemäß § 23 Abs. 2 UmwStG n.F. steuerneutral die Buchwerte aufstocken kann.[242] Werden die Anteile nach Ablauf der sieben Jahre ab dem Einbringungszeitpunkt veräußert, so führt dies ebenso nur zu einer Einmalbesteuerung der im eingebrachten Betriebsvermögen und den erhaltenen Anteilen gebundenen stillen Reserven. Denn bei einer Veräußerung der Anteile durch eine Körperschaft sind diese nach § 8b Abs. 2 KStG von einer Steuer befreit und bei einer natürlichen Person nach dem Halbeinkünfteverfahren gemäß § 3 Nr. 40 Satz 1 Buchst. a und b EStG zur Hälfte steuerfrei.[243]

b) Richtlinienkonformität des § 22 Abs. 1 Satz 1 UmwStG n.F.

Es stellt sich die Frage, ob die siebenjährige Sperrfrist des § 22 Abs. 1 Satz 1 UmwStG n.F. den Anforderungen des Gemeinschaftsrechts genügt. Ein Verstoß gegen die Grundfreiheiten besteht dabei nicht.[244] Denn die rückwirkende Besteuerung der Einbringung innerhalb der siebenjährigen Sperrfrist gilt sowohl für grenzüberschreitende als auch rein inländische Einbringungen. Jedoch ist § 22 Abs. 1 Satz 1 UmwStG n.F. an den Vorgaben des

---

241 Insoweit besteht keine Abweichung zur bisherigen Rechtslage, vgl. oben unter Teil 2, E., II., 3.

242 *Patt*, in: Dötsch/Patt/Pung/Möhlenbrock, UmwStR, 6. Aufl., vor §§ 20-23 UmwStG (SEStEG) Rz. 26; *Rödder/Schumacher*, DStR 2007, 369, 375.

243 *Patt*, in: Dötsch/Patt/Pung/Möhlenbrock, UmwStR, 6. Aufl., vor §§ 20-23 UmwStG (SEStEG) Rz. 26.

244 Gleiche Ansicht *Heß/Schnitger*, in: PwC, Reform des UmwStR Rz. 1652.

Art. 11 Abs. 1 Buchst. a FRL zu messen. Nach der Gesetzesbegründung[245] verfolgt die siebenjährige Sperrfrist den Zweck, Missbräuche zu verhindern. Der Einbringende solle die Einbringung nicht lediglich dazu nutzen, die erhaltenen Anteile sogleich nach der Einbringung zu veräußern, um auf diese Weise in den Genuss des Halbeinkünfteverfahrens nach den §§ 3 Nr. 40 Satz 1, 3c Abs. 2 EStG oder der Freistellungsregelung des § 8b Abs. 2 KStG zu gelangen.[246] Dabei geht das Gesetz im Wege einer typisierenden Missbrauchsvermutung davon aus, dass die Gefahr eines Missbrauchs mit zunehmendem Abstand zum Zeitpunkt der Einbringung abnimmt. Dementsprechend werden aufgrund der Regelung des § 22 Abs. 1 Satz 1 und Satz 3 UmwStG n.F. die stillen Reserven des eingebrachten Betriebsvermögens jährlich um ein Siebtel abgebaut.[247] Nach der Auffassung des Gesetzgebers[248] entspreche diese abnehmende Missbrauchsvermutung den Anforderungen des Art. 11 Abs. 1 Buchst. a FRL. Wörtlich heißt es dazu in der Gesetzesbegründung:[249]

> „Da die Vermutung eines Missbrauchs im Sinne von Art. 11 Abs. 1 Buchst. a FRL mit zunehmenden Abstand zum Einbringungszeitpunkt abnimmt, werden die nachträglich zu versteuernden stillen Reserven jährlich linear um ein Siebtel abgebaut. Je länger die Sperrfrist läuft, umso geringer ist die Wahrscheinlichkeit, dass der ursprüngliche Einbringungsvorgang im Grunde nur dazu dienen sollte, eine nachfolgende Veräußerung vorzubereiten. Dadurch wird die Konformität der nachträglichen Besteuerung der stillen Reserven mit Art. 11 Abs. 1 Buchst. a FRL hergestellt."

Demgegenüber ist die Rechtslehre überwiegend[250] der Ansicht, § 22 Abs. 1 Satz 1 UmwStG n.F. entspreche nicht den Grundsätzen, die der EuGH in der Rechtssache *„Leur-Bloem"*[251] aufgestellt habe. Entgegen dieser Grundsätze gehe das Gesetz typisierend von dem Vorliegen eines Missbrauchs aus, wenn die erhaltenen Anteile innerhalb der Sperrfrist von sieben Jahren veräußert werden.[252] Zwar liege dem Gesetz die Vermutung zugrunde, dass die

---

245 Regierungsentwurf vom 25.9.2006, BT-Drucks. 16/2710, S. 46.

246 *Heß/Schnitger*, in: PwC, Reform des UmwStR Rz. 1650.

247 Regierungsentwurf vom 25.9.2006, BT-Drucks. 16/2710, S. 46, *Gille*, IStR 2007, 194, 197; *Heß/Schnitger*, in: PwC, Reform des UmwStR Rz. 1651.

248 Regierungsentwurf vom 25.9.2006, BT-Drucks. 16/2710, S. 46.

249 Regierungsentwurf vom 25.9.2006, BT-Drucks. 16/2710, S. 46.

250 *Heß/Schnitger*, in: PwC, Reform des UmwStR Rz. 1652; *Gille*, IStR 2007, 194, 197; *Hahn*, IStR 2006, 797, 805; *Körner*, IStR 2006, 109, 112; *Thömmes u.a.*, IWB, F. 11 G. 2, 747, 758; *Werra/Teiche*, DB 2006, 1455, 1461; *Drüen*, DStZ 2006, 539, 542; a.A. wohl *Patt*, in: Dötsch/Patt/Pung/Möhlenbrock, UmwStR, 6. Aufl., vor §§ 20-23 UmwStG (SEStEG) Rz. 6.

251 *EuGH*, Urt. vom 17.7.1997, Rs. C-28/95, *„Leur-Bloem"*, Slg. 1997, I-4190 Tz. 45.

252 *Hahn*, IStR 2006, 797, 805; *Thömmes u.a.*, IWB, F. 11 G. 2, 747, 758; *Werra/Teiche*, DB 2006, 1455, 1461; *Drüen*, DStZ 2006, 539, 542.

Gefahr eines Missbrauchs mit zunehmendem zeitlichen Abstand zum Einbringungszeitpunkt abnehme. Dementsprechend verringere sich mit zunehmender Dauer auch die Höhe der steuerlichen Sanktion.[253] Jedoch verlange § 22 Abs. 1 Satz 1 UmwStG n.F. nicht die Feststellung eines Missbrauchs im Einzelfall, sondern sehe allein aufgrund der schlichten Dauer des Haltens der Anteile die nachteilige Rechtsfolge einer rückwirkenden Besteuerung des Einbringungsvorganges vor.[254] Die Möglichkeit des Gegenbeweises, dass die Einbringung trotz Veräußerung der Anteile innerhalb der sieben Jahre auf wirtschaftlich vernünftigen Beweggründen beruht, sei nicht vorgesehen.[255] Zudem sei die siebenjährige Frist zu lang bemessen, um sinnvolle Umstrukturierungsmaßnahmen von verkappten Veräußerungen des eingebrachten Betriebsvermögens abzugrenzen.[256]

c) *Stellungnahme*

aa) *Gemeinschaftsrechtliche Bedenken*

Art. 11 Abs. 1 Buchst. a FRL gibt den Mitgliedstaaten den Gestaltungsrahmen vor, in dem sich die nationalen Umsetzungsregelungen zur Verhinderung eines Missbrauchs bewegen müssen. In der Rechtssache *„Leur-Bloem"* hat der EuGH[257] zu den diesbezüglichen Grenzen nationaler Missbrauchsverhinderungsregelungen Stellung genommen. Erforderlich sei demnach, dass die nationale Regelung in jedem Einzelfall eine „globale Untersuchung" des zugrunde liegenden Umstrukturierungsvorganges erlaube.[258] Hingegen seien im Hinblick auf den Ausnahmecharakter des Art. 11 Abs. 1 Buchst. a FRL typisierende Vorschriften, mit denen bestimmte Fallgruppen aufgrund einheitlicher Kriterien als Gestaltungsmissbrauch eingestuft werden, unverhältnismäßig.[259] Beruhe eine gesetzliche Missbrauchvermutung auf einem einzelnen Tatbestandsmerkmal und stehe dem Steuerpflichtigen

---

253 *Gille*, IStR 2007, 194, 197; *Heß/Schnitger*, in: PwC, Reform des UmwStR Rz. 1652.

254 *Hahn*, IStR 2006, 797, 805; *Gille*, IStR 2007, 194, 197.

255 *Heß/Schnitger*, in: PwC, Reform des UmwstR Rz. 1652; *Schwenke*, DStZ 2007, 235, 247.

256 *Schwenke*, DStZ 2007, 235, 247; *Benz/Rosenberg*, in: Blumenberg/Schäfer, Das SEStEG, S. 188; *Körner*, IStR 2006, 109, 112; *Hahn*, IStR 2006, 797, 805.

257 *EuGH*, Urt. vom 17.7.1997, Rs. C-28/95, *„Leur-Bloem"*, Slg. 1997, I-4161 ff.

258 *EuGH*, Urt. vom 17.7.1997, Rs. C-28/95, *„Leur-Bloem"*, Slg. 1997, I-4190 Tz. 45.

259 *EuGH*, Urt. vom 17.7.1997, Rs. C-28/95, *„Leur-Bloem"*, Slg. 1997, I-4190 Tz. 43. 44.

nicht die Möglichkeit eines Gegenbeweises zu, so ginge dies über das zur Missbrauchvermeidung Geeignete und Erforderliche hinaus.[260].

§ 22 Abs. 1 Satz 1 UmwStG n.F. erfüllt diese vom EuGH aufgestellten Anforderungen nicht. Der abstrakte Umstand der Veräußerung der erhaltenen Anteile innerhalb von sieben Jahren führt zu einer rückwirkenden Besteuerung des Einbringungsvorganges. Es ist zwar im Sinne der Gesetzesbegründung davon auszugehen, dass die rasche Veräußerung der erhaltenen Anteile nach der Einbringung auf einem Beweggrund beruht, der nichts mit einer Umstrukturierung zu tun hat und daher dem Zweck des UmwStG zuwiderläuft. Es liegt auf der Hand, dass derjenige, der innerhalb eines kurzen Zeitraums einen Unternehmensteil einbringt und die erhaltenen Anteile nach der Einbringung veräußert, nie die Absicht hatte, Gesellschafter der übernehmenden Kapitalgesellschaft zu werden und sein unternehmerisches Engagement in anderer Form fortzuführen. Der zeitliche Abstand der Veräußerung der Anteile zum Einbringungszeitpunkt kann daher durchaus als Indiz für die Missbräuchlichkeit einer Einbringung herangezogen werden. Innerhalb der Sperrfrist von sieben Jahren unterstellt das Gesetz jedoch unwiderleglich, dass die Einbringung letztlich allein dazu diente, die Veräußerung der erhaltenen Anteile vorzubereiten. Es wird weder die Feststellung des Vorliegens eines konkreten Missbrauchsfalls verlangt, noch wird dem Einbringenden gestattet, den Beweis zu führen, der Einbringung lägen trotz Veräußerung der Anteile innerhalb der Sperrfrist wirtschaftlich vernünftige Erwägungen zugrunde. Insoweit bestehen gegenüber § 22 Abs. 1 Satz 1 UmwStG n.F. dieselben gemeinschaftsrechtlichen Bedenken, die von der Rechtslehre gegenüber der Vorgängervorschrift des § 26 Abs. 2 Satz 2 UmwStG 1995 geäußert wurden.[261] Es handelt sich bei § 22 Abs. 1 Satz 1 UmwStG n.F. um eine typisierende und daher nicht richtlinienkonforme Missbrauchsverhinderungsvorschrift. Ob die siebenjährige Sperrfrist allein schon wegen ihrer Länge gemeinschaftswidrig ist, mag insoweit dahinstehen. Dafür spricht jedoch, dass der EuGH[262] im Rahmen der Missbrauchsverhinderungsvorschrift des Art. 1 Abs. 2 der Mutter-Tochter-Richtlinie einen Zeitraum von zwei Jahren für ausreichend erachtet hat.

---

[260] *EuGH*, Urt. vom 17.7.1997, Rs. C-28/95, „*Leur-Bloem*“, Slg. 1997, I-4190 Tz. 44; *Thömmes*, FS Wassermeyer, S. 207, 216 f.

[261] *Thömmes*, in; Flick/Wassermeyer/Baumhoff, AStG, § 26 UmwstG Rz. 8; *Wassermeyer*, DStR 1992, 57, 61; *Knobbe-Keuk*, EuZW 1992, 336, 342; *Saß*, DB 1993, 1892, 1893.

[262] Vgl. die Nachweise zur Rechtsprechung des EuGH bei *Hahn*, IStR 2006, 797, 805 und *Körner*, IStR 2006, 469, 471.

bb) Systematische Bedenken

Unabhängig von diesen gemeinschaftsrechtlichen Bedenken überzeugt der ratierliche Abbau des Einbringungsgewinns I auch nicht vor dem Hintergrund des Zwecks des § 22 Abs. 1 Satz 1 UmwStG n.F., missbräuchliche Gestaltungen zu verhindern. Nach der Rechtsprechung des BFH[263] zu § 42 AO 1977 liegen missbräuchliche Beweggründe vor, wenn eine Gestaltung gewählt wird, die, gemessen an dem erstrebten Ziel, unangemessen ist, der Steuerminderung dienen soll und durch wirtschaftliche oder sonst beachtliche nichtsteuerliche Gründe nicht zu rechtfertigen ist. Unangemessen ist dabei eine Gestaltung, wenn der Steuerpflichtige die vom Gesetzgeber vorausgesetzte Gestaltung zum Erreichen bestimmter wirtschaftlicher Ziele nicht gebraucht, sondern dafür einen ungewöhnlichen Weg wählt, auf dem nach den Wertungen des Gesetzes das Ziel nicht erreicht werden soll.[264] Eine rechtliche Gestaltung beruht daher entweder auf missbräuchlichen Beweggründen oder nicht. Demgegenüber nimmt § 22 Abs. 1 Satz 1 und 3 UmwStG n.F. durch den ratierlichen Abbau des Einbringungsgewinns I an, dass ab dem zweiten Jahr nach der Einbringung nur noch teilweise missbräuchliche Beweggründe vorliegen (die stillen Reserven werden in diesem Fall nach § 22 Abs. 1 Satz 3 UmwStG n.F. nur noch zu 6/7 besteuert), wenn die erhaltenen Anteile durch den Einbringenden veräußert werden. Dies überzeugt nicht; auch bei einer Veräußerung der Anteile ab dem zweiten Jahr kann der Einbringende von Anfang an das Ziel verfolgt haben, die Einbringung nur dazu zu nutzen, um bei der Veräußerung der erhaltenen Anteile in den Genuss des Halbeinkünfteverfahrens nach den §§ 3 Nr. 40 Satz 1, 3c Abs. 2 EStG oder der Freistellungsregelung des § 8 b Abs. 2 KStG zu gelangen. Das Gesetz nimmt jedoch in diesem Fall an, dass die Einbringung nur zu 6/7 missbräuchlich ist. Das klingt nicht nur befremdlich, sondern unterstellt dem Einbringenden teilweise wirtschaftlich beachtenswerte Beweggründe, die er möglicherweise nie hatte.

---

263 *BFH*, Urt. vom 27.7.1999, VIII R 36/98, BStBl. II 1999, 769; *BFH*, Urt. vom 20.3.2003, I R 63/99, IStR 2002, 597; *BFH*, Urt. vom 19.2.2002, IX R 32/98, HFR 2002, 893; *BFH*, Urt. vom 8.5.2003, IV R 54/01, DB 2003, 1716.

264 *BFH*, Urt. vom 14.1.2003, IX R 5/00, BStBl. II 2003, 509, 510.

4. Teil: Zusammenfassung der Ergebnisse

1. Teil: Gemeinschaftsrechtliche Rahmenbedingungen

1. Die steuerlichen Rechtsfolgen einer Einbringung richten sich nach dem UmwStG. Dieses ist Teil der direkten Steuern der Mitgliedstaaten. Nach der Kompetenzverteilung des EG-Vertrages bleibt es den Mitgliedstaaten vorbehalten, ihre nationalen Besteuerungssysteme auszugestalten; eine ausdrückliche Kompetenz zum Erlass von gemeinschaftsrechtlichen Regelungen auf dem Gebiet der direkten Steuern enthält der EG-Vertrag nicht. Eine Regelung zur Harmonisierung der direkten Steuern kann daher nur auf die allgemeine, generalklauselartige Kompetenz des Art. 94 gestützt werden. Die Anzahl der auf diese Kompetenz gestützten sekundärrechtlichen Maßnahmen ist gering. Die Ursache dafür liegt in der besonderen Sensibilität der Materie der direkten Steuern, der unterschiedlichen Ausgestaltung der nationalen Steuergesetze der Mitgliedstaaten und insbesondere in der Finanz- und Steuerhoheit eines jeden Mitgliedstaats als Ausdruck seiner Souveränität.

2. Ungeachtet dessen verlangen die Grundfreiheiten nach der ständigen Rechtsprechung des EuGH im Rahmen ihres Anwendungsvorrangs eine Gleichbehandlung von grenzüberschreitenden und rein inländischen Sachverhalten. Obwohl die Mitgliedstaaten die Befugnis zur Ausgestaltung der direkten Steuern besitzen, haben sie nach der Auffassung des EuGH die Wirkung der Grundfreiheiten als Diskriminierungs- und Beschränkungsverbote zu beachten. Dies gilt auch dann, wenn sekundärrechtliche Maßnahmen wie die Fusionsrichtlinie den Erlass einer diskriminierenden oder beschränkenden Regelung erlauben. Diese Auffassung des EuGH ist problematisch, da die direkten Steuern mit ihrem System von aufeinander abgestimmten Be- und Entlastungswirkungen eine Materie darstellen, die auf eine leistungsgerechte Besteuerung der Steuerpflichtigen abzielen. Bei einer schrankenlosen Anwendung der Grundfreiheiten besteht die Gefahr, dass dieses Ziel umgangen und damit die Steuer- und Finanzhoheit der Mitgliedstaaten unterlaufen wird. Die Rechtsprechung des EuGH ist daher kritisch zu hinterfragen. Im Rahmen der Rechtfertigung eines Grundfreiheitsverstoßes ist zu prüfen, ob die jeweilige Regelung ein legitimes Allgemeininteresse der Mitgliedstaaten verfolgt. Als Rechtfertigungsgründe sind dabei

im Zusammenhang mit grenzüberschreitenden Einbringungen die Wahrung der Kohärenz einer Regelung, die Verhinderung von Missbräuchen und – mit Einschränkungen – die Sicherung der steuerlichen Kontrolle zu beachten.

3. Eine Vorgabe für die Ausgestaltung von Regelungen über grenzüberschreitende Einbringungen enthält zunächst die Niederlassungsfreiheit nach den Artt. 43, 48 EG. Im Rahmen der primären Niederlassungsfreiheit schützt sie die Verlagerung des Schwerpunkts des bisherigen unternehmerischen Engagements in einen anderen Mitgliedstaat. Dabei werden auch solche grenzüberschreitenden Einbringungen von der primären Niederlassungsfreiheit umfasst, bei denen es zu einer Verlagerung des effektiven Verwaltungssitzes kommt. Weder der Zuzugs- noch der Wegzugsstaat dürfen an eine solche Verlagerung nachteilige Rechtsfolgen knüpfen. Daneben ermöglicht die sekundäre Niederlassungsfreiheit jegliche Verlagerung von Unternehmensteilen auf andere Rechtsträger. Der sachliche Anwendungsbereich der primären und der sekundären Niederlassungsfreiheit ist eröffnet, wenn im Zuge der grenzüberschreitenden Einbringung eine Beteiligung an der übernehmenden Gesellschaft erworben wird, die es dem Einbringenden ermöglicht, die Entscheidungen der übernehmenden Gesellschaft zu beeinflussen. Diese Voraussetzung ist gegeben, wenn die als Gegenleistung für die Einbringung gewährte Beteiligung eine Mehrheitsbeteiligung darstellt oder zumindest eine Höhe von 25 v.H. erreicht.

4. Unabhängig von der Höhe der erhaltenen Beteiligung fällt eine grenzüberschreitende Einbringung von Unternehmensteilen als Direktinvestition unter den sachlichen Anwendungsbereich der Kapitalverkehrsfreiheit nach Art. 56 EG. Im Rahmen des Erwerbs einer kontrollierenden Beteiligung kommt es daher zu einer Überschneidung der Schutzbereiche von Niederlassungs- und Kapitalverkehrsfreiheit. Im Rahmen dieses Konkurrenzverhältnisses sind beide Grundfreiheiten parallel anwendbar. Auch unter Berücksichtigung der neueren Rechtsprechung des EuGH besteht im Rahmen einer grenzüberschreitenden Einbringung weder ein Vorrang der Kapitalverkehrsfreiheit noch ein Vorrang der Niederlassungsfreiheit.

5. Die Vorgaben der Niederlassungs- und Kapitalverkehrsfreiheit richten sich sowohl an den Bestimmungsstaat als auch an den Herkunftsstaat einer grenzüberschreitenden Einbringung. Der Bestimmungsstaat ist aufgrund der Wirkung der Grundfreiheiten als Diskriminierungsverbote verpflichtet, den nicht ansässigen, beschränkt steuerpflichtigen Rechtsträger steuerlich nicht schlechter als einen ansässigen, unbeschränkt steuerpflichtigen Rechtsträger zu behandeln. Die „*Schumacker-Doktrin*“ des EuGH, wonach sich gebietsfremde Steuerpflichtige grundsätzlich nicht in einer vergleichba-

ren Situation mit gebietsansässigen Steuerpflichtigen befinden, hat als eine auf den persönlichen und familiären Bereich des Steuerpflichtigen beschränkte Ausnahme keine Bedeutung im Rahmen von grenzüberschreitenden Einbringungen. Als Beschränkungsverbote verlangen die Grundfreiheiten von dem Herkunftsstaat, eine grenzüberschreitende Einbringung nicht schlechter als eine rein inländische Einbringung zu behandeln. Dabei wirken die Grundfreiheiten sowohl bei Diskriminierungen als auch bei Beschränkungen als Gleichheitsrechte. Eine Diskriminierung oder Beschränkung der Niederlassungs- und der Kapitalverkehrsfreiheit liegt daher nicht vor, wenn eine nationale Regelung grenzüberschreitende und rein inländische Sachverhalt gleich behandelt.

2. Teil: Die Einbringung von Unternehmensteilen nach der Fusionsrichtlinie

1. Das Hauptproblem einer grenzüberschreitenden Einbringung von Unternehmensteilen liegt in der Übertragung der stillen Reserven in dem Betriebsvermögen des jeweiligen Unternehmensteils auf einen ausländischen Rechtsträger. Einerseits besteht ein betriebswirtschaftliches und grundfreiheitlich geschütztes Interesse der beteiligten Rechtsträger, eine grenzüberschreitende Einbringung ohne die Auflösung der stillen Reserven – also steuerneutral – durchzuführen. Andererseits sind die Mitgliedstaaten daran interessiert, dass ihre Besteuerungsrechte im Hinblick auf die Gewinne aus der Realisation der stillen Reserven durch eine grenzüberschreitende Einbringung nicht ausgeschlossen oder beschränkt werden. Die Fusionsrichtlinie strebt einen verhältnismäßigen Ausgleich zwischen beiden Interessen an. Zu diesem Zweck ordnet sie in Art. 9 i.V.m. Art. 4 Abs. 1 Satz 1 FRL einen Besteuerungsaufschub auf der Ebene der übernehmenden Gesellschaft an. Eine Auflösung der stillen Reserven darf nicht im Zuge der grenzüberschreitenden Einbringung sondern erst bei ihrer tatsächlichen Realisation, also bei der Veräußerung des eingebrachten Betriebsvermögens oder der erhaltenen Anteile, vorgenommen werden. Die Sicherstellung der Besteuerungsrechte der Mitgliedstaaten wird dadurch erreicht, dass eine grenzüberschreitende Einbringung nur in dem Umfang steuerneutral behandelt werden muss, wie bestehende Besteuerungsrechte des Mitgliedstaats, unter dessen Hoheit die stillen Reserven gebildet wurden, durch die Einbringung weder ausgeschlossen noch beschränkt werden. In diesem Sinne wird der Grundsatz der Steuerneutralität der Einbringung durch die Betriebsstättenbedingung des Art. 4 Abs. 1 Satz 2 Buchst. b FRL und durch die Sonderregelungen des Art. 10 FRL eingeschränkt. Die Einbringung des

Unternehmensteils eines inländischen Rechtsträgers auf einen ausländischen Rechtsträger ist nach Art. 4 Abs. 1 Satz 2 Buchst. b FRL nur in dem Umfang steuerneutral möglich, soweit die Wirtschaftsgüter des Unternehmensteils in eine inländische Betriebsstätte des ausländischen Rechtsträgers einbracht werden und diese Wirtschaftsgüter auch rechtlich dieser Betriebsstätte zugeordnet werden können. Auch im Rahmen der Einbringung eines Unternehmensteils aus einer ausländischen Betriebsstätte verpflichtet die Fusionsrichtlinie den Mitgliedstaat des einbringenden Rechtsträgers nicht, auf sein Besteuerungsrecht zu verzichten. Art. 10 Abs. 1 und 2 FRL berechtigen diesen vielmehr zur Vornahme einer Schlussbesteuerung der ausländischen Betriebsstätte, sofern die Betriebsstätteneinkünfte vor der Einbringung aufgrund des jeweils einschlägigen Doppelbesteuerungsabkommens der Besteuerung im Mitgliedstaat der einbringenden Gesellschaft unterlagen.

2. Eine Besteuerung der stillen Reserven aus Gründen des Verlustes von Besteuerungsrechten stellt grundsätzlich eine Schlechterstellung einer grenzüberschreitenden Einbringung gegenüber einer rein inländischen Einbringung dar. Der damit verbundene Verstoß gegen die Niederlassungs- und Kapitalverkehrsfreiheit ist jedoch gerechtfertigt, da das Interesse der Mitgliedstaaten an der Wahrung ihrer Besteuerungsrechte im Hinblick auf die stillen Reserven ein legitimes Allgemeininteresse darstellt, welches im Rahmen des Rechtfertigungsgrundes der Kohärenz zu beachten ist. Der Auffassung der Rechtslehre und der Europäischen Kommission, nach der sich aus dem Urteil des EuGH in der Rechtssache *„de Lasteyrie du Saillant"* ergebe, dass die Mitgliedstaaten aufgrund der Grundfreiheiten verpflichtet seien, von einer Schluss- oder Entstrickungsbesteuerung der stillen Reserven abzusehen, ist nicht zuzustimmen. Vielmehr erkennt der EuGH das Interesse der Mitgliedstaaten an der Besteuerung der unter ihrer Hoheit entstandenen stillen Reserven grundsätzlich an. Es ist davon auszugehen, dass die Mitgliedstaaten auch berechtigt sind, die stillen Reserven sofort zu besteuern. Sind nicht verpflichtet, die im Zeitpunkt der Entstrickung entstandene Steuer zinslos zu stunden und erst bei der tatsächlichen Realisation der stillen Reserven im Ausland zu erheben. Ein solches System der aufgeschobenen Besteuerung der stillen Reserven stellt im Vergleich zu einer Sofortbesteuerung keine gleich effektive Methode dar. Aufgrund der vielfältigen administrativen Schwierigkeiten und materiell-rechtlichen Unklarheiten, die mit einem System der aufgeschobenen Besteuerung der stillen Reserven verbunden sind, besteht vielmehr die Gefahr, dass die Mitgliedstaaten endgültig auf ihr Recht zur Besteuerung der stillen Reserven verzichten müssen. Dies widerspräche nicht nur dem Ziel der Fusionsrichtlinie, sondern

auch der Grundwertung des EG-Vertrags. Steht den Mitgliedstaaten danach aufgrund ihrer Steuer- und Finanzhoheit ein Recht zur Besteuerung der stillen Reserven zu, so müssen sie auch in der Lage bleiben, dieses Recht wirksam durchzusetzen. Sie sind nicht verpflichtet, Besteuerungsmethoden umsetzen, die nur unzureichend ihre finanziellen Interessen sichern.

3. Keine Vorgaben enthält die Fusionsrichtlinie über die Frage der Steuerneutralität der Einbringung auf der Ebene des Gesellschafters. Den Mitgliedstaaten steht es vielmehr frei, ob sie die Bewertung der als Gegenleistung gewährten Anteile an der übernehmenden Gesellschaft von der Bewertung des eingebrachten Betriebsvermögens auf Gesellschaftsebene abhängig machen oder ein freies Wertansatzrecht vorsehen. Die Fusionsrichtlinie steht daher auch nicht einer Verdoppelung der stillen Reserven entgegen, die durch eine Übernahme des Buchwerts des eingebrachten Betriebsvermögens für die Bestimmung der Höhe der Anschaffungskosten der erhaltenen Anteile entstehen kann. Soweit eine solche Buchwertverknüpfung sowohl für grenzüberschreitende als auch für rein inländische Einbringungen vorgesehen ist, scheidet ein Verstoß gegen die Niederlassungs- und Kapitalverkehrsfreiheit aus.

4. Nach der Fusionsrichtlinie müssen die Mitgliedstaaten eine grenzüberschreitende Einbringung nur dann steuerneutral behandeln, soweit die Einbringung in den persönlichen und sachlichen Anwendungsbereich der Richtlinie fällt. Im Rahmen des persönlichen Anwendungsbereichs werden nur solche Einbringungen umfasst, an der als einbringende und als übernehmende Rechtsträger Kapitalgesellschaften beteiligt sind, die in einem der Mitgliedstaaten der Europäischen Union ansässig sind, dort zwingend der Körperschaftsteuer unterliegen und eine der Rechtsformen aufweisen, die im Anhang zur Fusionsrichtlinie aufgeführt werden. Diese Beschränkung der Fusionsrichtlinie auf EU-Kapitalgesellschaften widerspricht dem persönlichen Anwendungsbereich der Niederlassungs- und Kapitalverkehrsfreiheit. Zudem können sich in räumlicher Hinsicht auch Rechtsträger aus dem EWR (Norwegen, Island und Liechtenstein) auf die Niederlassungs- und Kapitalverkehrsfreiheit berufen.

5. Der sachliche Anwendungsbereich der Einbringung von Unternehmensteilen wird in Art. 2 Buchst. c FRL bestimmt. Eine Einbringung von Unternehmensteilen ist danach ein Vorgang, durch den eine Gesellschaft, ohne aufgelöst zu werden, ihren Betrieb insgesamt oder einen oder mehrere Teilbetriebe in eine andere Gesellschaft gegen Gewährung von Anteilen am Gesellschaftskapital der übernehmenden Gesellschaft einbringt. Nach dem Wortlaut dieser Definition ist es nicht erforderlich, dass die als Gegenleistung gewährten Anteile neu sind. Sie müssen daher nicht im Rahmen einer

Sachkapitalerhöhung oder Sachkapitalgründung bei der übernehmenden Kapitalgesellschaft entstanden sein. Auch im Hinblick auf die Systematik der Fusionsrichtlinie und dem Interesse der Mitgliedstaaten an der Wahrung ihrer finanziellen Interessen ist die Gewährung von neuen Anteilen als Gegenleistung nicht notwendig. Demgegenüber ist es nach Art. 2 Buchst. c FRL nicht möglich, dass die übernehmende Gesellschaft zusätzliche Gegenleistungen wie etwa Barleistungen oder Sachwerte gewährt. Als zusätzliche Gegenleistung gilt auch die Übertragung von Verbindlichkeiten auf die übernehmende Gesellschaft, sofern die Verbindlichkeiten in keinem wirtschaftlichen Zusammenhang mit dem eingebrachten Unternehmensteil stehen.

6. Als Gegenstand einer Einbringung kommt nach Art. 2 Buchst. c FRL der gesamte Betrieb einer Gesellschaft oder einer ihrer Teilbetriebe in Betracht. Der Begriff des Teilbetriebs wird in Art. 2 Buchst. i FRL definiert. Kennzeichnendes Merkmal dieses europäischen Teilbetriebsbegriffs ist die eigenständige Funktionsfähigkeit des jeweiligen Teilbetriebs. Die Zusammenfassung der Wirtschaftsgüter in dem Betriebsvermögen des einbringenden Rechtsträgers müssen eine Einheit darstellen, die aus eigenen Mitteln funktionsfähig ist und damit dem übernehmenden Rechtsträger die Möglichkeit geben, das bisherige unternehmerische Engagement des Einbringenden fortzuführen. Dies ergibt sich zunächst aus dem Wortlaut der Definition des Art. 2 Buchst. i FRL, vor allem aber aus dem Sinn und Zweck der Fusionsrichtlinie, die Fortführung des bisherigen unternehmerischen Engagements des einbringenden Rechtsträgers zu fördern. Auch der Vergleich mit dem verwandten Begriff des Tätigkeitszweigs nach der Kapitalverkehrssteuerrichtlinie belegt, dass es im Rahmen des europäischen Teilbetriebsbegriffs allein auf die Fortführbarkeit des Teilbetriebs ankommt. Im Gegensatz zum nationalen Teilbetriebsbegriff verzichtet der europäische Teilbetriebsbegriff auf eine „gewisse" Selbständigkeit des Teilbetriebs. Es ist also nicht erforderlich, dass vor der Einbringung in dem Teilbetrieb eine Tätigkeit ausgeübt wurde, die sich von der restlichen Tätigkeit des Gesamtunternehmens unterschied. Dieser Verzicht auf eine „gewisse" Selbständigkeit erlaubt die Einbringung von organisatorisch und funktional abgegrenzten Abteilungen, die bislang ihre Leistungen oder Produkte ausschließlich in den Dienst des Gesamtunternehmens gestellt haben und bei denen beispielsweise eine örtliche Trennung oder ein eigener Kundenstamm fehlen. Eine Überschneidung mit dem nationalen Teilbetriebsbegriff besteht insoweit, als dass Merkmal der Funktionsfähigkeit grundsätzlich dem Merkmal der eigenständigen Lebensfähigkeit im Rahmen des nationalen Teilbetriebsbegriffs entspricht. Allerdings ist die Funktionsfähigkeit des Teilbetriebs anhand der

konkreten Umstände des Einzelfalls zu untersuchen ist. Auch ist es im Gegensatz zum Merkmal der eigenständigen Lebensfähigkeit des nationalen Teilbetriebsbegriffs nicht ausreichend, wenn der Teilbetrieb aufgrund seiner finanziellen Situation nicht in der Lage ist, Gewinne zu erwirtschaften. Ist dies infolge einer übermäßigen Verschuldung des Teilbetriebs der Fall, liegt keine wirtschaftliche Einheit vor, die es der übernehmenden Gesellschaft ermöglicht, das bisherige unternehmerische Engagement des Einbringenden fortzusetzen. Im Gegensatz zum nationalen Teilbetriebsbegriff ist es nicht erforderlich, dass der Teilbetrieb bei isolierter Betrachtung seiner Merkmale eine eigengewerbliche Tätigkeit zum Gegenstand hat. Eine solche Einschränkung ergibt sich weder aus dem Wortlaut des Art. 2 Buchst. i FRL noch aus dem Sinn und Zweck der Fusionsrichtlinie. Auch die Einbringung von Teilbetrieben, die allein aufgrund einer gesetzlichen Fiktion oder der Rechtsform des Unternehmensträgers einen gewerblichen Charakter haben, wird daher von der Fusionsrichtlinie umfasst. Der Teilbetrieb im Aufbau und der zerstörte Teilbetrieb, sowie eine 100%ige Beteiligung an einer Kapitalgesellschaft erfüllen nicht die Voraussetzungen des Art. 2 Buchst. i FRL. In diesen Fällen liegt keine funktionsfähige Einheit in dem Unternehmen des einbringenden Rechtsträgers vor. Dabei kommt es für die Beurteilung der Frage, ob der Teilbetrieb über die erforderliche Funktionsfähigkeit besitzt, auf die Verhältnisse des einbringenden Rechtsträgers an. Nicht ausreichend ist es, wenn die eingebrachten Wirtschaftsgüter erst bei der übernehmenden Gesellschaft eine funktionsfähige Einheit bilden.

7. Im Rahmen der Einbringung eines Betriebs oder Teilbetriebs kommt es nach der Fusionsrichtlinie auf die Übertragung der wesentlichen Betriebsgrundlagen an. Ob ein Wirtschaftsgut eines Betriebs oder Teilbetriebs eine wesentliche Betriebsgrundlage darstellt, richtet sich nach der funktionalen Betrachtungsweise. Auf die in einem Wirtschaftsgut enthaltenen stillen Reserven kommt es hingegen nicht an.

3. Teil: Die Umsetzungsregelungen der §§ 20 ff. UmwStG

1. Durch das SEStEG wurden die Einbringungsvorschriften neu konzipiert. Die unterschiedlichen Regelungen zu rein inländischen und grenzüberschreitenden Einbringungen wurden in den §§ 20 ff. UmwStG n. F. zusammenfasst. Nach dem Willen des Gesetzgebers soll durch diese Neukonzeption im Interesse der Erleichterung von grenzüberschreitenden Unternehmensumstrukturierungen ein einheitliches und EU-konformes System für die steuerliche Behandlung von Einbringungsfällen geschaffen werden.

2. Der persönliche Anwendungsbereich der Einbringungsvorschriften wurde im Zuge der Neukonzeption der Einbringungsvorschriften deutlich erweitert. Als übernehmende Gesellschaft kommt jede Kapitalgesellschaft oder Genossenschaft im Sinne von Art. 48 EG oder Art. 34 EWR-Abkommen in Betracht, die nach den Rechtsvorschriften eines EU- oder EWR-Staats gegründet wurde und deren Sitz und Ort der Geschäftsleitung sich innerhalb des Hoheitsgebiets eines dieser Staaten befindet. Es ist ohne Bedeutung, ob die übernehmende Kapitalgesellschaft oder Genossenschaft unbeschränkt oder beschränkt körperschaftsteuerpflichtig ist; die nach bisheriger Rechtslage bestehende Beschränkung auf unbeschränkt steuerpflichtige Kapitalgesellschaften (§§ 20 Abs. 1, 23 Abs. 1 UmwStG 1995) als übernehmende Gesellschaften wurde im Zuge der „Europäisierung“ der Einbringungsvorschriften fallen gelassen. Handelt es sich bei der übernehmenden Gesellschaft um eine nach ausländischem Recht gegründete Kapitalgesellschaft, ist nach der Gesetzesbegründung anhand eines Typenvergleichs zu ermitteln, ob diese entsprechend einer inländischen Kapitalgesellschaft körperschaftlich strukturiert ist. Allerdings ist ein solcher Vergleich entbehrlich, wenn die ausländische Kapitalgesellschaft über eine Rechtsform verfügt, die im Anhang zur Fusionsrichtlinie aufgeführt wird. In diesem Fall ist im Rahmen einer richtlinienkonformen Auslegung davon auszugehen, dass eine solche Gesellschaft grundsätzlich eine übernehmende Gesellschaft im Rahmen einer grenzüberschreitenden Einbringung sein kann.

3. Als einbringende Rechtsträger können neben Kapitalgesellschaften auch natürliche Personen und Personengesellschaften aus der EU oder dem EWR an einer grenzüberschreitenden Einbringung beteiligt sein. Ein Verstoß gegen die Fusionsrichtlinie ist damit nicht verbunden. Vielmehr kommt der Gesetzgeber damit seiner Verpflichtung aus der Niederlassungs- und Kapitalverkehrsfreiheit nach, auch Personengesellschaften und natürlichen Personen aus der EU und dem EWR die Möglichkeit einer grenzüberschreitenden Einbringung zu eröffnen.

4. Gegenstand einer Einbringung kann nach § 20 Abs. 1 UmwStG n.F. ein Betrieb, Teilbetrieb oder Mitunternehmeranteil sein. Aufgrund der vom Gesetzgeber angestrebten Gleichbehandlung von inländischen und grenzüberschreitenden Einbringungen bestimmt sich der anzuwendende Begriff des Teilbetriebs einheitlich nach der Definition des Art. 2 Buchst. i FRL. Es ist daher sowohl bei grenzüberschreitenden als auch bei rein inländischen Einbringungen der europäische Teilbetriebsbegriff zugrunde zu legen. Nach dem Willen des Gesetzgebers sind nicht alle Wirtschaftsgüter des jeweiligen Unternehmensteils sondern nur die wesentlichen Betriebsgrundlagen einzubringen. Dies entspricht der bisher herrschenden Auffassung in der

Rechtslehre, Finanzverwaltung und Rechtsprechung im Rahmen des UmwStG 1995 sowie den Anforderungen der Fusionsrichtlinie an die Einbringung eines Betriebs oder Teilbetriebs. Bei der Beurteilung, ob ein Wirtschaftsgut eine wesentliche oder unwesentliche Betriebsgrundlage darstellt, ist dabei ausschließlich auf eine rein funktionale Betrachtungsweise abzustellen. Für eine Einbringung der wesentlichen Betriebsgrundlagen ist es ausreichend, wenn das wirtschaftliche Eigentum an den wesentlichen Betriebsgrundlagen auf die übernehmende Kapitalgesellschaft oder Genossenschaft übertragen wird.

5. Eine Erweiterung gegenüber dem sachlichen Anwendungsbereich der Fusionsrichtlinie stellt die Aufnahme eines Mitunternehmeranteils als Einbringungsgegenstand im Rahmen einer grenzüberschreitenden Einbringung dar. Sie ist vor dem Hintergrund des neu gefassten persönlichen Anwendungsbereichs der Einbringungsvorschriften zu sehen, wonach auch eine Personengesellschaft als einbringender Rechtsträger an einer grenzüberschreitenden Einbringung beteiligt sein kann. Mit der Einbeziehung eines Mitunternehmeranteils als in Frage kommender Einbringungsgegenstand wird die nach bisheriger Rechtslage bestehende Ungleichbehandlung zwischen rein inländischen und grenzüberschreitenden Einbringungen beseitigt.

6. Nach der Gesetzesbegründung sind die Rechtsfolgen einer Einbringung durch eine Personengesellschaft jedoch nicht nur bei der Einbringung eines Mitunternehmeranteils sondern auch bei der Einbringung eines Betriebs oder Teilbetriebs bei den jeweiligen Gesellschaftern (Mitunternehmern) zu ziehen. Der Gesetzgeber bestätigt damit die bisherige Auffassung der Finanzverwaltung, nach der die Einbringung des Betriebs oder Teilbetriebs durch eine Personengesellschaft als eine Einbringung der Mitunternehmeranteile oder Mitunternehmerteilanteile durch die Gesellschafter (Mitunternehmer) zu behandeln ist. Dieser Auffassung der Finanzverwaltung ist im Rahmen der §§ 20 ff. UmwStG n.F. nicht zuzustimmen. Nach der Systematik der §§ 20 ff. UmwStG n.F. ist auch dann von einer Einbringung eines Betriebs oder Teilbetriebs auszugehen, wenn an der Einbringung eine Personengesellschaft als einbringender Rechtsträger beteiligt ist.

7. Nach dem Willen des Gesetzgebers kann auch ein Mitunternehmerteilanteil Gegenstand einer Einbringung sein. Dadurch kommt es zu einer systematisch bedenklichen Privilegierung von Personengesellschaften gegenüber Einzelunternehmern. Die Möglichkeit der steuerneu-tralen Einbringung des Bruchteils eines Mitunternehmeranteils ist daher abzulehnen.

8. Nach § 20 Abs. 1 UmwStG n.F. ist wie nach bisheriger Rechtslage erforderlich, dass als Gegenleistung neue Anteile an der übernehmenden Kapitalgesellschaft oder Genossenschaft gewährt werden. Dieses Erfordernis der Gewährung neuer Anteile stellt gegenüber den Vorgaben der Fusionsrichtlinie eine zusätzliche Voraussetzung für die Steuerneutralität grenzüberschreitender Einbringungen dar. Eine richtlinienkonforme Auslegung ist in Anbetracht des eindeutigen Wortlauts des § 20 Abs. 1 UmwStG n.F. nicht möglich. Vielmehr liegt, soweit der Anwendungsbereich der Fusionsrichtlinie betroffen ist, ein Verstoß gegen sekundäres Gemeinschaftsrecht vor. Hingegen ergibt sich im Umkehrschluss aus § 20 Abs. 2 Satz 4 UmwStG n.F., dass neben neuen Anteilen auch zusätzliche Gegenleistungen gewährt werden dürfen. Ein Verstoß gegen die Fusionsrichtlinie ist damit nicht verbunden. Der Verzicht auf die ausschließliche Gewährung von Anteilen bedeutet vielmehr eine Erleichterung grenzüberschreitender Einbringungen.

9. Der Ansatz des eingebrachten Betriebsvermögens auf der Ebene der übernehmenden Gesellschaft hat gemäß § 20 Abs. 2 Satz 1 UmwStG n.F. grundsätzlich mit dem gemeinen Wert zu erfolgen. Eine Fortführung der Buchwerte ist in grenzüberschreitenden Fällen nur dann möglich, wenn gemäß § 20 Abs. 2 Satz 2 Nr. 3 UmwStG n.F. das deutsche Besteuerungsrecht hinsichtlich des Gewinns aus der Veräußerung des eingebrachten Betriebsvermögens bei der übernehmenden Gesellschaft weder ausgeschlossen noch beschränkt wird. Soweit diese Voraussetzung für einzelne Wirtschaftsgüter oder den ganzen Unternehmensteil nicht erfüllt ist, kommt es zu einem Ansatz des gemeinen Werts und damit zu einer Auflösung der stillen Reserven. Die damit verbundene Mehrbelastung des einbringenden Rechtsträgers stellt keinen Verstoß gegen die Niederlassungs- oder Kapitalverkehrsfreiheit dar. Der Gesetzgeber setzt vielmehr in § 20 Abs. 2 Satz 2 Nr. 3 UmwStG n.F. das Betriebsstättenkonzept der Fusionsrichtlinie (Artt. 9 i.V.m. 4, 10 FRL) in das UmwStG um.

10. Die erhaltenen Anteile haben nach § 22 Abs. 1 Satz 1 UmwStG n.F. den besonderen Status, dass ihre Veräußerung innerhalb von sieben Jahren nach der Einbringung zu einer rückwirkenden Besteuerung des Einbringungsvorganges führt. Innerhalb der Sperrfrist von sieben Jahren unterstellt das Gesetz unwiderleglich, dass die Einbringung allein dazu diente, die Veräußerung der erhaltenen Anteile vorzubereiten. Diese Regelung zur Verhinderung von Missbräuchen entspricht nicht den Vorgaben des Art. 11 Abs. 1 Buchst. a FRL, da die steuerrechtliche Sanktion des Missbrauchs allein an den abstrakten Umstand der Veräußerung der erhaltenen Anteile anknüpft und es dem Einbringenden nicht gestattet ist, den Beweis zu führen, der Einbringung lägen trotz Veräußerung der Anteile innerhalb der

Sperrfrist wirtschaftlich vernünftige Gründe zugrunde. Darüber hinaus steht der ratierliche Abbau des Einbringungsgewinns im Widerspruch zur Rechtsprechung des BFH zu § 42 AO 1977. Eine Gestaltung beruht danach entweder auf missbräuchlichen Beweggründen oder nicht. Die Annahme, der Einbringung lägen ab dem zweiten Jahr nach der Einbringung nur noch teilweise missbräuchliche Beweggründe zugrunde, überzeugt daher nicht.

Literaturverzeichnis

A

Ahmann, Karin-Renate Das Ertragssteuerrecht unter dem Diktat des europäischen Gerichtshofs? Können wir uns wehren?, DStZ 2005, 75.

Aigner, Dietmar; Kofler, Georg Steuerliche Folgen des Zuzugs von EU-Kapitalgesellschaften nach Österreich nach der Rechtsprechung des EuGH in der Rs. Überseering (C-208/00), IStR 2003, 570.

Aigner, Hans-Jörgen EuGH zur Einbringung nach Art. 9 Fusionsrichtlinie, SWI 2002, 259.

Aigner, Hans-Jörgen Vermögen bei der Einbringung nach Art. 9 Fusionsrichtlinie, SWI 2001, 173.

Altheim, Michael Beratung der mittelständischen Wirtschaft bei Beteiligungen, Fusionen und Spaltungen im Binnenmarkt, Teil II – Fusionsrichtlinie, IStR 1993, 406.

Altmeppen, Holger Schutz vor europäischen Kapitalgesellschaften, NJW 2004, 97.

B

Bell, Susan Amendments to the Merger Directive: A New Dawn for Cross-Border Reorganisations?, DFI 2004, 119.

Battis, Ulrich Verwaltungsrecht als konkretisiertes Gemeinschaftsrecht, DÖV 2001, 988.

Bauer, Jörg Der Teilbetrieb – Bestandsaufnahme und Stellungnahme aus betriebswirtschaftlicher Sicht, DB 1982, 1069.

Bauernschmitt, Isabel; Blöchle, Daniel SEStEG: Umwandlung unerwünscht!, BB 2007, 743.

Bauschatz, Peter Steuerlicher Gestaltungsmissbrauch und Europarecht, IStR 2002, 291.

Bayer, Walter Zulässige und unzulässige Einschränkungen der europäischen Grundfreiheiten im Gesellschaftsrecht, Anmerkung zu den Entscheidungen des EuGH vom 4.6.2002 – Rs. C-483/99, C-367/98, C-503/99 (Goldene Aktien), BB 2002, 2289.

Becker, Enno Die Grundlagen der Einkommensteuer, München und Berlin1940.
zit. als: *Becker*, Grundlagen, S.

Behrens, Stefan; Schmitt, Rainer Übertragung wesentlicher Betriebsgrundlagen im Vorfeld von Einbringungen nach §§ 20, 24 UmwStG, FR 2002, 549.

Benecke, Andreas; Schnitger, Arne Änderungssichtlinie zur Fusionsrichtlinie: Vermeidung der wirtschaftlichen Doppelbesteuerung und Aufnahme transparenter Gesellschaften – zwei unvereinbare Ziele? – (Teil I und II), IStR 2005, 606 und 641.

Benecke, Andreas; Schnitger, Arne Letzte Änderungen der Neuregelungen des UmwStG und der Entstrickungsnormen durch das SEStEG – Beschlussempfehlung und Bericht des Finanzausschusses, IStR 2007, 22.

Benecke, Andreas; Schnitger, Arne Neuregelung des UmwStG und der Entstrickungsnormen durch das SEStEG, IStR 2006, 765.

Benecke, Andreas; Schnitger, Arne Gemeinschaftsrechtlich bedingte Anrechnung von Körperschaftsteuer bei fiktiv unbeschränkter oder beschränkter Steuerpflicht? – Zugleich Anmerkung des BFH-Urteils vom 13. 11. 2002 – I R 67/01 –, IStR 2003, 649.

Benecke, Andreas; Schnitger, Arne Final Amendments to the Merger Directive: Avoidance of Economic Double Taxation and Application to Hybrid Entities, Two Conflicting Goals, intertax 2005, 170.

Benkert, Manfred; Menner, Stefan Die Geschäftsveräußerung im ganzen am 1.1.1994, UR 1995, 81.

Bieg, Thorsten Der Gerichtshof der Europäischen Gemeinschaften und sein Einfluss auf das deutsche Steuerrecht – Dogmatische Grundlagen, verallgemeinerungsfähige Prinzipien und Auswirkungen der Rechtsprechung des EuGH zu den direkten Steuern, Univ. Diss., Frankfurt/Main 1997.
zit. als: *Bieg*, S.

Bien, Roland; Günkel, Manfred; Mentel, Thomas; Stuht, Theodor; Endres, Norbert; Hörger, Helmut; Schulz, Andreas; Thömmes, Otmar Kritische Anmerkungen zum Umwandlungssteuererlass des BMF vom 25.03.1998, DStR 1998, Beilage Nr. 1 zu Heft 17, 1.
zit. als: *Bien u.a.*, DStR 1998, Beilage 1, S.

Binz, Mark; Freudenberg, Götz; Sorg, Martin H. Die „wesentliche Betriebsgrundlage“ im Ertragssteuerrecht, DStR 1993, 3.

Birk, Dieter Besteuerungsgleichheit in der Europäischen Union, DStJG 19 (1996), 63.

Birk, Dieter (Hrsg.) Handbuch des europäischen Steuer- und Abgabenrechts, Herne, Berlin 1995.
zit. als: *Bearbeiter*, in: Birk, Europäisches Steuer- und Abgabenrecht, § Rz.

Birk, Dieter Das sog. Europäische Steuerrecht, FR 2005, 121

Bleckmann, Albert Probleme bei der Auslegung von EWG-Richtlinien, RIW 1987, 929.

Blumers, Wolfgang; Kramer, Andreas Ausgliederung und Spaltung mit Teilbetrieben, DB 1993, 852.

Blumers, Wolfgang Ausgliederung und Spaltung und wesentliche Betriebsgrundlagen, DB 1995, 496.

Blumers, Wolfgang; Kramer, Andreas Ausgliederung und Spaltung mit Teilbetrieben, DB 1993, 852.

Blumers, Wolfgang Die Teilbetriebe des Umwandlungssteuerrechts, DB 2001, 722.

Blumers, Wolfgang Die Europarechtswidrigkeit der Betriebsstättenzurechnung im Betriebsstättenerlass, DB 2006, 856.

Blumers, Wolfgang Funktionsverlagerung per Transferpaket, BB 2007, 1757.

Blumers, Wolfgang Die Spaltung im Einführungsschreiben zum UmwStG, BB 1997, 1876.

Blumers, Wolfgang; Kinzl, Ulrich Peter Änderungen der Fusionsrichtlinie: Warten auf den EuGH, BB 2005, 971.

Blümich, Walter Kommentar zum Einkommensteuergesetz, Körperschaftsteuergesetz, Gewerbesteuergesetz, Loseblatt (Stand Mai 2007), München.
zit. als: *Bearbeiter,* in: Blümich, EStG, KStG, GewStG, § Rz.

Bogenschütz, Eugen Steuerliche Probleme bei europäischen Unternehmenszusammenschlüssen, IStR 2000, 609.

Bordewin, Arno;Brandt, Jürgen (Hrsg.) Kommentar zum Einkommensteuergesetz EStG, Loseblatt (Stand August 2005), Heidelberg.
zit. als: *Bearbeiter,* in: Bordewin/Brandt, EStG, § Rz.

Borschel, Christian; Kotyrba, Marc Die Verschärfung der Missbrauchsregelung des § 26 Abs. 2 Satz 1 UmwStG bei grenzüberschreitenden Einbringungen durch Kapitalgesellschaften, IStR 2003, 37.

van den Brande, Eva The Merger Directive amended: the final version, EC Tax Rev. 2005, 119.

Brandenberg, Bernwart Anteile des Kommanditisten an einer Komplementär-GmbH als funktional wesentliche Betriebsgrundlage, DB 2003, 2563.

Brezing, Klaus Umstrukturierung im Konzern, DStJG 10 (1987), 195.

Brinkmann, Jan Der Einfluss des Europäischen Rechts auf die Unternehmensbesteuerung, Univ. Diss., Baden-Baden 1996.
zit. als: *Brinkmann*, S.

C

Callies, Christian; Ruffert, Matthias Kommentar des Vertrages über die Europäische Union und des Vertrages zur Gründung der Europäischen Gemeinschaft - EUV/EGV, 2. Auflage, Neuwied 2002.
zit. als: *Bearbeiter*, in: Callies/Ruffert, EUV/EGV, Art. Rz.

Carl, Dieter Die Umsetzung der Fusionsrichtlinie in Deutsches Recht, Inf 1992, 316.

Classen, Claus Dieter Auf dem Weg zu einer einheitlichen Dogmatik der EG-Grundfreiheiten?, EWS 1995, 97.

Clemens, Martin; Rehfeld, Lars Kapitalertragsteuer auf Inlandsdividenden an ausländischen Kapitalgesellschaften - Gemeinschaftsrecht und Gestaltungsüberlegungen -, Inf 2004, 505.

Cordewener, Axel; Schnitger, Arne Eurorechtliche Vorgaben für die Vermeidung der internationalen Doppelbesteuerung im Wege der Anrechnungsmethode, StuW 2006, 51.

Cordewener, Axel Das EuGH-Urteil „Gerritse“ und seine Umsetzung durch das BMF-Schreiben vom 3. 11. 2003 - Steine statt Brot für die Besteuerungspraxis!, IStR 2004, 109.

Cordewener, Axel Europäische Grundfreiheiten und nationales Steuerrecht : „Konvergenz" des Gemeinschaftsrechts und „Kohärenz" der direkten Steuern in der Rechtsprechung des EuGH, Univ. Diss., Bonn 2001.
zit. als: *Cordewener*, S.

Cordewener, Axel Deutsche Unternehmensbesteuerung und europäische Grundfreiheiten - Grundzüge des materiellen und formellen Rechtsschutzsystems der EG, DStR 2004, 6.

D

Dautzenberg, Norbert Die Kapitalverkehrsfreiheit des EG-Vertrags und die direkten Steuern, StuB 2000, 720.

Dautzenberg, Norbert Anmerkung zu EuGH, Urteil vom 6.6.2000 - Rs. C-35/98 - Staatssecretaris van Financiën vs. B.G.M. Verkooijen, FR 2000, 725.

Dautzenberg, Norbert Die Wegzugssteuer des § 6 AStG im Lichte des EG-Rechts, BB 1997, 180

Dautzenberg, Norbert Kapitalertragsteuer auf deutsche Dividenden an ausländische Kapitalgesellschaften EG-rechtswidrig?, BB 2001, 2137.

Dautzenberg, Norbert Europäische „Agenda“ für das Ertragsteuerrecht im Jahr 2004: Die Richtlinien vom Juni 2003, BB 2004, 17.

Debatin, Helmut; Wassermeyer, Franz Doppelbesteuerung, Kommentar zu allen deutschen Doppelbesteuerungsabkommen, Loseblatt (Stand Mai 2007), München.
zit. als: *Bearbeiter*, in: Debatin/Wassermeyer, Doppelbesteuerung, Art. Rz.

Debatin, Helmut Unternehmensorganisationsstrukturen im Gemeinsamen Markt aus steuerlicher Sicht, DB 1991, 947.

Debatin, Helmut Die steuerliche Gewandung der EWG, DB 1973, 683.

Deininger, Rainer Körperschaftsteuerliche Auswirkungen der Überseering-Entscheidung des EuGH, IStR 2003, 214.

Dölker, Angelika; Ribbrock, Martin Die Kapitalverkehrsfreiheit im Verhältnis zu Drittstaaten - nunmehr gefestigte EuGH-Rechtsprechung, BB 2007, 1928.

Dörfler, Oliver; Rautenstrauch, Gabriele; Adrian, Gerrit Einbringungen in eine Kapitalgesellschaft nach dem SEStEG-Entwurf, BB 2006, 1711.

Dötsch, Ewald; Pung, Alexandra SEStEG: Die Änderungen des UmwStG(Teil I und Teile II), DB 2006, 2704 und 2763.

Dötsch, Ewald; Pung, Alexandra Das EuGH-Urteil in der Rs. SEVIC: Mögliche Auswirkungen auf das Umwandlungssteuerrecht, Der Konzern 2006, 258.

Dötsch, Ewald; Patt, Joachim; Pung, Alexandra; Möhlenbrock, Rolf Umwandlungssteuerrecht: Umstrukturierung von Unternehmen, Verschmelzung, Spaltung, Formwechsel, Einbringung, 6. Aufl. Stuttgart 2007.
zit. als: *Bearbeiter*, in: Dötsch/Patt/Pung/Möhlenbrock, UmwStR, 6. Aufl., § Rz.

Dötsch, Ewald; Patt, Joachim; Pung, Alexandra; Jost, Werner F. Umwandlungssteuerrecht: Umstrukturierung von Unternehmen, Verschmelzung, Spaltung, Formwechsel, Einbringung, 5. Aufl. Stuttgart 2003.
zit. als: *Bearbeiter*, in: Dötsch/Patt/Pung/Jost, UmwStR, 5. Aufl., § Rz.

Dreier, Horst; Forkel, Hans; Laubenthal, Klaus (Hrsg.) Recht und Raum, Festschrift 600 Jahre Würzburger Juristenfakultät, Berlin 2002.
zit. als: *Bearbeiter*, FS 600 Jahre Juristenfakultät Würzburg, S.

Drenseck, Walter; Seer, Roman (Hrsg.) Festschrift für Heinrich Wilhelm Kruse, Köln 2001.
zit. als: *Bearbeiter*, FS Kruse, S.

Drüen, Klaus-Dieter; Kahler, Björn Die nationale Steuerhoheit im Prozess der Europäisierung, StuW 2005, 171.

Drüen, Klaus-Dieter Unternehmensstrukturierung als Steuerumgehung? - Zum geplanten Missbrauchsvorbehalt im neuen Umwandlungssteuerrecht, DStZ 2006, 539.

Due, Ole; Lutter, Marcus; Schwarze, Jürgen (Hrsg.) Die Grundfreiheiten als Grundgleichheiten, Festschrift für Ulrich Everling, Band I, Baden-Baden 1995.
zit. als: *Bearbeiter*, FS Everling, S.

E

Ebenroth, Carsten Thomas; Eyles, Uwe Die innereuropäische Verlegung des Gesellschaftssitzes als Ausfluss der Niederlassungsfreiheit (Teil 1), DB 1989, 363.

Ehlers, Dirk Die Grundfreiheiten des europäischen Gemeinschaftsrechts, Jura 2001(Teil 1 und Teil II), 266 und 482.

Eicker, Klaus ECJ Interprets the Merger Directive in Respect of a Transfer of Assets, intertax 2002, 206.

Eickmann, Marco; Stein, Thomas Die Wegzugsbesteuerung von Kapitalgesellschaften nach dem SEStEG, DStZ 2007, 723.

Eilers, Stephan; Wienands, Hans-Gerd Neue steuerliche und gesellschaftsrechtliche Aspekte der Doppelansässigkeit von Kapitalgesellschaften nach der EuGH-Entscheidung vom 9.3.1999, IStR 1999, 289.

Elicker, Michael Die „steuerliche Kohärenz" in der Rechtsprechung des europäischen Gerichtshofes – Zugleich eine Einordnung der Entscheidung vom 11.3.2004 „de Lasteyrie", IStR 2005, 89.

Engert, Andreas Umstrukturierungen unter Beteiligung von EU – Auslandsgesellschaften im deutschen Steuerrecht, DStR 2004, 664.

Englisch, Joachim Marks & Spencer: Grenzüberschreitender Verlustabzug im Mutter-Tochter-Verhältnis, IStR 2006, 22.

Englisch, Joachim Zur Dogmatik der Grundfreiheiten des EGV und ihren ertragsteuerlichen Implikationen, StuW 2003, 88.

Englisch, Joachim Dividendenbesteuerung, Europa- und verfassungsrechtliche Vorgaben im Vergleich der Körperschaftsteuersysteme Deutschlands und Spaniens, Univ. Diss., Bonn 2004.
zit. als: *Englisch*, S.

Englisch, Joachim Europarechtswidrigkeit des finnischen Körperschaftsteueranrechnungsverfahrens, IStR 2004, 684.

Ernst & Young – EU Competence Group EuGH-Rechtsprechung Ertragsteuerrecht, 2. Aufl., Bonn 2007.
zit. als: *Ernst & Young*, EuGH-Rechtsprechung, S.

Everett, Mary Der Einfluss der EuGH-Rechtsprechung auf die direkten Steuern, DStZ 2006, 357.

Everling, Ulrich Rechtsanwendungs- und Auslegungsgrundsätze des Gerichtshof der Europäischen Gemeinschaften, DStJG 11 (1988), 51.
Everling, Ulrich Zur Auslegung des durch EG-Richtlinien angeglichenen nationalen Rechts, ZGR 1992, 376.
Eyles, Uwe Das Niederlassungsrecht der Kapitalgesellschaften in der Europäischen Gemeinschaft und seine Verwirklichung auf der Grundlage primären und sekundären Gemeinschaftsrechts : Inhalt und Grenzen einer Überlagerung des deutschen Gesellschaftsrechts und Unternehmenssteuerrechts durch das öffentliche Wirtschaftsrecht der Europäischen Gemeinschaft, Univ. Diss., Konstanz 1990.
zit. als: *Eyles*, S.

F

Farmer, Paul; Lyal, Richard EC Tax Law, Oxford 1994.
zit. als: *Farmer/Lyal*, EC Tax Law, S.
Farmer, Paul The Court's case law on taxation: a castle built on shifting sands?, EC Tax Review 2003, 75.
Fischer, Peter Unorthodoxe Überlegungen zur Verfassungsarchitektur Europas, FR 2007, 361.
Fischer, Peter Europa macht mobil – bleibt der Verfassungsstaat auf der Strecke?, FR 2005, 457.
Fischer, Peter Mobilität und (Steuer-)Gerechtigkeit in Europa, FR 2004, 63.0.
Flick, Hans; Wassermeyer, Franz; Baumhoff, Hubertus Kommentar zum Außensteuerrecht, Loseblatt (Stand Juli 2007), Köln.
zit. als: *Bearbeiter*, in: Flick/Wassermeyer/Baumhoff, AStG, § Rz.
Flume, Werner; Schön, Wolfgang (Hrsg.) Gedächtnisschrift für Brigitte Knobbe-Keuk, Köln 1997.
zit. als: *Bearbeiter*, GS Knobbe-Keuk, S.
Förster, Guido; Lange, Carsten Grenzüberschreitende Sitzverlegung der Europäischen Aktiengesellschaft aus ertragsteuerlicher Sicht, RIW 2002, 585.
Förster, Guido; Wendland, Jan Einbringung von Unternehmensteilen in Kapitalgesellschaften – Auswirkungen des SEStEG auf Umwandlungsvorgänge, BB 2007, 631.
Förster, Guido; Dautzenberg, Norbert Verdoppelung stiller Reserven bei grenzüberschreitenden Einbringungen, DB 1993, 645.
Forsthoff, Ulrich EuGH versus Europäischer Gesetzgeber – oder Freiheiten über alles?, IStR 2006, 222.

Forsthoff, Ulrich EuGH fördert Vielfalt im Gesellschaftsrecht – Traditionelle deutsche Sitztheorie verstößt gegen Niederlassungsfreiheit, DB 2002, 2471.

Freitag, Robert Mitgliedstaatliche Beschränkungen des Kapitalverkehrs und Europäisches Gemeinschaftsrecht, EWS 1997, 186.

Friedrich, Katja; Nagler, Jürgen Das EuGH-Urteil in der Rs. C-471/04, Keller Holding vom 23.2.2006 und seine Auswirkungen auf die Abzugsbeschränkungen des § 8b KStG, IStR 2006, 217.

Frotscher, Gerrit Zur Vereinbarkeit der „Betriebsstättenbedingung" bei Sitzverlegung und grenzüberschreitender Umwandlung mit den Grundfreiheiten, IStR 2006, 65.

Frotscher, Gerrit; Maas, Ernst Kommentar zum Körperschaftsteuergesetz, Umwandlungssteuergesetz, Loseblatt (Stand März 2007), Freiburg im Breisgau.
zit. als: *Bearbeiter,* in: Frotscher/Maas, KStG, UmwStG, § Rz.

G

Gaitanides, Charlotte; Bandilla, Rüdiger (Hrsg.) Europa und seine Verfassung, Festschrift für Manfred Zuleeg, Baden-Baden 2005.
zit. als: *Bearbeiter*, FS Zuleeg, S.

Geurts, Matthias Das Konkurrenzverhältnis der EU-Grundfreiheiten. Zugleich eine Anmerkung zu EuGH „Baars" Rs. C-251/98, IStR 2000, 572.

Gille, Michael Missbrauchstypisierungen im neuen Umwandlungssteuerrecht: Verstoß gegen die Fusionsrichtlinie?, IStR 2007, 194.

Gocke, Rudolf (Hrsg.) Körperschaftsteuer, Internationales Steuerrecht, Doppelbesteuerung, Festschrift für Franz Wassermeyer, München 2005.
zit. als: *Bearbeiter*, FS Wassermeyer, S.

Goldenbaum, Gunnar; Strunk, Günther Zusammenwirken von UmwStG 1995 und Mitunternehmererlass – Spaltung auch bei Nichtvorliegen von Teilbetrieben?, DStR 1995, 1773.

Götz, Hellmut Zur Frage, ob ideelle Anteile an Wirtschaftsgütern wesentliche Betriebsgrundlage im Sinne des § 20 UmwStG sein können, DStZ 1997, 551.

Goutier, Klaus; Knopf, Rüdiger; Tulloch, Anthony Kommentar zum Umwandlungsrecht, Umwandlungsgesetz – Umwandlungssteuergesetz, Heidelberg 1996.
zit. als: *Bearbeiter,* in: Goutier/Knopf/Tulloch, UmwR, § Rz.

Grabitz, Eberhard; Hilf, Meinhard (Hrsg.) Das Recht der Europäischen Union, Loseblatt (Stand April 2007), München.
zit. als: *Bearbeiter*, in: Grabitz/Hilf, Recht der EU Art. Rz.

von der Groeben, Hans; Schwarze, Jürgen Kommentar zum Vertrag über die Europäische Union und zur Gründung der Europäischen Gemeinschaft, 6. Aufl., Baden-Baden 2003.
zit. als: *Bearbeiter*, in: von der Groeben/Schwarze, EUV, EGV, Art. Rz.

Großerichter, Helge Ausländische Kapitalgesellschaften im deutschen Rechtsraum – Das deutsche Internationale Gesellschaftsrecht und seine Perspektiven nach der Entscheidung Überseering, DStR 2003, 159.

Großfeld, Bernhard; Luttermann, Claus Zur Auslegung der EWGVtr Art 52, 58, JZ 1989, 386.

H

Hahn, Hartmut Zur Betriebseinbringung über die Grenze gemäß § 23 Abs. 3 UmwStG, IStR 1998, 326.

Hahn, Hartmut Kritische Erläuterungen und Überlegungen zum Entwurf des SEStEG, IStR 2006, 797.

Hahn, Hartmut Grenzüberschreitende Berücksichtigung von Betriebsstättenverlusten? – Bemerkungen zu einer neu entfachten Diskussion –, IStR 2002, 681.

Hahn, Hartmut Ritter-Coulais: Grenzüberschreitender Verlustabzug oder nur negativer Progressionsvorbehalt für Haus im Elsass?, IStR 2006, 199.

Haritz, Detlef; Slabon, Gerhard Neue Hindernisse für Unternehmensumstrukturierungen nach dem Gesetzentwurf zur „Steuerreform", GmbHR 1998, 1159.

Haritz, Detlef Einbringungsgeborene Anteile a.D.?, DStR 2004, 889.

Haritz, Detlef; Benkert, Manfred Kommentar zum Umwandlungssteuergesetz, 2. Aufl., München 2000.
zit. als: *Bearbeiter*, in: Haritz/Benkert, UmwStG, § Rz.

Haritz, Detlev; Wisniewski, Thomas Steuerneutrale Umwandlung über die Grenze: Erste Anmerkungen zum Vorschlag der Europäischen Kommission zur steuerlichen Fusionsrichtlinie, GmbHR 2004, 28.

Heinrich, Johannes Der EuGH als „Motor" der Harmonisierung der direkten Steuern im Binnenmarkt?, ÖStZ 2002, 554.

Heinz, Carsten Einbringungsgeborene Anteile – Steuerchaos oder Steuersystematik, GmbHR 2003, 1474.

Heinz, Carsten Diskussionsbeitrag: Europarechtliche Perspektiven des Umwandlungssteuerrechts sowie der Wegzugsbesteuerung, FR 2005, 485.

Herlinghaus, Andreas Sacheinbringungen nach dem SEStEG: Verschaffung des wirtschaftlichen Eigentums fällt unter §§ 1 Abs. 3, 20 Abs. 1 UmwStG!, FR 2007, 286.

Hermstädt, Horst Der Teilbetrieb – Auseinandersetzung mit der Rechtsprechung des Bundesfinanzhofs zu § 34 Abs. 2 Nr. 1 des Einkommensteuergesetzes, BB 1979, 96.

Herrmann, Carl; Heuer, Gerhard; Raupach, Arndt Einkommenssteuer- und Körperschaftssteuergesetz, Loseblatt (Stand August 2005), Köln.
zit. als: *Bearbeiter* in: Herrmann/Heuer/Raupach, EStG § Anm.

Herzig, Norbert; Momen, Leila Die Spaltung von Kapitalgesellschaften im neuen Umwandlungssteuergesetz (Teil I und II), DB 1994, 2157 und 2210.

Herzig, Norbert; Dautzenberg, Norbert Steuergestaltung und Steuerharmonisierung im Binnenmarkt – Folgen der Fusionsrichtlinie und der Mutter-Tochter-Richtlinie, DB 1992, 1.

Herzig, Norbert; Dautzenberg, Norbert Der EWG-Vertrag und die Doppelbesteuerungsabkommen, Rechtsfragen im Verhältnis zwischen Doppelbesteuerungsabkommen und den Diskriminierungsverboten des EWGV, DB 1992, 2519.

Herzig, Norbert Der Einfluss des EG-Rechts auf den Teilbetriebsbegriff, IStR 1994, 1.

Herzig, Norbert Gestaltung steuerorientierter Umstrukturierungen im Konzern, DB 2000, 2236.

Herzig, Norbert Besteuerung der Unternehmen in Europa, DStJG 19 (1996), 121.

Herzig, Norbert; Förster, Guido Grenzüberschreitende Verschmelzung von Kapitalgesellschaften, DB 1994, 1.

Herzig, Norbert; Förster, Guido Problembereich bei der Auf- und Abspaltung von Kapitalgesellschaften nach neuem Umwandlungssteuerrecht, DB 1995, 338.

Herzig, Norbert; Dautzenberg, Norbert; Heyeres, Ralf System und Schwächen der Fusionsrichtlinie, DB 1991, Beilage 12 zu Heft 12, S. 1.
zit. als: *Herzig/Dautzenberg/Heyeres*, DB 1991, Beilage 12, S.

Herzig, Norbert; Förster, Guido Steueränderungsgesetz 1992: Die Umsetzung der Fusionsrichtlinie in deutsches Steuerrecht (Teil I und Teil II), DB 1992, 911, 959.

Herzig, Norbert; Griemla, Stefan Steuerliche Aspekte der Europäischen Aktiengesellschaft/Societas Europaea, StuW 2002, 55.

Herzog, Roman Der Weg zum Bundesverfassungsgericht, DStZ 1988, 287.

Hey, Johanna Umwandlungssteuergesetz nach der Unternehmenssteuerreform, GmbHR 2001, 993.

Hey, Johanna Erosion nationaler Besteuerungsprinzipien im Binnenmarkt? – zugleich zu den Rechtfertigungsgründen der „Europatauglichkeit" und „Wettbewerbsfähigkeit des Steuersystems", StuW 2005, 317.

Hey, Johanna; Bauersfeld, Heide Die Besteuerung der Personen(handels)gesellschaften in den Mitgliedstaaten der Europäischen Union, der Schweiz und den USA, IStR 2005, 649.

Hey, Johanna Perspektiven der Unternehmensbesteuerung in Europa, StuW 2004, 193.

Hey, Johanna Harmonisierung der Unternehmensbesteuerung in Europa: Ein Vorschlag unter Auswertung des Ruding-Berichts und der US-amerikanischen „integration debate", Univ. Diss., Köln 1996.
zit. als: *Hey*, S.

Hirsch, Günter Wichtige Einflüsse der EuGH-Rechtsprechung auf das deutsche Steuerrecht, DStZ 1998, 489.

Herrmann, Hans Joachim Der Vorschlag der Kommission der EG über ein gemeinsames Steuersystem für grenzüberschreitende Unternehmensverschmelzungen, AG 1972, 203.

Hoffmann, Jochen Neue Möglichkeiten zur identitätswahrenden Sitzverlegung in Europa? Richtlinienvorentwurf zur Verlegung des Gesellschaftssitzes innerhalb der EU, ZHR 164 (2000), 43.

Hölzle, Gerrit Besteuerung stiller Reserven bei der Umstrukturierung von Kapitalgesellschaften, Univ. Diss., Köln 2005.
zit. als: *Hölzle*, S.

Hörger, Helmut; Mentel, Thomas; Schulz, Andres Ausgewählte Fragen zum Steuerentlastungsgesetz 1999/2000/2002: Unternehmensumstrukturierungen, DStR 1999, 565.

Hörger, Helmut Spaltung von Kapitalgesellschaften, FR 1994, 765.

Hörger, Helmut Wesentliche Betriebsgrundlagen und quantitative Betrachtungsweise, DB 1987, 349.

Hörger, Helmut; Schulz, Andreas Normspezifische Auslegung des Begriffs „wesentliche Betriebsgrundlage", DStR 1998, 233.

Hörger, Helmut Spaltung von Kapitalgesellschaften, FR 1994, 765.

Hörtnagl, Robert Europäisierung des Umwandlungssteuerrechts – SEStEG, Stbg 2006, 471.

Hübschmann, Walter; Hepp, Ernst; Spitaler, Armin Kommentar zur Abgabenordnung und Finanzgerichtsordnung, Loseblatt (Stand Juli 2005), Köln.
zit. als: *Bearbeiter*, in: Hübschmann/Hepp/Spitaler, AO, § Rz.

Hügel, Hanns Reform des Umwandlungssteuerrechts, DStJG 17 (1994), 69.

IJ

Ipsen, Hans-Peter Europäisches Gemeinschaftsrecht, Tübingen 1972.
zit. als: *Ipsen*, Europäisches Gemeinschaftsrecht, S.

Jachtenfuchs, Markus; Kohler-Koch, Beate (Hrsg.) Europäische Integration, 2. Aufl., Opladen 2003.
zit. als: *Bearbeiter*, in: Jachtenfuchs/Kohler-Koch, Europäische Integration, S.

Jacobs, Otto Internationale Unternehmensbesteuerung, 6. Aufl., München 2007.
zit. als: *Jacobs*, Internationale Unternehmensbesteuerung, S.

Jarass, Hans D. Elemente einer Dogmatik der Grundfreiheiten I, EuR 1995, 202 und II, EuR 2000, 705.

Jebens, Carsten Rückbehalt wesentlicher, im Sonderbetriebsvermögen stehender Betriebsgrundlagen bei der Umwandlung in eine Kapitalgesellschaft, DB 1983, 1513.

K

Kallmeyer, Harald Das neue Umwandlungsgesetz – Verschmelzung, Spaltung und Formwechsel von Handelsgesellschaften, ZIP 1994, 1746.

Kaminski, Bert Ertragsteuerliche Konsequenzen der Überführung von Wirtschaftsgütern in eine ausländische Personen- oder Kapitalgesellschaft, DStR 1997, 53.

Kaminski, Bert Überführung von Wirtschaftsgütern in eine ausländische DBA-Betriebsstätte als Entnahme i. S. des § 4 Abs. 4a EStG?, IStR 2001, 129.

Kantwill, Werner Nationale und internationale Einbringungen in Kapitalgesellschaften nach dem Umwandlungssteuergesetz, SteuerStud, 2002, 375.

Kegel, Gerhard; Schurig, Klaus Internationales Privatrecht, 8. Aufl., München 2000.
zit. als: *Kegel/Schurig*, Internationales Privatrecht, S.

Kellermann, Dietrich; Mössner, Jörg Freiheit des Kapitalverkehrs in der EU und das deutsche Körperschaftsteueranrechnungsverfahren, DStZ 1999, 505.

Kellersmann, Dietrich; Treisch, Corinna Europäische Unternehmensbesteuerung, Wiesbaden 2002.
zit. als: Kellersmann/Treisch, Europäische Unternehmensbesteuerung, S.

Kellner, Katja Einbringungsgeborene Anteile im Einkommen- und Körperschaftsteuerrecht, Univ. Diss., Göttingen 2003.
zit. als: *Kellner*, S.

Keuk, Brigitte Die Besteuerung des Gewinns der Personengesellschaft und der Sondervergütungen der Gesellschaft, StuW 1974, 1.

Kessler, Wolfgang; Huck, Friederike; Obser, Ralph; Schmalz, Andrea Wegzug von Kapitalgesellschaften – Teil I und II – Gesellschafts- und steuerrechtliche Aspekte der Unternehmensverlagerung ins Ausland nach Lasteyrie du Saillant, DStZ 2004, 813 (Teil I) und 855 (Teil II).

Kimms, Frank Die Kapitalverkehrsfreiheit in der Europäischen Union, Univ. Diss., Frankfurt/Main1996.
zit. als: *Kimms*, S.

Kindler, Peter Niederlassungsfreiheit für Scheinauslandsgesellschaften, NJW 1999, 1993.

Kingreen, Thorsten Die Struktur der Grundfreiheiten des Europäischen Gemeinschaftsrechts, Univ. Diss., Berlin 1999.
zit. als: *Kingreen*, S.

Kirchhof, Paul; Söhn, Hartmut; Mellinghof, Rudolf Kommentar zum Einkommensteuerrecht, Loseblatt (Stand August 2007), Heidelberg.
zit. als: *Bearbeiter*, in: Kirchhof/Söhn/Mellinghof, EStG, § Rz.

Kirchhof, Paul Maßstäbe für die Ertragsbesteuerung von Unternehmen – Eröffnung der Jahrestagung und Rechtfertigung des Themas –, DStJG 25 (2002), 1

Kirchhof, Paul; Beermann, Albert (Hrsg.) Steuerrechtsprechung, Steuergesetz, Steuerreform, Festschrift für Klaus Offerhaus, Köln 1999
zit. als: *Bearbeiter*, in: FS Offerhaus.

Kleinert, Jens; Probst, Peter Endgültiges Aus für steuerliche Wegzugsbeschränkungen bei natürlichen und juristischen Personen, DB 2004, 673.

Klinke, Ulrich ECLR – Europäisches Unternehmensrecht und EuGH, ZGR 2002, 163.

Kloster, Lars EU-grenzüberschreitende Verschmelzungen sind (steuerneutral) durchführbar, GmbHR 2003,1413.

Kloster, Lars Grenzüberschreitende Unternehmenszusammenschlüsse, Univ. Diss., Mannheim 2004.
zit. als: *Kloster*, S.

Knobbe-Keuk, Brigitte Die Einwirkung der Freizügigkeit und der Niederlassungsfreiheit auf die beschränkte Steuerpflicht, EuZW 1991, 649.

Knobbe-Keuk, Brigitte Bilanz- und Unternehmenssteuerrecht, 9. Aufl., Köln 1993.
zit. als: *Knobbe-Keuk* Bilanz- und Unternehmenssteuerrecht, §, S.

Knobbe-Keuk, Brigitte Die beiden Unternehmenssteuerrichtlinie – Insbesondere die Missbrauchsklauseln und die Mängel der deutschen Umsetzung, EuZW, 1992, 336.

Knobbe-Keuk, Brigitte Niederlassungsfreiheit: Diskriminierungs- oder Beschränkungsverbot? Zur Dogmatik des Art. 52 EWG-Vertrag – am Beispiel einiger gesellschaftsrechtlicher Beschränkungen, DB 1990, 2573.

Knobbe-Keuk, Brigitte Die Regelung des Anteilstausches in § 20 Abs 6 UmwStG und die Fusionsrichtlinie, DStZ 1992, 675.

Knobbe-Keuk, Brigitte Wegzug und Einbringung von Unternehmen zwischen Niederlassungsfreiheit, Fusionsrichtlinie und nationalem Steuerrecht, DB 1991, 298.

Knobbe-Keuk, Brigitte Umzug von Gesellschaften in Europa, ZHR 154 (1990), 325.

Koblenzer, Thomas Diskriminierung beschränkt Steuerpflichtiger – Unter besonderer Berücksichtigung des Jahressteuergesetzes 1996, Univ. Diss., Osnabrück 1999.
zit. als: *Koblenzer*, S.

Koblenzer, Thomas Grundlagen der „beschränkten Steuerpflicht“, BB 1996, 933.

Koch, Karl; Scholtz, Rolf-Detlev Kommentar zur Abgabenordnung, 4. Auflage, Köln/Berlin/Bonn/München 1993.
zit. als: *Bearbeiter*, in: Koch/Scholtz, AO, § Rz.

Kofler, Georg Aus der Rechtsprechung des EuGH Hughes de Lasteyrie du Saillant: Wegzugbesteuerung verstößt gegen Niederlassungsfreiheit!, ÖStZ 2003, 262.

Köhler, Stefan; Eicker, Klaus Wichtige EuGH-Entscheidungen zur Hinzurechnungs- und Wegzugsbesteuerung – Anmerkungen zu den EuGH-Urteilen vom 7.9.2006, „N“ und vom 12.9.2006, „Cadbury Schweppes“, DStR 2006, 1871.

König, Elisabeth; Schwarzinger, Walter (Hrsg.) Körperschaften im Steuerrecht, Festschrift für Werner Wiesner, Wien 2004.
zit. als: *Bearbeiter*, FS Wiesner, S.

Körner, Andreas Europarecht und CFC-Regelungen – Anrufung des EuGH im Verfahren „Cadbury Schweppes", IStR 2004, 697.

Körner, Andreas § 8a KStG n. F. – Darstellung, Gestaltungsmöglichkeiten, Europarechtsinkonformität – Teil II, IStR 2004, 253.

Körner, Andreas Europarecht und Wegzugsbesteuerung – das EuGH-Urteil „de Lasteyrie du Saillant“, IStR 2004, 424.

Körner, Andreas Das „Bosal"-Urteil des EuGH – Vorgaben für die Abzugsfähigkeit der Finanzierungsaufwendungen des Beteiligungserwerbs, BB 2003, 2246.

Körner, Andreas Anmerkungen zum SEStEG-Entwurf vom 21.4.2006, IStR 2006, 469.

Körner, Andreas Europarecht und Umwandlungssteuerrecht, IStR 2006, 109.

Krebs, Hans-Joachim Die Harmonisierung der direkten Steuern für Unternehmen in der EG, BB 1990, 1945.

Kreile, Reinhold Europäisches Umwandlungssteuergesetz, BB 1971, 793.

Kruse, Heinrich Wilhelm Über die Gleichmäßigkeit der Besteuerung, StuW 1990, 322.

Kruse, Viola Sitzverlegung von Kapitalgesellschaften innerhalb der EG: Vereinbarkeit der einschlägigen Regelungen des deutschen Sach- und Kollisionsrechts mit dem EG-Vertrag, Univ. Diss., Bonn 1996.
zit. als: *Kruse*, S.

Kube, Hanno Grundfreiheiten und Ertragskompetenz – die Besteuerung der grenzüberschreitenden Konzernfinanzierung nach dem Lankhorst-Urteil des EuGH, IStR 2003, 325.

L

Lackhoff, Klaus Die Niederlassungsfreiheit des EGV – nur ein Gleichheitsrecht oder auch ein Freiheitsrecht?, Univ. Diss., Münster 1997/1998.
zit. als: *Lackhoff*, S.

Lang, Michael Die Rechtsprechung des EuGH zu den direkten Steuern – Welcher Spielraum bleibt den Mitgliedstaaten, Frankfurt/Main 2007.
zit. als: *Lang*, Rechtsprechung des EuGH, S.

Lang, Michael Europarechtliche Aspekte der Besteuerung von Erbschaften, DStJG 22 (2000), 255.

Lang, Michael Ist die Schumacker-Rechtsprechung am Ende? Die Verpflichtung zur Berücksichtigung der persönlichen Verhältnisse und des Familienstandes in einem der Mitgliedstaaten, RIW 2005, 336.

Larenz, Karl Methodenlehre der Rechtswissenschaft, 6. Aufl., Berlin/ Heidelberg 1991.
zit. als: *Larenz*, Methodenlehre, S.

Laule, Gerhard Die Harmonisierung des europäischen Steuerrechts, IStR 2001, 297.

Lausterer, Martin Der Binnenmarkt hat keine Steuergrenzen, IStR 2003, 705.

Lausterer, Martin Die deutsche Wegzugsbesteuerung nach dem EuGH-Urteil *de Lasteyrie du Saillant*, DStZ 2004, 299.

Lehner, Moris Begrenzung der nationalen Besteuerungsgewalt durch die Grundfreiheiten und Diskriminierungsverbote des EG-Vertrages, DStJG 23 (2000), 263.

Lehner, Moris Deutsch-französische DBA: Berechnung der Einkommensteuer aufgrund des Abkommens bei Grenzgängern und ihre Vereinbarkeit mit der Freizügigkeit, IStR 1998, 341.

Lehner, Moris Der Einfluss des Europarechts auf die Doppelbesteuerungsabkommen, IStR 2001, 329.

Leible, Stefan Überseering und das (vermeintliche) Ende der Sitztheorie, RIW 2002, 925.

Lenz, Carl Otto Neuere Rechtsprechung des Gerichtshofes der Europäischen Gemeinschaften auf dem Gebiet der direkten Steuern, DStZ 1997, 541.

Ley, Ursula Ausgewählte Fragen und Probleme in Fällen der Übertragung von Sonderbetriebsvermögen sowie von Mitunternehmer(teil)anteilen. KÖSDI 2004, 14024.

Ley, Ursula Einbringungen nach §§ 20, 24 UmwStG in der Fassung des SEStEG, FR 2007, 109.

Limmer, Peter Grenzüberschreitende Umwandlungen nach dem *Sevic*-Urteil des EuGH und den Neuregelungen des UmwG (Teil I), ZNotP, 2007, 242.

Linklaters Oppenhoff & Rädler Steueränderungen zum 1.1.2002 im Unternehmensbereich, DB 2002, Beilage 1 zu Heft Nr. 7, S. 1
zit. als *Bearbeiter*, in: Linklaters Oppenhoff & Rädler, DB 2002, Beilage 1, S.

van Lishaut, Ingo Europarechtliche Perspektiven des Umwandlungssteuerrechts sowie der Wegzugsbesteuerung, FR 2004, 1301.

Loos, Gerold Umwandlungssteuergesetz 1969, 2. Aufl., Düsseldorf 1976.
zit. als: *Loos*, Umwandlungssteuergesetz 1969, Rz.

Luckey, Günter Verdoppelung der stillen Reserven bei der Sacheinlage – ein nach wie vor unbefriedigend geregeltes Problem, DB 1989, 389.

Luckey, Günter Gewinnrealisierung bei Unternehmensumwandlung und bei der Übertragung einzelner Wirtschaftsgüter, StuW 1979, 129.

Luckey, Günter Steuerliche Gewinnrealisierung, Univ. Diss., Köln 1976.
zit. als: Luckey, S.

Luther, Dietmar Aktuelle Fragen aus der Praxis der Außenprüfung, StBp 1998, 103.

Lyal, Richard Non-discrimination and direct tax in community law, EC Tax Rev., 2003, 68.

M

Märkle, Rudi Neue Beratungssignale der Rechtsprechung zur Mitunternehmerschaft, DStR 2000, 797.

Märkle, Rudi Die Übertragung eines Bruchteils eines Gesellschaftsanteils bei vorhandenem Sonderbetriebsvermögen, DStR 2001, 685.

Meilicke, Wienand Die Niederlassungsfreiheit nach Überseering – Rückblick und Ausblick nach Handelsrecht und Steuerrecht, GmbHR 2003, 793.

Melchior, Jürgen Übersicht über die Änderungen durch das Gesetz zur Fortentwicklung des Unternehmenssteuerrechts (Unternehmenssteuerfortentwicklungsgesetz), DStR 2002, 1.

Menner, Stefan; Broer, Frank Europäischer Teilbetriebsbegriff und Zuordnung von Wirtschaftsgütern, DB 2002, 815.

Menner, Stefan; Broer, Frank Begünstigte Betriebsteile im Ertrag -und Umsatzsteuerrecht, BB 2003, 229.

Meyer, Oliver Die Besteuerung grenzüberschreitender Verschmelzungen, Univ. Diss., Konstanz 1993.
zit. als: *Meyer*, S.

Mittmann, Volker Einkommensteuerbegünstigte Aufgabe einzel- oder mitunternehmerischer Einkunftsquellen, DStZ 1989, 473.

Mojzesowicz, Karolina Möglichkeiten und Grenzen einer einheitlichen Dogmatik der Grundfreiheiten, Univ. Diss., Frankfurt/Oder 2000.
zit. als: *Mojzesowicz*, S.

Mössner, Jörg Manfred Der EuGH als Steuergesetzgeber, ASA 2004, 673.

Muffler, K. Die Betriebsveräußerung bei Beförderungsunternehmen, FR 1964, 257.

Mühl, Axel Diskriminierung und Beschränkung: Grundansätze einer einheitlichen Dogmatik der wirtschaftlichen Grundfreiheiten des EG-Vertrages, Univ. Diss., Bayreuth 2003.
zit. als: *Mühl*, S.

Müller-Graff, Peter-Christian Die Rechtsangleichung zur Verwirklichung des Binnenmarktes, EuR 1989, 107.

Musil, Andreas Kein europarechtliches Beschränkungsverbot für die direkten Steuern? – Eine Analyse der Rechtsprechung des EuGH zur tatbestandlichen Reichweite der Personenverkehrsfreiheiten im Zusammenhang mit dem Recht der direkten Steuern, IStR 2001, 482.

N

Neumann, Steffen Der Teilbetrieb, EStB 2002, 437.

Neye, Hans-Werner Bundestag beschließt neues Umwandlungsrecht, BB 2007, 389.

Novak, Meinhard Ungleichbehandlung von ausländischen Produkten oder Dienstleistungen – Einheitliche Rechtfertigungstatbestände im EG-Vertrag, Zugleich Urteilsanmerkung zu EuGH vom 9.7.1997, DB 1997 S 2219 „De Agostini", DB 1997, 2589.

O

Ohler, Christoph Die Kapitalverkehrsfreiheit und ihre Schranken, WM 1996, 1801.

Oldenburg, Alexander Anwendungsrisiko und Planungsstörung bei der Regelung zur nichtumsatzsteuerbaren Geschäftsveräußerung, DB 1996, 1999.

Orth, Manfred Verlustabzug: Schädliche Zuführung neuen Betriebsvermögens i.S. des § 8 Abs. 4 KStG durch Reorganisationsmaßnahmen, DB 2001, 1326.

Ott, Hans Überblick über die Änderungen im KSt- und UmwSt-Recht durch das SEStEG, Inf 2007, 97.

P

Pahlke, Armin; Koenig, Ulrich Kommentar zur Abgabenordnung, München 2004.
zit. als: *Bearbeiter* in: Pahlke/Koenig, AO § Rz.

Patt, Joachim Zur Bestimmung des steuerlichen Begriffs der wesentlichen Betriebsgrundlagen – Entwicklungstendenzen in der BFH – Rechtssprechung, DStR 1996, 1585.

Patt, Joachim Anwendung des Halbeinkünfteverfahrens auf einbringungsgeborene Anteile, FR 2004, 561.

Patt, Joachim Die wesentliche Betriebsgrundlage als Begriffsmerkmal des Sacheinlagegegenstandes nach § 20 UmwStG, DStR 1998, 190.

Patt, Joachim; Rasche, Ralf Einbringung von Betriebsvermögen in eine Personengesellschaft gem. § 24 UmwStG mit steuerlicher Rückwirkung, FR 1996, 365.

Patt, Joachim; Rasche, Ralf Veräußerung des Bruchteils eines Mitunternehmeranteils unter Zurückbehaltung des wesentlichen Sonderbetriebsvermögens als begünstigter Vorgang gemäß § 16 Abs. 1 Nr. 2, § 34 EStG?, DStR 1996, 645.

Patt, Joachim Die steuerliche Behandlung der Einbringung von Unternehmensteilen in eine Kapitalgesellschaft oder Europäische Genossenschaft und des Anteilstauschs nach dem SEStEG, Der Konzern 2006, 730.

Patt, Joachim Die Selbständigkeit der Mitunternehmerschaft bei der Einbringung in eine Kapitalgesellschaft gemäß § 20 UmwStG, DStR 1995, 1081.

Patt, Joachim Differenzierende Bestimmung des Begriffs der wesentlichen Betriebsgrundlage bei Einbringung von Betreiben, Teilbetreiben und Mitunternehmeranteilen nach § 20 UmwStG, FR 2000, 1328.

Pietsch, Roman Die Vereinbarkeit umwandlungssteuerrechtlicher Vorschriften mit den Grundfreiheiten der Inländer, Univ. Diss., Berlin 2003.
zit. als: *Pietsch*, S.

Plewka, Harald; Marquardt, Michael Handbuch Umstrukturierung von Unternehmen nach UmwG, UmwStG, SEStEG – Kommentierung anhand von praktischen Fallbeispielen – national und grenzüberschreitend, Stuttgart 2007.
zit. als: *Plewka/Marquardt*, Handbuch Umstrukturierung, S.

Pricewaterhouse Coopers AG (Hrsg.); Reform des Umwandlungssteuerrechts, Auswirkungen des SEStEG auf Reorganisationen und internationale Entstrickungen, Stuttgart 2007.
zit. als: *Bearbeiter*, in: PwC, Reform des UmwStR Rz.

Prinz, Ulrich; Cordewener, Axel Unterkapitalisierungsregelung des § 8 Abs.1 Nr.2 KStG verstößt gegen Europarecht, Erste Einordnung und Bewertung des EuGH-Urt. vom 12.12.2002 – Rs. C-324/00 – Lankhorst-Hohorst GmbH, GmbHR 2003, 44, GmbHR 2003, 80.

R

Raupach, Arndt; Böckstiegel, Martin Die Verlustregelungen des Steuerentlastungsgesetzes 1999/2000/2002, FR 1999, 617.

Rechenberg, Wolf-Georg von Rückwirkung von Umwandlungsvorgängen im Erbschaftsteuergesetz, GmbHR 1998, 976

Reiche, Felix Zur Einordnung von Beteiligungen als wesentliche Betriebsgrundlagen im Umwandlungssteuerrecht, DStR 2006, 1205.

Reinicke, Dietrich; Tiedtke, Klaus Kreditsicherung, 5. Aufl., Neuwied 2006
zit. als *Reinicke/Tiedtke*, Kreditsicherung Rz.

Reimer, Ekkehart Die Auswirkungen der Grundfreiheiten auf das Ertragsteuerrecht der Bundesrepublik Deutschland, in: Lehner (Hrsg.), Grundfreiheiten im Steuerrecht der EU-Staaten, München 2000, S. 39 ff.
zit. als: *Reimer*, in: Lehner: Grundfreiheiten im Steuerrecht, S.

Rödder, Thomas Gründung und Sitzverlegung der Europäischen Aktiengesellschaft (SE) – Ertragssteuerlicher Status quo und erforderliche Gesetzesänderungen, DStR 2005, 893.

Rödder, Thomas Steuerfreier Exit von stillen Reserven beim Wegzug von Unternehmen aus Deutschland, IStR 2005, 297.

Rödder, Thomas Deutsche Unternehmensbesteuerung im Visier des EuGH, DStR 2004, 1629.

Rödder, Thomas; Schumacher, Andreas Das kommende SEStEG – (Teil I und Teil II): Das geplante neue Umwandlungssteuergesetz – Der Regierungsentwurf eines Gesetzes über steuerliche Begleitmaßnahmen zur Einführung der Europäischen Gesellschaft und zur Änderung weiterer steuerrechtlicher Vorschriften, DStR 2006, 1481 und 1525.

Rödder, Thomas; Schumacher, Andreas Das SEStEG – Überblick über die endgültige Fassung und die Änderungen gegenüber dem Regierungsentwurf, IStR 2007, 369.

Rödder, Thomas; Beckmann, Klaus Ein neues Teilbetriebsverständnis im Umwandlungssteuergesetz tut Not!, DStR 1999, 751.

Rödder, Thomas; Herlinghaus, Andreas; van Lishaut, Ingo Kommentar zum Umwandlungssteuergesetz, Köln 2008
zit. als: Bearbeiter, in: Rödder/Herlinghaus/van Lishaut, UmwStG, § Rz.

Rogall, Matthias Sonderbetriebsvermögen und der Konflikt zwischen der Einbringung eines Teilbetriebs und Einbringung eines Teil – Mitunternehmeranteils nach §§ 20 und 24 UmwStG, DB 2005, 410.

Rogall, Matthias Die Abspaltung aus Kapitalgesellschaften und die Zuordnung neutralen Vermögens, DB 2006, 66.

Röhrig, Alfred Begriff der wesentlichen Betriebsgrundlage, EStB 2000, 390.

Roth, Wulf-Henning Die Sitzverlegung vor dem EuGH, ZIP 2000, 1597.

Ruge, Reinhard Goldene Aktien und EG-Recht, EuZW 2002, 421.

Rust, Alexander Renaissance der Kohärenz, EWS 2004, 450.

S

Sarrazin, Viktor Die steuerliche Fusionsrichtlinie: Was ist erreicht?, ZHR 1994, 67.

Saß, Gert Überblick über die steuerlichen Maßnahmen in der EU angesichts der Währungsunion, FR 1999, 77.

Saß, Gert Die geänderte steuerliche EU-Fusionsrichtlinie vom 17.2.2005, DB 2005, 1238.

Saß, Gert Zum Leur-Bloem-Urteil des EuGH und zum Verhältnis der steuerlichen Antiumgehungsvorschriften zu den EU-Grundfreiheiten, DB 1997, 2250.

Saß, Gert Die Fusionsrichtlinie und die Mutter/Tochterrichtlinie, DB 1990, 2340.

Saß, Gert Probleme der Umsetzung der steuerlichen EG-Fusionsrichtlinie in Deutschland, Frankreich, Belgien, Niederlande, Großbritannien, DB 1993, 1892.

Saß, Gert Änderungsvorschlag zur steuerlichen Fusionsrichtlinie, DB 2004, 2231.

Saß, Gert Einflüsse des Binnenmarktes auf die nationalen Steuerordnungen, DStJG 19 (1996), 31.

Saß, Gert Zur Rechtsprechung des EuGH und einigen Folgerungen für das deutsche Steuerrecht, FR 1998, 1.

Saß, Gert Zum Schutz von Kapitalbewegungen in der EU gegen steuerliche Diskriminierung – Das „Verkooijen"-Urteil des EuGH vom 6.6.2000 – Rs. C-35/98, FR 2000, 1270.

Schanze, Erich; Jüttner, Andreas Die Entscheidung für Pluralität – Kollisionsrecht und Gesellschaftsrecht nach der EuGH-Entscheidung „Inspire Art", AG 2003, 661.

Schaumburg, Harald Grenzüberschreitende Umwandlungen (Teil I), GmbHR 1996, 501.

Schaumburg, Harald Die Verschmelzung von Kapitalgesellschaften und Personenhandelsgesellschaften nach neuem Umwandlungssteuerrecht, FR 1995, 211.

Schaumburg, Harald Internationales Steuerrecht, Außensteuerrecht, Doppelbesteuerungsrecht, 2. Aufl., Köln 1998.
zit. als: *Schaumburg*, Internationales Steuerrecht, Rz.

Schießl, Harald Europäisierung der deutschen Unternehmensbesteuerung durch den EuGH, NJW 2005, 849.

Schindler, Clemens Philipp Generalthema II, Die Änderungen der Fusionsbesteuerungs-richtlinie, IStR 2005, 551.

Schindler, Clemens Philipp Hughes de Lasteyrie du Saillant als Ende der (deutschen) Wegzugsbesteuerung?, IStR 2004, 300.

Schmalz, Andrea Internationalisierung des Umwandlungssteuergesetzes : unter besonderer Berücksichtigung des österreichischen Umgründungssteuergesetzes, Univ. Diss., Freiburg im Breisgau 2004.
zit. als: *Schmalz*, S.

Schmid, Hubert; Wiese, Götz Tobias Umwandlungssteuerrechtliche Neutralität der grenzüberschreitenden Einbringung einer Mitunternehmerschaft – Anmerkung zu § 23 Abs.1 Umwandlungssteuergesetz, IStR 1998, 321.

Schmidt, Ludwig Kommentar zum Einkommensteuergesetz, 26. Aufl., München 2007.
zit. als: *Bearbeiter*, in: Schmidt, EStG § Rz.

Schmidt, Richard; Sedemund, Jan Der ertragsteuerliche Status doppelansässiger Kapitalgesellschaften vor und nach dem „Centros"-Urteil des EuGH, DStR 1999, 289.

Schmitt, Joachim; Hörtnagl, Robert; Stratz, Rolf-Christian Umwandlungsgesetz, Umwandlungssteuergesetz, 4. Aufl., München 2006.
zit. als: *Bearbeiter,* in: Schmitt/Hörtnagl/Stratz, UmwG, UmwStG, § Rz.

Schmitt, Joachim Zur interpersonalen Übertragung stiller Reserven beim Erbfall im Einkommensteuerrecht, Univ. Diss., Passau 1993.
zit. als: *Schmitt*, S.

Schmitz, Stephan Die steuerliche Anerkennung und Prüfbarkeit elektronischer Rechnungen sowie Probleme im Zusammenhang mit der Buchführung im Ausland, StBp 2002, 153.

Schneider, Uwe (Hrsg.) Deutsches und europäisches Gesellschafts-, Konzern- und Kapitalmarktrecht, Festschrift für Marcus Lutter, Köln 2000.
zit. als: *Bearbeiter*, FS Lutter, S.

Schnitger, Arne Verstoß der Wegzugsbesteuerung (§ 6 AStG) und weiterer Entstrickungsnormen des deutschen Ertragssteuerrechtes gegen die Grundfreiheiten des EG-Vertrags, BB 2004, 804.

Schnitger, Arne Die Rechtsprechung des EuGH zur Berücksichtigung der persönlichen Verhältnisse, eine Sackgasse?, IStR 2002, 478.

Schnitger, Arne Steuervergünstigungen bei der Übertragung von Aktien zu einem ermäßigten Preis auf Gesellschaften, an denen der übertragende beteiligt ist, FR 2003, 90.

Schnitger, Arne Das Ende der Bruttobesteuerung beschränkt Steuerpflichtiger – Die Lehren der Rs. Gerritse –, FR 2003, 745.

Schnitger, Arne Grenzüberschreitende Körperschaftsteueranrechnung und Neuausrichtung der Kohärenz nach dem EuGH-Urteil in der Rs. Manninen, FR 2004, 1357.

Schön, Wolfgang; Schindler, Clemens Philipp Seminar D: Zur Besteuerung der grenzüberschreitenden Sitzverlegung einer Europäischen Aktengesellschaft, IStR 2004, 571.

Schön, Wolfgang Besteuerung im Binnenmarkt – die Rechtsprechung des EuGH zu den direkten Steuern, IStR 2004, 289.

Schön, Wolfgang Deutsche und europäische Normen im UmwStG – Zwang zur einheitlichen Auslegung und Vorlage auch für nationale Sachverhalte, JbFSt 1997/1998, 126.

Schön, Wolfgang Hinzurechnungsbesteuerung und Europäisches Gemeinschaftsrecht, DB 2001, 940.

Schön, Wolfgang Die Auslegung europäischen Steuerrechts: das harmonisierte Steuerrecht zwischen nationalem Zivilrecht und europäischen Gemeinschaftsrecht, Köln 1993.
zit. als: *Schön*, Auslegung, S.

Schön, Wolfgang Freie Wahl zwischen Zweigniederlassung und Tochtergesellschaft – ein Grundsatz des Europäischen Unternehmensrechts, EWS 2000, 281.

Schön, Wolfgang Der „Wettbewerb" der Europäischen Steuerrechtsordnungen als Rechtsproblem, DStJG 23 (2000), 191.

Schönfeld, Jens Hinzurechnungsbesteuerung und europäisches Gemeinschaftsrecht, Univ. Diss., Bonn 2004.
zit. als: *Schönfeld*, S.

Schönfeld, Jens Doppelbesteuerung und EG-Recht, StuW 2006, 79.

Schönherr, Frank; Lemaitre, Claus Der Entwurf des SEStEG: Geplante Änderungen im Einkommen-, Körperschaft- und Gewerbesteuergesetz, Überblick und erste Anmerkungen, GmbHR 2006, 551.

Schreiber, Ulrich Unternehmensbesteuerung im europäischen Binnenmarkt, StuW 1994, 238.

Schrömbges, Ulrich EG-Binnenmarkt und Steuerharmonisierung, DB 1989, 2558.

Schübel-Pfister, Isabel Sprache und Gemeinschaftsrecht: die Auslegung der mehrsprachig verbindlichen Rechtstexte durch den Europäischen Gerichtshof, Univ. Diss., Bayreuth 2002.
zit. als: *Schübel-Pfister*, S.

Schulz, Andreas; Geismar, Bernhard Die Europäische Aktengesellschaft – Eine kritische Bestandsaufnahme, DStR 2001, 1078.

Schulze zur Wiesche, Dieter Die Einbringung eines Betriebes einer Personengesellschaft in eine Kapitalgesellschaft oder Personengesellschaft, DStZ 1998, 824.

Schulze zur Wiesche, Dieter Einbringung eines Betriebes, Teilbetriebes, Mitunternehmeranteils in eine GmbH, GmbHR 1981, 60.

Schwarze, Jürgen EU-Kommentar, Vertrag über die Europäische Union, Baden-Baden, 2000.
zit. als: *Bearbeiter,* in: Schwarze, EU-Kommentar, Art. Rz.

Schweitzer, Michael; Hummer, Waldemar Europarecht, Das Recht der Europäischen Union – Das Recht der Europäischen Gemeinschaften (EGKS, EG, EAG) – mit Schwerpunkt EG, 5. Aufl., Neuwied 1996.
zit. als: *Schweitzer/Hummer,* Europarecht Rz.

Schwenke, Michael Europarechtliche Vorgaben und deren Umsetzung durch das SEStEG, DStZ 2007, 235.

Sedlaczek, Michael Capital and Payments: The Prohibition of Discrimination and Restrictions, E.T. 2000, 14.

Seer, Roman Beschränkte Steuerpflicht und Gemeinschaftsrecht, in: Gassner u.a., Die beschränkte Steuerpflicht im Einkommen- und Körperschaftsteuerrecht, Wien 2004, S. 37 ff.
zit. als: *Seer,* in: Gassner u.a., Die beschränkte Steuerpflicht, S.

Seer, Roman Die beschränkte Steuerpflicht aus dem Blickwinkel des Gemeinschaftsrechts, IWB Fach 11 Gruppe 2, 573.

Seiler, Christian Das Steuerrecht unter dem Einfluss der Marktfreiheiten, StuW 2005, 25.

Selling, Hans-Jürgen Deutschland im Steuerwettbewerb der Staaten – Einige Steuerpolitische Überlegungen – , IStR 2000, 225.

Söffing, Andreas; Lange, Carsten Die neue Nachweispflicht des § 22 Abs. 3 UmwStG, DStR 2007, 1607.

Stahlschmitt, Michael Kohärenz – ein Beweis, dass der EuGH die Kompetenz in Steuersachen noch nicht gefunden hat, FR 2006, 249.

Stapperfend, Thomas Der Einfluss der Grundfreiheiten und der Diskriminierungsverbote des EG-Vertrags auf die inländische Besteuerung, FR 2003, 165.

Staringer, Claus Besteuerung doppelt ansässiger Kapitalgesellschaften, Wien 1999.
zit. als: *Staringer,* Besteuerung doppelt ansässiger Kapitalgesellschaften, S.

Staudinger, Julius von Kommentar zum Bürgerlichen Gesetzbuch mit Einführungsgesetz und Nebengesetzen, 13. Bearbeitung, Internationales Gesellschaftsrecht, Berlin 1993.
zit. als: *Bearbeiter,* in: Staudinger, Komm. zum BGB, Internationales Gesellschaftsrecht Rz.

Steindorff, Ernst Centros und das Recht auf die günstigste Rechtsordnung, JZ 1999, 1140.
Stockmann, Frank Möglichkeiten und Grenzen der Steuerharmonisierung in der Europäischen Gemeinschaft, FR 1996, 693.
Storg, Peter Qualifizierte Nachfolge in Gesellschaftsanteile nach neuester Rechtslage, DStR 2002, 1384.
Strahl, Martin Einbringung in eine Kapitalgesellschaft nach dem neuen Umwandlungssteuergesetz, KÖSDI 2007, 15442.
Sullivan, Matthew; Wallner, Robert; Wübbelsmann, Stefan Die deutsche Hinzurechnungsbesteuerung auf dem europäischen Prüfstand, IStR 2003, 6.

TU

Teichmann, Christoph Binnenmarktmobilität von Gesellschaften nach „Sevic", ZIP 2006, 355.
Terra, Ben J.M.; Wattel, Peter J. European Tax Law, 4. Aufl., Den Haag 2005. zit. als: *Terra/Wattel*, European Tax Law, S.
Thiel, Jochen Die grenzüberschreitende Umstrukturierung von Kapitalgesellschaften im Ertragsteuerrecht, GmbHR 1994, 277.
Thiel, Jochen Die Spaltung (Teilverschmelzung) im Umwandlungsgesetz und im Umwandlungssteuergesetz – neue Möglichkeiten zur erfolgsneutralen Umstrukturierung von Kapitalgesellschaften (Teil I und II), DStR 1995, 237 und 276.
Thiel, Jochen Europäisierung des Umwandlungssteuerrechts: Grundprobleme der Verschmelzung, DB 2005, 2316.
van Thiel, Servaas; Achilles, Charlotte Die Beseitigung ertragsteuerlicher Hindernisse im Binnenmarkt: Eine Darstellung der Einflüsse der Rechtsprechung des EuGH auf die Ertragsbesteuerung in der Europäischen Union, IStR 2003, 530.
Thömmes, Otmar Commission's Reluctance and Member States' Overreactions – A Perfect Recipe for Chaos, intertax 2004, 124.
Thömmes, Otmar Die steuerliche Fusionsrichtlinie: Was bleibt zu tun?, ZHR 1994, 75.
Thömmes, Otmar; Tomsett, Eric Issues of the Implementation of the Merger Directive in the EC Member States, EC Tax Rev. 1992, 228.
Thömmes, Otmar; Schulz, Andreas; Eismayr, Rainer; Müller, Stefanie Kritische Anmerkungen zum SEStBeglG, IWB Fach 11 Gruppe 2, 747.
zit. als: *Thömmes u.a.*, IWB F. 11 G. 2, 747
Thömmes, Otmar Aktuelle Fragen zum Europäischen Steuer- und Gesellschaftsrecht, JbFSt 2001/2002, 27.

Thömmes, Otmar Einbringung von Unternehmensteilen, IWB Fach 11a, 564.
Thömmes, Otmar Einbringung eines Teilbetriebes, JbFSt 2002/2003, 82.
Thömmes, Otmar Verbote der Diskriminierung von Steuerausländern und Steuerinländern, DStJG 19 (1996), 81.
Thömmes, Otmar Harmonisierung der direkten Unternehmensbesteuerung in der EG, IWB Fach 5 Gruppe 2, 449.
Thömmes, Otmar EG-rechtliche Aspekte einer Auslandsinvestition. IWB Fach 11 Gruppe 2, 547.
Tiedtke, Klaus Einkommensteuer- und Bilanzsteuerrecht, 2. Aufl., Herne/ Berlin 1995.
zit. als: *Tiedtke*, Einkommensteuer- und Bilanzsteuerrecht, S.
Tiedtke, Klaus StRK-Anmerkung, § 16 EStG, R. 230.
Tiedtke, Klaus StRK-Anmerkung, § 16 EStG, R. 215.
Tiedtke, Klaus Die Tankstelle als Teilbetrieb, FR 1981, 445.
Tiedtke, Klaus Veräußerung eines Teilbetriebes und Aufgabe einer bestimmten gewerblichen Tätigkeit – Zugleich eine Besprechung des Urteils des FG des Saarlands vom 24.6.1987 – 1 K 260/86, FR 1988, 233.
Tiedtke, Klaus Aufrechnungsfragen beim gesetzlichen Forderungsübergang, Univ. Diss., Münster 1966.
zit. als: *Tiedtke*, Aufrechnungsfragen, S.
Tiedtke, Klaus Die Veräußerung eines Teilbetriebes im Sinne der §§ 16 Abs. 1 Nr. 1 und Abs. 34 Abs. 2 Nr. 1 EStG, DStR 1979, 543.
Tiedtke, Klaus Voraussetzungen einer Betriebsveräußerung im Ganzen und einer Teilbetriebsveräußerung bzw. -aufgabe, FR 1985, 298.
Tiedtke, Klaus; Gareiss, Thomas Die Betriebsaufspaltung im Spiegel der neuen Rechtsprechung, GmbHR 1992, 202.
Tiedtke, Klaus; Langheim, Hagen Zur Wirksamkeit von Staatsbürgschaften, die unter Verstoß gegen Europäisches Beihilferecht erteilt worden sind, ZIP 2006, 2251.
Tiedtke, Klaus; Langheim, Hagen Übertragung von Kommanditanteilen zur Abgeltung von Pflichtteilsansprüchen als Veräußerungsgeschäft bei Einbringung eines Einzelunternehmens in eine PersGes?, FR 2007, 368.
Tiedtke, Klaus; Langheim, Hagen Die Voraussetzungen und Rechtsfolgen der beschränkten und der (fiktiven) unbeschränkten Steuerpflicht, DStZ 2003, 10.
Tiedtke, Klaus; Szczesny, Michael Die Auswirkungen der Meilicke-Entscheidung des EuGH zur Anrechung ausländischer Körperschaftsteuer – Nachträgliche Steuerbescheinigung kein rückwirkendes Ereignis gemäß § 175 AO, GmbHR 2007, 1086

Tiedtke, Klaus; Wälzholz, Eckhard Neue Kriterien für die Bestimmung des Teilbetriebsbegriffs, DStZ 2000, 127.

Tiedtke, Klaus; Wälzholz, Eckhard Zur Übertragung eines Teilanteils an einem Mitunternehmeranteil und zur verdeckten Einlage nach altem und neuem Recht – Zugleich eine Besprechung des Urteils des FG Münster vom 20.5.1998 1 K 2911/96 G, F –, DB 1999, 2026.

Tiedtke, Klaus; Wälzholz, Eckhard Muss ein Teilbetrieb i.S. des § 16 EStG als solcher alle Merkmale eines Gewerbebetriebes erfüllen?, FR 1999, 117.

Tietje, Christian Die Meistbegünstigungsverpflichtung im Gemeinschaftsrecht, EuR 1995, 398.

Tipke, Klaus; Kruse, Heinrich Kommentar zur Abgabenordnung 1977 (ohne Steuerstrafrecht) und Finanzgerichtsordnung, Loseblatt (Stand September 2007), Köln.
zit. als: *Bearbeiter*, in: Tipke/Kruse, AO, FGO, § Rz.

Tipke, Klaus Die Steuerrechtsordnung, Band I, Wissenschaftsorganisatorische, systematische und grundrechtlich-rechtsstaatliche Grundlagen, 2. Aufl., Köln 2000.
zit. als: *Tipke*, Steuerrechtsordnung, Band I, S.

Tipke, Klaus; Lang, Joachim Steuerrecht, 18. Auflage, Köln 2005.
zit. als: *Bearbeiter*, in: Tipke/Lang, Steuerrecht, § Rz.

Tissot, Michael Entwurf zur Abänderung der EU-Fusionsrichtlinie: erweiteter Anwendungsbereich, steuerneutrale Aufwertung bei Einbringung, SWI 2004, 119.

Tumpel, Michael Harmonisierung der direkten Unternehmensbesteuerung in der EU, Schriftenreihe Europa des Bundeskanzleramts, Band 4, Wien 1994.
zit. als: *Tumpel*, Harmonisierung, S.

Tumpel, Michael Europarechtliche Besteuerungsmaßstäbe für die grenzüberschreitende Organisation und Finanzierung von Unternehmen, DStJG 23 (2000), 321.

V

Vanistendael, Frans The comparability of the basic economic freedoms with the sovereign national tax systems of the Member States, EC Tax Rev. 2003, 136.

Vanistendael, Frans Comments on the Ruding Committee Report, EC Tax Rev. 1992, 3.

Vogel, Klaus Harmonisierung des internationalen Steuerrechts in Europa als Alternative zur Harmonisierung des (materiellen) Körperschaftssteuerrechts, StuW 1993, 380.

Voß, Klaus Die vorgesehenen Änderungen im Einkommensteuergesetz, im Körperschaftsteuergesetz und im 1. und 7. Teil des Umwandlungssteuergesetzes, BB, 2006, 411.

Voß, Reimer Steuern in Europa, DStR 1991, 925.

W

Wacker, Roland Zur Einbringung von Mitunternehmeranteilen in eine Kapitalgesellschaft nach § 20 UmwStG, Zugleich eine Besprechung des BFH-Urteils vom 16.2.1996, I R 183/94, BB 1996, 2224.

Wackerbarth, Ulrich Von golden shares und poison pills – Waffengleichheit bei internationalen Übernahmeangeboten, WM 2001, 1471.

Wagner, Klaus Überseering und Folgen für das Steuerrecht, GmbHR 2003, 684.

Wagner, Siegfried Das „Bosal"-Urteil" des EuGH und die Abzugsfähigkeit von Finanzierungskosten bei grenzüberschreitenden Konzernstrukturen, DStZ 2004, 185.

Wälzholz, Eckhard Der Teilbetriebsbegriff im Steuerrecht, Univ. Diss., Würzburg 1999.
zit. als: *Wälzholz*, S.

Wallis, Hugo von Die Umwandlung von Personengesellschaften in Kapitalgesellschaften, StuW 1970, 465.

Wassermeyer, Franz Die Fortentwicklung der Besteuerung von Auslandsbeziehungen, Anmerkungen zu den derzeitigen Überlegungen zur Reform des Außensteuerrechts, IStR 2001, 113.

Wassermeyer, Franz Besteuerung des ausländischen Unternehmenserwerbs durch Anteilstausch (unechte Fusion) und Einbringung von Unternehmensanteilen, DStR 1992, 57.

Wassermeyer, Franz Steuerliche Konsequenzen aus dem EuGH – Urteil „Hughes de Lasteyrie du Saillant", GmbHR 2004, 613.

Wassermeyer, Franz Zum Begriff des Teilbetriebs im Steuerrecht, EuZW 1992, 738.

Wassermeyer, Siegfried; Mayer, Dieter; Rieger, Norbert (Hrsg.) Umwandlungen im Zivil- und Steuerrecht, Festschrift für Siegfried Widmann, Bonn 2000.
zit. als: *Bearbeiter*, FS Widmann, S.

Wathelet, Melchior Direct taxation and EU law: integration or disintegration?, EC Tax Rev. 2004, 1.

Wattel, Peter J. Corporate tax jurisdiction in the EU with respect to branches and subsidiaries; dislocation distinguished from discrimination and disparity; a plea for territoriality, EC Tax Rev., 2003, 194.

Weber, Stefan Kapitalverkehr und Kapitalmärkte im Vertrag über die Europäische Union, EuZW 1992, 561.

Weber-Grellet, Heinrich Die Unmaßgeblichkeit der Maßgeblichkeit im Umwandlungsrecht, BB 1997, 653.

Weber-Grellet, Heinrich Europäisches Steuerrecht, München 2005.
zit. als: *Weber-Grellet*, Europäisches Steuerrecht, § Rz.

de Weerth, Jan EG-Recht und direkt Steuern – Jahresrückblick 2001/2002, RIW 2003, 131.

de Weerth, Jan EG-Recht und direkte Steuern, RIW 1995, 928.

Weier, Dagmar Der Teilbetriebsbegriff und sein Einfluss auf die Umstrukturierung von Unternehmen, Univ. Diss., Passau 1998.
zit. als: *Weier*, S.

Weiß, Wolfgang Nationales Steuerrecht und Niederlassungsfreiheit – Von der Konvergenz der Grundfreiheiten als Beschränkungsverbote zur Auflösung der Differenzierung zwischen unterschiedslosen und unterschiedlichen Maßnahmen, EuZW 1999, 493.

Wendt, Michael Teilanteilsübertragung und Aufnahme eines Gesellschafters in ein Einzelunternehmen nach den Änderungen des EStG durch das UnStFG, FR 2002, 127.

Werra, Matthias; Teiche, Andreas Das SEStBeglG aus der Sicht international tätiger Unternehmen, DB 2006, 1455.

Widmann, Siegfried; Mayer, Dieter Umwandlungsrecht, Kommentar zum Umwandlungsgesetz und Umwandlungssteuergesetz, Loseblatt (Stand September 2003), Bonn.
zit. als: *Bearbeiter*, in: Widmann/Mayer, UmwR, § Rz.

Widmann, Siegfried Aufschub der Gewinnrealisierung bei Verschmelzung und Umwandlung, Einbringung von Betrieben, Teilbetrieben und Mitunternehmeranteilen, Betriebsaufspaltung, Sacheinlagen, DStJG 4 (1981), 163.

Wimplissinger, Christian Der Fall Verkooijen und sein Auswirkungen, SWI 2000, 313.

Wingert, Klaus-Dieter Steuerplanung im Hinblick auf die Steuerharmonisierung in der EG, DStZ 1989, 315.

Wissenschaftlicher Beirat des Fachbereichs Steuern der Ernst & Young AG Thesen der Wegzugsbesteuerung, BB 2005, 2166.

zit. als: *Wissenschaftlicher Beirat Ernst & Young*, BB 2005, 2166.
Witzel, David Die europarechtlichen Anforderungen an die Besteuerung von Auslandsdividenden – Der Fall „Schmid" –, IStR 2002, 758.
Wunderlich, Nina; Albath, Lars Der Europäische Gerichtshof und die direkten Steuern – Ein Beitrag zum Verhältnis von Gemeinschaftsrecht und nationalem Recht -, DStZ 2005, 547.

XYZ

Zeitler, Franz-Christoph; Jüptner, Roland Europäische Steuerharmonisierung und direkte Steuern, BB 1988, Beilage Nr. 17 zu Heft 32, S. 1.
zit. als: *Zeitler/Jüptner*, BB 1988, Beilage 17, S.
Ziemons, Hildegard Freie Bahn für den Umzug von Gesellschaften nach Inspire Art?! Zugleich Besprechung EuGH, Urt. v. 30.9.2003 – Rs C-167/01, ZIP 2003, 1885 – Inspire Art, ZIP 2003, 1913.
Zimmer, Daniel Wie es euch gefällt? Offene Fragen nach dem Überseering-Urteil des EuGH, BB 2003, 1.
Zorn, Nikolaus Rechtangleichungskompetenzen des Rates der Europäischen Gemeinschaften für die Besteuerung von Unternehmen, DStJG 23 (2000), 227.

FSC
www.fsc.org
MIX
Papier | Fördert
gute Waldnutzung
FSC® C083411

Kolibri 360 GmbH
Ferdinand-Jühlke-Straße 7
99095 Erfurt, Deutschland
produktsicherheit@kolibri360.de